Jörg Ebrecht · Frank Hillebrandt (Hrsg.)

Bourdieus Theorie der Praxis

Jörg Ebrecht · Frank Hillebrandt (Hrsg.)

Bourdieus Theorie der Praxis

Erklärungskraft · Anwendung · Perspektiven

2., durchgesehene Auflage

VS VERLAG FÜR SOZIALWISSENSCHAFTEN

VS VERLAG FÜR SOZIALWISSENSCHAFTEN

VS Verlag für Sozialwissenschaften
Entstanden mit Beginn des Jahres 2004 aus den beiden Häusern
Leske+Budrich und Westdeutscher Verlag.
Die breite Basis für sozialwissenschaftliches Publizieren

Bibliografische Information Der Deutschen Bibliothek
Die Deutsche Bibliothek verzeichnet diese Publikation in der Deutschen Nationalbibliografie;
detaillierte bibliografische Daten sind im Internet über <http://dnb.ddb.de> abrufbar.

1. Auflage Juli 2002
2., durchgesehene Auflage September 2004

Lektorat: Frank Engelhardt

Der VS Verlag für Sozialwissenschaften ist ein Unternehmen von Springer Science+Business Media.
www.vs-verlag.de

Umschlaggestaltung: KünkelLopka Medienentwicklung, Heidelberg

Gedruckt auf säurefreiem und chlorfrei gebleichtem Papier

ISBN-13:978-3-531-33747-0   e-ISBN-13:978-3-322-80848-6
DOI: 10.1007/978-3-322-80848-6

Inhalt

Einleitung
Konturen einer soziologischen Theorie der Praxis
Jörg Ebrecht und Frank Hillebrandt

Mit dem Tod Pierre Bourdieus ist die Stimme eines der einflussreichsten zeitgenössischen Soziologen verstummt, dessen Theorie der Praxis zweifellos zu den interessantesten und am weitesten ausgearbeiteten Theorieangeboten der Gegenwart gehört. Viele der von Bourdieu entscheidend geprägten Begriffe wie Habitus, Feld, Lebensstil, Inkorporierung, kulturelles, soziales und ökonomisches Kapital, Symbolisierung und Klassifikationskämpfe finden sich inzwischen in soziologischen Untersuchungen wieder.

Wichtiger als die bloße Verbreitung des Vokabulars ist jedoch die Herausforderung, die das umfangreiche Werk Bourdieus für jene soziologische Forschung darstellt, die sich nicht nur auf seine Erforschung der Ursachen einer dauerhaften Reproduktion sozialer Ungleichheit in der Gegenwartsgesellschaft bezieht, sondern auch auf seine grundlegenden Überlegungen zu den Möglichkeiten der Entwicklung einer allgemeinen Sozialtheorie, die die traditionellen Gegensätze soziologischen Denkens wie die Opposition von Subjekt und Objekt, Individuum und Gesellschaft, sozialem Akteur und Struktur etc. hinter sich lassen will (vgl. Gebauer und Wulf 1993: 7). In der Rezeption ist Bourdieus Theorie dennoch vorrangig eine Kultursoziologie sozialer Ungleichheit geblieben, die sich, so die verbreitete Meinung, nur sehr bedingt auf andere Phänomenbereiche der Sozialität anwenden lässt. Dies überrascht schon deshalb, weil Bourdieu selbst den Gegenstand seiner Soziologie nicht auf einen Problembereich der sozialen Welt fokussiert, sondern vielmehr einen umfassenden Erklärungsanspruch verfolgt, der sich aus der methodischen Entscheidung ergeben soll, objektivierte Geschichte (Feld) und inkorporierte Geschichte (Habitus) als zwei aufeinander bezogene Ermöglichungsbedingen der sozialen Praxis in dynamischer Beziehung zueinander zu stellen. Dieser theoretische Versuch ist der Ausgangspunkt einer allgemeinen Sozialtheorie, die mit dem Praxisbegriff nicht weniger als einen neuen Zugang zur Sozialität anstrebt und sich deshalb als Theorie der Praxis versteht (vg. Bourdieu 2001: 193ff.).

Der Begriff *Praxis* avanciert inzwischen in der soziologischen Theoriebildung immer deutlicher zu einem paradigmatischen Schlüsselbegriff, um den Gegenstand der Soziologie als Wissenschaft neu zu bestimmen (vgl. Schatzki 2001). Er steht dabei für ein sozialwissenschaftliches Erkenntnis- und Forschungsprogramm, das sozialtheoretische Engführungen überwinden will, indem induktive und deduktive Methoden der soziologischen Forschung zu einem neuen Konzept zusammengeführt werden. Dieser praxistheoretische Zugang zur Sozialität will dem Anspruch nach der Dynamik und den Regelmäßigkeiten der sozialen Welt gleichzeitig gerecht werden. Er manifestiert sich nach unserer Einschätzung in vier theoretischen Grundentscheidungen. Diese beziehen sich auf den Begriff des sozialen Akteurs, den soziologischen Funktionalismus, die Theorie kultureller Praktiken sowie in Abgrenzung zum Konstruktivismus auf das theoretische Verständnis von Materialität.

Ein Akteurkonzept jenseits des Intentionalismus

Die Praxistheorie strebt einen Begriff des sozialen Akteurs an, der sich nicht intentional versteht. Praxis konstituierende soziale Aktivitäten werden nicht als Epiphänomene von objektivierten sozialen Strukturen oder vorab festgelegter Regeln verstanden, sondern als Konstitutionsprozesse sozialer Praxisformen, deren Eigenlogik jenseits vorab theoretisch festgelegter Regelsysteme analysiert werden muss. Handeln kann folglich nicht aus Gesetzen und Regeln abgeleitet werden, da die sozialen Akteure in ihren Handlungen keine von der Soziologie definierte Theorie anwenden, sondern vielmehr selbst konstruktiv tätig sind, indem sie unter den Bedingungen von Feldstrukturen einen ihnen eignen Zugang zur Sozialität entwickeln. Die Handlungen sozialer Akteure werden in der Praxistheorie nicht durch Rationalität oder Intentionalität angeleitet, sondern durch die Anforderungen der Praxis. Zu diesen Anforderungen entwickeln die sozialen Akteure einen praktischen Sinn, der es ihnen ermöglicht, an Praxisformen zu partizipieren. Erst eine empirische Analyse dieses praktischen Sinns macht es möglich, die Regelmäßigkeiten der Praxis, die nicht mit Regeln verwechselt werden können, zu entschlüsseln. Damit entwickelt die Praxistheorie die klassische, vor allem durch Schütz, Berger und Luckmann fundierte akteurzentrierte Sozialtheorie weiter. Diese phänomenologisch ausgerichtete Theorietradition versucht zu beschreiben, wie die sozial Handelnden die soziale Welt erleben und konstruieren. Die soziale Welt erscheint dabei jedoch, überspitzt formuliert, als Produkt des individuellen Willens von autonomen sozialen Akteuren, was die Freiheit und Spontaneität des Einzelnen überzeichnet (vgl. Bourdieu 1993: 86). Die These von der Autonomie des freien und einzigartigen Akteurs übersieht die der Gesellschaft emergenten Strukturbildungen und kann daher nicht hinreichend berücksichtigen, dass sich die sozialen Akteure nicht voraussetzungslos begegnen, „sondern in von ihrem Vermögen (aber auch von ihnen selbst) produzierten Gravitations- und Kampffeldern agieren und ihre Geschichte und Gesellschaft im wahrsten Sinne des Wortes *stets mit sich herumtragen* – in Form einverleibter Dispositionen, Bewegungen, Haltungen ihrer Körper, die Hinweise auf soziale Positionen und Distanzen sowie die einzuhaltenden Verhaltensweisen bzw. Distanzstrategien

geben" (Fröhlich 1994: 34). Mit dem Habitusbegriff, der diese einverleibte Sozialität erfasst, verfolgt die Praxistheorie das Ziel, das Akteurkonzept der Soziologie
vom Intentionalismus zu befreien.

Eine Gesellschaftstheorie jenseits des Funktionalismus

Praxis kann nicht ursächlich auf Funktionen zurückgeführt werden. Die struk-
tur-funktionalistische Soziologie ist nach Bourdieu aufgrund ihrer deduktiven
Vorgehensweise gezwungen, die soziale Welt als „ein Universum objektiver,
von den Handelnden unabhängiger Regelmäßigkeiten, die von Standpunkt eines
unparteiischen, die beobachtete Welt überfliegenden Beobachtens jenseits des
Handelns konstruiert sind" (Bourdieu 1993: 86), zu begreifen. Die Gesellschaft
erscheint dabei quasi als Subjekt in Großformat, dessen Objekte die sozial handelnden Akteure sind, die in funktionalistischer Sichtweise durch ihr „Rollenhandeln" den Funktionserfordernissen der Gesellschaft gerecht werden (vgl. dazu
kritisch Hillebrandt 2001) oder in rationalistischen Modellen durch bewusste Re-
gelerfüllung einem expliziten Normenzwang folgen. Im Gegensatz dazu vertritt
die Praxistheorie die These, dass soziale Strukturen und Funktionalitäten nur
dann relevant sind, wenn sie mit der Lebenswirklichkeit der sozialen Akteure
etwas zu tun haben, wenn die sozialen Akteure also den Strukturen einen praktischen Sinn abgewinnen können, der sie dazu führt, die Strukturen durch ihre
Praxis konstituierenden Handlungen zu reproduzieren.

Bourdieu begreift die soziale Welt – er selbst vermeidet fast durchgehend
den Begriff Gesellschaft zur Bezeichnung der Gesamtheit des Sozialen – als
mehrdimensionalen sozialen Raum, „dem bestimmte Unterscheidungs- und
Verteilungsprinzipien zugrunde liegen; und zwar die Gesamtheit der Eigenschaften (bzw. Merkmale), die innerhalb eines sozialen Universums wirksam
sind, das heißt darin ihrem Träger Stärke bzw. Macht verleihen" (Bourdieu
1985: 9). Er wählt demnach zur Analyse des Sozialen keinen substanziellen, das
Wesen der Gesellschaft durch Funktionsbestimmungen finden wollenden Ansatz, sondern einen relationalen, weil „die Vorstellung des Raums ... an sich
bereits das Prinzip einer relationalen Auffassung von der sozialen Welt" (Bourdieu 1998: 48) enthält. Der Begriff sozialer Raum zielt vorrangig auf die Status-
positionen der Einzelnen, die sie in Relation zueinander beziehen (vgl. etwa
Bourdieu 1987: 195ff. und 1997b passim). In diesem Raum der Relationen sind
„Stellenwechsel und Ortsveränderungen nur um den Preis von *Arbeit, Anstrengungen* und vor allem *Zeit* zu haben" (Bourdieu 1985: 13; Hervorh. d.V.).

Der mehrdimensionale soziale Raum strukturiert sich nicht nur durch soziale Ungleichheit, sondern auch durch die Ausdifferenzierung unterschiedlicher
und durch Beobachtung der Praxis unterscheidbarer Felder, deren Praxisformen
jeweils für sich genommen einer ganz spezifischen Logik gehorchen. Das Konzept des sozialen Raums wird mit anderen Worten in der Feldtheorie für spezifi-

sche Felder konkretisiert. Auch in diesem Kontext bleibt Bourdieu der Methode seiner Theorie der Praxis treu, die das Spannungsfeld zwischen objektivierendem Strukturalismus und subjektivierendem Individualismus hinter sich lassen will. Der Begriff des Feldes dient ihm wie auch der Begriff des Habitus zunächst dazu, „eine negativ als Zurückweisung der Alternative von interner Deutung und externer Erklärung definierte Forschungsrichtung anzuzeigen" (Bourdieu 1997a: 66). Felder werden demzufolge als Praxisfelder gefasst, die als „historisch konstituierte Spielräume mit ihren spezifischen Institutionen und je eigenen Funktionsgesetzen" (Bourdieu 1992: 111) anzusehen sind und sich nur über die Konstruktion des praktischen Sinns durch die in diesen Feldern agierenden sozialen Akteure reproduzieren können.

Theorie kultureller Praktiken

Die Struktur des sozialen Raums wird in der sozialen Praxis symbolisch verdoppelt, indem sich bestimmte kulturelle Praktiken als Zusatzdeutungen des sozialen Raums bilden. Unter Kultur versteht Bourdieu dabei nicht – wie die marxistische Soziologie – den Überbau der ökonomischen Basis der Gesellschaft. Ebenso vermeidet er es, Kultur – wie Talcott Parsons – als abgehobenen Werte- und Normenhimmel zu fassen, der die Gesellschaft ordnet, integriert und zusammenhält. Die Bourdieusche Kultursoziologie sieht Kultur nicht nur als außeralltägliche abstrakte Wertideen, sondern vielmehr als *alltägliche symbolische Dimension sozialen Lebens und Handelns*. Kultur wird als *Handlungsrepertiore* verstanden, das im ständigen Klassifikationskampf um den sozialen Status im sozialen Raum als *symbolisches Kapital* eingesetzt wird (vgl. Müller 1994). Kultur steht demnach nicht im Gegensatz zur Gesellschaft, da sie als konstitutiver Bestandteil der Strukturierung des sozialen Raums verstanden wird. Diese praxistheoretische Wende des Kulturbegriffs überwindet damit jene Theorien, in denen Kultur textualistisch bzw. diskurstheoretisch (Foucault) oder mentalistisch (Levy-Strauss) konzipiert wird (vgl. Reckwitz 2000: Kap.7). Eine praxistheoretische Erklärung von Handlungsmustern ist demnach als Rekonstruktion der für den regelmäßigen und routinisierten Vollzug von Praktiken notwendigen Wissensordnungen zu verstehen. Dieses Wissen kann dabei zwei unterschiedliche Formen annehmen: einmal die eines körperlich verankerten Dispositionssystems als einem Ensemble von inkorporierten kognitiv-symbolischen Schemata und zum anderen als in den Regelmäßigkeiten der Praxis (sozialen Strukturen) sowie den Objekten der materialen Umwelt angelegte Handlungsaufforderungen und -programme. Indem das praxistheoretische Vokabular die verschiedenen, auf unterschiedlichen Ebenen situierten Elemente (körperlich und material verankerte kollektive Wissensschemata) in ihre Erklärungsversuche einbezieht, gelangt sie zu einer Neubeschreibung kollektiver Verhaltensmuster, jenseits von Theorien, in deren Zentrum Kommunikation steht (Habermas, Luhmann). Diese Theorieentscheidung hat wiederum Folgen für eine praxistheoretische Erklärung soziokultureller Wandelungsprozesse: Die Transformation von Praxismustern wird weder als Diskurs noch ausschließlich als (funktionale) Ausdifferenzierung unter semantischen Gesichtspunkten thematisiert, sondern stattdessen aus dem dynamischen Verhältnis von inkorporierter und objektivierter Geschichte rekonstruiert.

Die Materialität sozialer Praktiken

Durch die Gegenüberstellung von inkorporierter und objektivierter Geschichte werden Sachen und die Körper der sozialen Akteure als Bedingungen der Entstehung von Praxis gefasst und können so systematisch in die Erklärung sozialer Praktiken einbezogen werden. Das bedeutet, Körper sowie Sachen werden in einer Theorie der Praxis nicht nur als soziale Konstruktionen der sozialen Akteure relevant: „Als Körper und biologisches Individuum bin ich ebenso wie die Dinge an einem Ort situiert: Ich nehme einen Platz im physischen und sozialen Raum ein." (Bourdieu 2001:168) Das Konzept des praktischen Sinns, der die Handlungsfähigkeit der Akteure bestimmt und bei dem es sich um eine begriffslose „körperliche Erkenntnis" (ebd.:174) handelt, befindet sich so in einer doppelten Frontstellung gegenüber einem mechanistischen Materialismus einerseits und einem konstruktivistischen Idealismus andererseits. Praktiken sind demnach weder die mechanische Folge äußerer Ursachen, noch sind sie das Ergebnis einer Kalkulation von Gewinnchancen und Handlungsfolgen. Durch die Hinzuziehung einer Kapitaltheorie, „die das Kapital in allen seinen Erscheinungsformen berücksichtigt" (Bourdieu 1992:50), lässt sich der ermöglichende wie einschränkende Charakter der Strukturen der sozialen Welt angemessener verstehen, als dies im Rahmen eines von der klassischen Wissenssoziologie vertretenen Unter-/Überbau-Schemas möglich wäre. Mithilfe der (bisher vorliegenden) Differenzierungen des Kapitalbegriffs in soziales, kulturelles, ökonomisches und symbolisches Kapital lässt sich die Ökonomie der Praxis auch und gerade jenseits des ökonomischen Feldes beobachten. Die wechselseitig transformierbaren Kapitalarten manifestieren sich dabei in inkorporierter, objektivierter und institutionalisierter Form. Aufgrund seiner Ungleichverteilung und prinzipiellen Knappheit fungiert das Kapital in den Positionskämpfen innerhalb des sozialen Raumes als Machtressource: Die Partizipationschancen von Akteuren an bestimmten Praxisformen sind abhängig von ihrer jeweiligen Kapitalausstattung. Die beschriebene systematische Einbeziehung der Materialität in das praxistheoretische Erklärungsvokabular vermeidet eine „Semantisierung des Sozialen", und widersteht so der „Neigung, die gesellschaftliche Realität in Kommunikationen über sie aufzulösen" (Berger 1996: 235). Auf diesem Hintergrund müssen auch alle Formen eines ästhetischen Universalismus obsolet erscheinen, in denen die sozialen Bedingungen der möglichen Erfahrung des Schönen, Wahren

und Guten vergessen, verkannt oder verdrängt werden (vgl. Bourdieu 2001:99).
„Ein umfassendes Verständnis des kulturellen Konsums ist freilich erst dann
gewährleistet, wenn ‚Kultur' im eingeschränkten und normativen Sinn von
‚Bildung' dem globaleren und ethnologischen Begriff von ‚Kultur' eingefügt
und noch der raffinierteste Geschmack für erlesenste Objekte wieder mit dem
elementaren Schmecken der Zunge verknüpft wird." (Bourdieu 1987: 17)

Obwohl von Bourdieu in so rekonstruierter Weise als allgemeine Sozialtheorie mit universellem Erklärungsanspruch konzipiert, beschränkt sich die bishe-
rige Wirkungsmacht seiner Theorie der Praxis, wie bereits eingangs erwähnt,
weitgehend auf die Thematik strukturierter sozialer Ungleichheit. Der vorliegende Sammelband versucht diese thematische Engführung zu überwinden,
indem er die Anschlussmöglichkeiten für einige spezielle Soziologien testet, die
eine besondere Relevanz und Aktualität für die moderne Gesellschaft besitzen:
die Techniksoziologie, die Organisationssoziologie und die Soziologie der Geschlechterverhältnisse. Darüber hinaus werden im letzten Teil des Bandes sozialtheoretische Perspektiven der Praxistheorie ausgelotet, indem ausgewählte
Bourdieusche Begriffe einer kritischen Überprüfung unterzogen werden.

Die beiden Beiträge zur *Techniksoziologie* stellen sich den für die soziologische Beobachtung der Technik zentralen Fragen, wie technische Artefakte Praxiseffekte erzeugen und wie sie als Bestandteil der Sozialität gefasst werden
können, die Bourdieu in seiner Theorie trotz der zunehmenden Bedeutung von
technischen Installationen für die Reproduktion der Gegenwartsgesellschaft
weitgehend ignoriert. In beiden techniksoziologischen Beiträgen geht es nicht
primär um die im praxistheoretischen Diskurs weit verbreitete Erforschung der
Technikgenese (vgl. Schatzki 2001: 11). Sie analysieren vielmehr mit Hilfe der
Bourdieuschen Begriffe, in welcher Weise Technik in ihrer Eigenschaft als
Technik soziale Bedeutung erlangt. Der Beitrag von Frank Hillebrandt zeigt auf
der Kontrastfolie der Akteur-Netzwerktheorie (Latour) die Möglichkeiten und
Grenzen einer Praxistheorie der Technik zunächst anhand der Bourdieuschen
Kultursoziologie auf, um daran anschließend deutlich zu machen, dass eine
Praxistheorie der Technik, die den gegenwärtigen Erscheinungsformen techni-
scher Installationen (mikroprozessuale Computertechnik) umfassend gerecht zu
werden vermag, nicht umhin kommt, das Bourdieusche Konzept der objektivierten Geschichte zu dynamisieren. Nur so lassen sich nach Hillebrandt die Praxiseffekte nicht trivialer Technikinstallationen angemessen analysieren, indem die
dem Alltagsbewusstsein verborgenen Mechanismen der Materialität durch eine
Hermeneutik technischer Artefakte sichtbar gemacht werden. Ingo Schulz-
Schaeffer grenzt seine Überlegungen zum Nutzen und Nachteil der Praxistheorie Bourdieus für die Techniksoziologie zunächst von einer Thematisierung der
Technik als Distinktionsmittel ab, um die Praxistheorie in Bezug auf das Erkenntnisinteresse einer speziellen Techniksoziologie zu diskutieren. Dieses
besteht für Schulz-Schaeffer darin, nicht nur den Distinktions- und Routineas-

pekt, sondern auch den Ressourcenaspekt der Technik soziologisch zu analysieren. Seine These ist, dass mit Hilfe der Praxistheorie Bourdieus gerade dieser Ressourcenaspekt der Technik nicht hinreichend erfasst werden kann.

Die Beiträge zur *Organisationssoziologie* nehmen die theoretische Herausforderung an, den sozialen Phänomenbereich Organisation, dessen Analyse Bourdieu trotz seiner Bedeutung für die Praxisformen der Gegenwartsgesellschaft weitgehend ausspart, praxistheoretisch zu erfassen. Andrea Maria Dederichs und Michael Florian entwickeln aus der theoretischen Vorgabe Bourdieus am Beispiel der sozialen Genese von Kooperationsbeziehungen zwischen Unternehmen einen organisationssoziologischen Analyserahmen, der sich um die Begriffe Strukturen, Strategien und Akteurkonfigurationen zentriert. Sie zeigen dabei unter Weiterentwicklung der Soziologie Bourdieus primär die Stärken einer praxistheoretischen Organisationssoziologie auf, die zum Einen die Strukturbildungen zwischen Organisationen und zum Anderen die Dynamik der Praxis in Organisationsfeldern zu erfassen vermag. Frank Janning zentriert seine aus der Bourdieuschen Soziologie abgeleiteten organisationssoziologischen Überlegungen auf den Begriff des Habitus. Er zeigt, dass das Habituskonzept in seiner ursprünglichen Fassung nur sehr bedingt für die Organisationssoziologie fruchtbar gemacht werden kann und daher einer Weiterentwicklung bedarf. Nur so lassen sich die für Organisationen typischen Handlungsrollen, die sich auf die spezifischen Anforderungen der Organisation ausrichten, in einer praxistheoretischen Organisationssoziologie angemessen analysieren.

Die Beiträge zur *Soziologie der Geschlechterverhältnisse* schließen an die rege Diskussion der letzten Jahre um die Frage nach dem Nutzen einer an Bourdieu ausgerichteten Geschlechterforschung an. Am Beispiel des wissenschaftlichen Feldes geht Claudia Rademacher in ihrem Beitrag der Frage nach, welche Erkenntnisgewinne Bourdieus Analyse der männlichen Herrschaft bietet und ob es ihm gelingt, die Voraussetzungen einer symbolischen Revolution der Geschlechterordnung zu benennen. Rademacher gelangt zu dem Schluss, dass sich Bourdieu in einem Circulus vitiosus zwischen symbolischer und politisch/sozialer Revolution verfängt, so dass der (erwünschte) Wandel der Produktionsbedingungen der habituellen Dispositionen als bloße Forderung erscheint. Karin Zimmermann versucht vor dem Hintergrund der praxeologischen Perspektive Bourdieus, die Schemata der Wahrnehmung und Bewertung des wissenschaftlichen Feldes theoretisch und empirisch in den Blick zu nehmen. Die Grundlage ihrer Analyse bilden Interviews mit Professorinnen und Professoren, die zur sogenannten Wendezeit aus unterschiedlichen Positionen heraus an Personalauswahlverfahren und an Entscheidungsvorbereitungen beteiligt waren. Detailliert beobachten lassen sich diese Organisations- und Entscheidungsstrukturen, so Zimmermann, wenn sie in Anlehnung an die Kapitalarten und an das Modell des sozialen Raumes bei Bourdieu verstanden werden. Auf der Basis einer Auswertung von berufsbiographischen Interviews, in denen das Selbstverständnis von Professorinnen und Professoren erhoben wurde, demonstriert Steffani Engler in ihrem Text, dass es sich bei den Selbstrepräsentationen um Konstruktionen der befragten Personen nach Maßgabe der spezifischen Regeln des wissenschaftlichen Feldes handelt. Eine für die Verteilungskämpfe entscheidende Rolle spielen dabei, neben der eigentlichen wissenschaftlichen Arbeit, jene Anerkennungs- und Zuschreibungsprozesse, in denen Frauen aufgrund der Dominanz eines Subjekttypus („schöpferische Persönlichkeit") mit ausschließlich männlichen Attributen strukturell benachteiligt werden.

In den unter dem Themenschwerpunkt *Sozialtheoretische Perspektiven* versammelten Beiträgen werden schließlich verschiedene Grundprobleme soziologischer Theoriebildung thematisiert. Jörg Potthast greift in seinem Beitrag das Problem auf, dass der Sozialstaat und die Sozialwissenschaften sich in einem historischen Konstitutionsverhältnis befinden, und macht die Frage nach den Regeln einer akzeptablen Verbindung von wissenschaftlicher Beschreibung und wissenschaftlicher Kritik zum Bezugspunkt einer theorievergleichenden Gegenüberstellung der empirischen Studien von Bourdieu (Das Elend der Welt) und Boltanski (La dénonciation publique). Beide Autoren, so Potthast, teilen zwar einen praxistheoretischen Grundkonsens, während aber Bourdieu darauf drängt, Ungleichverteilungen auch auf der Ebene von Repräsentationsmacht zu untersuchen, empfiehlt Boltanski der Armuts- und Ungleichheitsforschung, die Vorstellungen von sozialer Gerechtigkeit zu explizieren, die Urteilen über Ungleichverteilungen zugrunde liegen. Diese programmatischen Differenzen haben, wie Potthast nachweist, nicht nur methodologische Konsequenzen, sondern schlagen sich auch in den jeweiligen Interpretationen der Ergebnisse der empirischen Studien nieder. Der Beitrag von Steffen Albrecht schließt unmittelbar an Bourdieus Konzept des sozialen Kapitals an und versucht dieses mithilfe der Einsichten der Netzwerktheorie und -analyse zu ergänzen und zu präzisieren. Eine besondere Bedeutung kommt dabei den interpersonalen Beziehungen zu, die für die Etablierung und Reproduktion von Netzwerken und damit auch für die Verteilungen des sozialen Kapitals konstitutiv sind. Mit Hilfe von Netzwerkanalyse und Korrespondenzanalyse demonstriert Albrecht anhand eines empirischen Beispiels aus dem literarischen Feld, wie sich das soziale Kapital in einem Feld bemerkbar macht, d. h. welche Rolle interpersonelle Beziehungen im Vergleich zu anderen Kapitalsorten für die gesellschaftliche Reproduktion in sozialen Feldern spielen. Jörg Ebrecht geht in seinem Beitrag der Frage nach, welche Erkenntnisse sich aus der Praxistheorie Bourdieus für eine Theorie kulturellen Wandels gewinnen lassen. Den Ausgangpunkt der Überlegungen bildet dabei die von Margaret Archer als „Mythos der kulturellen Integration" formulierte Kritik an dem kulturtheoretischen Erklärungsvokabular. Anhand verschiedener, dem Oeuvre Bourdieus entnommener empirischer Beispiele, zeigt Ebrecht auf, dass im Habituskonzept Bourdieus zwar einerseits die praktischen Bedingungen der situativen Anwendung der habituellen Schemata betont und so der Kreislauf einer mechanistischen Repetition der Handlungsmuster zumindest grundsätzlich durchbrochen wird, dass aber andererseits mit der Vorstellung eines homogenen, konsistenten Dispositionssystems, das sich einem oder mehreren (ganzen) Akteuren zuschreiben lässt, eine gehaltvolle Erklärung kulturellen Wandels unnötigerweise erschwert wird. Um die Möglichkeit von Transformationsprozessen des Habitus nicht mehr nur, wie es Bourdieu nahe legt, an die Dynamik des sozialen Raumes und der sozialen Felder anzuschließen, plädiert Ebrecht für eine Flexibilisierung des Habituskonzeptes: Indem die enge Kopplung der Wissensordnungen an Akteure und Gruppen von Akteuren aufgegeben wird, erscheinen Konstellationen konkurrierender und kombinierbarer Schemata wahrscheinlich.

Die unterschiedlichen Beiträge zeigen, dass sich im Anschluss an Bourdieu zwar durchaus praxistheoretische Erklärungsmodelle zentraler Ausschnitte des Sozialen entwickeln lassen, sein Theorievokabular im Zuge dieser experimentellen Einordnung in neue Kontexte aber modifiziert und erweitert werden muss. Unsere Hoffnung ist, dass die hier versammelten Texte Beiträge zur Weiterentwicklung der Bourdieuschen Soziologie darstellen, und dies im Sinne der Konturierung einer soziologischen Theorie der Praxis.

Literatur

Berger, Johannes 1996: Entfernung von der Truppe. Realanalytische Grenzen des Konstruktivismus in der Soziologie, in: Miller, Max und Hans-Georg Soeffner (Hg.): Modernität und Barbarei. Soziologische Zeitdiagnosen am Ende des 20. Jahrhunderts, Frankfurt am Main, Suhrkamp, S. 231 - 245

Bourdieu, Pierre 1985: Sozialer Raum und „Klassen", Leçon sur la Leçon, Frankfurt/M., Suhrkamp.

Bourdieu, Pierre 1987: Die feinen Unterschiede. Kritik der gesellschaftlichen Urteilskraft, Frankfurt/M., Suhrkamp.

Bourdieu, Pierre 1992a: Rede und Antwort, Frankfurt/M., Suhrkamp.

Bourdieu, Pierre 1992b: Die verborgenen Mechanismen der Macht. Schriften zu Politik & Kultur, Hamburg, VSA

Bourdieu, Pierre 1993: Soziologische Fragen, Frankfurt/M., Suhrkamp.

Bourdieu, Pierre 1997a: Zur Genese der Begriffe Habitus und Feld, in: ders.: Der Tote packt den Lebenden. Schriften zu Politik und Kultur 2, Hamburg, VSA, S. 59-78.

Bourdieu, Pierre 1997b: Ortseffekte, in: ders. et al.: Das Elend der Welt. Zeugnisse und Diagnosen alltäglichen Leidens an der Gesellschaft, Konstanz, Universitätsverlag, S. 159-167.

Bourdieu, Pierre 1998: Praktische Vernunft. Zur Theorie des Handelns, Frankfurt/M., Suhrkamp.

Bourdieu, Pierre 2001: Meditationen. Zur Kritik der scholastischen Vernunft, Frankfurt/M., Suhrkamp.

Fröhlich, Gerhard 1994: Kapital, Habitus, Feld, Symbol. Grundbegriffe der Kulturtheorie bei Pierre Bourdieu, in: Mörth, Ingo und Gerhard Fröhlich (Hg.): Das symbolische

Kapital der Lebensstile. Zur Kultursoziologie der Moderne nach Pierre Bourdieu, Frankfurt/M., New York, Campus, S. 31-53.

Gebauer, Gunter und Christoph Wulf 1993: Einleitung, in: dies. (Hg.): Praxis und Ästhetik. Neue Perspektiven im Denken Pierre Bourdieus, Frankfurt/M., Suhrkamp, S. 7-13.

Hillebrandt, Frank 2001: Klasse der Entbehrlichen. Grenzen funktionalistischer Gesellschaftstheorie, in: Rademacher, Claudia und Peter Wiechens (Hg.): Geschlecht – Ethnizität – Klasse. Zur sozialen Konstruktion von Hierarchie und Differenz, Opladen, Leske und Budrich, S. 201-218.

Müller, Hans-Peter 1994: Kultur und soziale Ungleichheit. Von der klassischen zur neueren Kultursoziologie, in: Mörth, Ingo und Gerhard Fröhlich (Hg.): Das symbolische Kapital der Lebensstile. Zur Kultursoziologie der Moderne nach Pierre Bourdieu, Frankfurt/M., New York, Campus, S. 54-71.

Reckwitz, Andreas 2000: Die Transformation der Kulturtheorien. Zur Entwicklung eines Theorieprogramms, Velbrück, Weilerswist

Schatzki, Theodore R. 2001: Introduction. Practice theory, in: Schatzki, Theodore, Karin Knorr Cetina und Eike von Savigny (ed.): The Practice Turn in Contemporary Theory, London, New York, Routledge, pp. 1-14.

Techniksoziologie

Die verborgenen Mechanismen der Materialität
Überlegungen zu einer Praxistheorie der Technik

Frank Hillebrandt

Manuel Castells stellt seiner breit angelegten Gegenwartsanalyse eine Betrachtung der, wie er sagt, „informationstechnologischen Revolution" (Castells 2001: 31ff.) voran. Dabei geht er unmissverständlich davon aus, dass die gegenwärtig zu beobachtende Entwicklung und massenhafte Verbreitung der mikroprozessualen Computertechnik prägenden und nachhaltigen Einfluss darauf hat, „wie wir geboren werden, wie wir leben, wie wir lernen, wie wir arbeiten, wie wir produzieren, wie wir konsumieren, wie wir träumen, wie wir kämpfen und wie wir sterben" (Castells 2001: 35). Das Charakteristische dieser revolutionären Umwälzung der gesellschaftlichen Lebensbedingungen sei dabei nicht so sehr „die zentrale Bedeutung von Wissen und Information, sondern die Anwendung dieses Wissens und dieser Information zur Erzeugung neuen Wissens und zur Entwicklung von Geräten zur Informationsverarbeitung und zur Kommunikation" (ebd.: 34). Die gegenwärtigen „Kommunikationstechnologien" werden als die „materiellen Grundlagen" (ebd.: 75) einer in Entstehung befindlichen „Netzwerkgesellschaft" angesehen, in der sich ein breit vernetztes System von Techniken gebildet hat, das sich ständig aus sich selbst heraus weiterentwickelt. Dieses System hat nach Castells „seine eigene inhärente Logik und ist durch die Fähigkeit [gekennzeichnet, F.H.], jeglichen Input in ein gemeinsames Informationssystem zu übersetzen und diese Information mit zunehmender Geschwindigkeit, mit zunehmender Macht und zu abnehmenden Kosten in einem potenziell allgegenwärtigen Verfügungs- und Verteilungsnetzwerk zu verarbeiten" (ebd.: 35).

Die auf diese Weise vorgenommene Identifikation einer materiellen Basis gesellschaftlicher Wandlungsprozesse erinnert in Kombination mit der Diagnose einer nachhaltigen und irreversiblen Wirkung der technischen Installationen auf die Sozialität an die Reflexion der ersten industriellen Revolution durch Theoretiker wie Karl Marx und Max Weber. Offenbar ist es in der Gegenwart notwendig, der „toten Arbeit", wie Marx (1984: 446) die automatisierten Arbeitsmittel bezeichnet, oder der „leblosen Maschine", wie Weber (1980: 835) den „geronnenen Geist" der Fabrik analog dazu umschreibt, größere theoretische Aufmerk-

samkeit zu widmen, als es gegenwärtig in der Gesellschaftstheorie geschieht.
Die nachhaltige Erfahrung, dass installierte Technikstrukturen durch ihre Eigendynamik nicht selten Macht über die sozialen Akteure gewinnen, indem sie
soziale Praxis anleiten und reglementieren (vgl. Rammert 2000: 59), ist nach
Castells eines der wichtigsten Merkmale der Netzwerkgesellschaft. Insbesondere die neuen Kommunikationstechniken beherrschen nicht mehr nur das Arbeitsleben und die Produktion, sondern zunehmend auch den Alltag.

Offensichtlich avanciert die techniksoziologische Frage, wie technische Installationen und Artefakte sozial konstruiert werden und gleichsam die Sozialität
beeinflussen, indem sie auf sie einwirken, zu einer zentralen Frage einer angemessenen Sozialtheorie. Trotz der Bedeutung, die Castells der technischen Installation zur Diagnose der Gegenwartsgesellschaft gibt, bemerkt er fast beiläufig, dass „kulturell/institutionelle Kontexte und zielbewusstes Handeln mit dem
neuen technologischen System interagieren müssen" (Castells 2001: 35), damit
die von ihm postulierte Wirkung der neuen Technikinstallationen tatsächlich
eintritt. Nur wenn die neuen Techniken auch im Alltag genutzt werden und
dadurch praxisrelevant werden, können sie zur Quelle der „informationstechnologischen Revolution" werden. Castells widmet sich jedoch nicht der daraus
abzuleitenden, techniksoziologisch interessanten Frage, wie die „Interaktion"
zwischen Technikinstallation und sozialem Akteur theoretisch gehaltvoll gefasst
werden kann. Nur eine Beantwortung dieser Frage erlaubt es jedoch, den nicht
nur von Castells diagnostizierten Einfluss der Technikinstallationen auf die
soziale Welt techniksoziologisch und gesellschaftstheoretisch zu analysieren.

Um hier einer Antwort näher zu kommen, die über zeitdiagnostische Aussagen hinausgeht, möchte ich auf die Praxistheorie Bourdieus Bezug nehmen,
weil diese theoretische Vorgabe eine Sicht auf Technik ermöglicht, die ihre
Bedeutung für die alltägliche gesellschaftliche Praxis herausstellt. Dazu muss
die von Bourdieu formulierte Unterscheidung zwischen objektivierter und inkorporierter Geschichte auf den Phänomenbereich Technik bezogen werden. Ein
solches Vorgehen kann über den Problemzusammenhang aufklären, wie technische Artefakte in Sozialität – und das heißt für Bourdieu in soziale Praxis –
verwickelt sind und wie sie deshalb auf sie einwirken. In der an Relationen
orientierten Praxistheorie Bourdieus setzt jede historische Aktion zwei Zustände
miteinander in Verbindung: „die Geschichte in objektiviertem Zustand, d.h. die
im Laufe der Zeit in den Dingen (Maschinen, Gebäuden, Monumenten, Büchern, Theorien, Sitten, dem Recht usf.) akkumulierte Geschichte und die Geschichte im inkorporierten Zustand, die Habitus gewordene Geschichte" (Bourdieu 1997: 28). Sowohl technische Artefakte (objektivierte Geschichte) als auch
deren Nutzung, die nicht ohne inkorporierte Geschichte möglich ist, können im
Kontext dieser praxistheoretischen Vorgabe Bourdieus nur relational, in ihren
Bezügen zu dem jeweils anderen Gegenstandsbereich bestimmt werden.

Um die Erklärungskraft dieser Denkfigur für die soziologische Thematisierung technischer Artefakte zu bestimmen, möchte ich in einem ersten Schritt anhand der Akteur-Netzwerktheorie die Bedeutung der technischen Installation für die Reproduktion der Gesellschaft herausstellen. Diese insbesondere von Bruno Latour entwickelte Theorievorgabe will dem Spannungsfeld der Techniksoziologie zwischen einer Exkommunikation der technischen Dinge und einer Dingmetaphysik mit Hilfe eines neuen Vokabulars entgehen, um den technischen Artefakten eine angemessene Stellung im Ensemble der Reproduktionsmechanismen moderner Sozialität zu geben (I). Im zweiten Schritt werde ich die Bourdieusche Unterscheidung zwischen objektivierter Geschichte und inkorporierter Geschichte auf den Phänomenbereich Technik beziehen, um so das Technik-Konzept der Akteur-Netzwerktheorie zu soziologisieren und in eine Praxistheorie der Technik münden zu lassen. Hier wird zu zeigen sein, dass eine Sozialtheorie der Technik nur dann umfassend formuliert werden kann, wenn beide Seiten der Relation zwischen objektivierter und inkorporierter Geschichte in gleichrangiger Beziehung zueinander gestellt werden, um auf Technik bezogene Praxisformen sowie die soziale Wirkung der technischen Artefakte soziologisch bestimmen zu können (II). Im dritten Schritt der Argumentation zeige ich die Grenzen einer Adaption der Praxistheorie Bourdieus für die Techniksoziologie am Begriff der objektivierten Geschichte auf. Dieser Begriff muss, so meine These, deutlich differenzierter und dynamischer gefasst werden, als dies Bourdieu tut, um der den technischen Installationen innewohnenden Dynamik und Eigenmächtigkeit gerecht werden zu können (III). Am Schluss steht ein kurzes Resümee (IV).

I.

Techniksoziologische Forschung wird durch die Untersuchungen und Positionen der Akteur-Netzwerktheorie provoziert. Diese Provokation ist darauf zurückzuführen, dass diese Forschungsrichtung eine sehr eigenwillige Position zu den (technischen) Dingen einnimmt, um ihnen einen angemessenen Stellenwert für die Reproduktion der Sozialität zu geben. Diese Position wird an einer scharfen und pauschalen Kritik soziologischen Denkens profiliert. Bruno Latour, der prominenteste Vertreter der Akteur-Netzwerktheorie, wirft der Soziologie kurzerhand vor, zwischen zwei Varianten der Konzeption von Technik zu oszillieren, ohne dadurch die Bedeutung technischer Artefakte für die moderne Gesellschaft in den Blick zu bekommen (vgl. Latour 2000: 211ff.). Er sieht eine strukturalistische, von ihm materialistisch genannte Seite und eine intentionalistische, von ihm leichthin als soziologisch bezeichnete Seite. Der Materialismus gibt den Dingen die Kraft uns zu beherrschen. Der Intentionalismus reduziert die Dinge auf Werkzeuge bzw. Instrumente, betrachtet sie also als die Verlängerung des individuellen Willens sozialer Akteure. Der Sündenfall der Soziologie, der diese beiden reduktionistischen Sichtweisen auf Technik angeblich erzeugt, ist für Latour das soziologische Bestreben, die Sozialität als genuinen Gegenstand der am Anfang des 20. Jahrhunderts neu entstehenden soziologischen Wissenschaft zu etablieren. Der auf diese Weise entstehende Soziologismus besteht für Latour seit Durkheim darin, das Soziale nur durch das Soziale erklären zu wollen. Welten, die im alltäglichen Leben miteinander verwickelt sind, werden dadurch getrennt. „Sozialwissenschaftler werden heißt, sich darüber klar zu werden, daß die inneren Eigenschaften der Objekte nicht zählen, daß letztere bloß Gegenstand für menschliche Kategorien sind." (Latour 1995: 72)[1]

Während eine an der soziologischen Systemtheorie Luhmannscher Provenienz ausgerichtete Techniksoziologie ganz im Sinne der traditionellen Soziologie, technische Installationen als relevante Umwelt des sozialen Systems beschreibt, die, wie alle anderen relevanten Aspekte der Sozialität, deren Letztelemente nicht Kommunikationseinheiten sind, ausschließlich abgeleitet zum Thema der Kommunikation werden können (vgl. etwa Halfmann 1996: 109ff.)[2], will Latour diesen „Eintrittspreis" in die Soziologie nicht bezahlen, weil ihm und der Akteur-Netzwerktheorie zufolge technische Artefakte und nicht nur deren soziale Konstruktion als genuine Bestandteile der Sozialität gefasst werden müssen:

„Ja, die wissenschaftlichen Fakten sind konstruiert, aber sie lassen sich nicht auf Soziales reduzieren, weil dieses mit Objekten bevölkert ist, die mobilisiert worden sind, um es zu konstruieren. Ja, diese Dinge sind real. Aber sie gleichen zu sehr sozialen Akteuren, um sich auf die von den Wissenschaftstheoretikern erfundene Realität ‚dort draußen' reduzieren zu lassen." (Latour 1995: 14)

Die Objektivierung der Technik ist für Latour somit eine kontingente Erfindung eines Zusammenspiels zwischen Natur- und Sozialwissenschaften. Die Akteur-Netzwerktheorie gibt dagegen zu bedenken, dass es einer historischen und kulturellen Variabilität unterworfen ist, was jeweils als Objekt gilt, und welche Relationen zwischen Subjekten und Objekten als realisierbar und relevant erachtet werden. Die Objektivierung der Technik ist ein Produkt dieser kulturellen

---

1   Wir Modernen machen nach Latour die hybriden „Monstren" unsichtbar und gerade deshalb konstruierbar und erlauben uns damit „die beschleunigte Sozialisierung nicht-menschlicher Wesen, weil wir diesen nie erlauben, als Elemente der ‚wirklichen Gesellschaft' in Erscheinung zu treten. ... Das Ausmaß der Mobilisierung ist proportional zur Unmöglichkeit, ihre Beziehungen zur Gesellschaftsordnung zu denken. Je weniger sich die Modernen für gemischt halten, desto mehr vermischen sie" (Latour 1995: 60).

2   Darüber hinaus wird Technik in dieser Theoriesprache als Medium der Kommunikation verstanden, das über die Form „funktioniert/funktioniert nicht" lose Elemente in strikter Form an sich koppelt (vgl. Luhmann 1997: 524f.). Obwohl mit diesem Theorieelement die sozialstrukturierende Wirkung der Technik berücksichtigt wird, bleibt es gleichwohl auf die Semantik der Gesellschaftsstruktur bezogen, weil es Technik als semantisches Medium fasst, das semantische Formen an sich bindet. Erste Vermittlungsversuche zwischen Systemtheorie und Akteur-Netzwerktheorie finden sich bei Wagner (vgl. 1997).

Repräsentationen und Zusatzdeutungen. Subjekte, die intentional handeln können, lassen sich so einerseits einer Objektwelt gegenüberstellen, die von den Subjekten instrumentell genutzt wird, um bestimmte, als rational definierte Ziele zu erreichen.[3] Andererseits benutzen die Sozialwissenschaften „die unbestreitbaren Resultate der Wissenschaften, d.h. die Natur der Dinge, und zeigen, wie diese den weichen und formbaren Willen der armen Menschenwesen bestimmt, beeinflußt und prägt." (Latour 1995: 72)

Nicht so Latour: Seine Beobachtung, dass sich die Hybridsysteme, also die Netzwerke zwischen sozialen Akteuren und technischen Artefakten immer mehr ausbreiten, verweist für ihn auf die Notwendigkeit, die soziologische Analyse der Schnittstelle zwischen menschlichem Akteur, Sozialität und technischer Maschine vom Soziologismus zu befreien. Latour bemerkt, dass fast alles Handeln und jede Form von Sozialität eng mit technischen Artefakten verbunden ist. Diese technischen Vorrichtungen erscheinen dabei in der Regel nicht als Objekte, die der Sozialität äußerlich sind, sondern nehmen in der sozialen Praxis einen aktiven Part ein. Technische Artefakte werden daher als Träger von Handlungsprogrammen verstanden und in vielerlei Hinsicht mit menschlichen Akteuren gleichgesetzt. Der Türschließer, der Berliner Schlüssel, die Waffe, der Tageslichtprojektor und andere Gegenstände werden deshalb nicht nur metaphorisch zu nicht-menschlichen „Aktanten" erklärt, in die Handlungsprogramme eingelassen sind und an die gar Handlungsprogramme delegiert werden können.

> „Als allgemeine Regel läßt sich festhalten, daß jedesmal, wenn man wissen will, was ein nicht-menschliches Wesen leistet, man sich nur vorzustellen braucht, was andere menschliche oder nicht-menschliche Wesen zu tun hätten, falls es nicht an seinem Platz wäre. Dieses imaginäre Ersetzen grenzt genau die Funktion ein, die es erfüllt." (Latour 1996: 64)

Handeln wird so zu einem Vermögen der gesamten Assoziation von Aktanten und eben nicht nur ihrer menschlichen Mitglieder. Die Akteur-Netzwerktheorie vermeidet eine klare Abgrenzung zwischen Subjekten und Objekten, Zielen und Funktionen, Form und Stoff (vgl. Latour 2000: 221f.). „Nicht-menschliche"

---

3 Die Objekt-Hypothese erscheint dann als Produkt einer spezifischen Gesellschaftsformation, in der die instrumentelle Nutzung von technischen Geräten und die Notwendigkeit eines rationalen Gegenstandsverhaltens normativ erzeugt wird, damit sich eine bestimmte Produktionsweise reproduzieren kann (vgl. Woolgar 1991: 63ff.). Bemerkenswert ist, dass auch die Kritik an der kapitalistischen Produktionsweise traditionell diesem Objekt-Subjekt-Schema verhaftet bleibt, indem sie der kapitalistischen Maschinerie eine entmündigende Wirkung zuschreibt, der Objektwelt somit eine Beherrschung der Subjektwelt unterstellt. Andererseits ist Gerald Wagner zuzustimmen, wenn er mit Blick auf die gegenwärtige Techniksoziologie schreibt: „Vergegenwärtigt man sich ..., wie schwer es ist, Handlungszusammenhänge zu finden, die gänzlich ohne die Beteiligung irgendwelcher technischer Artefakte auskommen, überrascht die geringfügige Aufmerksamkeit, mit der die technische Normung bisher sozialwissenschaftlich bedacht wurde." (Wagner 1994: 154) Die technische Normung durch Technikinstallationen völlig aus den techniksoziologischen Blick zu verlieren bedeutet eine Verkürzung der soziologischen Erforschung von Technik.

Aktanten sind demnach „weder Objekte, die von einem Subjekt erkannt werden, noch sind sie Objekte, die von einem Herrn und Meister manipuliert werden" (Latour 2000: 226). Sie werden als Teil eines Kollektivs von Aktanten gefasst, das durch seine Assoziation Handlungsabfolgen ermöglicht, die ohne dieses Zusammenwirken nicht möglich sind. Bei der Bildung dieser Netzwerke kommt es zu Übersetzungsleistungen, die sich auf eine Inkorporierung von Handlungsprogrammen in die nicht-menschlichen Aktanten beziehen, wodurch beide – menschliche und nicht-menschliche Aktanten – symmetrisch nebeneinander stehen. Diese Symmetrieannahme ermöglicht erst die Identifizierung einer mehr oder weniger starken Konvergenz von Netzwerken, wodurch wiederum die in die nicht-menschlichen Aktanten eingelassenen Handlungsaufforderungen genauer bestimmt werden können, die im Netzwerk wirksam werden und Praxisformen erzeugen. Die Assoziation menschlicher und nicht-menschlicher Aktanten geschieht durch Vermittler: „I want to say that actors define one another by means of the intermediaries which they put into circulation." (Callon 1991: 140)

Mit dem Begriff der Vermittlung gelingt es, das Akteur-Netzwerk differenziert zu beschreiben, oder besser, eine Genealogie des Netzwerkes zu betreiben. Vermittlung hat mindestens vier Bedeutungen. *Erstens* entstehen durch die der Technik einverleibten Handlungsprogramme Vorschriften, durch die neue Handlungsweisen wirksam werden, die ohne technische Aktanten nicht existieren würden. „Das dem Menschenwesen durch nicht-menschliche Dinge aufgezwungene Verhalten nenne ich eine Vorschrift." (Latour 1996: 68) Der Begriff Vermittlung meint *zweitens* die Assoziation von Einheiten zu einem kollektiven Akteur, der völlig neue Eigenschaften hat und spezifische Handlungsziele verfolgt. Erst in der Hand eines Akteurs wird das Ziel etwa der Waffe spezifiziert. Die Assoziation von Waffe und Bürger lässt genauer gesagt neue Handlungsziele entstehen, die nicht mit den Handlungszielen des Bürgers ohne Waffe identisch sein können. Die Fragen sind dann, wer der Akteur ist, wie die Waffe beschaffen ist etc. Eine Waffe wird durch Assoziation zu einer Bürger-Waffe oder der Bürger wird zu einem Waffen-Bürger. Der Begriff der Vermittlung weist *drittens* auf das Zusammenfallen von Raum und Zeit hin, das durch technische Artefakte geschieht. In der Begegnung mit technischen Geräten begegnen wir wissenschaftlichen Erkenntnissen, die in völlig anderen Räumen und zu einer völlig anderen Zeit fabriziert wurden. Das technische Gerät erscheint uns gleichwohl in der Regel als black box, die wir nicht verstehen und durchschauen. Vermittlung meint schließlich *viertens*, dass die in den technischen Geräten eingelassenen Delegationen einen Austausch zwischen Materie und Gesellschaft bewirken, indem gesellschaftliche Eigenschaften an technische Geräte delegiert werden und indem die Gesellschaft Eigenschaften der Materie zu ihrer Reproduktion nutzt.

Eine weitere Konkretisierung des Zusammenspiels der Aktanten eines Netzwerkes gelingt durch Zusatztexte, die als Aufforderungen zu verstehen sind. Der Begriff des Skripts bezeichnet diese um die Technik herum gebauten Imperative. Das Schweigen der Maschine wird durch Skripte in Worte verwandelt. Gebrauchsanweisungen, Warnhinweise, Wartungsregeln, Schilder an der Tür mit der Aufschrift „Drücken" oder „Ziehen" etc. fallen unter die Kategorie des Skripts. Die auf diese Weise immer mehr verfeinerte Assoziation von Aktanten ist symmetrisch und ergebnisoffen konzipiert. Sie führt zu einer Substitution verschiedener Aktanten. Menschliche Aktanten können durch technische Artefakte ersetzt werden und umgekehrt.

Derartige Netzwerke entwickeln zuweilen eine sehr hohe Komplexität. Sie können sich enorm ausbreiten, weil alle möglichen Praxisformen der Gegenwartsgesellschaft nur durch die Assoziation von menschlichen und nichtmenschlichen Aktanten möglich werden. Ein Beispiel ist die Vortragssituation auf einer Tagung: Nur durch die Assoziation von Verkehrsmittel, Schiene bzw. Straße, Türschließungsmechanismen, Hotelschlüsseln, Tageslichtprojektor, Computer, Kommunikationsmittel etc. wird es mir möglich, einen Vortrag auf einer Konferenz zu halten. Jeder dieser Aktanten ist wiederum nur in einem Netzwerk von Aktanten möglich geworden. Hochkomplexe Netzwerke von Aktanten begegnen uns demnach in fast allen Situationen des Alltags. Sobald wir uns bewegen, werden wir mit diesen Netzwerken konfrontiert und letztlich von ihnen in Beschlag genommen.

Die so formulierte Akteur-Netzwerktheorie bietet Anschlussmöglichkeiten für eine praxistheoretische Techniksoziologie. Wir können mit Latour in praxistheoretischer Perspektive formulieren, dass die Dinge und technischen Geräte in Praxis verwickelt sind, weil in ihnen ein Aufforderungscharakter in Form von Handlungsprogrammen und Skripten implementiert ist. Latour ist zuzustimmen, wenn er Technik nicht als das vergegenständlichte Andere der Kultur oder des Sozialen beschreibt. Die Welt der Objekte steht nicht einer anderen, sozialen Welt gegenüber. Deshalb kann es nicht darum gehen, Mensch (Subjekt) und Maschine (Objekt) zu konfrontieren, um darin die unmöglichen Korrespondenzen, Verlängerungen und Ersetzungen des einen oder anderen einzuschätzen. In der Techniksoziologie muss es vielmehr, wie Latours Konzept der Aktanten deutlich macht, darum gehen zu zeigen, *wie* der Mensch als sozialer Akteur mit den technischen Artefakten in Assoziation tritt, weil nur so technikbezogene Praxisformen entstehen können. Die Rekonstruktion der Entstehung von Akteur-Netzwerken erlaubt Schlussfolgerungen auf die Praxisformen, die in einem Netzwerk regelmäßig entstehen. Wenn jedoch so argumentiert wird, muss im zweiten Schritt geklärt werden, wie technische Geräte überhaupt zu Tat-Sachen – im Sinne von Sachen, die etwas tun – werden können, wie sie mit anderen Worten Praxiswert erlangen. Damit wird die andere, von Latour vernachlässigte Seite des praxisgenerierenden Spannungsverhältnisses zwischen objektivierter und inkorporierter Geschichte angesprochen, ohne die eine gehaltvolle Praxistheorie der Technik nicht möglich ist – nämlich die Seite der kontingenten Techniknutzung. Letztlich verwendet die Akteur-Netzwerktheorie ein primär sachtheoretisches Konzept der Technik. Sie bewegt sich vorrangig auf der Seite der objektivierten Geschichte, da sie die Zusammensetzung und Struktur nichtmenschlicher Aktanten analysiert, um aus dieser Analyse Schlussfolgerungen auf die Praxisformen zu ziehen, die die nicht-menschlichen Aktanten in Assoziation mit menschlichen Aktanten virulent werden lassen. Sie thematisiert in erster Linie, wie technische Artefakte die Nutzer konfigurieren. Durch Assoziation wird das Akteur-Netzwerk zu einem mächtigen und eigenwirksamen Regelwerk, das eine Anpassung seitens der Nutzer technischer Artefakte erfordert (vgl. Hörning 2001: 13). Die aus menschlichen und nicht-menschlichen Aktanten bestehenden Kollektive erscheinen so als stabile Ordnungen, die die Nutzer von Technik dazu bringen, sich den strukturellen Vorgaben entsprechend zu verhalten bzw. vom Handeln abzusehen. Dem Nutzer von Technik müssen letztlich Prädispositionen unterstellt werden, die der technisch verkörperten Zurichtung entsprechen. Dieser Eindruck entsteht, weil die Relation zwischen technischen Artefakten und Sozialität durch die Akteur-Netzwerktheorie nivelliert wird. Netzwerke erscheinen dadurch per se als konvergent, weil sie als Assoziationen beschrieben werden, die erst Handlungsvermögen entfalten. Gerade die Relation zwischen technischem Gerät und seiner kontingenten Nutzung ist jedoch zur Beantwortung der Frage nach den sozialen Wirkungen der Technik bedeutsam, weil sich nur im Spannungsfeld dieser Relation Praxisformen entfalten können. Das plausible Vorhaben, technischen Dingen einen angemessenen Stellenwert zur Reproduktion der Sozialität zuerkennen zu wollen, wird in der Akteur-Netzwerktheorie mit einer heimlichen Dingmetaphysik erkauft, weil die Relation zwischen technischen Artefakten und deren Nutzung verwischt wird. Durch diesen theoretischen Holismus (vgl. Schulz-Schaeffer 2000: 125ff.) wird die Akteur-Netzwerktheorie, wie ich zeigen möchte, der Dynamik, die zwischen objektivierter Geschichte und inkorporierter Geschichte regelmäßig entsteht, nicht gerecht. Die sozialen Akteure, die mit technischen Artefakten symmetrisch in ein Netzwerk verwickelt sind, werden von der Akteur-Netzwerktheorie „auf die Rolle von ausführenden Organen, Opfern und Komplizen einer in das Wesen der Apparate eingeschriebenen Politik" (Bourdieu 1997: 21) reduziert. Um diesen Verkürzungen einer Techniktheorie zu entgehen, muss das Vokabular der Akteur-Netzwerktheorie, das sich in radikaler Opposition zu soziologischen Begrifflichkeiten profiliert, um die Fehler der klassischen Techniksoziologie zu vermeiden, soziologisiert werden. Dazu bietet sich eine soziologische Forschungsrichtung an, die ähnlich wie die Akteur-Netzwerktheorie dem Antagonismus zwischen Subjektivismus und Objektivismus nachhaltig entgehen will; die Praxistheorie im Anschluss an Bourdieu.

II.

Versuchen wir es also mit Bourdieu, obwohl er das Technikthema in seiner Theorie sträflich vernachlässigt.[4] Eine praxistheoretische Thematisierung der Technik nach Bourdieu kann sich nicht ermächtigen, „die Existenz aus der Essenz zu deduzieren, das reale Verhalten aus der Beschreibung der Apparate herauszulesen, sich die Beobachtung der Praktiken zu ersparen und die Forschung mit der Lektüre von Diskursen, die für wirkliche Matrizen der Praktiken gelten, gleichzusetzen" (Bourdieu 1997: 21). Wenn der Gegenstand – sollte ich sagen das Objekt? – der Soziologie nach Bourdieu „die Relation zwischen zwei Realisierungen des historischen Handelns" (Bourdieu/Wacquant 1996: 160) ist, muss gefragt werden, wie innerhalb der Relation zwischen dem Habitus als „Ergebnis des Eingehens des Sozialen in die Körper" (ebd.) und dem Feld als „Ergebnis des Eingehens des Sozialen in die Sachen oder in die Mechanismen, die gewissermaßen die Realität von physischen Objekten haben" (ebd.), Praxisformen entstehen. Um eine Theorie der Erzeugungsmodi der Praxisformen zu entwickeln (vgl. Bourdieu 1979: 164), müssen beide Seiten dieser Relation analysiert werden. Der erste Schritt dahin ist eine Beobachtung der Praxis. Auf Technik bezogen bedarf es demnach einer Analyse, *wie* beliebige technische und nicht-technische Elemente durch ihr Zusammenwirken Praxisformen erzeugen.

Im Vokabular der Akteur-Netzwerktheorie muss zur Eingrenzung von technikbezogenen Praxisformen rekonstruiert werden, wie Netzwerke aus menschlichen und nicht-menschlichen Aktanten entstehen und praxisrelevant werden. Die Rekonstruktion gibt nach Michel Callon (vgl. 1991: 140) Aufschluss über die Praxis, die zur Bildung eines Netzwerkes geführt hat. Die Soziologie wird demnach zu einer Hermeneutik der Artefakte aufgefordert, um die Praxisformen zu erkennen, in die die Artefakte verwickelt sind. Bei dieser Rekonstruktion des Netzwerkes handelt es sich um eine spezifische Form der Beobachtung von Praxis, aus der sich Schlussfolgerungen für die Eingrenzung der Erzeugungsmodi von Praxis gewinnen lassen. Der Akteur-Netzwerktheorie gelingt es jedoch nicht, die mit technischen Artefakten verbundene Sinnproduktion zu analysieren, weil sie die mit Technik verbundene Habitualisierung nicht hinreichend beobachtet. Sie übersieht, dass der Habitus Geschichte erzeugt, weil er Praxisformen erzeugt (vgl. Bourdieu 1979: 182). Das Theorem der Vermittlung zwischen Aktanten, die durch ihr Zusammenwirken zu einem Akteur werden, ist aus praxistheoretischer Perspektive genauer zu fassen, als dies in der Akteur-Netzwerktheorie geschieht. Insbesondere Netzwerke mit geringer Konvergenz, also Netzwerke, die nicht reibungslos und unreflektiert funktionieren, werden mit den Mitteln der Übersetzung nicht hinreichend erfasst.

---

4 Vgl. dazu auch den Beitrag von Ingo Schulz-Schaeffer in diesem Band.

Die Ergänzung zur Netzwerkperspektive durch die Akteurperspektive führt nicht zwangsläufig in die Fallen des Intentionalismus, wie Bourdieu nicht müde wird zu betonen. Anders als die soziologische Systemtheorie Luhmannscher Provenienz geht die Praxistheorie mit dem Habituskonzept vom sozialen Akteur aus, um das Entstehen der Sozialität zu erklären. Sozialität, von Bourdieu als soziale Praxis gefasst, ist nicht ohne die inkorporierten Dispositionen sozialer Akteure möglich. Akteure handeln nicht intentional, sie sind statt dessen an der Entstehung von Praxisformen beteiligt, die sich nur in Relation zwischen objektivierter und inkorporierter Geschichte bilden können. Diese Beteiligung wird durch die Inkorporierung von Denk-, Wahrnehmungs- und Handlungsdispositionen möglich, die Bourdieu mit dem Habitusbegriff zusammenführt. Ohne Habitus ist eine Teilhabe an Praxis unmöglich. „Als einverleibte, zur Natur gewordene und damit als solche vergessene Geschichte ist der Habitus wirkende Präsenz der gesamten Vergangenheit, die ihn erzeugt hat." (Bourdieu 1987a: 105) Der Habitus ist zugleich Erzeugungsprinzip (modus operandi) und Produkt (opus operatum) der Praxis (vgl. Bourdieu 1987b: 282).

Akteure inkorporieren Handlungsdispositionen, um bestimmte Formen der Praxis initiieren zu können. Ihre Dispositionen können deshalb keinem außerhalb der Sozialität liegenden Prinzip folgen. Stattdessen versehen die Akteure ihre Aktivitäten mit praktischem Sinn, der nur aus ihren Denk-, Wahrnehmungs- und Handlungsdispositionen (Habitus) entstehen kann, die sie im Verlauf ihrer Lebenspraxis inkorporiert haben. Das Prinzip der Praxis ist für Bourdieu weder im Subjekt noch in einem Milieu oder einer anderen sozialen Aggregation zu suchen, die auf den Akteur so etwas wie eine mechanische Kausalität ausübt. Das Prinzip der Praxis liegt nicht in materiellen oder symbolischen Zielen des Handelns, ebensowenig wie es in den Zwängen der Formen der objektivierten Geschichte begründet liegt. Es beruht vielmehr auf einer Relation, „auf dem Zusammenspiel der in Gestalt von Strukturen und Mechanismen ... dinglich objektivierten Geschichte und der in Gestalt des Habitus den Körpern einverleibten Geschichte" (Bourdieu 2001: 193). Erst wenn zwischen diesen beiden Formen der Sozialität „eine Beziehung fast magischer Teilhabe besteht" (ebd.), entstehen Aktivitäten, die Praxis generieren. Deshalb gibt es für Bourdieu keine prinzipiellen Handlungsmotive, sondern lediglich ein Handlungsrepertoire, das in bestimmten Situationen in Konfrontation mit der objektivierten Sozialität abgerufen und habituell modifiziert wird. Das, was Menschen tun, ist in praxistheoretischer Perspektive Teil bestimmter sozialer Praktiken und entspringt daher nicht vorsozialen Intentionen des Handelns (vgl. Hörning 2001: 161f.). Die Akteure verfügen in Bourdieus nicht-intentionaler *Praxis*theorie über dauerhafte Dispositionen, die die ökonomischen und gesellschaftlichen Bedingungen ihrer eigenen Produktion durchaus überleben können (vgl. Bourdieu/Wacquant 1996: 164). Mit dem Habitusbegriff kann man nach Bourdieu die Konstanz der Dispositionen, des Geschmacks, der Präferenzen erfassen und erklären. Der Habitus als Ort der Speicherung von Handlungsdispositionen kann nur dann in Schwingung gebracht werden und Praxiseffekte erzeugen, wenn er mit spezifisch objektivierten Verwirklichungsformen der Sozialität konfrontiert wird. Objektivierte Sozialität kann im Umkehrschluss nur dann „agierte und agierende Geschichte werden, wenn sich Akteure ihrer annehmen, die aufgrund vorangegangener *Investitionen und Besetzungen* dazu neigen, *sich für sie zu interessieren*, und über die nötigen Fähigkeiten verfügen, sie zu reaktivieren" (Bourdieu 2001: 193).

Habitus meint in diesem Theorievorschlag ein System dauerhafter Dispositionen, ein „Erzeugungsprinzip von Strategien, die es ermöglichen, unvorhergesehenen und fortwährend neuartigen Situationen entgegenzutreten" (Bourdieu 1979: 165). Mit dem Begriff wird deutlich gemacht, dass jede Praxisform gesellschaftlich bedingt ist, weswegen die Intention von Praktiken nicht außerhalb der Gesellschaft, etwa in einem Rationalitätsmodell, gesucht werden kann: „Als Produkt der Geschichte produziert der Habitus individuelle und kollektive Praktiken, also Geschichte, nach den von der Geschichte erzeugten Schemata" (Bourdieu 1987a: 101). Handlungsdispositionen lassen sich demnach nur durch eine Beobachtung der Praxis und Werke identifizieren und sozialen Akteuren zuordnen, wie Bourdieu an der Analyse von Lebensstilen exemplarisch deutlich gemacht hat. Mit Hilfe einer Ethnographie kultureller Werke und Praxisformen lässt sich der praktische Sinn entschlüsseln, den die sozialen Akteure aus ihrer inkorporierten Geschichte erzeugen müssen, um in Konfrontation mit der objektivierten Geschichte aktiv werden zu können. „Als ständig von regelhaften Improvisationen überlagerte Erzeugungsgrundlage bewirkt der Habitus als praktischer Sinn das Aufleben des in den Institutionen objektivierten Sinns" (Bourdieu 1987a: 107).

Die objektivierte Geschichte bildet folglich so etwas wie den Rahmen der Praxis. Dieser Rahmen schließt die Möglichkeit eines kompetenten Akteurs nicht aus, sondern vielmehr ein, da nur die konjunktive Erfahrung der Akteure den dokumentarischen Sinn des Objektivierten aktivieren kann. Im Anschluss an die interpretative Soziologie, die davon ausgeht, dass die Handlungsbedeutsamkeit von Strukturen nur dann behauptet werden kann, wenn sie sich am jeweiligen Fall rekonstruieren lässt (vgl. Meuser 1999: 131), untersucht Bourdieus Praxistheorie die komplexe Wechselwirkung zwischen objektivierter und inkorporierter Geschichte, indem die Wirkungen des Objektivierten auf die inkorporierten Strukturen, die als Habitus bezeichnet werden, rekonstruiert werden. Die Denk-, Wahrnehmungs- und Handlungsdispositionen werden mit Hilfe einer Analyse des praktischen Sinns der in Praxis verwickelten Akteure nachgezeichnet. Dieser praktische Sinn erscheint dem Beobachter als praktisches Wissen, das in bestimmbaren Situationen angewendet werden muss, damit soziale Praxisformen zustande kommen können. Der Akteur wird als jemand begriffen „der einerseits nicht nur in der Lage, sondern auch gezwungen ist,

seine Welt situationssensibel zu interpretieren, der aber andererseits dies in
habituell geformter Weise tut" (Meuser 1999: 135).

Mit dieser praxistheoretischen Akteurperspektive kommt in den Blick, wie
die technischen Dinge in der Praxis mit praktischem Sinn versehen werden und
welche dauerhaften Denk-, Wahrnehmungs- und Handlungsdispositionen mit
ihnen verbunden sind, wie sie also an der Formung des Habitus von sozialen
Akteuren beteiligt sind. Während die Netzwerkanalyse primär das Ergebnis des
Eingehens der Geschichte in die Sachen erklärt, erklärt die Habitusanalyse primär das Ergebnis des Eingehens der Geschichte in die Körper. Nur die Verbindung dieser beiden Perspektiven erlaubt es, diejenigen Regelmäßigkeiten von
Praxisformen einzugrenzen, in die technische Artefakte verwickelt sind.

> „Gegenstand der Erkenntnisweise ..., die wir praxeologische nennen wollen, ist nicht
> allein das von der objektivistischen Erkenntnisweise entworfene System der objekti-
> ven Relationen, sondern des weiteren die dialektischen Beziehungen zwischen die-
> sen objektiven Strukturen und den strukturierten Dispositionen, die diese zu aktuali-
> sieren und zu reproduzieren trachten; ist mit anderen Worten der doppelte Prozeß
> der Interiorisierung der Exteriorität und der Exteriorisierung der Interiorität." (Bour-
> dieu 1979: 147)

Dabei kann das, was einen Beitrag der vorwissenschaftlichen Repräsentation der
sozialen Welt zur Wissenschaft darstellt, nicht als Wissenschaft von der sozialen
Welt ausgegeben werden. Eine „Wissenschaft von den Repräsentationen des
Alltagswissens, die geltend macht, sich nicht auf bloße Deskription zu beschränken" (ebd.), setzt „die Wissenschaft von den Strukturen, die über die
verschiedenen Praxisformen wie die sie begleitenden Repräsentationen gleichermaßen gebieten" (ebd.), voraus. Nur wenn diese Repräsentationen analysiert werden, können die dem Alltagsbewusstsein verborgenen Mechanismen
der Praxis nachgezeichnet werden.[5]

Durch die in dieser Weise gefasste Akteurperspektive wird der Begriff des
Sinns und der Sinnproduktion wichtig. Habitualisierungen werden nur durch
kulturelle Zusatzdeutungen und Symbolisierungen in Form einer Repräsentation
der Praxis möglich. Die so entstehende permanente Sinnproduktion kann nicht
ignoriert werden, wenn man die Praxis umfassend analysieren und erforschen
will. Mit Hilfe des praktischen Sinns, den man mit Cornelius Castoriadis das
Imaginäre der Gesellschaft nennen könnte, bewohnen die Akteure die soziale
Welt und entwickeln ein aktives, schöpferisches Verhältnis zu ihr. Im praktischen Sinn findet sich immer etwas, „das funktional nicht zu erklären ist" (Ca-

---

5   Die praxeologische Erkenntnisweise „unterstellt zunächst, wie der Objektivismus, daß das
    Objekt der Wissenschaft gegen die Evidenz des Alltagswissens mittels eines Konstruktionsver-
    fahrens erobert sein will, das, damit unauflöslich verbunden, einen Bruch mit allen ‚prä-
    konstruierten' Repräsentationen, wie vorgängig erstellten Klassifikationen und offiziellen De-
    finitionen, darstellt." (Bourdieu 1979: 149)

storiadis 1984: 220), so dass sich die Sinnproduktion nicht deduktiv, sondern nur induktiv, also durch empirische Beobachtung der Praxis aufdecken lässt.[6] Berücksichtigt man dieses zentrale Argument der Praxistheorie Bourdieus, ist Technik sowohl praxisregulierender Orientierungskomplex als auch praxis-generierender Nutzungskomplex (vgl. Beck 1997: 348ff.). Technische Geräte werden in beiden Dimensionen mit Texten versehen, die sich durch Wissens-produktion und kulturelle Zusatzdeutungen auszeichnen. Erst das Zusammen-wirken der in Technik eingelassenen Regulierungen mit den um Technik herum konstruierten kulturellen Zusatzdeutungen bewirkt die zur Techniknutzung notwendige Inkorporierung, durch die technische Artefakte in die Praxis verwickelt werden, die in bestimmbaren Situationen regelmäßig entsteht. In die Sach-systeme sind erstens Koordinationspotenziale eingelassen, die vor allem in In-teraktionen als Stabilisierungsfaktoren wirken. Gleichsam sind die Sachsysteme zweitens am sozialen und kulturellen Prozess der Konstitution von Alltagspraxis beteiligt, indem sie mit kulturellen Zusatzdeutungen versehen werden. Dadurch formen sie drittens Habitus und leiten Inkorporierungen an. Dieser Prozess, durch den technische Artefakte zu einem wichtigen Moment der Praxis werden, geschieht unreflektiert und erscheint dadurch als irreversibel. Die Grenzen der Praxisformen sind durch die objektivierte Geschichte gegeben, die sich unter anderem in den technischen Artefakten materialisiert. Diese begrenzen zwar die Praxis als schöpferische Tätigkeit, jedoch nicht in dem Maße, dass sie nur noch mechanistisch begriffen werden kann. Die Technik erscheint so nicht als stäh-lernes Gehäuse der Praxis, sondern als eine wichtige Ermöglichungsbedingung von Praxisformen, die selbst wiederum auf die objektivierte Geschichte, also auch auf die technischen Artefakte zurückwirken.

Ein differenzierter, praxistheoretischer Technikbegriff, der diesem praxis-generierenden Wechselverhältnis gerecht werden kann, ergibt sich durch eine

---

6   „Kurz, der Versuch, die Sozialwissenschaft auf die bloße Aufdeckung objektiver Strukturen einzuengen, darf mit Recht zurückgewiesen werden, wenn dabei nicht aus den Augen verloren wird, daß die Wahrheit der Erfahrungen gleichwohl doch in den Strukturen liegt, die diese de-terminieren. Die Konstruktion objektiver Strukturen ... gestattet faktisch erst, das Problem der Mechanismen anzugeben, durch welche die Beziehungen zwischen den Strukturen und den Praktiken oder den mit ihnen einhergehenden Repräsentationen gestiftet werden – und keines-wegs die zur determinierenden Ursache stilisierten und als ‚Grund‘ oder ‚Motiv‘ behandelten gedanklichen Gegenstände.“ (Bourdieu 1979: 149f.) Karl Hörning (vgl. 2001: 169) kann sich des Eindrucks nicht erwehren, dass für Bourdieu nur solche sozialen Akteure ständig die ob-jektivierte Geschichte aktivieren, die durch die in ihnen einverleibte Geschichte dafür prädis-poniert sind. Praxis wird nur dann virulent, wenn Habitus und Habitat weitgehend deckungs-gleich sind, wenn wir uns also im stählernen Gehäuse der technisierten Zivilisation tatsächlich zuhause fühlen und die ontische Komplizenschaft zwischen objektivierter Geschichte und in-korporierter Geschichte nicht reflektieren. Würde man dies so behaupten wollen, wäre schon der Begriff des Habitus obsolet. Gerade durch die zentrale Positionierung des Habitusbegriffs zwischen Theorie und Praxis werden derartige Determinismusvorwürfe in einer Theorie der Praxis entkräftet.

Aufschlüsselung des generativen Prozesses, der Technik zu einem wichtigen
Moment der Praxis werden lässt. Die dingliche Basis der Praxis wird durch den
Umgang mit den Dingen praxisrelevant. Der dadurch entstehende Praxiswert
der Dinge führt zu einer Produktion von Wissenssystemen, die sich zu einer
diskursiven Ordnung verdichten und zur Technologie werden, was zu einer
objektivierten Technikinstallation führt. Diese Installation, die einen Bestandteil
des Rahmens der Praxis darstellt, ist mit der Produktion von praktischem Sinn
verbunden, der erst die Kopplung von sozialen Akteuren und technischen Artefakten ermöglicht, so dass ein praxisbewirkender Beziehungskomplex entsteht,
der gleichsam praxisregulierend wirkt, indem er exkorporierte Handlungsprogramme und -dispositionen generiert. Diese exkorporierten Handlungsprogramme und -dispositionen erzwingen die Inkorporierung von Denk-, Wahr-
nehmungs- und Handlungsdispositionen durch die sozialen Akteure. Nur wenn
diese den Habitus transformierende Inkorporierung gelingt, kann es in bestimmbaren Situationen zu einer variablen Techniknutzung kommen, die eine technikbezogene Praxis erst möglich macht. Diese Praxis wirkt deshalb auf den skiz-
zierten Prozess zurück, weil sich aus ihr die technikbezogene Sinnkonstruktion
speist, die die Genese von technischen Installationen anleitet. Technik ist demnach zugleich praxisregulierender Orientierungskomplex und praxisgenerieren-
der Nutzungskomplex. Während Maschinen, Geräte und technische Sachsysteme im Orientierungskomplex vorwiegend als diskursive Ordnungen und objektivierte Konstrukte erscheinen, die mit Raum-Zeit-Dispositiven ausgestattet
sind, werden sie im Nutzungskomplex als phänomenale Artefakte und imaginäre Konstrukte zu agierender Geschichte, zu Tat-Sachen (vgl. Beck 1997: 348ff),
die nur durch die Sinnproduktion der sozialen Akteure Praxiswert erlangen
können.

„Folglich kann die Sozialwissenschaft nur dann im Durkheimschen Sinne ‚soziale
Tatbestände wie Dinge behandeln‘, wenn sie alles dahinfahren läßt, was diese der
Tatsache verdanken, daß sie genau in der Objektivität ihrer sozialen Existenz Gegenstand der Erkenntnis sind (auch wenn es sich um Verkennung handelt).“ (Bourdieu 1987a: 246)

Was Technik, wie alle anderen Aspekte der objektivierten Geschichte auch,
nicht hervorbringt, „ist die Einsicht in und ein Urteil über die praktische Situation, in der sie eingesetzt werden soll“ (Hörning 2001: 165). Sie kann nur praxisrelevant werden, wenn sie in Relation zu sozialen Akteuren steht, die der Technik aufgrund ihrer inkorporierten Denk-, Wahrnehmungs- und Handlungsdispositionen einen praktischen Sinn abgewinnen können, der in hohem Maße kontingent ist. Die Relation zwischen technischem Artefakt und sozialem Akteur ist
in diesem Sinne asymmetrisch. Die Symmetriethese der Akteur-Netzwerktheorie muss demnach aus kultursoziologischer Perspektive verworfen werden.
Und dennoch erzeugen die materiellen „Objekte“ als Formen der Externalität
des Sozialen Handlungsrelevanzen und -dispositionen, weil erst die „ontische

Komplizenschaft" (Bourdieu 1989: 397) zwischen Habitus und Struktur, zu der auch technische Artefakte gezählt werden müssen, zur Generierung bestimmter Praxisformen führt. Das Zusammenwirken der in Technik eingelassenen Regulierungen mit den um Technik herum konstruierten kulturellen Zusatzdeutungen bewirkt demnach die zur Techniknutzung notwendige Inkorporierung, durch die technische Artefakte in die Praxis verwickelt werden. Technik schreibt sich in die Körper der sozialen Akteure ein, indem die sozialen Akteure Wahrnehmungs-, Deutungs- und Handlungstechniken als Dispositionen verinnerlichen, auf die sie zur Nutzung von technischen Artefakten zugreifen. Die Akzeptanz der objektivierten Geschichte, mit der soziale Akteure situativ konfrontiert sind, geschieht durch diese Habitualisierungen. Die Praxistheorie macht demnach sichtbar, dass die hochkomplexen technischen Installationen der Moderne, die sich zunehmend global vernetzen, den sozialen Akteuren sehr viel abverlangen. Sie zwingen sie dazu, hochkomplexe Fähigkeiten und Dispositionen zu inkorporieren, um das technische Netzwerk nutzen zu können. In kultursoziologischer Perspektive wird mit anderen Worten sichtbar, wie die Nutzung der Informationstechnik immer mehr zur Bedingung für eine den gesellschaftlichen Strukturen angemessene Gestaltung des individuellen Lebenslaufs wird und wie die unterschiedliche Verteilung von Lebenschancen sich auf die Möglichkeiten auswirkt, technische Installationen zu nutzen. Dass diese Möglichkeiten ungleich verteilt sind, liegt auf der Hand. Die ungleiche Verteilung des kulturellen Kapitals wird zur Quelle neuer sozialer Ungleichheiten, die sich immer mehr in Bezug auf die Möglichkeiten und Grenzen der Nutzung der Informationstechniken reproduzieren (vgl. Bourdieu 2000: 4). Die kultursoziologische Perspektive auf Technikinstallationen macht deutlich, dass die heute sichtbaren ökonomischen und sozialen Veränderungen nicht im Sinne Castells (vgl. 2001: 75) als fataler Effekt der Technologie betrachtet werden können, sondern vielmehr als Ergebnis des sozial und ökonomisch bedingten Gebrauchs von technischen Installationen (Bourdieu 2000: 3).

Dennoch kann nicht verkannt werden, dass technische Artefakte und Installationen der Praxis als materialisierte Sozialität zur Verfügung stehen. Sie sind deshalb mehr als kulturelle Repräsentationen der Praxis. Folglich kommt die techniksoziologische Adaption der Praxistheorie nicht umhin zu klären, wieviel Eigenmächtigkeit den technischen Installationen zugemessen werden kann, wenn es um soziale Strukturbildungen geht. Eine ausschließlich kultursoziologische Sichtweise auf technische Installationen greift zu kurz, um eine umfassende Erklärung dafür zu liefern, wie technische Artefakte als Formen der objektivierten Geschichte, des objektivierten Sinns an der Bildung sozialer Strukturen beteiligt sind. *Die soziale Konstruktion von Bedeutungen der Technik, die sich in einem praktischen Sinn manifestiert und die für die Praxisrelevanz technischer Artefakte unumgänglich ist, ist abhängig von der Beschaffenheit der Technik.* Um im Anschluss an diese Einsicht eine halbierte Techniktheorie (vgl.

Schulz-Schaeffer 2000: 85ff.) zu vermeiden, muss die kultursoziologische „En-actmenttheorie", die primär hervorhebt, dass technische Artefakte durch ihre kulturell bedingte Nutzung relevant sind, mit einem sachtheoretischen Technik-konzept in Relation gedacht werden, das den praxisgenerierenden Anteil der technischen Installationen selbst thematisiert. Wenn die Dynamik technischer Installationen einer Eigenlogik gehorcht, wie es Zeitdiagnostiker wie Castells postulieren und wie es u.a. mit Bezug zur KI-Forschung viele Wissenschafts- und Techniksoziologen herausgearbeitet haben (vgl. zusammenfassend Malsch 1998: 35f.), stellt sich die über die kultursoziologische Perspektive hinaus rei-chende Frage, inwiefern technische Artefakte aus sich selbst heraus Praxiseffek-te erzeugen. In diesem Zusammenhang muss geklärt werden, ob technische Artefakte hinreichend als Objekte beschrieben werden können, deren Struktur sich kausal nachzeichnen lässt, oder ob sie nicht vielmehr als sich selbst organi-sierende Prozesse beschrieben werden müssen, die in nicht trivialer Weise pro-zessieren. Die Frage, ob technische Artefakte mehr sind als Trivialmaschinen, wird aus techniksoziologischer Perspektive zu der Frage, wie viel Eigenmäch-tigkeit technischen Artefakten zugemessen werden kann, wenn es um die Identi-fikation der Auslöser von Praxiseffekten und sozialen Strukturbildungen geht.

III.

Ein Interesse an dieser Frage impliziert ein Interesse an der Beschaffenheit technischer Artefakte, die in ihrer Struktur differenziert analysiert werden müs-sen. Diese Sicht auf Technik ist nicht nur in techniksoziologischer Perspektive evident, sondern lässt sich auch aus den Grundannahmen der Praxistheorie ab-leiten: Wenn neben der Inkorporierung die Objektivierung der Sozialität als gleich wichtige Bedingung der Möglichkeit von Praxis vorgestellt wird, muss diese Ermöglichungsbedingung sehr genau analysiert werden. Dazu wird man die von Bourdieu vorgenommene pauschale Subsummierung von Strukturen, Institutionen, Büchern, Monumenten, Sachen und technischen Artefakten wie Maschinen unter den Begriff der objektivierten Geschichte entflechten müssen, indem man die besonderen Eigenschaften technischer Artefakte herausarbeitet. Versucht man dies, wird die Technikferne der Praxistheorie Bourdieus als Prob-lem für deren techniksoziologische Anwendung sichtbar. Diese Technikverges-senheit der Praxistheorie kann zwar nicht durch eine Überbetonung der „Sach-dominanz in Sozialstrukturen" (Linde 1972) ersetzt, sie muss jedoch überwun-den werden, wenn man die eng mit technischen Artefakten zusammenhängen-den Praxisformen genauer bestimmen will, als dies aus einer primär kultursozio-logischen Perspektive möglich ist.[7]

---

7   Durch zu starke Sachbezogenheit bedingte Verkürzungen des Technikthemas finden sich bei
    Hans Linde (vgl. 1972), der mit seiner Behauptung der Sachdominanz in Sozialstrukturen zwar

Ohne Zweifel ist eine elementare und leicht zu verstehende Weise, in der soziale Praktiken eine objektive, äußere Realität produzieren, die Veränderung materieller, physischer Strukturen und die Herstellung materieller Objekte und technischer Artefakte (vgl. Peters 1993: 249).[8] Das Besondere technischer Artefakte ist dabei, dass sie in ihrer durch kulturelle Repräsentationen dokumentierten materialen Existenz zwar Teile der objektivierten Außenwelt des Menschen sind und insofern als Objekte betrachtet werden können, dass sie jedoch gleichzeitig eine Art materialisierter Sozialität darstellen. Technikinstallationen werden in sozialen Prozessen konstruiert und sind mit Eigenschaften ausgestattet, die sie von bloßen Objekten unterscheidet (vgl. Günther 1963: 181). Deshalb ist es traditionell schwierig, technische Installationen begrifflich exakt zu bestimmen. Diese Schwierigkeit spiegelt sich in diversen Bezeichnungen der Technikinstallationen wider. So spricht Hegel in Bezug auf Werkzeuge von objektiviertem Geist und Marx bezeichnet die Produktionsmittel als objektivierte, vergegenständlichte Arbeit. Solche und andere Begriffsverklemmungen zur Bezeichnung technischer Installationen sind Hinweise darauf, dass die Beobachtung technischer Installationen vor erkenntnistheoretische Probleme gestellt ist, die sehr genau reflektiert werden müssen. Die zwiespältige Verquickung der Objektwelt (tot, geronnen, vergegenständlicht) mit der Subjektwelt (Geist, Arbeit) zur Bezeichnung technischer Artefakte verweist jedenfalls auf die Hilflosigkeit der okzidentalen Denktradition, Sachtechnik angemessen und differenziert zu erfassen, wie bereits Gotthard Günther (1963: 74) erkennt: „Das Verhalten eines bloßen Objekts ist für den aristotelischen zweiwertigen Denker restlos *kausal* bestimmt, weshalb eine zusätzliche Determinierung durch logische Sinnmotive einer Reflexion nicht in Frage kommen kann." Innerhalb der klassisch zweiwertigen Logik beherrscht die lückenlose Kausalität die ganze Funktionsweise des Objekts (vgl. ebd.: 75). Technische Artefakte erscheinen, wenn sie in diesem Sinne als Objekte beschrieben werden, als Positivitäten, die mit Hilfe der Natur-

---

die Technikvergessenheit der Soziologie in Erinnerung ruft und dadurch gewinnbringende Irritationen auslöst, der aber andererseits die Technikvergessenheit der Soziologie durch eine zu starke Sachbezogenheit der soziologischen Theorie ersetzt, die zu neuen Verkürzungen des Technikthemas führt.

8 Das inzwischen vorherrschende Interesse der Techniksoziologie an der sozialen Genese technischer Installationen ist auf den Umstand zurückzuführen, dass man mit Hilfe der Rekonstruktion des sozialen Prozesses der Technikgenese Aufschlüsse über die Beschaffenheit der Technik gewinnen kann (vgl. dazu grundlegend und initiierend Pinch/Bijker 1987 und als ein Fallbeispiel unter vielen Bijker 1992). Dieser Weg soll hier jedoch nicht eingeschlagen werden. Mir geht es um die der Praxis zur Verfügung stehenden technischen Installationen, die durch ihre materiale Existenz Praxiseffekte erzeugen, weil sie in bestimmbarer Weise genutzt werden. Damit soll nicht gesagt werden, dass eine an der Praxistheorie geschulte Technikgeneseforschung unnötig ist. Ein solcher Ansatz ist ganz im Gegenteil insbesondere bezogen auf neue soziotechnische Forschungsrichtungen wie die Sozionik (vgl. Malsch et al. 1998; Malsch 1998; 2001) gewinnbringend für die Analyse der Genese und Potenzialität nicht trivialer Technikinstallationen.

gesetze umfassend und lückenlos als kausale Wirkungszusammenhänge beschrieben werden können. Die Beobachtung technischer Installationen versperrt sich jedoch dieser zweiwertigen Logik, weil hier Wirkungszusammenhänge objektiviert werden, die sich nicht auf Kausalität reduzieren lassen und die ihren instrumentellen Charakter spätestens dann verlieren, wenn sie in der Praxis zur Anwendung gebracht werden. Die Relationierung zwischen objektivierter und inkorporierter Geschichte durch die Praxistheorie Bourdieus entgeht diesen Unzulänglichkeiten der klassisch zweiwertigen Logik zur Analyse technischer Artefakte nur dann, wenn man den Begriff der objektivierten Geschichte dynamisiert und differenzierter fasst, als dies Bourdieu selbst tut. Zur Beobachtung der in technischen Installationen objektivierten Sozialität benötigt die Praxistheorie mit anderen Worten einen differenzierten Begriffsapparat, der über das klassische Subjekt-Objekt-Paradigma hinaus weist. Nur ein solcher Begriffsapparat erlaubt es, die Praxiseffekte der Sachtechnik angemessen in den Blick zu bekommen.

Eine praxistheoretische Problematisierung der Frage, wie die in technischen Installationen objektivierte Sozialität Praxiseffekte erzeugt, wird die historische, erstmals durch die Kybernetik reflektierte Erfahrung berücksichtigen müssen, dass Technik, hier verstanden als Artefakte mit technischen Eigenschaften, nicht nur „Zeug" ist, das zuhanden und gleichsam transparent ist, sondern zudem auch rätselhaft und kontingent. Es reicht nicht aus, technische Artefakte auf Instrumente zu reduzieren, oder Technik ausschließlich als kausale Simplifikation der Sozialität zu fassen. Es geht mit anderen Worten darum, das traditionelle Technikkonzept, das die kausale Logik technischer Prozesse betont, nachhaltig und unmissverständlich zu überwinden. Eine Hermeneutik der Artefakte macht die dynamische, nicht-kausale Dimension der Technik deutlich und zeigt so die Richtung der Weiterentwicklung des Bourdieuschen Begriffs der objektivierten Geschichte an: Es ist notwendig, die Möglichkeit zu denken, dass technische Artefakte als Teile der objektivierten Geschichte selbst aktiv werden und dadurch Praxis eigenständig erzeugen können. Es geht somit darum, die Selbstorganisation technischer Installationen in ihren Wirkungen auf die relevanten Praxisformen angemessen zu beschreiben.

Der Begriff der objektivierten Geschichte, wie Bourdieu ihn fasst, erhält seine dynamischen Aspekte durch das oben nachgezeichnete Argument einer kontingenten Sinnproduktion der sozialen Akteure, die mit Aspekten der historisch materialisierten Sozialität konfrontiert sind. Undenkbar ist in Bourdieus spärlichen Äußerungen zur Technik, dass der historisch materialisierten Sozialität eine *eigene Dynamik* inne wohnt, die sich in der relevanten Praxis zeigt und deshalb *eigenständige Praxiseffekte* zeitigt, die dann wiederum die kontingente Sinnproduktion anleiten. Angesichts der Neuentwicklungen in der Technikinstallation ist es jedoch evident, technischen Artefakten einen aktiven Part im Ensemble der Ermöglichungsbedingungen sozialer Praxis zukommen zu lassen.

Die Akteur-Netzwerktheorie, die ihrerseits die konstitutiv mit Sachtechnik verbundene Konstruktion von praktischem Sinn vernachlässigt, verdeutlicht in Bezug auf den Begriff der objektivierten Geschichte die praxisgenerierende Wirkung technischer Artefakte, weil sie diese selbst als Träger von Handlungsprogrammen fasst. Handlungsprogramme werden in technischen Artefakten automatisiert, was es verbietet, sie ausschließlich als Symbole zu analysieren. Sie sind mehr als symbolische Repräsentationen, weil sie in konkreten Situationen in Assoziation mit menschlichen Akteuren agieren. Auch wenn die Behauptung der Symmetrie zwischen menschlichen und nicht-menschlichen Aktanten durch die Akteur-Netzwerktheorie in praxistheoretischer Perspektive eine Überspitzung der Eigenmächtigkeit technischer Artefakte darstellt, die nicht zuletzt auch der pauschalen Bezeichnung von Dingen als Aktanten geschuldet ist, kann mit der Akteur-Netzwerktheorie festgehalten werden, dass technische Artefakte Praxisformen anregen, weil sie selbst Handlungsprogramme in Form von Handlungsaufforderungen enthalten. Die in technischen Artefakten historisch materialisierte Sozialität bildet in diesem Sinne einen spezifischen Bestandteil des Rahmens der Situationen, in denen Praxisformen entstehen. Berücksichtigt man diese Einsicht in die Handlungsträgerschaft von Technik, erscheint das praxistheoretische Argument, dass es Akte gibt, „die ein Habitus nie hervorbringen wird, wenn er nicht auf die Situation stößt, in der er sein Potential aktualisieren könnte" (Bourdieu 1987a: 167, FN), in neuem Licht.[9]

Diese grundlegende Behauptung einer Interdependenz zwischen dem Habitus und der Situation trägt die Frage in sich, nach welcher Logik die situationsunspezifischen und zeitstabilen Dispositionen des Habitus, als „modus operandi" (Bourdieu 1987a: 165) bezeichnet, von den sozialen Akteuren auf konkrete, situative Praxisprobleme angewandt werden. Meine These ist, dass diese Logik der Transformation des Habitus sich nicht allein durch eine Beobachtung der die sozialen Strukturen repräsentierenden kulturellen Werke und Praktiken erschließt, weil man nämlich davon ausgehen muss, dass der Rahmen für die Situationen, in denen allein Praxis entstehen kann, nicht nur durch diese kultu-

---

9 Der Habitus muss sich nach Bourdieu per se ständig transformieren, weil er sich den Situationen anpassen muss, in denen er ausschließlich virulent werden kann: „Diese unvermeidliche Transformation ergibt sich daraus, daß die Handelnden den *modus operandi* zur Erzeugung der richtigen rituellen Praktiken nur dann hinreichend beherrschen können, wenn sie ihn praktisch fungieren lassen, also in der Situation und bezogen auf *praktische Funktionen.*" (Bourdieu 1987a: 165) Als Erläuterung dieser Aussage sagt er weiter: „Es ist zum Beispiel bekannt, daß in der Grenzsituation gewisser Krisenzeiten manche Menschen sich und anderen bisher unbekannte Fähigkeiten offenbaren. Auf diese Interdependenz zwischen dem Habitus und der Situation bauen die Filmregisseure, wenn sie einen Habitus (bewußt als Erzeugungsprinzip eines bestimmten Stils der Äußerung, der Gestik usw. ausgewählt) mit einer künstlich herbeigeführten Situation zusammenbringen und so die Bedingungen für die Hervorbringung von (unter Umständen völlig improvisierten) Praktiken schaffen, die ihren Erwartungen entsprechen." (Ebd: 167 FN) Vgl. zu diesem Themenkomplex auch den Beitrag von Jörg Ebrecht in diesem Band.

rellen Repräsentationen, sondern auch und vor allem durch die objektivierten
Formen der Sozialität bestimmt wird, deren Bestandteile technische Artefakte
sind.[10] Die Situationen, in denen Praxis entsteht, werden durch die technischen
Artefakte mitgeschaffen. Diese „Objekte" sind, wie Werner Rammert (2000:
152) im Anschluss an Karin Knorr Cetina sagt, „nicht feststehende ontologische
Dinge", sondern „sich kontinuierlich entfaltende Strukturen" (Knorr Cetina
1998: 102). Sie erzeugen als Form der objektivierten Geschichte in spezifischer
Weise Praxiseffekte, die nicht allein dem Habitus der sozialen Akteure ent-
stammen, weil objektivierter Sinn sich nicht nur in starren Materialitäten der
Technik manifestiert, sondern auch in praxisgenerierenden dynamischen Poten-
zialitäten, die den technischen Artefakten eingeschrieben und deshalb den sozialen Akteuren exkorporiert sind. Eine Praxistheorie der Technik impliziert demnach einen nachhaltigen Perspektivenwechsel von der Beschreibung der Technik als feststehende Struktur hin zu einer Konzeptionalisierung von Technik als
Bestandteil eines Strukturierungsprozesses. Nur so lässt sich die für die alltägliche Techniknutzung typische Invisibilisierung der sachtechnischen Abläufe
aufklären, so dass die verborgenen Mechanismen technischer Artefakte in ihrer
Bedeutung für die Entstehung von Praxisformen sichtbar gemacht werden können. Zur Lösung dieser Problemstellung empfiehlt sich nicht etwa eine Soziologie der Maschinen, wie sie Steve Woolgar (vgl. 1985) bereits vor fast 20 Jahren
gefordert hat. Ich plädiere vielmehr für eine soziologische Erforschung der
technischen Installationen mit dem Ziel, die praxisgenerierenden Effekte, die
den technischen Artefakten inne wohnen, zu identifizieren, um so eine Sozialtheorie der Technik zu entwickeln, die den in der Gegenwart hochkomplexen
Erscheinungsformen der technischen Installationen gerecht zu werden vermag.

Die Notwendigkeit einer solchen Vorgehensweise wird deutlich, wenn man
mit Rammert drei Arten von Beziehungen identifiziert, in denen eine Technik
praktisch konstituiert wird, nämlich „die bewirkenden, die bezeichnenden und
die bewertenden Beziehungen" (Rammert 1998: 312). Offensichtlich ist für den
hier verfolgten Zusammenhang der erste Beziehungskomplex besonders relevant, weil er nach Rammert aus den Kopplungen zwischen den sozialen Akteuren und den technischen Dingen besteht, deren praxisgenerierende Eigenschaften nicht nur mechanistisch begriffen werden können. Der zweite Beziehungskomplex „entsteht in der Nutzung [von Technik, F.H.] und legt fest, wie im
Umgang mit der Technik – nicht im ursprünglichen Projekt, sondern in der

---

10 Um Missverständnisse zu vermeiden, weise ich an dieser Stelle darauf hin, dass man techni-
    sche Artefakte, weil sie Produkte der Praxis sind, als soziale Strukturen repräsentierende kultu-
    relle Werke beschreiben kann. Mir kommt es hier aber nicht vorrangig auf die Distinktions-
    macht technischer Artefakte an, die sich insbesondere im Konsum bestimmter Technikinstalla-
    tionen wie dem Auto oder dem besonders leistungsstarken Computer zeigt. Mein Augenmerk
    ist auf die praxisgenerierende Wirkung technischer Artefakte gerichtet, die sie in ihrer objekti-
    vierten Materialität besitzen.

jeweiligen Performanz – dieser Bedeutung verliehen wird" (ebd.). Der dritte Beziehungskomplex „setzt die technischen Praktiken und Werke untereinander in Beziehung und regelt, wie sie in das gesellschaftliche Ensemble der Techniken aufgenommen werden und als soziale Tatsachen Einfluß gewinnen und wirken" (ebd.). Während die beiden zuletzt genannten Beziehungskomplexe sich mit den Methoden der kultursoziologischen Technikforschung bzw. der Technikfolgenabschätzung umfassend erforschen lassen, kann die Erforschung des Zusammenspiels zwischen technischen Artefakten und sozialen Akteuren Innovationen aus einer nicht trivialen Konzeptionalisierung technischer Installationen gewinnen. Dies deshalb, weil mit der thematischen Fokussierung auf den Beziehungskomplex der Technik im Paradigma der Praxistheorie die Frage aufgeworfen wird, wie die Kopplungen zwischen technischen Artefakten und sozialen Akteuren in der Praxis geschehen, wie die Praxis also, im Vokabular der Akteur-Netzwerktheorie formuliert, die Kopplung zwischen menschlichen und nicht-menschlichen Aktanten bewirkt. Um diese Kopplungen jenseits der kultursoziologischen Enactment-Annahme gehaltvoll identifizieren zu können, ist eine Analyse der technischen Artefakte notwendig. Besonders interessant wird diese Analyse, wenn sie sich auf nicht-triviale Technik richtet. Erst diese Technikform macht es notwendig und evident, die Analyse des von Rammert so genannten kausalen Beziehungskomplexes über die kultursoziologisch geprägte Rekonstruktion des praktischen Sinns hinaus auszudehnen. Durch eine solche Analyse verliert der praxisgenerierende Beziehungskomplex der Technik seine u.a. von Rammert behauptete Kausalität, die man nur dann annehmen kann, wenn man den Beziehungskomplex auf triviale Technikinstallationen begrenzt. Obwohl auch in diesem Zusammenhang, wie oben unter II. gezeigt, die Behauptung zumindest fraglich ist, dass die in Technik eingelassene Handlungsprogramme eine kausale Wirkung auf die Sinnproduktion der sozialen Akteure entwickeln, entbehrt sie bezogen auf triviale Technikinstallationen nicht einer gewissen Plausibilität. Vollends unplausibel wird sie nach meiner Einschätzung spätestens dann, wenn man algorithmisierte Techniken in die techniksoziologische Analyse des Beziehungskomplexes zwischen Technik und sozialem Akteur einbezieht.

Betrachtet man technische Installationen ausschließlich als Mechanismen, die Handlungsaufforderungen in Form von objektivierten Handlungsprogrammen enthalten, reicht ein traditionelles, auf die kausale Wirkung technischer Installationen ausgerichtetes Technikverständnis zur Analyse der durch technische Installationen bewirkten Praxiseffekte aus. Das paradigmatische Beispiel für eine derartige Technik ist die Waschmaschine, die im Medium physikalischer Operationen und Prozesse ein Handlungsprogramm enthält und deshalb zu bestimmten Praxisformen auffordert. Technik kann jedoch nicht ausschließlich als physikalischer Mechanismus beschrieben werden, der in seiner Wirkungsweise kausal bestimmt werden kann. Sie besteht nicht nur aus einer mechani-

sierten Hardware, die sich in Maschinen materialisiert, sondern auch aus Algo-
rithmen, aus Softwareprogrammen, die im Medium symbolischer Zeichen ge-
formt werden.[11] Die Verwendung symbolischer Zeichen zur Installation von
Technik erlaubt nicht nur eine hohe Präzision in der Kopplung zwischen verschiedenen Elementen der technischen Installation, sondern lässt gleichsam die
praxisgenerierende Potenzialität der technischen Installation in veränderter
Form virulent werden. Diese Potenzialität wird mit der Algorithmisierung der
Technik zunehmend unspezifisch. Während in mechanisierter Technik relativ
eindeutige Handlungs*programme* objektiviert werden, durch die die sozialen
Akteure mit Handlungsaufforderungen konfrontiert sind, werden durch das
Einschreiben von Technik in komplexe Zeichensysteme, die sich zu Softwareprogrammen formen, nicht triviale Handlungs*dispositionen* aktiviert, denn wenn
technische Artefakte in Form von softwaretechnischen Agenten aus einem
Handlungsrepertoire selbstorganisierend auswählen, können sie nicht mehr nur
als exkorporierte Handlungsprogramme angesehen, sondern müssen als dem
sozialen Akteur exkorporierte Handlungsdispositionen gefasst werden. Soft-
waretechnische Agenten werden in Teilen der Computerwissenschaft als Einheiten begriffen, die ihren „Objektstatus" dadurch verlieren, dass sie selbstständig
Entscheidungen treffen, sich autonom, also unabhängig von Vorgaben des Pro-
grammierers reproduzieren, flexibel auf Umweltveränderungen in ihrem künstlichen „Lebensraum" reagieren und mit anderen Agenten interagieren, also
virtuelle Praxisformen entstehen lassen, die im technischen System selbst verortet werden müssen (vgl. exemplarisch Wooldridge 1999: 35f.). Dadurch werden
technische Installationen zu „aktiven Objekten" (Wooldridge), die nicht nur
metaphorisch als Agenten bezeichnet werden müssen, weil sie ein eigenes
Handlungsrepertoire in Selbstorganisation verwalten und deshalb über Handlungsdispositionen verfügen.

   Die Dualität der Technik als Nutzungs- und Orientierungskomplex rückt
unter Berücksichtigung dieser Möglichkeiten, Softwareagenten mit Handlungsdispositionen auszustatten, in neuer Weise in den Blick, weil die Praxiseffekte
von technischen Handlungsdispositionen sich nicht mehr nur durch eine Analyse der kontingenten Techniknutzung entschlüsseln lassen. Wenn technische
Installationen nicht mehr nur mit Handlungsprogrammen ausgestattet sind, die
Handlungsaufforderungen determinieren und dadurch der zur Techniknutzung
notwendigen Konstruktion des praktischen Sinns eine spezifische Orientierung
geben, sondern gleichsam mit „objektivierten" Handlungsdispositionen, werden
Praxiseffekte durch die Selbstorganisation technischer Installationen virulent.
Handlungsprogramme wirken konditional auf die Praxis ein. Handlungsdisposi-
tionen zeichnen sich dagegen durch Kontingenz aus und untermauern dadurch

---

11 Zur soziologischen Reflexion der „semiotische[n] Aktivität im technischen Kotext" vgl. die
     Studie von Ulrich Mill (1998).

die selbstorganisierende Dynamik technischer Installationen. Handlungsprogramme finden sich in Waschautomaten, Mixern und anderen Trivialmaschinen.
Sie sind konditional, weil sie immer nur eine Handlungsfolge vorsehen. Handlungsdispositionen werden dagegen in nicht trivialer Weise wirksam. Die Wahl,
welche Handlungsoption genutzt wird, bleibt den technischen Artefakten überlassen. Die Selbstorganisation der Technik wird dadurch manifestiert, weil Soft-
wareprogramme über die Art ihrer Aktivität selbst disponieren können und
deshalb einen aktiven Part im Ensemble der Ermöglichungsbedingungen der
Praxis übernehmen.

Die in technischen Artefakten spezifisch werdenden historischen Objektivierungen der Sozialität können demnach nicht mehr nur als *strukturierte* Strukturen, sondern müssen im Kontext der Algorithmisierung von technischen Installationen zusätzlich als *strukturierende* Strukturen angesehen werden. Das
bedeutet: Die eigenständigen, in den Geräten eingelassenen Handlungsaufforderungen und -dispositionen müssen von den Erzeugungsbedingungen der technikbezogenen Praxis unterschieden werden, die im Habitus inkorporiert sind.
Dann wird es notwendig, den Anteil der Exkorporierung durch technische Systeme in Relation zum Anteil der Inkorporierung durch diese Systeme zu stellen.
Nur so eröffnet sich ein differenzierter Blick auf die praxisgenerierenden Effekte technischer Artefakte, weil plötzlich fraglich wird, ob es ausreicht, die Entstehung und Reproduktion von Praxisformen ausschließlich dadurch zu erklären, dass sich Sozialität historisch objektiviert und in Wechselbeziehung gerät
zur Sozialität, die sich im Habitus der sozialen Akteure manifestiert. Nur wenn
sich die Techniksoziologie zumindest auf die Möglichkeit der Implementierung
von Handlungsdispositionen in technische Artefakte einlässt, wird sie der für die
Gegenwartsgesellschaft paradigmatischen Technik des Computers gerecht werden können. In der Praxistheorie geht es demnach darum, die Ermöglichungsbedingungen der sozialen Praxis weiter zu fassen, indem man den Begriff der
Handlungsdispositionen nicht ausschließlich für die inkorporierte Geschichte
reserviert, sondern als Analogiebegriff auch zur Hermeneutik technischer Artefakte nutzt, die in nicht trivialer Weise prozessieren.

IV.

Als Fazit der hier vorgenommenen Überlegungen zu einer Praxistheorie der
Technik lässt sich zunächst festhalten, dass insbesondere die kultursoziologische
Technikforschung durch eine Auseinandersetzung mit der Praxistheorie Bour-
dieus Antworten darauf gewinnen kann, wie technische Artefakte zu einem
Nutzungskomplex werden, wie also die allgegenwärtige Präsenz technischer
Artefakte im Spannungsfeld zwischen inkorporierter und objektivierter Ge-
schichte praxisrelevant wird, indem die materiale Existenz technischer Artefakte
die sozialen Akteure zur Habitualisierung bestimmter Handlungs-, Denk- und

Wahrnehmungsdispositionen zwingt, die wiederum einen praktischen, auf technische Installationen ausgerichteten Sinn entstehen lassen, durch den die Nutzung technischer Artefakte erst möglich wird. Die Bedeutung technischer Installationen für die Reproduktion von Praxis, die von der Akteur-Netzwerktheorie mehr behauptet als nachgewiesen wird, lässt sich dadurch konkretisieren. Die kultursoziologische „Enactmenttheorie", die primär hervorhebt, dass technische Artefakte durch ihre kulturell bedingte Nutzung relevant sind, muss jedoch mit einem sachtheoretischen Technikkonzept in Relation gedacht werden, das den praxisgenerierenden Anteil der technischen Installationen selbst thematisiert. In diesem Zusammenhang konnte gezeigt werden, dass technische Artefakte nicht hinreichend als Objekte beschrieben werden können, deren Struktur sich kausal nachzeichnen lässt. Sie müssen als sich selbst organisierende Prozesse beschrieben werden, die in nicht trivialer Weise prozessieren. An dieser Stelle zeigt die techniksoziologische Adaption der Bourdieuschen Praxistheorie die Notwendigkeit ihrer Weiterentwicklung an.

Obwohl es keinen Grund gibt, die Paradigmen der Praxistheorie aus Anlass von Neuentwicklungen in den Möglichkeiten der Technikinstallation vorschnell zu verwerfen, scheint es doch sinnvoll zu sein, die Ermöglichungsbedingungen der sozialen Praxis weiter zu fassen, als dies mit dem von Bourdieu geprägten Begriff der objektivierten Geschichte möglich ist. Nur so werden die den technischen Artefakten anhaftenden sozialen Phänomenbereiche für die soziologische Analyse zugänglich, die das soziale Leben in Zukunft in zunehmendem Maße bestimmen werden. Zu diesen Phänomenbereichen gehört die Eigendynamik technischer Installationen, die sich eben darin zeigt, dass technische Artefakte nicht mehr nur Handlungsaufforderungen determinieren und dadurch die Produktion von praktischem Sinn zur Nutzung der Technik prädisponieren. Sie erscheinen dem soziologischen Beobachter zunehmend selbst als Quellen der Praxis, die mit Handlungsdispositionen ausgestattet sind. Im Rahmen einer Praxistheorie der Technik ist es zwar notwendig zu betonen, dass technische Artefakte nur dann Praxiseffekte erzeugen können, wenn sie zur Sinnproduktion Anlass geben, weil Technik nur dann nicht nur als Orientierungs-, sondern auch als Nutzungskomplex beschrieben werden kann. Gleichsam ist es jedoch notwendig, die den technischen Artefakten inhärenten praxisgenerierenden Eigenschaften zu identifizieren, um die Beschreibung der Orientierungsleistungen technischer Installationen vom Determinismus zu befreien. Dazu kann die Selbstorganisation der technischen Installationen nicht ignoriert, sondern muss angemessen berücksichtigt und in ihren sozialen Folgen untersucht werden. Dies führt in praxistheoretischer Perspektive zu einer Neubestimmung des Begriffs der objektivierten Geschichte, weil er in von mir vorgeschlagener Weise dynamisiert werden muss, um die praxisgenerierenden Effekte nicht trivialer Technik angemessen in den soziologischen Blick nehmen zu können. Mit dieser Weiterentwicklung des Begriffs der objektivierten Geschichte lässt sich bestimmen, welche Praxiseffekte den technischen Installationen entspringen und welche als Ergebnis des kulturell und sozial bedingten Gebrauchs technischer Artefakte angesehen werden müssen.

Literatur

Beck, Stefan 1997: Umgang mit Technik. Kulturelle Praxen und kulturwissenschaftliche Forschungskonzepte, Berlin, Akademie Verlag.

Bijker, Wiebe E. 1992: The Social Construction of Fluorescent Lighting, or How an Artifact Was Invented in Its Diffusion Stage, in: Bijker, Wiebe E. and John Law (ed.): Shaping Technology / Building Society. Studies in Sociotechnical Change, Cambridge, Mass., London, Engl., MIT Press, pp. 75-102.

Bourdieu, Pierre 1979: Entwurf einer Theorie der Praxis auf der ethnologischen Grundlage der kabylischen Gesellschaft, Frankfurt/M., Suhrkamp.

Bourdieu, Pierre 1987a: Sozialer Sinn. Kritik der theoretischen Vernunft, Frankfurt/M., Suhrkamp.

Bourdieu, Pierre 1987b: Die feinen Unterschiede. Kritik der gesellschaftlichen Urteilskraft, Frankfurt/M., Suhrkamp.

Bourdieu, Pierre 1989: Antworten auf einige Einwände, in: Eder, Klaus (Hg.): Klassenlage, Lebensstil und kulturelle Praxis, Frankfurt/M., Suhrkamp, S. 395-410.

Bourdieu, Pierre 1997: Der Tote packt den Lebenden. Schriften zu Politik und Kultur 2, Hamburg, VSA.

Bourdieu, Pierre 2000: Plädoyer für eine neue europäische Aufklärung, in: http://www.igmedien.de/publikationen/kunst+kultur/2000/05/35.html

Bourdieu, Pierre 2001: Meditationen. Zur Kritik der scholastischen Vernunft, Frankfurt/M., Suhrkamp.

Bourdieu, Pierre und Loic J.D. Wacquant 1996: Die Ziele der reflexiven Soziologie, in: dies.: Reflexive Anthropologie, Frankfurt/M., Suhrkamp, S. 95-249.

Callon, Michel 1991: Techno-economic networks and irreversibility, in: John Law (ed.): A Sociology of Monsters. Essays on Power, Technology and Domination, London, New York, Routledge, pp. 132-161.

Castells, Manuel 2001: Das Informationszeitalter I: Die Netzwerkgesellschaft, Opladen, Leske und Budrich.

Castoriadis, Cornelius 1984: Gesellschaft als imaginäre Institution. Entwurf einer politischen Philosophie, Frankfurt/M., Suhrkamp.

Günther, Gotthard 1963: Das Bewußtsein der Maschinen. Eine Metaphysik der Kybernetik, Krefeld, Baden Baden, Agis-Verlag.

Halfmann, Jost 1996: Die gesellschaftliche „Natur" der Technik. Eine Einführung in die soziologische Theorie der Technik, Opladen, Leske und Budrich.

Hörning, Karl H. 2001: Experten des Alltags. Die Wiederentdeckung des praktischen Wissens, Weilerswist, Velbrück.

Knorr Cetina, Karin 1998: Sozialität mit Objekten. Soziale Beziehungen in posttraditionalen Wissensgesellschaften, in: Rammert, Werner (Hg.): Technik und Sozialtheorie, Frankfurt/M., New York, Campus, S. 83-120.

Latour, Bruno 1995: Wir sind nie modern gewesen. Versuch einer symmetrischen Anthropologie, Berlin, Akademie Verlag.

Latour, Bruno 1996: Der Berliner Schlüssel, Berlin, Akademie Verlag.

Latour, Bruno 2000: Die Hoffnung der Pandora. Untersuchungen zur Wirklichkeit der Wissenschaft, Frankfurt/M., Suhrkamp.

Linde, Hans 1972: Sachdominanz in Sozialstrukturen, Tübingen, Mohr.

Luhmann, Niklas 1997: Die Gesellschaft der Gesellschaft, Frankfurt/M., Suhrkamp.

Malsch, Thomas, Michael Florian, Michael Jonas und Ingo Schulz-Schaeffer 1998: Sozionik. Expeditionen ins Grenzgebiet zwischen Soziologie und Künstlicher Intelligenz, in: Malsch, Thomas (Hg.): Sozionik. Soziologische Ansichten über künstliche Sozialität, Berlin, Sigma, S. 9-24.

Malsch, Thomas 1998: Die Provokation der „Artificial Societies". Ein programmatischer Versuch über die Frage, warum die Soziologie sich mit den Sozialmetaphern der Verteilten Künstlichen Intelligenz beschäftigen sollte, in: ders. (Hg.): Sozionik. Soziologische Ansichten über künstliche Sozialität, Berlin, Sigma, S. 25-57.

Malsch, Thomas 2001: Naming the Unnamable: Socionics or the Sociological Turn of/to Distributed Artificial Intelligence, in: Autonomous Agents and Multi-Agent Systems, 4, pp. 155-186.

Marx, Karl 1984: Das Kapital. Kritik der politischen Ökonomie, Bd. 1, MEW 23, Berlin (DDR), Dietz.

Meuser, Michael 1999: Subjektive Perspektiven, habituelle Dispositionen und konjunktive Erfahrungen. Wissenssoziologie zwischen Schütz, Bourdieu und Mannheim, in: Hitzler, Ronald et al. (Hg.): Hermeneutische Wissenssoziologie. Standpunkte zur Theorie der Interpretation, Konstanz, Universitätsverlag, S. 121-146.

Mill, Ulrich 1998: Technik und Zeichen. Über semiotische Aktivität im technischen Kotext, Baden Baden, Nomos Verlagsgesellschaft.

Peters, Bernhard 1993: Die Integration moderner Gesellschaften, Frankfurt/M., Suhrkamp.

Pinch, Trevor J. and Wiebe E. Bijker 1987: The Social Construction of Facts and Artifacts: Or How the Sociology of Science and the Sociology of Technology Might Benefit Each Other, in: Bijker, Wiebe E. et al. (ed.): The Social Construction of Technological Systems. New Directions in the Sociology and History of Technology, Cambridge, Mass., London, Engl., MIT Press, pp. 17-50.

Rammert, Werner 1998: Die Form der Technik und die Differenz der Medien. Auf dem Weg zu einer pragmatischen Techniksoziologie, in: ders. (Hg.): Technik und Gesellschaftstheorie, Frankfurt/M., New York, Campus, S. 293-326.

Rammert, Werner 2000: Technik aus soziologischer Perspektive 2. Kultur – Innovation – Virtualität, Opladen, Wiesbaden, Westdeutscher Verlag.

Schulz-Schaeffer, Ingo 2000: Sozialtheorie der Technik, Frankfurt/M., New York, Campus.

Wagner, Gerald 1994: Vertrauen in Technik, in: Zeitschrift für Soziologie, 23, S. 145-157.

Wagner, Gerald 1997: Soziologie oder Gordologie? Ein Besprechungsessay, in: Rammert, Werner und Gotthard Bechmann (Hg.): Technik und Gesellschaft – Jahrbuch 9, Frankfurt/M., New York, Campus, S. 225-240.

Weber, Max 1980: Wirtschaft und Gesellschaft. Grundriß der verstehenden Soziologie, Studienausgabe, Tübingen, Mohr.

Wooldridge, Michael 1999: Intelligent Agents, in: Gerhard Weiss (ed.): Multiagent Systems. A Modern Approach to Distributed Artificial Intelligence, Cambridge, Mass., London, Engl., MIT Press, pp. 27-77.

Woolgar, Steve 1985: Why Not a Sociology of Machines? The Case of Sociology and Artificial Intelligence, in: Sociology, 12, pp. 557-572.

Woolgar, Steve 1991: Configuring the user: the case of usability trials, in: Law, John (ed.): A Sociology of Monsters, London, New York, Routledge, pp. 57-102.

Technik als altes Haus und als geschichtsloses Appartement
Vom Nutzen und Nachteil der Praxistheorie Bourdieus für die Techniksoziologie

Ingo Schulz-Schaeffer

Einleitung

Bourdieu hat kein eigenständiges Interesse an der Beschäftigung mit Technik. Die wenigen Äußerungen, in denen er auf Technik ausdrücklich Bezug nimmt, lassen sich in zwei Aussagen zusammenfassen: Erstens: Technik ist Bestandteil der objektivierten Geschichte einer gegebenen Gesellschaft (vgl. Bourdieu 1981: 309). Und zweitens: Als objektivierte Geschichte dient Technik – wie andere Kulturgüter auch – als Distinktionsmittel zur Positionierung der Akteure im sozialen Raum (vgl. Bourdieu 1998: 17ff.). Analytisch muss man diese beiden Aussagen auseinander halten. Es ist zunächst ja nicht gesagt, dass die einzige Weise, in der Technik als objektivierte Geschichte gesellschaftlich wirksam wird, darin besteht, als Distinktionsmittel zu dienen. Praktisch fallen die beiden Aussagen bei Bourdieu aber zusammen: Bourdieu selbst thematisiert Technik ausschließlich als objektivierte Form der Markierung sozialer Unterschiede.

Die meisten techniksoziologischen Arbeiten, die sich auf Bourdieu beziehen, sind diesem Argumentationsmuster gefolgt. Das möchte ich hier nicht tun. Trotzdem werde ich mich im ersten Abschnitt des Beitrags kurz mit der Betrachtung von Technik als Distinktionsmittel beschäftigen. Dabei soll deutlich werden, dass man aus dieser Analyseperspektive zwar zu kaum bestreitbaren Befunden gelangt, dass diese aber für das Erkenntnisinteresse einer speziellen Techniksoziologie nur am Rande von Bedeutung sind. Die Frage, in welchem Sinne die Thematisierung von Technik als objektivierte Geschichte für ein solches speziell techniksoziologisches Erkenntnisinteresse von Bedeutung sein könnte, ist Gegenstand des zweiten und dritten Abschnitts. Im zweiten Abschnitt geht es darum zu zeigen, dass sich Technik anders als diejenigen kulturellen Artefakte, an denen Bourdieu sein Konzept geschichtlicher Objektivierungsweisen entwickelt hat, nicht erschöpfend als Verfestigung der vorgängigen Praktiken bestimmter Habitusformen erklären lässt. Jedenfalls dann nicht, wenn man sich für technische Wirkungszusammenhänge unter dem Gesichtspunkt ihrer Eignung als Ressourcen prospektiven Handelns interessiert.

Mit dem Ressourcenaspekt von Technik verbinden sich vielmehr Effekte, die den Zusammenhang der durch Geschichte erzeugten Geschichte sprengen, der den Kern der Bourdieu'schen Konzeption gesellschaftlicher Objektivierung ausmacht. Einen dieser Effekte, den der egalisierenden Wirkung technischer Ressourcen mit Blick auf ihre Nutzbarkeit, werde ich im dritten Abschnitt gesondert behandeln. Als Ressource prospektiven Handelns funktioniert eine Technik um so wirkungsvoller je weniger sie das bloß geschichtlich erzeugte Sediment vorgängiger Praktiken ist. In der praktischen Bezugnahme auf technische Ressourcen kommen jene habitualisierten Wahrnehmungs- und Handlungsdispositionen, wie sie Bourdieu als Erzeugnis der objektivierten Geschichte beschreibt, dennoch unweigerlich wieder zum Tragen. Diese Doppelstruktur genutzter technischer Ressourcen macht der Soziologie den Zugang zu Technik so schwer. Sie ist zugleich der Grund dafür, weshalb Bourdieus Praxistheorie für die soziologische Analyse von Technik einerseits hilfreich, andererseits aber auch hinderlich ist. Doch zunächst zur Betrachtung von Technik als Distinktionsmittel.

1. Technik als Distinktionsmittel

In seinem Buch *Die feinen Unterschiede* präsentiert Bourdieu ein zweidimensionales Klassifikationsschema, das seine Analyse des sozialen Raums der französischen Gesellschaft der 70er Jahre wiedergibt (vgl. Bourdieu 1987a: 212f.). Danach „verteilen sich (die Akteure) in einer ersten Dimension nach dem Gesamtvolumen des Kapitals, das sie besitzen, und in einer zweiten Dimension nach der Struktur dieses Kapitals" (Bourdieu 1998: 18), nämlich „nach dem relativen Gewicht des ökonomischen und des kulturellen Kapitals in ihrem Gesamtvermögen" (ebd.: 29). Innerhalb des so (re-)konstruierten sozialen Raums sind soziale Positionen, Tätigkeiten und Güter verortet, deren Besitz, Ausübung oder Nutzung charakteristisch sind für die je nach Kapitalvolumen und Zusammensetzung ihres Kapitals im sozialen Raum verteilten Akteure. So findet sich etwa im oberen linken Bereich des Schemas (gekennzeichnet durch hohes Gesamtkapital und relativ mehr kulturelles als ökonomisches Kapital) unter anderem die Merkmalskombination: Hochschullehrer, Kreuzfahrt, Oper, Kunstbücher, Schach, Le Monde und chinesische Restaurants. Und im rechten unteren Bereich (gekennzeichnet durch geringes Gesamtkapital und relativ mehr ökonomisches als kulturelles Kapital) treffen unter anderem zusammen: Landarbeiter, Speck, Kartoffeln, Rugby, Akkordeon, Brigitte Bardot und Schaumwein.

Die sozialen Positionen, so Bourdieu (1998: 17), sind mit diesen jeweiligen Tätigkeiten oder Gütern über ein Verhältnis der Homologie verbunden. „(D)em System der differentiellen Abstände, über das sich die unterschiedlichen Positionen in den beiden Hauptdimensionen des sozialen Raums definieren, entspricht ein System von differentiellen Abständen bei den Merkmalen der Akteure (...), das heißt bei ihren Praktiken und bei den Gütern, die sie besitzen" (ebd.: 21). Für diejenigen, die die aus dieser Homologie resultierende symbolische Bedeutung der jeweiligen Praktiken und Besitztümer zu entschlüsseln vermögen, bilden diese Tätigkeiten und Güter „eine regelrechte *Sprache*" (ebd.: 22), eine Sprache, die geeignet ist, soziale Unterschiede auszudrücken und zu erkennen. Schach oder Schaumwein sind aus dieser Perspektive Distinktionsmittel. Sie markieren Distanz denjenigen Akteuren gegenüber, die im sozialen Raum weit entfernt positioniert sind. Und sie bewirken umgekehrt, dass man sich auch vom Lebensstil her denen verwandt fühlt, deren soziale Lage ähnlich ist.

Technik kommt in diesem Zusammenhang ins Spiel, weil zu den von Bourdieu aufgefundenen Gegenständen mit sozialen Distinktionsqualitäten auch eine Reihe technischer Gegenstände gehören, insbesondere Autos unterschiedlicher Marken und Typen. So ist auf Bourdieus sozialer Landkarte der Renault 4 beispielsweise unten rechts in der Nähe von Schaumwein und Akkordeon angesiedelt, der Peugeot 504 dagegen befindet sich zusammen mit Champagner, Reiten und Ferien im Hotel im oberen rechten Bereich, dort also, wo das Gesamtkapital der Akteure hoch ist und überwiegend aus ökonomischem Kapital besteht. In den industrialisierten Gegenwartsgesellschaften ist das Auto zweifellos ein besonders prominentes Beispiel für die Wirksamkeit technischer Gegenstände als Ausdruckmittel und Erkennungsmerkmal sozialer Unterschiede. Dass Autos sich trefflich eignen, „um aller Welt seinen Reichtum vor Augen zu führen" (Marsh/Collet 1991: 53), gehört längst zu den Stereotypen des Alltagsbewusstseins. Aber auch kleinbürgerliche Solidität oder bildungsbürgerliches Selbstverwirklichungsstreben verschaffen sich automobilen Ausdruck (vgl. Franzpötter 1999: 51ff., 56ff.).

Die „Bedeutung des Autos als Medium der Selbstdarstellung" (Sachs 1984: 43) wie auch die Distinktionsqualitäten anderer technischer Gegenstände beruhen, so Mill (1998: 85f., 90ff.), auf einer Zweitsemiotisierung. Neben den Erstsemiotisierungen, die sich als sachbezogene Gebrauchsanweisungen auf die technische Funktionalität der Artefakte beziehen, zeichnen sich bestimmte technische Gegenstände dadurch aus, dass ihnen darüber hinausgehende Attribute und Beschreibungen beigefügt sind, die gleichsam als „sozialbezogene() Gebrauchsanweisungen" (ebd.: 86) zu lesen sind. Es sind diese Zweitsemiotisierungen[1], die es erlauben, technische Produkte „zur ästhetischen Stilisierung einer sozialen Lage" (ebd.) zu verwenden. Unübersehbar spielen solche Zweitsemiotisierungen in den Werbestrategien der Automobilhersteller eine zentrale Rolle. Längst geht es dort nicht mehr allein darum, profane Fortbewegungsmittel zu verkaufen, sondern Image, Flair und Lebensstil.

---

1   Mill (1998: 92f.) unterscheidet zusätzlich zwischen Zweit- und Drittsemiotisierungen. Diese weitergehende Differenz ist für das hier verfolgte Argument jedoch nicht von Bedeutung und kann deshalb unberücksichtigt bleiben.

Eingangs hatte ich angekündigt argumentieren zu wollen, dass die Beobachtung der sozialen Distinktionsqualitäten technischer Artefakte, trotz ihrer unbestreitbaren sozialen Bedeutung, für das Erkenntnisinteresse einer speziellen Techniksoziologie wenig austrägt. Mills Unterscheidung zwischen Erst- und Zweitsemiotisierung bietet hierfür einen guten Ansatzpunkt. Sie hilft uns zu sehen, dass nicht die technische Funktionsweise der betreffenden Techniken die Grundlage ihrer sozialen Distinktionsqualitäten ist, sondern erst die jeweiligen zusätzlichen Bedeutungszuschreibungen, die die Zweitsemiotisierungen liefern. Die Eignung eines technischen Artefaktes als Distinktionsmittel hängt also nicht mit seinen technischen Eigenschaften zusammen.[2] Im Fall des Automobils etwa dürfte diese Eignung vielmehr auf die hohe öffentliche Wahrnehmbarkeit des Besitzes (vgl. Riessland 1999: 252) in Verbindung mit dem nicht unerheblichen finanziellen Aufwand seiner Anschaffung zurückzuführen sein.

Gestützt wird dieser Befund durch die Feststellung, dass nicht nur technische, sondern auch beliebige andere kulturelle Artefakte zu Ausdrucksmitteln sozialer Unterschiede werden können, wobei dann auch dort entsprechende Zweitsemiotisierungen ausschlaggebend sind. Besonders deutlich zeigt sich diese Abhängigkeit der Distinktionsqualitäten von den Zweitsemiotisierungen und ihre relative Unabhängigkeit von technischen oder sonstigen Primärbedeutungen im Fall von Luxusgütern. Dann jedenfalls, wenn man, wie Hörning, Luxusgüter als Dinge begreift, „deren Hauptgebrauch rhetorischer und sozialer Art ist" (Hörning 1989: 112), deren Bedeutung sich dementsprechend weitgehend darin erschöpft, als „materialisierte Zeichen" (ebd.) zu fungieren. Eine Konsequenz dieser Überlegungen ist: Für die Frage, in welcher Weise Technik in ihrer Eigenschaft als Technik soziale Bedeutung erlangt, ist die Beobachtung ihrer Verwendung als Distinktionsmittel weitgehend unerheblich (vgl. Schulz-Schaeffer 2000: 337f.). Genau dies aber ist die Frage, die im Mittelpunkt des spezifisch techniksoziologischen Erkenntnisinteresses steht.

2. Technik als altes Haus und als geschichtsloses Appartement

Die Distinktionsqualitäten dinglicher oder sonstiger kultureller Artefakte beruhen Bourdieus Analyse zufolge auf einem Zusammenhang, den er als die Dialektik von einverleibter und objektivierter Geschichte beschreibt oder auch als Dialektik von Habitus und Feld. Demnach gewinnen die stets willkürlichen und künstlichen sozialen Konstruktionen, die den sozialen Raum strukturieren, den Charakter des Natürlichen und des Selbstverständlichen durch „zwei Objektivierungsweisen verflossener Geschichte" (Bourdieu 1987b: 106): durch Objektivie-

---

2   Wobei bestimmte technische Eigenschaften umgekehrt aber durchaus auf dem Wege der
      Zweitsemiotisierung zum Ausdrucksmittel sozialer Distinktionsabsichten werden können. In
      diesem Sinn hält Sachs (1984: 41) die Motorleistung von Autos für besonders unterscheidungskräftig.

rung im *opus operatum* und durch Objektivierung im *modus operandi* (vgl. ebd.: 98). In beiden Fällen handelt es sich um sedimentierte Formen des vorgängigen Handelns und Erlebens: einmal um Sedimente in Gestalt kultureller Artefakte, die den Akteuren als objektive Gegebenheiten ihrer sozialen Welt entgegentreten, etwa als System der Verwandtschaftsbeziehungen, als Kanon des Schicklichen bzw. Unschicklichen oder als Aufteilung des bewohnten Raums; und zum anderen um Sedimente in Gestalt dauerhaft eingeprägter Wahrnehmungs-, Denk- und Handlungsschemata, welche die Akteure dazu disponieren, ihre Welt ganz selbstverständlich und nicht weiter reflektionsbedürftig in einer bestimmten Weise zu interpretieren und in einer entsprechenden Weise zu agieren.

Die Dialektik von objektivierter und einverleibter Geschichte besteht nun darin, dass die Akteure auf der Grundlage der ihnen zunächst sozialisatorisch vermittelten Dispositionen dazu neigen Dispositionen zu entwickeln, die den Erfordernissen der von ihnen wahrgenommenen objektiven Gegebenheiten gleichsam vorangepasst sind. So „werden die unwahrscheinlichsten Praktiken vor jeder näheren Prüfung durch eine Sofortunterwerfung unter die Ordnung (...) als *undenkbare* ausgeschieden", durch eine Art vorauseilenden Gehorsams, der „aus der Not gern eine Tugend macht, also Abgelehntes verwirft und Unvermeidliches will" (Bourdieu 1987b: 100). Gleichzeitig entfalten die Ordnungen der objektivierten Geschichte ihre Wirkung „nur bei denen, die zu ihrer Wahrnehmung prädisponiert sind" (Bourdieu 1998: 118). Deshalb bedarf es umgekehrt der Dispositionen derart vorangepasster Habitusformen, um die objektivierten Erzeugnisse der kollektiven Geschichte „ständig dem Zustand des toten Buchstabens, der toten Sprache zu entreißen" (Bourdieu 1987b: 107) und sie dadurch am Leben zu halten bzw. ihnen neues Leben einzuhauchen. Mit Blick auf die Wirksamkeit kultureller Artefakte als Distinktionsmittel besteht die Dialektik von einverleibter und objektivierter Geschichte mithin darin, dass die Akteure für diejenigen Tätigkeiten und Gegenstände, deren Ausführung oder Besitz objektivierte Ausdrucksmittel ihrer jeweiligen Positionen im sozialen Raum sind, zugleich auch eine geschmackliche Präferenz entwickeln. Dies führt dann umgekehrt zu Praktiken, die die in diesen Tätigkeiten und Dingen objektivierte Bedeutung als Distinktionsmittel reproduzieren.

Nun hatte ich aber argumentiert, dass dieser Aspekt der Dialektik von objektivierter und einverleibter Geschichte die techniksoziologisch zentrale Frage nach der sozialen Bedeutung von Technik in ihrer Eigenschaft als Technik unbeantwortet lässt. Wir müssen uns also auf die Suche nach einer Bedeutung von Technik als objektivierter Geschichte begeben, die für die Beantwortung dieser Frage etwas austrägt. Um es vorwegzunehmen: Diese Suche wird nur durch einen Teilerfolg belohnt werden. Einer der beiden Gesichtspunkte, die meiner Auffassung zufolge die Dualität jeglicher gesellschaftlich genutzter Technik ausmachen, bleibt im Rahmen des Bourdieu'schen Theoriegebäudes unanalysierbar. Für die Betrachtung des zweiten Gesichtspunktes sind seine Überlegungen dafür um so fruchtbarer. Um dies herauszuarbeiten, ist es erforderlich, Bourdieus Verständnis gesellschaftlicher Objektivierungen etwas näher zu betrachten.

2.1 Objektivierte Geschichte als Gegenmodell zum formalistischen Legalismus

Bourdieu entwickelt seine Vorstellung gesellschaftlicher Objektivierung in scharfer Opposition zu einer Vorgehensweise, die er als „Objektivismus" (Bourdieu 1987b: 51), „Juridismus" (ebd.: 75) oder auch als „legalistischen Formalismus" (Bourdieu 1979: 207) bezeichnet. Dieser Objektivismus begeht, so Bourdieu, „eine(n) der unheilsvollsten Fehlschlüsse in den Humanwissenschaften (...), nämlich in Marx' Worten: ‚die Sache der Logik für die Logik der Sache' auszugeben" (Bourdieu 1992: 81). Indem „der objektivistische Diskurs das Modell, das zur Erklärung der Praktiken konstruiert worden ist, tendenziell zu der Macht machen (will), die diese Praktiken tatsächlich bestimmen kann" (Bourdieu 1987b: 71), begeht er jenen unheilvollen Fehler, die theoretische Sicht auf die Dinge in die Dinge selbst zu projizieren (vgl. Bourdieu 1981: 305; vgl. auch ders. 1987b: 148). Er unterstellt, dass die explizierten Regeln, die die beobachteten Regelmäßigkeiten der Praktiken erklären, zugleich auch die Erzeugungsgrundlage dieser Praktiken sei (vgl. Bourdieu 1987b: 28).

Dass dies ganz und gar nicht der Fall ist, ist eine der zentralen Aussageintentionen des Habitusbegriffs. Denn „(a)ls einverleibte, zur Natur gewordene und damit als solche vergessene Geschichte" (ebd.: 105) beruhen die Dispositionen des Habitus eben gerade nicht auf einem bewussten Regelwissen, sondern auf der stillschweigenden Selbstverständlichkeit derjenigen Wahrnehmungs- und Handlungsschemata, die den jeweiligen Habitus bilden. Die grundlegende Wirkungsweise des Habitus besteht deshalb darin, „jenseits ausdrücklicher Reglementierung und des institutionalisierten Aufrufs zur Regel geregelte Praktiken und Praxisformen hervorzubringen" (Bourdieu 1979: 215). Daran ändert sich auch dann nichts, wenn die Akteure offizielle Regeln gesellschaftlichen Verhaltens entwickeln. Denn praktisch wirksam werden diese Regeln nur dann, wenn sie auf entsprechende Dispositionen treffen, die sich in den Regeln wiederfinden (vgl. Bourdieu 1987b: 198). Die praktische Wirksamkeit expliziter Regeln beschränkt sich deshalb im Wesentlichen darauf, als „Irrenwärter" (Bourdieu 1979: 206) zu fungieren. Lediglich als „Notbehelf" (ebd.: 215) haben sie die Aufgabe, „das partielle Versagen des Habitus zu regulieren, d.h. die Patzer wiedergutzumachen, die während der Einprägungsaktion geschehen sind" (ebd.). Es bleibt zu ergänzen, dass Bourdieu in seinen neueren Schriften eine vorsichtige Aufwertung der praktischen Bedeutung der bewussten Reflektion ihrer Praxis durch die Akteure vornimmt (vgl. Bourdieu 1987b: 200; 1992: 110; 1998: 128). Die entsprechenden Überlegungen können hier jedoch unberücksichtigt bleiben, weil sie an der Grundposition Bourdieus nichts ändern.

Diese Grundposition ist dadurch gekennzeichnet, dass Bourdieu vor dem Hintergrund einer Kontrastierung zweier alternativer Konzepte der Objektivierung sozialen Geschehens klar für das eine und ebenso klar gegen das andere Konzept optiert. Objektive Strukturen sind demnach nichts anderes als geschichtliche Erzeugnisse, deren historische Willkürlichkeit in Vergessenheit geraten ist. Als „Vergessen der Geschichte, das die Geschichte selbst vollzieht" (Bourdieu 1979: 171; vgl. ders. 1987b: 105), macht der Prozess der gesellschaftlichen Objektivierung seine eigene Erzeugungsgrundlage unsichtbar. Die Vorstellung, explizite Regeln könnten die Grundlage gesellschaftlicher Strukturen bilden, präsentiert sich aus dieser Perspektive mithin als eine grandiose Verkennung des wahren Sachverhalts.

Im Vorwort zu seinem Buch *Sozialer Sinn* findet sich eine Passage, in der Bourdieu die eben skizzierte Auffassung allegorisch veranschaulicht. Diese Passage ist, wie ich meine, gegen Bourdieus eigene Intention aussagekräftig, d.h. sie legt Zweifel nahe, ob das Konzept gesellschaftlicher Objektivierungen als objektivierte Geschichte tatsächlich die Reichweite beanspruchen kann, die Bourdieu ihr zumisst. Die Allegorie lautet:

„(D)ie beobachteten Praktiken verhalten sich zu Praktiken, die ausdrücklich nach den Grundsätzen geregelt wären, die der Forscher zu ihrer Erklärung aufstellen muß ... wie alte Häuser mit ihren späteren Anbauten und allen teilweise nicht zueinander passenden und doch im Grunde stimmigen, im Laufe der Zeit in ihnen angesammelten Gegenständen zu Appartements, die nach einer bestimmten ästhetischen Konzeption von einem Innenarchitekten termingerecht und schlüsselfertig eingerichtet worden sind. Die scheinbar unbeabsichtigte Geschlossenheit und sichtliche Einheit ohne Vereinheitlichungsprinzip aller kulturellen Realitäten mit ihrer gewissermaßen naturwüchsigen Logik ... sind das Produkt jahrtausendelanger Anwendung derselben Wahrnehmungs- und Handlungsschemata, welche, weil sie niemals als explizite Grundsätze konstituiert, nur eine ungewollte und daher zwangsläufig unvollkommene, aber auch ein wenig verblüffende Notwendigkeit hervorbringen können" (Bourdieu 1987b: 30).

Nun sind neu eingerichtete Appartements aber zweifellos Bestandteil der kulturellen Realität moderner Gesellschaften. Wenn Bourdieu also sagt, dass alle kulturellen Realitäten als objektivierte Geschichte allegorisch mit alten Häusern vergleichbar sind und nicht mit neu gebauten Appartements, dann muss genau dies auch für jene Appartements gelten. Die zitierte Passage impliziert mithin die Aussage: Appartements, die nach einer bestimmten ästhetischen Konzeption von einem Innenarchitekten termingerecht und schlüsselfertig eingerichtet worden sind, sind allegorisch betrachtet vergleichbar mit alten Häusern mit ihren späteren Anbauten und allen teilweise nicht zueinander passenden und doch im Grunde stimmigen, im Laufe der Zeit in ihnen angesammelten Gegenständen und nicht mit Appartements, die nach einer bestimmten ästhetischen Konzeption von einem Innenarchitekten termingerecht und schlüsselfertig eingerichtet worden sind. Es handelt sich bei dieser Reformulierung nicht einfach um eine rheto-

rische Spitzfindigkeit. Vielmehr artikuliert sich in ihr ein grundlegender Verdacht: Der Verdacht nämlich, dass die soziale Realität derjenigen kulturellen
Artefakte, an deren Beispiel Bourdieu seine theoretische Position erarbeitet hat,
nicht deckungsgleich ist mit der sozialen Realität zumindest einiger derjenigen
kulturellen Artefakte, mit denen wir es heute zu tun haben.

2.2 Technik als geschichtsloses Appartement

Bourdieu entwickelt seine Vorstellung geschichtlicher Objektivierung anhand
ethnologischer Befunde aus der kabylischen Gesellschaft, die er als eine Gesell-
schaftsform beschreibt, in der „der größte Teil der Handlungen (...) der abgestimmten Improvisation der gemeinsamen Dispositionen überantwortet werden
kann" (Bourdieu 1979: 215). Seine Beispiele sind die Sprichwörter, die das
System der Verwandtschaftsbeziehungen artikulieren (vgl. Bourdieu 1979:
66ff.; 1987b: 288ff.), oder der bewohnte Raum als „dinggewordene(s) Rangord-
nungssystem" (Bourdieu 1987b: 141) zwischen den Geschlechtern (vgl. Bourdieu 1979: 48ff.; 1987b: 468ff.). In diesem Zusammenhang macht die Betrachtung kultureller Objektivationen als objektivierte Geschichte, soweit ich es beurteilen kann, einen guten Sinn. Denn diese kulturellen Artefakte lassen sich in
der Tat erschöpfend als verfestigte Formen vorgängiger Praktiken erklären,
zumal sie, wie Bourdieu nicht müde wird zu betonen, ihren jeweils situations-
spezifischen Sinn stets erst durch die praktischen Dispositionen derer erhalten,
die auf sie zugreifen (vgl. Bourdieu 1979: 211).

Für diejenige Sorte kultureller Artefakte, um deren soziologisches Verständnis es mir geht, gemachte Technik, gilt dies jedoch nicht in gleicher Weise.
Technik kann nicht erschöpfend als verfestigte Form der vorgängigen Praktiken
eines bestimmten Habitus erklärt werden. Dies gilt jedenfalls dann zwingend,
wenn man Technik unter dem Gesichtspunkt ihrer Eignung als Ressource prospektiven Handelns betrachtet. Als Ressourcen prospektiven Handelns sind
Techniken künstlich eingerichtete Ablaufzusammenhänge, mit deren Hilfe sich
hinreichend zuverlässig und wiederholbar bestimmte Effekte erzielen lassen
(vgl. Schulz-Schaeffer 1999: 410). Es ist der Aspekt der expliziten Vorhersehbarkeit bestimmter Ereignisketten, durch den Techniken zu Ressourcen prospektiven Handelns werden können. Die zukunftsgerichteten Erwartungen beispielsweise, dass die Betätigung des Zündschlüssels den Motor des Autos zum
Leben erwecken wird, dass der Druck auf das Gaspedal seine Geschwindigkeit
erhöhen und dass die Drehung des Lenkrades seine Fahrtrichtung verändern
wird, müssen hinreichend zuverlässig eintreffen, soll das Auto seinen Zweck als
technische Fortbewegungshilfe erfüllen. Man muss mit anderen Worten das
Erzeugungsprinzip dieser Wirkungen in einer Weise kennen, die es erlaubt,
diese Wirkungen gezielt hervorzurufen. Hierin unterscheiden sich technische
Artefakte in ihrer Eigenschaft als Technik von den Hervorbringungen des Habi-

tus, dessen wesentliches Merkmal ja gerade darin besteht, sein eigenes Erzeugungsprinzip unsichtbar zu machen.

Nun wird man gegen diese scharfe Kontrastierung von prospektiv nutzbaren Ressourcen einerseits und objektivierten Formen vorgängiger Praktiken andererseits sofort einwenden wollen, dass doch auch die Regelmäßigkeiten der Verhaltensweisen einer gemeinsamen Praxis eine wichtige Quelle für prospektive Handlungsorientierungen darstellen. Dass man also, in den Worten Bourdieus, „bestimmte Praktiken (...) voraussagen kann", weil „Akteure mit dem entsprechenden Habitus sich in bestimmten Situationen auf eine ganz bestimmte Weise verhalten" (Bourdieu 1992: 100). In gewisser Hinsicht ist dies ganz zweifellos der Fall: Im Alltag beziehen wir uns beständig in prospektiver Weise auf das unterstellte „Und-so-weiter" (Schütz/Luckmann 1979: 29) gemeinsamer Gepflogenheiten. Der springende Punkt jedoch ist, dass, so Bourdieu, eine solche Regelmäßigkeit der Praxis erst dann „zur Basis einer Prognose werden kann" (Bourdieu 1992: 101), wenn „das Prinzip (...) explizit ausgebildet" (ebd.: 100) ist, das diese Regelmäßigkeit regelhaft beschreibt. Die regelhafte Formulierung der Regelmäßigkeiten einer gemeinsamen Praxis kann aber nie etwas anderes sein als deren retrospektive Rationalisierung. Und sie bleibt stets von begrenztem prognostischem Wert, weil die korrespondierenden Praktiken eben „nicht auf einer Regel oder einem ausdrücklichen Gesetz" (ebd.: 101) beruhen und ihre regelhafte Formulierung das Erzeugungsprinzip jener Praktiken dem entsprechend auch nicht zutreffend abbilden kann.

Explizierte Regeln besitzen mithin eine Eigenschaft, die den dispositionalen Schemata einer gemeinsamen Praxis fehlt. Sie ermöglichen, so Giddens, „eine Art des Sich-Berufens" auf sie, „die es bei implizit formulierten Regeln nicht gibt" (Giddens 1992: 143): Nur auf explizierte Regeln kann man sich *als auf Regeln* beziehen. Und erst dadurch, dass man sich in dieser Weise auf Regeln beziehen kann, wird ein beliebiger Ereigniszusammenhang zu einer möglichen Ressource prospektiven Handelns – vorausgesetzt natürlich, dass die Regeln die Regelmäßigkeit dieses Ereigniszusammenhangs hinreichend verlässlich beschreiben. In diesem Sinne ist bereits das einfachste Steinwerkzeug, dessen Herstellung selbst das Resultat jahrtausendelanger Praktiken ist, mehr als nur objektivierte Geschichte im Sinne Bourdieus. Vielmehr ist in seiner physischen Gestalt ein Teil eines regelhaften Ereigniszusammenhangs verkörpert, auf den sich seine Nutzer beziehen, wenn sie sich darauf verlassen, dass das spezifische Gewicht des Faustkeils auch in Zukunft die erwartete Schlagkraft transportieren wird oder die Steinklinge auch in Zukunft die spezifische Schärfe besitzen wird, die das Zerteilen derjenigen Gegenstände ermöglicht, zu deren Zerteilen die Klinge gedacht ist.

Aus den vorangehenden Überlegungen folgt noch ein Zweites: Die Nutzbarkeit regelhaft beschreibbarer Ereigniszusammenhänge als Ressourcen prospektiven Handelns erhöht sich in dem Maße, in dem die formulierten Regeln nicht nur die nachträglichen Rationalisierungen einer gemeinsamen Praxis sind, sondern die Ereigniszusammenhänge, die sie beschreiben, zugleich auch konstituieren. Denn ein Ereigniszusammenhang lässt sich als Ressource umso wirkungsvoller einsetzen, je verlässlicher man davon ausgehen kann, dass er auch zukünftig dem durch die Regeln beschriebenen Ablauf folgt. Das heißt zugleich: Ein Ereigniszusammenhang kann umso wirkungsvoller als Ressource fungieren, je weniger er die inhärenten Ungewissheiten und Unschärfen der Praktiken des Habitus aufweist, die ja gerade daher rühren, dass diese Praktiken „nicht etwa auf bewussten und konstanten Regeln beruhen, sondern auf praktischen Schemata, die für sich selbst undurchsichtig und je nach der Logik der Situation (...) Schwankungen unterworfen sind" (Bourdieu 1987b: 28). Erst im Übergang von der *nach*träglichen Rationalisierung zur *Vor*schrift, die einen Ereigniszusammenhang konstituiert, findet diejenige partielle Abkopplung formulierter Regeln von vorgängigen Handlungsdispositionen statt, die die Voraussetzung jeder weiteren Zunahme der Leistungsfähigkeit prospektiv nutzbarer Ressourcen ist. Es dürfte wenig Zweifel daran bestehen, dass insbesondere in der neuzeitlichen Technikentwicklung genau diese Abkopplung von zentraler Bedeutung ist. Die technischen Artefakte, die uns umgeben, sind deshalb – zumindest was die Konstruktion derjenigen ihrer Eigenschaften anbelangt, die sie zu Ressourcen prospektiven Handelns werden lässt – eher mit neu gebauten Appartements vergleichbar als mit alten Häusern.

Wenn Bourdieu über das Verhältnis zwischen explizierten Regeln und praktischen Schemata nachdenkt, so verweist er gerne auf die extreme Verdünnung, die jede formulierte Regel gegenüber der Reichhaltigkeit des praktischen Wissens darstellt, wie sie dem kompetenten Akteur als Basis situationsangemessenen Handelns zur Verfügung steht: Weit entfernt „von einer mechanischen Verknüpfung vorgängig geregelter Aktionen", so Bourdieu, vermag „der Virtuose, Meister seiner ‚Lebenskunst', ... mit all dem zu spielen, was ihm in den Ambiguitäten und Unbestimmtheiten der Verhaltensweisen und Situationen zugetragen wird, um so die dem jeweiligen Fall angemessenen Handlungen zu vollziehen, um zu tun, *was zu tun war*', von dem es heißen wird, daß ‚es nicht anders zu machen war', und es so zu machen, wie es zu sein hat. Entfernt auch von Normen und Regeln" (Bourdieu 1979: 225; vgl. auch ders. 1987b: 106). Die vorangegangenen Überlegungen haben deutlich gemacht, dass die erfolgreiche Bezugnahme auf formulierte Regeln umgekehrt aber auch eine immense Erweiterung von Handlungsmöglichkeiten nach sich zieht: Während sich die im praktischen Wissen begründete Handlungskompetenz immer erst retrospektiv erweisen kann – als ein Tun, „von dem es heißen wird, dass ‚es nicht anders zu machen war'" –, ist die formulierte Regel die Grundlage jeglichen prospektiven Handelns. In dem Moment, in dem Akteure sich darauf verlassen können, dass eine formulierte Regel einen bestimmten Ereigniszusammenhang zutreffend beschreibt, kann die Kenntnis der Regel als ein Mittel genutzt werden, um angestrebte zukünftige Wirkungen gezielt hervorzubringen. Diese Möglichkeit ist zugleich auch die Grundlage des Funktionierens jedes technischen Wirkungszusammenhanges.

2.3 Technik als altes Haus

In einer Hinsicht behält Bourdieu mit seiner Betonung der irreduziblen Bedeutung praktischer Schemata nichtsdestotrotz Recht. Und zwar darin, dass keine gesellschaftliche Objektivierung exklusiv auf formulierten Regeln beruhen kann. Hier greift das Wittgenstein'sche Argument vom unendlichen Regelregress (vgl. Wittgenstein 1989: 287ff., 344f.), das in der Fassung Bourdieus folgendermaßen lautet:

> „Es ist von Bedeutung, dass jeder Versuch ... eine Praxis/Praktik auf der gehorsamen Erfüllung einer explizit formulierten Regel zu begründen, sich an der Frage nach *den* Regeln stößt, die die angemessenste Art und Weise ... der Anwendung der Regel oder, wie man so schön sagt, der *praktischen Umsetzung* eines Repertoires an Vorschriften oder Techniken bestimmen, mit anderen Worten an der Frage nach der Kunst der Ausführung/Ausübung, worein sich, unausweichlich, der Habitus wieder einschleicht" (Bourdieu 1979: 203f.).

Im Sinne des Wittgenstein-Argumentes kann es regelhaft strukturierte Ressourcen prospektiven Handelns nur dann geben, wenn zugleich alle jene Gepflogenheiten der Praxis als selbstverständlich vorausgesetzt werden können, die die möglichen Zweifel zum Schweigen bringen, die hinter jeder Regelformulierung unweigerlich lauern. Es ist mithin nur deshalb möglich, einen bestimmten Ausschnitt des gesellschaftlichen Handelns explizit zu regeln, weil alles übrige Handeln, das in der einen oder anderen Weise mit dem reglementierten Ausschnitt zusammenhängt und das sich auch mit beliebig hohem Reglementierungsaufwand nie vollständig verregeln lässt, der abgestimmten Improvisation gemeinsamer Dispositionen überlassen werden kann.

Dies gilt auch mit Blick auf die Praktiken der Nutzung technischer Artefakte. Kein Konstrukteur kann die Vielzahl unterschiedlicher Nutzungsstile vorhersagen, die sich beispielsweise als die konkreten handlungspraktischen Realisierungen der technischen Funktionalität des Automobils als Fortbewegungsmittel ausprägen. Vielleicht lässt sich noch antizipieren, dass die objektiven Gegebenheiten junger Familien Praxisschemata erzeugt, die dem im Vehikel vorhandenen Stauraum besondere Bedeutung verleihen – etwa die Gewohnheit des Großeinkaufs am Wochenende oder des Aufbaus jenes umfänglichen Kinderversorgungs-Equipments, das bei jedem größeren Ausflug mitgenommen werden muss. Aber wird man im Vorhinein auch daran denken, dass die Rückbank eine praktische Bedeutung als Wickeltisch erlangen wird, oder daran, dass der Sinn einer fernbedienbaren Türverriegelung darin bestehen kann, das Unfallrisiko der Kinder zu reduzieren, weil man das Auto dann aus sicherem Abstand zum fließenden Verkehr und mit nur geringer Ablenkung der eigenen Aufmerksamkeit öffnen bzw. schließen kann, oder schließlich daran, dass ein Beifahrerairbag das Unfallrisiko erhöht, indem es dazu zwingt, den Kindersitz auf der Rückbank zu montieren, was wiederum dazu führt, dass ein chauffierender Elternteil ein mitfahrendes Kleinkind nicht mehr aus den Augenwinkeln überwachen kann und seine Aufmerksamkeit deshalb beständig vom umgebenden Verkehrsgeschehen weg nach hinten abgelenkt wird?

Diese Liste ließe sich beliebig verlängern und Entsprechendes gilt auch für all die anderen Nutzungsstile, die sich im Umgang mit dem Automobil ausgeprägt haben bzw. seiner Nutzung vorausgesetzt sind. Die praktische Realisierung der technischen Funktionalität des Automobils – wie die jeder anderen gesellschaftlich genutzten Technik auch – beruht mit anderen Worten auf der je spezifischen Ausdeutung des dinglich verfestigten Regelzusammenhanges durch die Wahrnehmungs- und Handlungsschemata seiner jeweiligen Nutzer. Für die praktische Nutzbarkeit technischer Artefakte sind deshalb zwei Strukturaspekte gleichermaßen von Gewicht, die ich als den Ressourcenaspekt und den Routinenaspekt der Struktur genutzter Technik bezeichne.[3] Für die praktische Nutzbarkeit technischer Artefakte ist es dementsprechend von entscheidender Bedeutung, dass die Regelstruktur des Artefaktes und die im Umgang mit ihm aktivierten Praxisschemata dort, wo sie miteinander interferieren, hinreichend aufeinander abgestimmt sind. D.h. die Regelstruktur muss bestimmte Praktiken der jeweiligen Nutzergruppen zumindest tolerieren und umgekehrt dürfen jene Praktiken die Funktionsweise des technischen Wirkungszusammenhangs nicht grundlegend beeinträchtigen.

Einerseits erfolgt diese Anpassung durch die Praxisschemata selbst, deren besondere Form der Ausübung als abgestimmte Improvisation ja gerade darin besteht, situationsspezifisch angemessenes Handeln zu ermöglichen, und die dadurch geeignet sind, viele der unerwünschten Folgen des starren Gefüges explizit geregelter Zusammenhänge auszugleichen und gleichsam zu „reparieren" (vgl. Collins/Kusch 1998: 121ff.). Auf der anderen Seite, der der Technikentwicklung, erfolgen solche Anpassungsleistungen häufig über die Strategie des *versioning*, der Vorgehensweise also, die in jedes Folgemodell einer Technik die Nutzererfahrungen mit dem Vorgängermodell einfließen lässt. Auf diese Weise gewinnt dann etwa das Automobil im Kontext der Nutzungspraktiken junger Familien die Gestalt des Kombis oder Vans. Dies wiederum bedeutet, dass sich technische Artefakte in gewissem Umfang nun doch als objektivierte Geschichte formieren. Zu einem bestimmten Anteil sind die technischen Gegenstände die verdinglichte Form vorgängiger Praktiken, deren dergestalt objektivierter Sinn durch die korrespondierenden Nutzungspraktiken der einverleibten Geschichte beständig reproduziert und am Leben erhalten wird. Zu diesem An-

---

3   Ausführlicher dargestellt sind diese Überlegungen zur Doppelstruktur technischer Wirkungszusammenhänge in Schulz-Schaeffer 1999 und Schulz-Schaeffer 2000.

teil sind technische Artefakte mithin eher vergleichbar mit alten Häusern als mit neu gebauten Appartements. Für den soziologischen Beobachter ist dieser Aspekt von Technik als objektivierter Geschichte dort am einfachsten beobachtbar, wo sich, wie im Fall des Automobils, ein und dieselbe grundlegende technische Funktionalität in mehreren Varianten realisiert, denen sich je unterschiedliche Nutzungspraktiken zuordnen lassen.

3. Märchenhafte Technik

„Nur im Phantasieerlebnis (z.B. im Märchen), das den Sinn der gesellschaftlichen Wirklichkeit neutralisiert", so heißt es bei Bourdieu, „nimmt die Sozialwelt die Gestalt einer für jedes mögliche Subjekt gleich möglichen Welt von Möglichkeiten an" (Bourdieu 1987b: 119f.). Den letzten Teil meiner Ausführungen möchte ich benutzen, um die unter Soziologinnen und Soziologen sicherlich nicht sonderlich populäre These zu plausibilisieren, dass die uns heute umgebenden technischen Artefakte zumindest in bestimmten Hinsichten eine Realisierung dieses Märchens darstellen. Oder, um es ein wenig vorsichtiger auszudrücken: Ich möchte darauf hinweisen, dass Technik in ihrer Eigenschaft als Ressource prospektiven Handelns denjenigen Reproduktionszusammenhang negiert, der der Theoriekonzeption Bourdieus zufolge für die Beharrungskraft einmal verfestigter sozialer Ungleichheiten verantwortlich ist.

Die Hauptlinie meines Arguments lautet, um es vorwegzunehmen, folgendermaßen: Der Mechanismus der Reproduktion sozialer Ungleichheit resultiert in der Konzeption Bourdieus aus der Gefangenschaft der Akteure in historisch gewachsenen Strukturen, zu deren Fortbestehen sie durch ihre eigenen Wahrnehmungs- und Handlungsdispositionen, ohne es zu wissen oder zu wollen, tendenziell beitragen. Die konstruktive Setzung regelgeleiteter Abläufe eines technischen Wirkungszusammenhanges dagegen entwertet alle Habitusdispositionen gleichermaßen. Die Auslösbarkeit des technischen Effekts stellt in dem Maße eine für alle Akteure gleich mögliche Möglichkeit dar, wie das Auslösen dieses Effekts auf der Anwendung eines explizit verfügbaren Regelwissens beruht und nicht auf den Wahrnehmungs- und Handlungsdispositionen eines bestimmten Habitus. Mit Blick auf den Ressourcenaspekt der Nutzung technischer Artefakte wird also die Distinktionswirkung der unterschiedlichen Habitusformen tendenziell aufgehoben und die geschichtsabhängige Fortschreibung der Geschichte unterbrochen.

Betrachten wir das Argument ein wenig genauer: Es wäre sicherlich übertrieben, der Gesellschaftstheorie Bourdieus einen strikten Geschichtsdeterminismus zu unterstellen. Die Möglichkeit des gesellschaftlichen Wandels ist vielmehr mitgedacht. Denn die Dispositionen der Habitusformen enthalten, da sie nicht auf fixierten Regeln beruhen, durchaus Dispositionsspielräume. Jegliche Praxis, die den objektivierten Sinn vorgängiger Praktiken aktualisiert, ist deshalb je nach Situation eine einer Vielzahl möglicher Aktualisierungen dieses Sinns. Deshalb reproduzieren die Praktiken des Habitus die Erzeugnisse der objektivierten Geschichte nicht als immer gleiche, sondern zwingen ihnen zugleich auch Korrekturen und Wandlungen auf (vgl. Bourdieu 1987b: 102ff., 107). Auf der anderen Seite sind der „schöpferische(n) Spontaneität" des Habitus, „die sich in der unvorhergesehenen Konfrontation mit unaufhörlich neuen Situationen geltend macht" (Bourdieu 1992: 101), aber auch Grenzen gesetzt. Die Grenzen dessen nämlich, was die Wahrnehmungs- und Handlungsdispositionen des jeweiligen Habitus dem betreffenden Akteur überhaupt wahrzunehmen erlauben und als in der Verfügung des eigenen Handelns zu erkennen geben. Deshalb können einerseits „mit dem Habitus ... unendlich viele und (wie die jeweiligen Situationen) relativ unvorhersehbare Praktiken ... erzeugt werden", diese sind andererseits „von dennoch begrenzter Verschiedenheit" (Bourdieu 1987b: 104). In diesem Sinne „ist der Habitus wirkende Präsenz der gesamten Vergangenheit, die ihn erzeugt hat" (ebd.: 105). Er „produziert (...) Geschichte ... nach den von der Geschichte erzeugten Schemata" (ebd.: 101), wodurch er „die Dauerhaftigkeit im Wandel gewährleistet" (ebd.: 105). Auch wenn Bourdieus Erklärung der Reproduktion sozialer Unterschiede also keinen strikten Geschichtsdeterminismus impliziert, so ist doch sein Hauptargument das der Abhängigkeit der je aktuellen Praktiken von der verflossenen Geschichte gleichgerichteter Praktiken.

Im Gegensatz dazu bestand eines meiner Argumentationsziele im vorangegangenen Abschnitt darin zu zeigen, dass es bestimmte kulturelle Artefakte gibt, zu denen auch Technik zählt, die sich nicht erschöpfend als objektivierte Geschichte erklären lassen. Die Wirksamkeit technischer Artefakte in ihrer Eigenschaft als Ressource prospektiven Handelns, so hatte ich argumentiert, beruht vielmehr gerade darauf, dass der wechselseitige Reproduktionszusammenhang zwischen den Praktiken und ihren objektivierten oder einverleibten Schemata durchbrochen wird. Regelmäßigkeiten, deren regelhafte Beschreibung nicht mehr als die nachträgliche Rationalisierung einer Praxis ist, die selbst durch diese Regeln nicht erzeugt wird, können stets nur in einem schwachen Sinne als Ressourcen fungieren. Denn der prognostische Wert dieser Regeln ist notwendigerweise begrenzt. In einem qualifizierten Sinne eignen sich erst solche Ereigniszusammenhänge als Ressourcen prospektiven Handelns, die regelgeleitet eingerichtet werden und damit zumindest partiell entkoppelt sind von den Praktiken gemeinsamer Dispositionen. Erst durch diese Entkopplung eröffnet sich die Chance, dass eine zukünftige Wirkung auf der Grundlage gegenwärtigen Wissen hinreichend zuverlässig vorausgesagt und zielgerichtet verursacht werden kann.

Dieses Wissen aber ist, jedenfalls was den Ressourcenaspekt von Technik anbelangt, ein explizies, also explizit verfügbares Regelwissen. Man muss nicht über Jahre und Jahrzehnte in die Denk- und Handlungsschemata eines bestimmten Habitus einsozialisiert und eingeübt sein, um über dieses Wissen zu verfügen. Man braucht nur die mündlich oder schriftlich ausgedrückten Gebrauchsanweisungen zu befolgen. Die explizit ausgedrückten Benutzungsregeln bewirken dadurch mit Blick auf die Nutzbarkeit technischer Ressourcen eine radikale Entwertung der praktischen Könnerschaft des Habitus. Dort, wo die gemeinsamen Dispositionen die Praxis strukturieren, ist es der differentielle Besitz solcher praktischer Könnerschaft, der den Inhabern des einen Habitus Handlungsmöglichkeiten eröffnet, die den Inhabern eines anderen Habitus verschlossen bleiben. Wo dagegen nur explizit verfügbares Wissen erforderlich ist, verliert dieser Effekt der einverleibten Geschichte seine Wirkung. In diesem Sinne ist die Bezugnahme auf Technik als Ressource prospektiven Handelns eine für alle durchschnittlich kompetenten Akteure gleich mögliche Möglichkeit.

Damit ist selbstverständlich noch nicht alles gesagt. Es mag ja sein, dass alle durchschnittlich kompetenten Akteure einer gegebenen Gesellschaft sich den sachkundigen Gebrauch der betreffenden technischen Artefakte aneignen können, ohne dass Habitusdifferenzen diesbezüglich einen wesentlichen Einfluss haben. Trotzdem heißt das noch lange nicht, dass nicht andere gesellschaftliche Faktoren die sich hieraus ergebende egalisierende Wirkung von Technik wieder zunichte machen. So ist, um den vielleicht offensichtlichsten Punkt zu nennen, natürlich ein gewisses Maß an verfügbarem ökonomischem Kapital erforderlich, um die interessierenden technischen Artefakte überhaupt in den eigenen Besitz zu bringen oder entsprechende Nutzungsrechte zu erwerben. An diesem Punkt ist wenig zu rütteln. Die These der Techniknutzung als für alle durchschnittlich kompetenten Akteure gleich möglichen Möglichkeit gilt mithin nur unter der Voraussetzung einer entsprechenden materiellen Verfügbarkeit der betreffenden Techniken. Sie wird damit jedoch, zumindest für den Bereich der fortgeschritten industrialisierten Gesellschaften, keineswegs bedeutungslos. Bei einer Ausstattungsrate der deutschen Haushalte, die im Falle von Geräten wie Telefon, Waschmaschine oder Kühlschrank nahe an 100 Prozent liegt und selbst bei dem finanziell recht aufwendigen PKW fast 75 Prozent erreicht,[4] muss man vielmehr konstatieren, dass die Ausgangsthese von der gleich möglichen Möglichkeit der Techniknutzung bezogen auf eine breite Palette von Techniken des alltäglichen Gebrauchs durchaus von praktischer gesellschaftlicher Relevanz ist.

Ein anderer Einwand gegen diese These könnte lauten, dass der verloren gegangene Vorteil bzw. der kompensierte Nachteil des Besitzes der unterschiedlichen Habitusformen sich in Gestalt differenziellen kulturellen Kapitals

---

4 Nach Angaben des Statistischen Bundesamtes verfügten die deutschen Haushalte zum Stichtag 1. Januar 2000 zu dem jeweils in Klammern angegebenen Prozentsatz über eines oder mehrere der im folgenden genannten technischen Geräte: PKW (74,4%), Fahrrad (77,7%), Rundfunkgerät (79,5%), Waschmaschine (94,1%), Fernsehgerät (95,9%), Telefon (98,2%), Kühlschrank (99,2%).

sogleich wieder rekonstituiert, nämlich in Form jener Erzeugnisse verflossener Geschichte, die den Zugang zu jenem Wissen eröffnen oder verschließen, dessen man zur Nutzung technischer Artefakte als Ressourcen prospektiven Handelns bedarf. Dieser Einwand ist ebenfalls nicht ohne weiteres von der Hand zu weisen. So spielt das formale Bildungsniveau bei der Internetnutzung, wenn auch mit abnehmender Tendenz, nach wie vor eine zentrale Rolle, was sich etwa darin ausdrückt, dass gegenwärtig zwar 86 Prozent der akademisch gebildeten Bevölkerung Deutschlands das Internet benutzen, aber nur 7,5 Prozent derer mit Volksschulabschluss (vgl. Eimeren/Gerhard 2000: 341). Andererseits sind solche Unterschiede im Besitz kulturellen Kapitals bei den zuvor angeführten Alltagstechniken offensichtlich kaum von Belang. Dies ist nicht zufällig so. Vielmehr beruht Technik in ihrer Eigenschaft als Ressource prospektiven Handelns auf einem Effekt, der nicht nur den Habitus als praktische Könnerschaft partiell entwertet, sondern darüber hinaus auch jene Differenzen expliziten Wissens, die sich in dem jeweiligen kulturellen Kapital der Akteure verfestigen. Dieser Effekt ist bei vergleichsweise neuen Techniken häufig aber weniger ausgeprägt als bei den ausgereifteren.

Um zu begründen, worin dieser Effekt besteht, muss ich noch einmal zu der Frage zurückkehren, was den Ressourcenaspekt von Technik ausmacht. Bislang hatte ich hier vor allem den Gesichtspunkt der Entkopplung regelgeleiteter Abläufe von praktischen Schemata genannt, der die Voraussetzung dafür ist, dass die erwartete technische Wirkung hinreichend zuverlässig auch genau so eintritt wie erwartet. Für das Funktionieren von Technik als Ressource prospektiven Handelns ist die diesbezügliche Erwartungssicherheit allerdings nur eine notwendige, aber noch keine hinreichende Bedingung. Von funktionierender Technik erwarten wir typischerweise nämlich nicht nur die wiederholbare Verursachbarkeit irgendwelcher Wirkungen, sondern solcher Wirkungen, die dazu beitragen, ein angestrebtes Ziel mit geringerem Aufwand zu realisieren als es ohne die betreffende technische Ressource möglich wäre. Neben dem Effekt der Erwartungssicherheit, den jeder regelgeleitete Ereigniszusammenhang realisiert, ist die Konstruktion technischer Wirkungszusammenhänge deshalb noch auf die Realisierung eines darüber hinausgehenden Effektes gerichtet: eines Entlastungseffekts.

Hervorgebracht wird dieser Entlastungseffekt im Wesentlichen durch einen zweiten Entkopplungsprozess, der darin besteht, die Erzeugungsregeln des technischen Wirkungszusammenhangs von den Benutzungsregeln zu trennen. Dies geschieht, indem ein großer Teil derjenigen Regelkenntnis und Regelanwendung, die erforderlich sind, um das technische Artefakt herzustellen und sein regelhaftes Funktionieren sicherzustellen, an Orten vorgehalten bzw. ausgeübt wird, die den durchschnittlichen Nutzern unzugänglich bleiben: in den Büros der Konstrukteure, in den Werkstätten oder Fabriken der Hersteller, aber auch im Innern der technischen Gerätschaften selbst. Ein Teil der Regeln, deren Anwendung den technischen Wirkungszusammenhang konstituiert, muss dennoch bei den Nutzern verbleiben, nämlich alle jene Regeln des sachgemäßen Gebrauchs, die erforderlich sind, um das technisch implementierte Regelwerk in der gewünschten Weise in Gang zu setzen.

Der Entlastungseffekt der Technik beruht also darauf, dass man, um sich Technik nutzbar zu machen, weder wissen muss, warum die betreffende Technik so funktioniert wie sie funktioniert, noch gar diesen Funktionszusammenhang selbst herstellen muss. Man verlässt sich diesbezüglich vielmehr auf ein in den Geräten selbst und den korrespondierenden Herstellungs- und Wartungseinrichtungen eingelagertes Expertentum. „Der gewünschte Effekt liegt", wie es Blumenberg formuliert, „apparativ sozusagen fertig für uns bereit" (Blumenberg 1981: 35) und man muss dann nur noch das Wissen besitzen, das es erlaubt ihn auszulösen. Dabei ist der Entlastungseffekt umso größer, je größer der Teil des Regelzusammenhanges ist, der an das jeweilige Expertensystem der Erzeugung und Gewährleistung einer technischen Ressource delegiert wird, und je kleiner der Teil ist, dessen Ausführung den Nutzern überlassen bleibt. Er reduziert sich bei vielen der uns heute umgebenden Techniken auf das Auffinden und Betätigen der richtigen Hebel, Schalter und Knöpfe. In einer Welt der „Knöpfchendrücker" (Mill 1998: 122) aber gibt es wenig Gelegenheit, differentielles kulturelles Kapital ins Spiel zu bringen (vgl. Schulz-Schaeffer 2000: 324ff.).

Zusammenfassend kann also festgehalten werden: Es lassen sich zwei Prozesse benennen, die dem Bemühen um die Konstruktion von Technik als zunehmend leistungsfähige Ressource prospektiven Handelns immanent sind und die sich begünstigend auf eine für alle durchschnittlich kompetenten Akteure gleich mögliche Möglichkeit der Techniknutzung auswirken. Dies ist zum einen der auf Erwartungssicherheit gerichtete Prozess der Entkopplung technischer Wirkungszusammenhänge von den Dispositionen gemeinsamer Praktiken. Bezogen auf die Techniknutzung besteht sein egalisierender Effekt in der Entwertung der differenziellen praktischen Könnerschaft des Habitus. Zum anderen ist dies der auf Entlastung des Nutzungskontextes gerichtete Prozess der Entkopplung und gesonderten Gewährleistung der Regeln technischen Funktionierens von den korrespondierenden Gebrauchsregeln. Sein egalisierender Effekt ist die Entwertung differentiellen kulturellen Kapitals. Praktisch wirksam werden diese beiden Effekte in Verbindung mit einem dritten Faktor: dem relativen ökonomischen Wohlstand großer Teile der Bevölkerung in den führenden Industriegesellschaften. Unnötig zu erwähnen, dass der Nivellierung sozialer Unterschiede, die sich als Gesamtwirkung für die Nutzung einer nicht unbeträchtlichen Zahl gegenwärtiger Alltagstechniken ergibt, keine wohlmeinende Absicht bestimmter Akteure oder Institutionen zu Grunde liegt. Ebenso wenig wie umgekehrt die Reproduktion sozialer Ungleichheit durch den Habitus auf entgegengesetzten böswilligen Absichten beruht.

Abschließend muss die These von der für alle durchschnittlich kompetenten Akteure gleich möglichen Möglichkeit der Techniknutzung aber doch noch in einer entscheidenden Hinsicht relativiert werden: Die Überlegungen dieses Abschnittes haben sich ausschließlich auf den Ressourcenaspekt von Technik gestützt. In der hier formulierten Ausdrücklichkeit gelten sie mit anderen Worten nur dann, wenn es möglich wäre, sich Technik ausschließlich auf der Grundlage explizit formulierter Regeln nutzbar zu machen. Im vorangegangenen Abschnitt hatte ich jedoch argumentiert, dass dies prinzipiell unmöglich ist und dass der Ressourcenaspekt deshalb stets nur einer von zwei Strukturaspekten technischer Wirkungszusammenhänge ist. Der zweite Strukturaspekt, den ich als Routinenaspekt bezeichnet habe, aber ist von genau der Form, wie Bourdieu sie für den Habitus konstatiert: Es handelt sich um praktische Schemata, um eingelebte Gewohnheiten, die die Akteure dazu disponieren, das technische Regelwissen habitusabhängig in je bestimmter Weise auszudeuten und anzuwenden. Bezogen auf diesen Strukturaspekt technischer Ressourcen greifen mithin alle jene Mechanismen der dinglich objektivierten und der dispositional einverleibten Geschichte, durch die die Unterschiede im sozialen Raum reproduziert werden. In welchem Umfang sich die egalisierenden Effekte des Ressourcenaspektes von Technik Geltung verschaffen und in welchem Umfang diese Effekte umgekehrt durch die differenziellen praktischen Schemata der Techniknutzung wieder entkräftet werden, muss aus einer Perspektive, die beide Strukturaspekte gleichermaßen berücksichtigen will, als empirische Frage behandelt werden. Die Antwort wird von Fall zu Fall unterschiedlich ausfallen. So dürfte es beispielsweise schwer fallen, wesentliche Unterschiede in der Leistungsfähigkeit von Kühlschränken als Ressourcen prospektiven Handelns zu erkennen, die sich aus Unterschieden der praktischen Schemata ihrer Nutzung ergeben. Im Fall des Automobils sind entsprechende differenzielle Wirkungen der jeweiligen Nutzungsstile dagegen sehr wohl zu beobachten.

Literatur

Blumenberg, Hans (1981): Lebenswelt und Technisierung unter Aspekten der Phänomenologie, in: Hans Blumenberg (Hrsg.), Wirklichkeiten in denen wir leben. Aufsätze und eine Rede, Stuttgart: Reclam, S. 7-54.

Bourdieu, Pierre (1979): Entwurf einer Theorie der Praxis auf der ethnologischen Grundlage der kabylischen Gesellschaft, Frankfurt/Main: Suhrkamp.

Bourdieu, Pierre (1981): Men and Machines, in: Karin Knorr-Cetina/Aaron V. Cicourel (Hrsg.), Advances in Social Theory and Methodology. Toward an Integration of Micro- and Macro-Sociologies, Boston: Routledge & Kegan Paul, S. 304-317.

Bourdieu, Pierre (1987a): Die feinen Unterschiede. Kritik der gesellschaftlichen Urteilskraft, Frankfurt/Main: Suhrkamp.

Bourdieu, Pierre (1987b): Sozialer Sinn. Kritik der theoretischen Vernunft, Frankfurt/Main: Suhrkamp.

Bourdieu, Pierre (1992): Rede und Antwort, Frankfurt/Main: Suhrkamp.

Bourdieu, Pierre (1998): Praktische Vernunft. Zur Theorie des Handelns, Frankfurt/Main: Suhrkamp.

Collins, Harry M./Kusch, Martin (1998): The Shape of Actions. What Humans and Machines Can Do, Cambridge, Mass. u.a.: The MIT Press.

Eimeren, Birgit van/Gerhard, Heinz (2000): ARD/ZDF-Online-Studie 2000: Gebrauchswert entscheidet über Internetnutzung, in: Media Perspektiven 8/2000, S. 338-349.

Franzpötter, Reiner (1999): Der Sinn fürs Auto und die Lust an der Unterscheidung. Zur Praxeologie des Automobilismus in der Erlebnisgesellschaft, in: Gert Schmidt (Hrsg.), Technik und Gesellschaft. Jahrbuch 10: Automobil und Automobilismus, Frankfurt/Main u.a.: Campus Verlag, S. 41-61.

Giddens, Anthony (1992): Die Konstitution der Gesellschaft. Grundzüge einer Theorie der Strukturierung, Frankfurt/Main u.a.: Campus Verlag.

Hörning, Karl H. (1989): Vom Umgang mit den Dingen. Eine techniksoziologische Zuspitzung, in: Peter Weingart (Hrsg.), Technik als sozialer Prozeß, Frankfurt/Main: Suhrkamp, S. 90-127.

Marsh, Peter/Collet, Peter (1991): Der Automensch. Zur Psychologie eines Kulturphänomens, Olten u.a.: Walter-Verlag.

Mill, Ulrich (1998): Technik und Zeichen. Über semiotische Aktivität im technischen Kotext, Baden-Baden: Nomos Verlagsgesellschaft.

Riessland, Andreas (1999): Fahrgefühle. Japanische Autowerbung im Rückblick, in: Gert Schmidt (Hrsg.), Technik und Gesellschaft. Jahrbuch 10: Automobil und Automobilismus, Frankfurt/Main u.a.: Campus Verlag, S. 251-269.

Sachs, Wolfgang (1984): Unsere Liebe zum Auto: Der Lack ist ab, in: Psychologie heute 11, S. 38-43.

Schulz-Schaeffer, Ingo (1999): Technik und die Dualität von Ressourcen und Routinen, in: Zeitschrift für Soziologie 28, S. 409-428.

Schulz-Schaeffer, Ingo (2000): Sozialtheorie der Technik, Frankfurt/Main u.a.: Campus Verlag.

Schütz, Alfred/Luckmann, Thomas (1979): Strukturen der Lebenswelt, Bd. 1, Frankfurt/Main: Suhrkamp.

Wittgenstein, Ludwig (1989): Tractatus logico-philosophicus, Tagebücher 1914-1916, Philosophische Untersuchungen. Werkausgabe Band 1, 5. Aufl., Frankfurt/Main: Suhrkamp.

Organisationssoziologie

Felder, Organisationen und Akteure – eine organisationssoziologische Skizze*

Andrea Maria Dederichs und Michael Florian

1. Einleitung

„(...) Bourdieu's framework offers a particularly balanced and multifaceted approach to action. Although his work is just beginning to influence organization theory (...), much of it dovetails with and may contribute to a broadening and deepening of the institutional tradition." Paul J. DiMaggio und Walter W. Powell (1991a: 26)

Die im Eingangszitat von DiMaggio und Powell schon zu Beginn der neunziger Jahre in Aussicht gestellte Beeinflussung der Organisationstheorie durch Pierre Bourdieu ist bis heute ohne größere Folgen geblieben und auch der vermutete Beitrag zur Ausweitung und Vertiefung der institutionalistischen Tradition lässt noch immer auf sich warten. Die „Theorie der Praxis" (vgl. Bourdieu 1976, 1987) spielt bislang in der Organisationssoziologie keine relevante Rolle und eine systematische Rezeption hat nach unserem Wissen noch nicht stattgefunden.[1]

Bei oberflächlicher Betrachtung könnte dies daran liegen, dass Bourdieu sich noch nicht der Analyse von Organisationen gewidmet hat, wie er selbst kritisch eingesteht (vgl. Bourdieu 1997b: 90f.). Einzige Ausnahme, die zumindest ansatzweise als ein Versuch zu werten ist, Phänomene sozialer Organisation als Untersuchungsgegenstände wahrzunehmen, bilden die Analysen zum

---

* Der vorliegende Beitrag entstand im Rahmen des Projektes „Modellierung sozialer Organisationsformen in VKI und Soziologie: Analyse der Übertragbarkeit der Habitus-Feld-Theorie auf Architekturen und Konzepte der VKI", das von der Deutschen Forschungsgemeinschaft im Schwerpunktprogramm (Nr. 1429) „Sozionik: Erforschung und Modellierung künstlicher Sozialität" gefördert worden ist (DFG-Kennzeichen FL 336/1-1). Die Grundlage für die nachfolgenden Überlegungen bildet die soziologisch gestützte Modellierung eines elektronischen Transportmarktes, die in Zusammenarbeit mit Informatikern aus der Verteilten Künstlichen Intelligenz (VKI) am Deutschen Forschungsinstitut für Künstliche Intelligenz in Saarbrücken erarbeitet wird.

[1] Eine der wenigen Ausnahmen bildet ein Aufsatz von Oakes et al. (1998) über den Zusammenhang von Sprache, symbolischer Gewalt und sozialer Kontrolle im „business planning" einer kulturhistorischen Abteilung der Regionalregierung der kanadischen Provinz Alberta, der sich zumindest um eine vergleichsweise etwas breiter angelegte Anwendung Bourdieu'scher Konzepte in der Organisationsforschung bemüht.

ökonomischen Feld der Eigenheimproduktion, die sich auf wenigen Seiten komprimiert mit Wirtschaftsunternehmen als sozialem Feld befassen und dabei notgedrungen auch Problemstellungen aus der Organisationssoziologie streifen (vgl. Bourdieu et al. 1998: 71-75, Bourdieu 1998: 191-193). Die Vernachlässigung moderner Organisationen gilt jedoch nicht nur für Bourdieu, sondern auch für Giddens.[2] Im Unterschied zu Bourdieu hat dieses Defizit aber eine systematische Rezeption von Giddens in der Organisationsforschung nicht behindert. Im Gegenteil: Die Strukturationstheorie von Giddens gehört mittlerweile zum anerkannten Repertoire organisationstheoretischer Ansätze.[3]

Über die Gründe für die mangelnde Resonanz der Bourdieu'schen Praxistheorie in der Organisationsforschung lässt sich derzeit nur spekulieren. Plausibel erscheint aber die Diagnose von Wacquant (1996: 20f.) über die generelle Aufnahme Bourdieus in der amerikanischen Soziologie (gemeint ist wohl die US-amerikanische). Danach erfolgte die „Wahrnehmung, Erschließung und Assimilierung" der Arbeiten Bourdieus „oft nur bruchstückhaft und zufällig", während „Bourdieu selbst und die Gesamtlogik seines Werks weitgehend unbekannt und unverstanden" blieben (Wacquant 1996: 20). Und dort, wo eine Assimilierung stattfand, erfolgte sie über die drei großen Schwerpunkte Bildungssoziologie, Anthropologie sowie „Kultur, Ästhetik und Klassenfragen", die jeweils (nur) mit einem der Hauptwerke von Bourdieu verbunden waren (vgl. Wacquant 1996: 20f.), unter Vernachlässigung des Gesamtzusammenhangs der Forschungsarbeiten Bourdieus.

Die von Wacquant (1996: 20) beklagte „Zerstückelung und Verstümmelung" lässt sich auch in den wenigen Versuchen nachweisen, Bourdieus Theorie der Praxis in der Organisationsforschung, vor allem im Bereich des „New Institutionalism" (Powell und DiMaggio 1991), anzuwenden. So bleibt das organisationssoziologische Interesse des Neoinstitutionalismus an Bourdieu bislang im wesentlichen *handlungstheoretisch* auf das Habituskonzept beschränkt (vgl. zum Beispiel bei DiMaggio und Powell 1991a: 25f.; bei Osterloh und Grand 1997: 359) oder auf eine interaktionistische Fehlinterpretation seiner Feldkonzeption und Machttheorie begrenzt (vgl. zum Beispiel bei Fligstein 2001), ohne die für die Theorie der Praxis grundlegenden Relationen zwischen Habitus, Kapital und Feld zu berücksichtigen. Selbst dort, wo Bourdieus Feldbegriff den *New Institutionalism* inspiriert zu haben scheint („organizational field"), werden die im Feldkonzept enthaltenen *strukturtheoretischen* Ansätze übersehen und statt dessen durch eine *interaktionistische* Interpretation ersetzt, von der sich Bourdieu immer wieder kritisch distanziert hat (vgl. zum Beispiel Bourdieu

---

2   Wie Ortmann et al. 1997b: 17 sowie Ortmann et al. 1997c: 321f. zu Recht bemerken.
3   Zur Relevanz von Giddens für die Organisations- und Managementtheorie vgl. Staehle 1999: 70; vgl. auch den Sammelband von Ortmann et al. 1997a sowie das Lehrbuch zur Organisationstheorie von Kieser 1999.

1985: 10, 31f. und 71ff.; Bourdieu 1987: 109f.; Bourdieu 1992: 139f.; Bourdieu 1996: 290ff.; Bourdieu und Wacquant 1996b: 178f.).[4] Die Behauptung einer „natürlichen Affinität" zwischen den Ideen Bourdieus und der neoinstitutionalistischen Theorie der Organisation (so zum Beispiel DiMaggio und Powell 1991a: 38, Anmerkung 28) ist deshalb nur wenig überzeugend, solange in den Organisationsanalysen des *New Institutionalism* nach Belieben einzelne Teile aus dem theoretischen Gesamtzusammenhang herausgelöst und auf inadäquate Weise interpretiert werden.

In Anbetracht der guten Absichten und großen Missverständnisse auf Seiten des Neoinstitutionalismus soll im folgenden Beitrag versucht werden, systematischer die organisationssoziologischen Potenziale der Praxistheorie von Bourdieu auszuloten und daraus ein tragfähiges Organisationsmodell zu entwickeln. Als empirischer Hintergrund dient uns eine Fallstudie über die Herausbildung von Kooperationen zwischen mittelständischen Unternehmen der Transportwirtschaft, die wir im Kontext eines DFG-Projektes im Schwerpunktprogramm „Sozionik" durchgeführt haben. Nach einer problemorientierten Skizzierung des Untersuchungsfalls wird ein dazu passender organisationssoziologischer Analyserahmen vorgestellt, der die Grundlage für eine praxistheoretische Orientierung der Organisationsforschung bildet. Am Beispiel der sozialen Genese von Kooperationsbeziehungen zwischen Unternehmen der Transportwirtschaft soll dann die theoretische und empirische Relevanz der drei elementaren Bausteine unseres Analyserahmens – Strukturen, Strategien und Akteurkonfigurationen – für die Organisationsforschung aufgezeigt werden. Im abschließenden Resümee und Ausblick werden die Chancen einer praxistheoretischen Organisationssoziologie diskutiert, aber auch Forschungslücken und offene Fragen benannt, die eine umfassende Rezeption der Praxistheorie Bourdieus in der Organisationsforschung bislang noch behindern.

2. Konzentration und Kooperation in der Transportwirtschaft

Spätestens seit der Werbekampagne mit Thomas und Christoph Gottschalk wissen wir um die umtriebigen Geschäfte der einst so behäbigen deutschen Post. Mit den Unternehmen Danzas und DHL hat sich die Post in den letzten Jahren einen Spitzenplatz im europäischen Transport- und Logistikmarkt erobert, indem sie heute nahezu alle Transport- und Verkehrsmöglichkeiten anbieten kann. Fast alle europäischen Postunternehmen haben sich in den letzten zehn Jahren

---

4 Ob der Begriff des Feldes in dem neoinstitutionalistischen Konzept der „organizational fields" tatsächlich Bourdieu entlehnt ist, wie Czarniawska-Joerges (1997: 376) vermutet, erscheint zweifelhaft, da im New Institutionalism der Aspekt des „Kräftefeldes" gegenüber dem des „Kampffeldes" vernachlässigt und das Feldkonzept vor allem interaktionistisch interpretiert wird (vgl. zum Beispiel bei DiMaggio und Powell 1991b: 64f. und 81, Scott 1991: 173f., DiMaggio 1991: 267f. sowie bei Fligstein 1991: 312ff. und 2001).

enorm „vergrößert", indem sie sich an starken mittelständischen und großen Transportunternehmen (z. T. zu 90%) beteiligten. Dadurch wird die traditionell mittelständische Transport- und Speditionsbranche vor einen harten Wettbewerbsdruck gestellt, der durch Konzentrationsprozesse und einen deutlichen Trend zur Bildung von Kooperationen gekennzeichnet ist.

Obwohl Deregulierung und Liberalisierung der europäischen Transportmärkte zu Beginn der 90er Jahre die Konzentrationstendenzen in der Transportwirtschaft drastisch verstärkt haben, lässt sich das Produktionsfeld der Transportdienstleistungen auch heute immer noch durch eine Wettbewerbsstruktur charakterisieren, die durch eine schon traditionelle Rivalität zwischen mittelständisch geprägten Speditions- und Transportunternehmen auf der einen Seite und den nach „industriellen" Maßstäben produzierenden Großunternehmen auf der anderen Seite gekennzeichnet ist. Besonders gut lassen sich die strukturellen Wandlungen in der Transportbranche und die organisatorischen Veränderungen mittelständischer Betriebe am Beispiel des Deutschen Paketdienstes (DPD) erkennen.

Der Deutsche Paketdienst ist eine der erfolgreichsten Kooperationen in Deutschland (im Jahr 1999 zweitstärkster Dienstleister auf dem Markt der Kurier-, Express- und Paketdienste nach Deutsche Post AG), die in den späten 90er Jahren neue gesellschaftsrechtliche und organisatorische Strukturen realisierte: Aus der 1976 zuerst aus 18 Speditionen gegründeten Gesellschaft bürgerlichen Rechts mit Gesellschaftervertrag wurde ein Franchisingsystem, das die Nutzungsrechte von den Besitzrechten trennt. Dadurch konnte der Franchisegeber seine strategische Marktposition verbessern und die regionale Erweiterung vorantreiben. Damit war auch der rechtliche Weg frei, Allianzen mit anderen Partnern einzugehen. Demzufolge begann 1998 die Zusammenarbeit mit der französischen La Poste: In einer Grundsatzvereinbarung wurden die Rahmenbedingungen festgeschrieben, zu denen La Poste Gesellschafter und Franchisenehmer des DPD übernehmen konnte. Am 30.12.2000 verkauften die sechs größten Mittelständler und Gründer des DPD ihre 34-prozentige DPD-Beteiligung. Die La Poste Gruppe kontrolliert heute 84,8% der Stimmrechte der DPD GmbH & Co. KG und ist gleichzeitig Eigentümer der DPD Landesgesellschaften in den Märkten Frankreich, Großbritannien, Spanien, Benelux und Schweiz. Als *global player* formiert La Poste seine Aktivitäten in der GeoPost-Gruppe. Und den anderen Mittelständlern und großen Transportunternehmen im Speditionsgewerbe geht es nicht anders, wie die deutsche Post bei Danzas, DHL und Trans-o-flex sowie die niederländische Post bei TNT zeigt.

Das Beispiel soll nicht nur den rasanten und dynamischen Wandel eines traditionell mittelständisch geprägten Marktes illustrieren, sondern offenbart auch die Ausmaße einer Neustrukturierung der Transport- und Logistikmärkte in Europa, die zu einer Vermischung „öffentlicher" (ehemals staatlicher) Unternehmen mit der privaten Wirtschaft führt und dabei die klassische Trennung der

Post-, Kurier-, Express- und Paketdienste von „gewöhnlichen" Transportdienstleistungen aufzuheben beginnt. Gleichzeitig entstehen neue netzwerkartige
Mischformen bei der Organisation ökonomischer Aktivitäten, die eine Verschiebung unternehmerischer Strukturen und Grenzen bewirken. So werden
beispielsweise in manchen ehemals zentralistisch und hierarchisch organisierten
Konzernen „flachere" Kontroll- und Kompetenzstrukturen gebildet mit einem
hohen Grad an ökonomischer Selbstständigkeit („profit center"), während autonom operierende Mittelständler einen Teil ihrer Selbstständigkeit opfern, um
sich zu Kooperationen zusammenzuschließen, die dann zentrale Führungsorga-
ne etablieren oder per *Outsourcing* als „Kooperationszentralen" auslagern.

In Wirtschaftssoziologie und Organisationstheorie wurde lange Zeit eine
eindeutige Trennung zwischen „Markt" und „Hierarchie" (oft synonym ge-
braucht für bürokratische Organisationsformen) unterstellt, so dass netzwerkartige Formen ökonomischer Aktivitäten, wenn überhaupt, dann allenfalls als ein
Sonderfall „hybrider" Sozialgebilde wahrgenommen wurden. Die Schwierigkeiten, die herkömmliche Polarisierung zwischen „Markt" und „Hierarchie" zu
überwinden, zeigen sich aber verstärkt seit Mitte der siebziger Jahre in der Insti-
tutionenökonomie anlässlich der Auseinandersetzungen mit dem Transaktions-
kostenansatz von Williamson (1975). Heute hält sich die ökonomische Praxis
offenbar nicht (mehr) an die einst klaren Unterscheidungen der ökonomischen
Soziologie und Organisationstheorie. *Netzwerke* bilden mittlerweile einen weit
verbreiteten Typus sozialer Gebilde, der auf allen sozialen Aggregationsebenen
zu finden ist: vom mikrosozialen Bereich zwischenmenschlicher Interaktionen
(Team, Arbeitsgruppe) über die mesosoziale Ebene kollektiver und korporativer
Akteure (innerhalb und außerhalb formaler Organisationen) bis hin zu den makrosozialen Aggregaten ökonomischer Märkte. Genau diese Allgegenwart sozialer Netzwerke „diesseits" *und* „jenseits" der Unterscheidung von „Hierarchie"
und „Markt" macht eine klare Abgrenzung formaler Organisationen gegenüber
markt- und netzwerkförmigen Sozialgebilden so schwierig. Dem entsprechend
erfordern Märkte, Organisationen und Netzwerke jeweils ein spezifisches Analyseinstrument, das den Besonderheiten der jeweiligen Form ökonomischer
Aktivitäten Rechnung trägt, das aber zugleich eine Verallgemeinerung der an
dem jeweiligen Phänomen erworbenen Erkenntnisse erlaubt. Für diesen Zweck
scheint die Feldtheorie von Bourdieu besonders geeignet zu sein, weil sie die
Unterscheidung sozialer Gebilde als „Felder" auf die spezifische Ausprägung
einer strukturellen Homologie zurückzuführen versucht, die zwischen sozialen
Feldern unterschiedlichster Art bestehen kann.

Die Spezifik eines sozialen Feldes lässt sich dabei auf der Basis seiner relativen Autonomie und besonderen „Logik" analysieren, ohne auf eine Generalisierung verzichten zu müssen, die sich an allgemeinen Merkmalen festmacht,
die *alle* sozialen Felder miteinander gemeinsam haben: (1) eine bestimmte „Position des Feldes im Verhältnis zum Feld der Macht", was eine Differenzierung

zwischen Herrschenden und Beherrschten ermöglicht, (2) eine „objektive Struktur der Relationen zwischen den Positionen der in diesem Feld miteinander konkurrierenden Akteure oder Institutionen", was die Voraussetzung dafür ist, soziale Felder als Kräfte- und Kampffelder untersuchen zu können, und (3) Dispositionensysteme, welche die Akteure „jeweils durch Verinnerlichung eines bestimmten Typs von sozialen und ökonomischen Verhältnissen erworben haben und für deren Aktualisierung ein bestimmter Lebenslauf in dem betreffenden Feld mehr oder weniger günstige Gelegenheiten bietet".[5]

Unsere These ist, dass eine trennscharfe Unterscheidung zwischen Markt, Unternehmensorganisation und Netzwerk einer neuen konzeptionellen Grundlage bedarf, die folgende Untersuchungsschritte miteinander kombiniert: erstens die Analyse der *Strukturen* des Marktes als soziales Kräftefeld, mit der die „objektiven Positionen" der Unternehmen (das heißt der korporativen Akteure) im ökonomischen Feld untersucht werden, zweitens die Analyse der auf den Markt und das Unternehmen bezogenen *Strategien* der (korporativen, kollektiven und individuellen) Akteure, die in den sozialen Konkurrenz- und Kampffeldern des Marktes und innerhalb der Unternehmen um den Erhalt oder die Veränderung der bestehenden Strukturen ringen, und drittens die Analyse der jeweiligen *Akteurkonfigurationen* auf den unterschiedlichen Ebenen der sozialen Aggregation.

Auf dieser Grundlage möchten wir einen Analyserahmen vorstellen, der sich mit Hilfe der „Theorie der Praxis" zu einem Organisationsmodell ausbauen lässt und mit dem sich die Interdependenzen und Wechselwirkungen zwischen *Strukturen, Strategien* und *Akteurkonfigurationen* konzeptionell erschließen lassen.

3. Das Organisationsmodell:
Strukturen, Strategien und Akteurkonfigurationen

Um die Leistungsfähigkeit der Theorie der Praxis überprüfen zu können, werden wir uns auf eine überschaubare Problemstellung und einen exemplarischen Untersuchungsfall konzentrieren: die zunehmende Verbreitung mittelständischer Kooperationen im deutschen Transportgewerbe seit Mitte der achtziger Jahre. Unsere These ist, dass die mittelständischen Speditionen und Transportunternehmen mit der Bildung von Kooperationen auf die zur gleichen Zeit um sich greifende Übernahme- und Konzentrationswelle reagieren, mit der Branchenriesen versuchen, mittelständische Unternehmen und Kooperationen in ihre Konzerne einzugliedern. Im Vordergrund stehen zwei soziologische Forschungsfra-

---

5   Die Zitate beziehen sich auf Bourdieu und Wacquant (1996b: 136), wobei an dieser Stelle
    ausdrücklich betont werden muss, dass es sich beim Feldbegriff um eine analytische Kategorie
    handelt, die *nicht* substanzialistisch interpretiert werden darf.

gen: Durch welche sozialen Prozesse lässt sich die Entstehung und Verbreitung einer neuen Geschäftspraxis (nämlich: der Kooperation zwischen Transportunternehmen) erklären? Und: Lässt sich die dynamische Entwicklung des Transportmarktes, der darin operierenden Wirtschaftsunternehmen und der Netzwerkbildung selbstständiger Firmen mit Hilfe der Praxistheorie auf eine verallgemeinerbare Weise untersuchen und erklären?

Wirtschaftliche Transaktionen können das positionale Gefüge des ökonomischen Feldes mitsamt der Marktstrukturen, in die Wirtschaftsorganisationen eingebettet sind, verändern. Gleichzeitig werden potenzielle Verschiebungen innerhalb des ökonomischen Feldes einer „Branche" von den Akteuren wahrgenommen und auf der Basis ihrer jeweiligen Stellung im Positionsgefüge der Kapitalverteilungsstrukturen interpretiert. Dies kann dazu führen, dass sich kooperative Zusammenschlüsse oder Konzentrationsaktivitäten als geeignete Wettbewerbsstrategie einzelner Unternehmen anbieten. Im vorliegenden Fall können wir einen strukturellen Wandel der deutschen Transportwirtschaft im Verlauf der letzten 30 Jahre feststellen: In Deutschland wandelt sich der Transportmarkt – besonders für Sammel- und Stückgutverkehre – von einer staatlich regulierten, zwar überwiegend durch kleine und mittlere Unternehmen geprägten, aber dennoch von einer Reihe großer, traditionsreicher Speditionen dominierten Wettbewerbsstruktur hin zu einem deregulierten und liberalisierten, durch Konzentrationswellen und „Fusionitis" aufgewühlten Transportmarkt, in dem sich Mittelständler mit Hilfe von Kooperationen gegenüber wenigen Branchenriesen zu behaupten versuchen. Die gegenwärtig dominierenden Giganten der Transportwirtschaft wurden selbst im Laufe der Zeit von eigentlich „fachfremden", aber an ökonomischem und politischem Kapital starken Post-, Handels- und Produktionskonzernen durch Aufkauf und Integration zahlreicher mittlerer und großer Speditionen und Transportunternehmen gebildet. Dieser Strukturwandel zu Gunsten der marktbeherrschenden Branchenriesen fordert viele mittelständische Unternehmen heraus, sich zu Kooperationen zusammenzuschließen, um auf lange Sicht konkurrenzfähig zu bleiben.

Für die soziologische Analyse gilt es nun, das interdependente Zusammenspiel zwischen den strukturellen Veränderungen des Marktgeschehens und den damit korrespondierenden Organisationsstrukturen und Marktstrategien der Transportunternehmen zu untersuchen. Der zunächst über die Deregulierung und Liberalisierung der europäischen Transport- und Logistikmärkte durch staatliche Akteure forcierte Strukturwandel – so unsere These – führt nicht nur zu positionalen Veränderungen im sozialen Kräftefeld des Transportmarktes, sondern fördert auch die Ausdifferenzierung unterschiedlicher Geschäftsfelder und einen wachsenden Bedarf nach neuen logistischen Dienstleistungen auf Seiten der Kunden. Die Veränderungen im ökonomischen Feld der Transportwirtschaft erzeugen innerhalb der einzelnen Unternehmen einen starken Impuls zum Wandel der Organisationen, der aber von den betrieblichen Akteuren nicht einfach nur passiv erduldet, sondern aktiv getragen werden muss und in Abhängigkeit von den jeweiligen Interessenlagen und den verfügbaren Handlungsressourcen („Kapitalien") auch ausgestaltet werden kann. Analytisch betrachtet kommt es darauf an, die Interdependenzen zwischen den globalen Veränderungen im ökonomischen Feld der Transportunternehmen und den jeweils spezifischen Reaktionen der einzelnen Unternehmen als „organisierte" korporative Akteure zu untersuchen. Unsere Annahme ist, dass die dominierenden Akteure in den Unternehmen, die üblicherweise in der Geschäftsführung und im oberen Management zu finden sind, auf entscheidende Weise zur sozialen Konstruktion der korporativen Agentenschaft beitragen. Dem Strukturwandel in der Transportwirtschaft versuchen diese „Repräsentanten" der Unternehmenskorporation mittels inter- und intraorganisationeller Anpassungs- und Veränderungsprozesse zu begegnen, was sowohl die funktionalen Dimensionen der Organisationsstruktur wie Arbeitsteilung (Spezialisierung) und Koordination betrifft, als auch autoritative Strukturdimensionen der Organisation wie die Entscheidungsdelegation und Kompetenzverteilung (das heißt das Führungs- und Leitungssystem) beeinflussen kann (zur Unterscheidung dieser so genannten „Strukturdimensionen" vgl. Kieser und Kubicek 1992: 73ff.; speziell für Logistikservice-Netzwerke vgl. Freichel 1992: 112ff.).

In Anlehnung an die Theorie der Praxis gehen wir von der Hypothese aus, dass eine Korrespondenz besteht zwischen den „objektiven Positionen", die Unternehmen in einem bestimmten ökonomischen Feld einnehmen, und den „Stellungnahmen" oder „Strategien", nach denen Unternehmen als korporative Akteure in ihren Entscheidungen und Aktivitäten verfahren.[6] Mit dem Feldbegriff lässt sich aber nicht nur das Zusammenspiel zwischen organisatorischen Strukturen und Strategien analysieren, er kann auch „auf verschiedenen Aggregationsebenen benutzt werden" (Bourdieu und Wacquant 1996b: 135), in unserem Fall beispielsweise *erstens* für den Transportmarkt, den alle Speditionen und Transportunternehmen bilden, *zweitens* für das Netzwerk miteinander kooperierender Firmen ebenso wie *drittens* für jedes einzelne Unternehmen „als relativ autonomer, selbst als Feld funktionierender Einheit" (Bourdieu et al. 1998: 71). Das Einzelunternehmen operiert somit nicht nur *in* einem sozialen Kräfte- und Kampffeld, das von allen Unternehmen der Transportwirtschaft

---

6   Im Sinne von Bourdieu werden „Stellungnahmen" verstanden als „ein strukturiertes System der Praktiken und Äußerungen der Akteure" (Bourdieu und Wacquant 1996b: 136), das aus einer Korrespondenz zwischen der eingenommenen „Position" in einem sozialen Feld und dem durch Verinnerlichung vergangener sozialer und ökonomischer Verhältnisse erworbenen mentalen System von Dispositionen („Habitus") resultiert. Die soziale Praxis unternehmerischer Entscheidungen lässt sich so in Form von „objektiven Handlungsverläufen" („Strategien") analysieren, die in einem Zusammenhang mit der Struktur der Relationen der in einem Feld miteinander konkurrierenden Akteure oder Institutionen stehen (soziales „Kräftefeld" und „Kampffeld").

gebildet wird, es kann auch selbst als ein soziales Feld analysiert werden. Die „Praktiken" eines Unternehmens als korporativer Akteur lassen sich dann einem endogenen Kräfte- und Kampffeld zuordnen, das von den Akteuren gebildet wird, die in dem Unternehmen unterschiedliche soziale Positionen mit ungleichen Machtchancen einnehmen und die ihrer jeweiligen Stellung entsprechend um die politische Beeinflussung der Unternehmensentscheidungen konkurrieren. Die ungleiche Verteilungsstruktur der Kapitalien zwischen den Akteurs-„Gruppen" oder -„Klassen" bildet hierbei die Voraussetzung für die Entstehung der sozialen Kräfte- und Kampffelder innerhalb der Unternehmensorganisation. Das Unternehmen selbst wird als korporativer Akteur durch die Entscheidungsträger in der Geschäftsführung repräsentiert, was jedoch die Entstehung von „mikropolitischen" Koalitionen und Konkurrenzkämpfen zwischen den Interessengruppen nicht ausschließt. Die inhärente soziale Dynamik, die bei einer detaillierteren meso- und mikrosoziologischen Analyse einzelner Unternehmen zu beobachten wäre, würde dann von der Theorie der Praxis auf Unterschiede in den beruflichen Habitusformen und den subkulturellen Stilisierungen der praktischen Aktivitäten der Akteure und Akteursgruppen in den Unternehmen zurückgeführt werden.

Die Frage nach den Besonderheiten der Organisation als eigenständiges Sozialgebilde wird von der Theorie der Praxis an die empirisch zu untersuchende Genese und Reproduktion der (relativen) *Autonomie* des sozialen Feldes gebunden, die von Akteuren aktiviert und getragen werden muss, die ein Interesse an der Existenz des sozialen Feldes aufweisen müssen und an dem, was dort jeweils auf dem Spiel steht (*„illusio"*). Formale Strukturen, kollektive Zielsetzungen und die Exklusivität der Mitgliedschaft müssen dabei ebenso wie alle anderen Kennzeichen von Organisationen zunächst von den Akteuren unter den Bedingungen sozialer Macht- und Herrschaftsverhältnisse sozial konstruiert und dann immer wieder reproduziert werden. Diese Sichtweise ist in der Organisationsforschung nicht neu, sondern wird in den letzten Jahren häufig mit der Strukturationstheorie von Giddens verbunden. Der innovative Beitrag der Theorie der Praxis zur Organisationsforschung liegt aber unter anderem darin, dass sich die Defizite herkömmlicher Organisationsanalysen in punkto Sozialstrukturanalyse überwinden lassen, so dass mit Hilfe von Bourdieu die ungleiche Verteilung von Machtressourcen („Kapitalsorten") als ein konstituierendes Element der sozialen Genese organisatorischer Strukturen und Strategien begriffen werden kann. Diese Behauptung soll im Folgenden durch eine etwas detailliertere Vorstellung der drei Komponenten unseres Analyserahmens – „Strukturen", „Strategien" und „Akteurkonfigurationen" – begründet werden.

3.1 Strukturen: Kapitalformen und implizite „Regeln"

Obwohl der Strukturbegriff in der Soziologie die Stellung einer Schlüsselkategorie beanspruchen kann, hat sich bis heute keine allgemein verbindliche Definition durchgesetzt (für einen systematischen Überblick über soziologische Strukturkonzepte vgl. Reckwitz 1997). Ein gemeinsamer Nenner dürfte aber die Vorstellung sein, dass Strukturen in der Soziologie soziale Differenzierungen markieren, die sich entweder in Form objektiver Unterschiede in der Verteilung beliebiger Merkmale beobachten lassen oder die als Vorstellungen der Handelnden und in den Beziehungen zwischen den Akteuren als (subjektive) Unterscheidungen zu analysieren sind. In seiner Theorie der Praxis versucht Bourdieu die beiden in der Soziologie meist getrennten oder sogar als unverträglich einander gegenüber gestellten Strukturperspektiven des „Objektivismus" und „Subjektivismus" miteinander zu verbinden. Demzufolge gibt es in der sozialen Welt „objektive Strukturen", „die vom Bewusstsein und Willen der Handelnden unabhängig und in der Lage sind, deren Praktiken oder Vorstellungen zu leiten und zu begrenzen" (Bourdieu 1992: 135). Diese Art von Strukturen, in denen die objektiven Relationen zwischen den sozialen Positionen und Stellungen der Akteure zum Ausdruck kommen, werden von Bourdieu mit Hilfe der Konzepte des sozialen Raumes bzw. des sozialen Feldes analysiert. Diese noch stark strukturalistisch gefärbte Sichtweise wird aber in der Theorie der Praxis mit einer eher „konstruktivistisch" orientierten Perspektive verknüpft, wodurch die „soziale Genese" der „Wahrnehmungs-, Denk- und Handlungsschemata" (die für den „Habitus" konstitutiv sind) ebenso berücksichtigt wird wie die Entstehung und Entwicklung der sozialen Strukturen selbst, das heißt der sozialen „Felder", der „Gruppen" oder „Klassen" (vgl. hierzu ebenfalls Bourdieu 1992: 135).

Aus dem Versuch, die „Antinomie von Sozialphysik und Sozialphänomenologie" (Wacquant 1996: 24) zu überwinden, folgt, dass die Theorie der Praxis als ein *Modell der doppelten Strukturierung* des Sozialen zu interpretieren ist. Aus unserer Sicht liegt die Zweidimensionalität des Strukturkonzeptes aber nicht allein in der Unterscheidung zwischen einer objektiven und einer subjektiven Seite der Sozialität begründet, wie sie sich explizit bei Bourdieu findet (zum Beispiel in Bourdieu 1992: 146f., 1997a: 28 oder bei Wacquant 1996: 24), sondern darüber hinaus ist in seiner Theorie der Praxis zumindest implizit eine weitere Unterscheidung enthalten, und zwar die zwischen *Ressourcen* und *Regeln*, die unseres Wissens aber bislang noch nicht ausformuliert worden ist.[7] Auf Or-

---

7   Diese Interpretation zeigt einige Parallelen auf zwischen der Praxistheorie von Bourdieu und der Strukturationstheorie von Giddens (1984: 148 und 155; 1988), der das Konzept einer „Dualität von Struktur" entwickelt und eine Definition von Strukturen als „Systeme von generativen Ressourcen und Regeln" vorgeschlagen hat. Während Giddens (1988) aber lediglich zwischen allokativen und autoritativen Ressourcen unterscheidet, ist das Ressourcenmodell bei Bourdieu

ganisationen übertragen bedeutet dies, dass wir zwischen *Kapitalformen* und *impliziten „Regeln"* als zwei Struktur(bildungs)formen differenzieren, die beide in objektivierter und inkorporierter Form wirksam werden:

(1) Kapitalverteilung als Strukturierungsform der sozialen Praxis: Die objektivierten und inkorporierten Machtressourcen

Im Anschluss an die Kapitaltheorie von Bourdieu (1983) ist die relative Stärke eines Unternehmens als ökonomischer Akteur von dem Volumen und der Struktur seines Kapitalbesitzes abhängig, und zwar in den verschiedenen Formen (vgl. im Folgenden Bourdieu 1998: 174ff.): als „finanzielles Kapital" (aktueller oder potenzieller Zugriff auf finanzielle Ressourcen), als „kulturelles Kapital" (das nicht mit dem so genannten „Humankapital" verwechselt werden darf), als „Organisationskapital" (inklusive den Informationen und Kenntnissen über das Feld, in dem das Unternehmen als korporativer Akteur tätig ist), als „technologisches Kapital" (wissenschaftliche und technische Ressourcen zur Senkung des Arbeits- und Kapitalaufwandes sowie zur Steigerung des Outputs), als „kommerzielles Kapital" (die von Vertrieb, Marketing und Kundendienst abhängige Verkaufskraft) sowie als „symbolisches Kapital" (beruhend auf Bekanntheit und Anerkennung, Markenimage und so weiter). Selbstverständlich darf auch das soziale Kapital nicht vergessen werden, das Ressourcen bereitstellt, die auf der „Zugehörigkeit zu einer Gruppe" beruhen und einen „Multiplikatoreffekt auf das tatsächlich verfügbare Kapital" ausüben (vgl. Bourdieu 1983: 190f.). „Das finanzielle Kapital, das technische Kapital und das kommerzielle Kapital existieren sowohl in objektivierter Gestalt (Ausrüstungen, Instrumente usw.) als auch in inkorporierter Gestalt (Kompetenz, Kniffe usw.)" (Bourdieu 1998: 175 Anmerkung 18).

(2) Implizite „Regeln" als Strukturierungsform: Der praktische Sinn des Habitus und die kollektive Stilisierung der sozialen Praxis

Wegen möglicher Missverständnisse wendet sich Bourdieu ausdrücklich gegen eine unreflektierte Verwendung des Regelbegriffs in der Soziologie, um die (vorreflexive) Wirkungsweise des Habitus gegenüber einer vieldeutigen Verwendung der Kategorie der *Regel* abzugrenzen (zur Kritik am Gebrauch des Regelbegriffs vgl. Bourdieu 1976: 209 und 1987: 188ff.).[8] Die Fälle, in denen

---

auf der Grundlage seiner Kapitaltheorie (auch herrschaftssoziologisch) viel differenzierter ausgebildet. Auch die Aussagen zur Relation zwischen inkorporierten und objektivierten Sozialstrukturen bleiben in der Strukturationstheorie unterentwickelt im Vergleich zur Theorie der Praxis.

8 Die von Bourdieu kritisierte „mehrdeutige Sprache der *Regel*, also der Grammatik, der Moral und des Rechts" (Bourdieu 1987: 188) findet sich auch in der Organisationsforschung wieder, und zwar bei Weick (1985: 11f.), wo Organisieren definiert wird als eine durch Konsens gültig gemachte Grammatik für die Reduktion von Mehrdeutigkeit mittels bewusst ineinandergrei-

sich Akteure bewusst an offiziellen Regeln orientieren, das heißt an der Einhaltung erkannter und anerkannter Erwartungen, Vorschriften oder Anforderungen, werden von Bourdieu auf ein vorhandenes Interesse zurückgeführt, sich vorschriftsmäßig zu verhalten, oder als eine „sekundäre" Strategie interpretiert, sich (womöglich demonstrativ) einer offiziellen Regel zu beugen, um das Recht oder die Moral auf seiner Seite zu haben und den eigennützigen Interessen zumindest den Anschein von Legitimität zu verleihen (vgl. Bourdieu 1976: 215ff.).

> „Die Regel (...) hat das partielle Versagen des Habitus zu regulieren, das heißt die Patzer wiedergutzumachen, die während der Einprägungsaktion geschehen sind, deren Aufgabe es ist, Habitusformen zu erzeugen, die jenseits ausdrücklicher Reglementierung und des institutionalisierten Aufrufs zur Regel geregelte Praktiken und Praxisformen hervorzubringen fähig sind" (Bourdieu: 1976: 215).

Wenn wir von *impliziten „Regeln"* sprechen, dann wollen wir auf die im praktischen Sinn der Akteure enthaltene Systematik einer „Logik" der sozialen Praxis hinweisen, die auf soziologischer Seite häufig als ein durch eine *explizite* Regel, Vorschrift oder Norm geleitetes Handeln missverstanden wird.[9] Eine Grundannahme der Theorie der Praxis besagt, dass die individuellen Akteure mit der Einverleibung sozialer Strukturen in die Handlungsdispositionen ihres Habitus eine praktische Vernunft entwickeln, deren Sinn und Logik keiner bewussten (explizit formulierten oder gar kodifizierten) Regelhaftigkeit folgt. Die „Logik der Praxis" (vgl. Bourdieu 1987: 187), die auf den impliziten Schemata des Habitus beruht und deren Systematik in einer Art *„Einheitlichkeit des Stils"* zum Ausdruck kommt, dient als ein „häufig ungenaues, aber systematisches Auswahlprinzip", das nicht die Strenge oder Beständigkeit aufweist, die üblicherweise von rationalen oder normativen Handlungstheorien unterstellt werden. Unser Vorschlag lautet, die im „sozialen Sinn" des Habitus verkörperten *impliziten „Regeln"* neben den *Kapitalsorten* als eine zweite, komplementäre Strukturform sozialer Organisation zu berücksichtigen, die in den Handlungsdispositionen inkorporiert wird und in Form kollektiver Stilisierungen der sozialen Praxis objektiviert wird.

Aus der Theorie der Praxis lässt sich somit ein Strukturverständnis ableiten, das den Ressourcenansatz der Kapitalsorten mit dem Konzept der (impliziten) „Regel" verbindet, ohne die in theoretischen Modellen formulierten „Regeln"

---

fender Handlungen, bei den normativen Handlungstheorien des klassischen Institutionalismus sowie bei den an Handlungsrechten orientierten rationalistischen Ansätzen.

9   Soziale „Regeln" können soziales Verhalten nicht vollständig und auch nicht generell auf jede Situation passend determinieren. Die kontingenten Leerstellen und die situationsblinde Offenheit jedweder „Regel" muss von den Handelnden stets situationsadäquat interpretiert und kreativ ergänzt oder erweitert werden. Das Habituskonzept weist hier Vorteile auf, da die mit dem Spielsinn oftmals verbundene „praktische Meisterschaft" (Bourdieu) der Akteure erfasst werden kann, dank derer die Handelnden auf eine häufig überraschend kreative Weise mit den – auch bei gegebenen Restriktionen und sanktionierbaren offiziellen „Regelungen" – immer auch vorhandenen Handlungsmöglichkeiten umgehen oder diese sogar ausweiten können.

mit den in der Praxis tatsächlich wirksamen sozialen Regelungen und Regelmäßigkeiten zu verwechseln. Die These einer Korrespondenz zwischen sozialen
und mentalen Strukturen geht davon aus, dass sich alle Regelungen und Regelmäßigkeiten der sozialen Praxis auf eine gelungene Übereinstimmung zwischen
Habitus und Feld zurückführen lassen. Die Sozialstrukturanalyse ist grundsätzlich auf *alle* sozialen Felder einer Gesellschaft anwendbar, auch wenn der Zusammenhang zwischen den allgemeinen Eigenschaften aller Felder und den
besonderen, historisch gewachsenen Merkmalen des jeweils zu untersuchenden
Feldes variieren kann und die Generalisierbarkeit von Analysen deshalb nur im
Einzelfall empirisch zu klären ist. Auf diese Weise lassen sich die Prozesse
sozialer Differenzierung und Reproduktion mit Blick auf die mit sozialen Positionen (Posten und Stellen) verbundenen Machtressourcen (Kapitalien) untersuchen. „Gesellschaftliche Differenzierung muß dann primär als Differenzierung
von Knappheiten behandelt werden. Nicht nur Güter- und Geldmengen, auch
wissenschaftliche Reputation oder literarisches Ansehen ist knapp" (Kieserling
2000: 373). Knappheit ist somit ein genereller Tatbestand, der dazu führt, „alles
soziale Geschehen als Konflikt zu modellieren" (Kieserling 2000: 373). Die
Dynamik der sozialstrukturellen Verteilungskonflikte beeinflusst nicht nur das
Positionengefüge der beteiligten Gruppen als Beitrag zur Reproduktion bestehender Ungleichheiten, sondern sie kann auch zu dauerhaften Verschiebungen
in der Macht- und Vertrauensbalancierung führen.

Was folgt daraus für die soziologische Analyse der Strukturen des Transportmarktes als soziales Kräfte- und Kampffeld der Speditionen und Transportunternehmen? Das ökonomische Feld besteht aus einer „Gesamtheit von Teil-
feldern", die dem entsprechen, was üblicherweise unter „Sektoren" oder „In-
dustriezweigen" verstanden wird (Bourdieu 1998: 174). Wenn wir Bourdieus
Auffassungen zur Struktur ökonomischer Felder (vgl. im Folgenden Bourdieu
1998: 173ff.) auf das Subfeld der Transportwirtschaft übertragen, dann ergibt
sich das folgende Bild: Alle in der Transportwirtschaft tätigen Unternehmen
schaffen mit ihren Aktivitäten einen relativ autonomen sozialen Raum – das
transportökonomische Feld. Dieses Feld wird mitsamt den in ihm herrschenden
Kräfteverhältnissen durch die Beziehungen zwischen den verschiedenen Transportunternehmen gebildet, die in dem Feld als „Agenten" (Bourdieu) – oder
anders formuliert: als „korporative Akteure" – operieren. Die jeweilige relative
Stärke eines Unternehmens in diesem Kräftefeld hängt von dem Volumen und
der Struktur seines Kapitalbesitzes ab. Mit den Kapitalarten sind differenzielle
Erfolgs- und Mißerfolgsfaktoren verbunden, die von den einzelnen Unternehmen als Konkurrenzvorteile (aber auch im Sinne von Wettbewerbsnachteilen)
genutzt werden können. Mit den Worten von Bourdieu (1998: 175f.):

„Die Struktur der Kapitalverteilung und die Struktur der Kostenverteilung, die wiederum hauptsächlich mit der Größenordnung und dem vertikalen Integrationsgrad
zusammenhängt, bestimmen die Struktur des Feldes, das heißt die Kräfteverhältnisse

zwischen den Firmen, wobei die Herrschaft über einen erheblichen Anteil am Kapital (an der Gesamtenergie) Macht über das Feld, also über die kleinen Kapitalbesitzer, verleiht. Sie entscheidet auch über das Zugangsrecht zum Feld und die Verteilung der Profitchancen. Die verschiedenen Kapitalarten wirken nicht nur indirekt, über die Preise; sie üben einen Struktureffekt aus, weil die Anwendung einer neuen Technik, die Kontrolle über einen erheblichen Marktanteil usw. die relativen Positionen und die Leistungen aller von den anderen Firmen gehaltenen Kapitalarten modifizieren."

Die Eintrittsbarriere in den Markt und die Bedingungen des Verbleibens im Markt, das heißt die Reproduktion des Feldes, wird durch die Struktur des Feldes und durch die ungleiche Verteilung der Trümpfe (Kostenvorteile durch Massenproduktion, technologische Vorteile und so weiter) bestimmt, so dass üblicherweise jene Agenten begünstigt werden, die über den größten Kapitalbesitz verfügen und als Inhaber einer dominanten Position dank ihrer Verfügung über kulturelles Kapital (inklusive der relevanten Informationen) zu einer angemesseneren Kenntnis der Strukturzwänge gelangen können (Bourdieu 1998: 178). Die Vorhersehbarkeit künftiger Entwicklungstrends beruht auf der Dauer und Zukunft eines Feldes, das heißt sie basiert auf den (reproduzierten) Regelmäßigkeiten der Feldstruktur und der wiederholt ablaufenden Spiele, in denen sich die Agenten Rezepte, Kniffe und übertragbare Dispositionen aneignen, auf denen fundierte praktische Antizipationen der künftigen Entwicklung des Feldes beruhen (Bourdieu 1998: 177).

Die Entwicklungsdynamik eines Marktes liegt darin begründet, dass sein soziales Kräftefeld zugleich auch ein Feld von Kämpfen um die Erhaltung oder Veränderung der Kräfteverhältnisse bildet, ein „sozial konstruiertes Aktionsfeld, auf dem Agenten mit unterschiedlicher Ressourcenausstattung aufeinander treffen" (Bourdieu 1998: 183). Die Analyse der Transportwirtschaft als Kampffeld orientiert sich zunächst an einer Untersuchung der Hauptgegensätze und Nebenwidersprüche in den Beziehungen zwischen den relevanten Unternehmen (Konkurrenten und Kontrahenten) des transportökonomischen Feldes. Der Hauptgegensatz bildet sich stets in der Relation zwischen dominanten Unternehmen – den „first movers" oder „market leaders" (vgl. Bourdieu 1998: 185f.) – und ihren Herausforderern heraus.[10]

Dominante Unternehmen, aber auch starke Newcomer, übernehmen üblicherweise die Initiative bei Preisänderungen, bei der Einführung neuer Produkte sowie bei neuen Vertriebs- und Marketingaktivitäten. Auf der symbolischen Ebene gelingt es den Großunternehmen nicht nur, (dank ihrer überregionalen Präsenz und infolge von Werbeaktionen) allgemein relativ „bekannt" zu sein, sondern häufig auch, jene Vorstellungen über akzeptable Spielweisen und Spiel-

---

10   Fligstein (2001) spricht aus einer neoinstitutionalistischen Perspektive von „incumbent groups"
      und „challengers".

regeln als legitim durchzusetzen, die ihren jeweiligen Interessen nutzen (zum Beispiel die ökonomischen Vorteile der Kostendegression bei ansteigender Größenordnung der Dienstleistungsproduktion). Das marktbeherrschende Unternehmen (oder bei Marktsegmentierung: das in den Segmenten jeweils dominierende Unternehmen) bildet den obligatorischen Bezugspunkt für seine Konkurrenten, die aktiv oder passiv Position zu ihm beziehen müssen, wenn sie als Herausforderer auftreten wollen.

Die Unternehmen, die eine niedrigere, aber dennoch starke Position innerhalb eines Feldes einnehmen, können das dominante Unternehmen (samt den anderen Konkurrenten) entweder angreifen oder einen Konflikt vermeiden. Als Herausforderer können sie versuchen, ihre Kosten und Preise zum Beispiel durch technologische oder organisatorische Innovationen zu senken. Sie können aber auch die Lücken im Angebot des Marktführers ausnutzen und sich auf Nischen spezialisieren. Die relative Stärke der Herausforderer beruht ähnlich wie bei den Marktführern auf der flächendeckenden Präsenz der Transportnetze, auf den Möglichkeiten, zumindest für einen Großteil der Transportdienstleistungen eine standardisierte Großproduktion zu realisieren, sowie auf der Differenzierung und Spezialisierung von logistischen Dienstleistungsangeboten – vor allem in den Nischen neuer Marktsegmente.[11]

Auch große mittelständische Unternehmen können durch Kooperationen und Netzwerkbildung versuchen, die dominierenden oder die zweitrangigen Unternehmen herauszufordern, um die Kräfteverhältnisse zu ihren Gunsten zu verschieben. In den von den dominierenden Unternehmen verschmähten oder in den durch Innovationen neu geschaffenen Nischen können sie Kräfte und Kapital sammeln, um den Großen der Branche Paroli zu bieten. Eine entscheidende Voraussetzung, um im transportökonomischen Feld als relevanter Gegner der dominierenden Unternehmen mitspielen zu können, ist eine überregionale, möglichst europaweite oder gar globale Präsenz in Form eines flächendeckenden Transportnetzes. Dies dokumentiert den „Strukturzwang" für kleinere und mittlere Unternehmen, sich zu Kooperationen zusammenschließen zu müssen, wenn ein annähernd flächendeckendes Transportangebot realisiert werden soll.[12] Die

---

11 Hier zeigen sich deutliche Parallelen zwischen der Sichtweise Bourdieus und der Perspektive industrieökonomischer Ansätze zum Beispiel bei Porter (1984: 62ff.), der drei Typen von Wettbewerbsstrategien unterscheidet: umfassende Kostenführerschaft, Differenzierung und Konzentration auf Schwerpunkte. Die Kostenführerschaft ist eine Strategie zur Akkumulation ökonomischen Kapitals (zum Beispiel „Kostenvorteile durch Massenproduktion", Bourdieu 1998: 177), während die Produktdifferenzierung (zum Beispiel „technologische Vorteile", Bourdieu 1998: 177), die Vorteile aus der technologisch bzw. organisatorisch begründeten Produktspezifik und Angebotsdifferenzierung zu ziehen versucht, auf die Akkumulation kulturellen Kapitals zielt, das sich ökonomisch verwerten lässt.

12 „Insgesamt verfügen aber nur 0,5% der Betriebe des Speditions- und Lagereigewerbes über ein zur Flächendeckung notwendiges Netz von 21 und mehr (eigenen) Niederlassungen" (BSL Bundesverband Spedition und Lagerei: Strukturdaten 1985: 35; zitiert nach Müller 1988: 33).

dominierten Unternehmen müssen somit ihr soziales Kapital vermehren und
nutzen, um die dominierenden Unternehmen unter Druck setzen zu können.
Gleichzeitig müssen sie versuchen, den Staat zu einer Änderung der Spielregeln
zu ihren Gunsten zu bewegen (zum Beispiel durch spezielle Förderungen des
Mittelstandes durch finanzielle Unterstützung bei erhöhten Kraftstoffpreisen,
durch kartellrechtliche Maßnahmen gegen monopolartige Konzentrationsprozesse bei den Branchenriesen oder durch politische und rechtliche Regulierungen zum Schutz des Mittelstandes, so zum Beispiel der – allerdings aus „wett-
bewerbsrechtlichen" Gründen gescheiterte – Versuch, den Kundenschutz in
Kooperationen rechtlich zu verankern, vgl. hierzu Müller 1988: 195).[13]

Mittelständische Kraftwagenspeditionen und Transportunternehmen stehen
gleichzeitig unter dem Druck der großen wie der kleinen Konkurrenten: „Während die mittleren Kraftwagenspediteure im Bereich des organisationsintensiven
Sammelladungsverkehrs (...) vor allem durch große Wettbewerber gefährdet
werden (hohes Kapitalerfordernis), sind die mittleren Frachtführer im Bereich
des Ladungsverkehrs (...) vor allem durch kleine Mitbewerber bedroht (niedrigere Kosten)" (Müller 1988: 53). Seit der Liberalisierung der europäischen
Transportmärkte sind es vor allem die Konkurrenten aus Osteuropa, die den
deutschen Speditionen durch sehr niedrige Kosten (und Preisdumping) zu schaffen machen.

Darüber hinaus sind in allen ökonomischen Feldern und für alle beteiligten
Gruppen die zum Staat aufgebauten Austauschbeziehungen relevant; denn der
Wettbewerb zwischen den Unternehmen gleicht einem Kampf um die „Macht
über die Staatsmacht" (Bourdieu 1998: 189f.) – es geht bei diesem „Spiel" um
die Nutzung und Auslegung von Regelungen, Gesetzen und feldspezifischen
Novellierungen. Es liegt auf der Hand, dass die dominanten Unternehmen vor
allem ihr symbolisches Kapital gewinnbringend einsetzen werden, um die „Regeln" einer „vernünftigen" transportökonomischen Praxis zu ihren Gunsten zu
beeinflussen. Der Zusammenhang zwischen Regeln und Ressourcen ergibt damit folgendes Bild: In Abgrenzung zur herkömmlichen Strukturauffassung in

---

13   Neben den in Umsatzvolumen oder Personalumfang messbaren materiellen Größenunterschie-
     den zwischen Transportunternehmen kommen symbolische Unterscheidungen zum Tragen, die
     den Unterschied zwischen dem „mittelständischen Transportgewerbe" einerseits und den
     Großunternehmen und großen Speditionskonzernen andererseits markieren, deren Produkti-
     onsweise oft mit einer „industrialisierten Massenproduktion" (vgl. Dankwerts 1991) verglichen
     wird. Die Mittelständler verfügen wegen ihrer traditionell ortsbezogenen Präsenz (häufig in
     unmittelbarer Nähe zu ihren Kunden) über eine starke lokale oder regionale Bindung (auch
     dann, wenn die Firmen in ein überregionales Netzwerk kooperierender Transportunternehmen
     eingespannt sind). Die Großunternehmen, deren enorme Finanzkraft häufig aus marktfremden
     Ressourcen resultiert (zum Beispiel den europäischen Postunternehmen und den Industrie-
     und Handelskonzernen, die sich in der Transportwirtschaft engagieren), besitzen auf Grund ih-
     res hohen Kapitalvolumens und durch konzerntypische Netzwerkbildung (mittels Fusion, Ak-
     quisition oder Joint Venture) eine überregionale, europaweite oder sogar globale Präsenz.

der Soziologie sieht Bourdieu den Schwerpunkt der Regelhaftigkeit sozialer Praktiken gleichermaßen in Form von beobachtbaren „Regelmäßigkeiten" objektiviert und inkorporiert in den mentalen (kollektiv geteilten) „Schemata" der Habitusformen. Die Theorie der Praxis muss demnach keine explizite und explizierbare Regelhaftigkeit im Sinne normativer oder rationaler Verhaltensweisen unterstellen, auch wenn Bourdieu eine bewusste Orientierung an Vorschriften oder Normen ebenso wenig ausschließt wie rationale Erwägungen. Im Gegensatz zur herkömmlichen Soziologie sind beide Handlungsprinzipien aber für ihn aus der Perspektive einer Logik der Praxis keine Grundformen sozialen Handelns, sondern eher seltene Gelegenheiten oder Sonderfälle, die sehr voraussetzungsreich und immer sozial bedingt sind durch vorhandene praktische Handlungsspielräume und notwendige Kompetenzen auf Seiten der Akteure, um überhaupt rationale Erwägungen in einer konkreten Handlungssituation anstellen zu können oder ein persönliches Interesse an vorschriftsmäßigem Verhalten ausbilden zu können.

3.2 Strategien: Das Management von Wettbewerbs- und Governancestrukturen

Der Strukturwandel in der Transportwirtschaft folgt keiner deterministischen Eigenlogik, sondern muss stets von den Akteuren „getragen", das heißt durch entsprechende Strategien immer erst (re-)aktiviert werden. Strategien bilden somit nicht nur die zweite Komponente unseres Analyserahmens, sondern sie markieren auch die Schnittstelle zwischen Strukturen und Akteuren. Der Strategiebegriff bezieht sich bei Bourdieu aber nicht auf die bewussten Absichten oder expliziten Entwürfe individueller Akteure, sondern bezeichnet die „großen objektiven Handlungsverläufe, die von den sozialen Akteuren ständig in der Praxis und als Praxis konstruiert und beim Zusammentreffen eines Habitus mit einer bestimmten Konstellation des Feldes definiert werden" (Bourdieu und Wacquant 1996b: 162). In diesem Sinne ist die Entwicklung von Managementoder Unternehmensstrategien als objektive Verlaufsmuster sozialer Geschäftspraktiken nicht beliebig möglich, sondern immer an den spezifischen Handlungsraum jedes einzelnen Unternehmens gebunden, das heißt an den Raum objektiver Möglichkeiten, der an die jeweilige Position innerhalb eines gegebenen Kräftefeldes gebunden ist. In Abhängigkeit von der relativen Stärke und den vorhandenen Ressourcen können sich Unternehmen nicht nur passiv auf eine gegebene oder antizipierbare Marktsituation einstellen, sondern auch versuchen, diese Situation aktiv zu eigenen Gunsten zu verändern.

Unter einer Unternehmensstrategie *(corporate strategy)* wird üblicherweise die Festlegung langfristiger Zielsetzungen einer Unternehmung, der Politiken und Richtlinien sowie der Mittel und Wege zur Zielerreichung verstanden (Staehle 1999: 603). Der dominierende theoretische Ansatz zur Erklärung korporativer Strategien in der Organisations- und Managementforschung ist das

Entscheidungsmodell rationaler Wahl, „obwohl Untersuchungen eher ein be-
schränkt-rationales, inkrementales Verhalten belegen" (Staehle 1999: 608). Was
aber folgt aus der offensichtlich empirisch recht gut belegten Erkenntnis, dass in
der Realität der Geschäftspraxis von Unternehmen „wenn überhaupt, selten
klare Zielsetzungen bestehen und strategische Entscheidungen außerhalb der
formalen Planungssysteme und eher zufällig und inkremental zustandekommen"
(Staehle 1999: 608 im Anschluss an Quinn 1980)?

Strategien zielen einerseits auf den Erhalt oder die Verbesserung der relativen Positionierung der Unternehmen im sozialen Kräftefeld des Transportmarktes. Andererseits verweisen Strategien auf die Fähigkeit von Unternehmen, den
Ressourceneinsatz zusammen mit den „Regelungen" der Geschäftspraxis intern
in den verschiedenen Feldern der Unternehmensorganisation (vor allem zu
Gunsten der dominierenden Koalitionen) zu koordinieren und zu steuern, um
nach außen im Wettbewerb als ein einheitlicher korporativer Akteur auftreten zu
können. Das erstgenannte Ziel verweist auf den Einsatz von *Wettbewerbsstrategien*, die feldspezifisch die externe Geschäftspraxis der Unternehmen steuern.
Hier sind vordergründig die ungleichen Relationen zwischen dominanten Unternehmen und Herausforderern zu nennen (zum Beispiel Notwendigkeitsstrate-
gien, prätentiöse oder dominante Marktstrategien), aber auch die Restrukturie-
rung bestehender Organisationsgrenzen und die damit verbundenen neuen Formen der wirtschaftlichen Arbeitsteilung zwischen Unternehmen.

Diese Wettbewerbsstrategien korrespondieren mit den organisationsinternen
Strategien, die sie gleichermaßen beschränken und ermöglichen. Interne Strategien zielen auf das zweitgenannte Motiv, nämlich die Koordinierung der Ar-
beitsprozesse für den optimalen Ressourceneinsatz. In der Literatur hat sich in
den letzten Jahren der Begriff der Governance vor allem für politische und öffentliche Verwaltungsstrukturen etabliert. Wieland (1997: 51) umschreibt mit
Governancestruktur „nicht einfach ein Beherrschungs- und Überwachungssys-
tem (...), sondern eine institutionelle Rahmenordnung für diese Codes, eine Matrix, innerhalb deren Transaktionen verhandelt und möglichst vollständig ausgeführt werden". Auf Organisationen bezogen regulieren Governancestrukturen
nicht nur den Abstimmungs- und Verwaltungsbedarf, sondern auch die möglichen Personal- und Machtrelationen (vgl. Wieland 1997: 47, Fußnote 40). Wieland kategorisiert drei Governancestrukturen, nämlich Markt, Hybride und Organisation, die mit verschiedenen Vertragsformen korrespondieren. Wir wollen
mit Bourdieu aber gerade auf die Korrespondenz zwischen feldspezifischen
Wettbewerbsstrategien und internen Organisationsstrategien hinweisen, das
heißt den Begriff der „*Governancestrategien*" für die internen Steuerungen
reservieren.

Damit haben wir ein trennscharfes Instrumentarium, um die unterschiedlichen, aber interdependenten Prozesse auf der Mikroebene (Austauschverhältnis-
se innerhalb der Organisation), Mesoebene (Netzwerkbeziehungen von Unter-

nehmen) und Makroebene (marktförmige Positionierung) zu markieren. Während die Wettbewerbsstrategien das Agieren der Unternehmen zur Verbesserung oder zum Erhalt der relativen Positionen der Unternehmen im Kräftefeld der Transportbranche erfassen, steuern die Governancestrategien die dementsprechend möglichen und „sinnvollen" Aktionen und Reaktionen innerhalb der Organisation. Dazu zählen vordergründig die kollektive Handlungssteuerung der Vernetzung und Ressourcenverteilung sowie das Grenzmanagement, beides unter der Annahme sozial beschränkter Rationalität von Organisationsprozessen, die durch praktische Regeln modifizierbar sind und eigendynamisch ablaufen. Transaktionen vollziehen sich nicht nur in den drei genannten Formen (Markt, Hybride und Organisationen), die über die Instrumente Preise, Wettbewerb, Macht und Hierarchie gesteuert werden (Wieland 1997: 54), sondern es muss auch auf die Interdependenz zwischen externen und internen Steuerungsstrategien verwiesen werden. Die Kooperation mittelständischer Unternehmen kann in diesem Sinne als Strategie sozialer Kapitalbildung mit dem Ziel der Konkurrenzfähigkeit zu Großunternehmen durch die Vernetzung positional annähernd gleichgestellter Mittelständler beschrieben werden.

Wieland (1997: 53) stellt einen Zusammenhang zwischen Governancestrukturen und Vertragsformen her; mit Bourdieu können wir diesen Gedanken auf die Relation zwischen betrieblichen Formen und Wettbewerbs- bzw. Governancestrategien ausweiten, außerdem an unserem Fallbeispiel eine (hier nur idealtypisch skizzierbare) Übereinstimmung zwischen Habitus und Feld bei der Genese von Geschäftspraktiken illustrieren. Die unterschiedlichen Formen der Zusammenarbeit zwischen Transportunternehmen unterscheiden sich vereinfacht durch die Relation von Nutzungsrecht und Besitzrecht, wobei ersteres die ökonomische Ausrichtung und letzteres den juristischen Status meint. Kooperationen unterscheiden sich von Konzernen durch den unterschiedlichen Autonomiegrad: Die beteiligten Unternehmen sind rechtlich unabhängig und wirtschaftlich autonom, während die Unternehmen in Konzernen zwar rechtlich unabhängig sind, aber eine wirtschaftliche Einheit bilden. Diese wettbewerbsstrategischen Aspekte korrespondieren mit spezifischen internen Governancestrategien: In Kooperationen werden Entscheidungen nicht nur von gleichberechtigten Partnern getroffen und die Partnerwahl ist selbst ein Moment der sozialen Genese der Kooperation. Demgegenüber waltet in Konzernen eine fokale und hierarchische Entscheidungsinstanz, gekoppelt an ein zentrales Leitungssystem. Es lässt sich auch ein Zusammenhang zwischen der gesellschaftsrechtlichen Form der Zusammenarbeit und der Struktur des Austauschs hypothetisch annehmen, der auf spezifische Steuerungsmodi und -mechanismen der Governancestrategien verweist, die es genauer zu analysieren gilt. Während die arbeitsteiligen Strukturen in Kooperationen durch die *soziale Delegation* und den *Gabentausch* gekennzeichnet sind, fokussieren Konzerne stärker auf *Anwei-*

sung (Autorität) und *ökonomischen Tausch*[14], wodurch nicht nur differente Tauschstrukturen, sondern auch verschiedene Beziehungsformen etabliert werden (vgl. dazu auch Dederichs et al. 2000).

Statt die Entscheidungspraxis in Unternehmen durch fiktive Rationalitätsannahmen zu idealisieren, möchten wir sie als eine soziale Praxis begreifen. Hierzu ist es notwendig, die soziale Genese und Entwicklungsgeschichte einer Kooperation in die Analyse einzubeziehen. Nach unseren empirischen Untersuchungen[15] sind ökonomische Vorteile alleine in den seltensten Fällen ein wirksames Motiv für die Wahl eines geeigneten Kooperationspartners. Frühere Erfahrungen mit den in Frage kommenden Partnern, die deren Vertrauenswürdigkeit und „Wahlverwandtschaft" belegen, spielen hierbei eine primäre Rolle. Für die Verwendung des Strategiebegriffs folgt daraus, dass wir „Unternehmensstrategien" als soziale Praxis eines korporativen Akteurs von allen intentionalen und rationalen Missverständnissen bereinigt als einen „objektiven Handlungsverlauf" (im Sinne von Bourdieu) betrachten.

3.3 Akteurkonfigurationen als Mehrebenenmodell

Die dritte Komponente unseres Analyserahmens befasst sich mit der Problematik der kollektiven und korporativen Agentenschaft von Transportunternehmen. Dabei geht es einerseits um die soziale Genese der politischen und kulturellen Einheit des Unternehmens als eigenständiges Sozialgebilde, das heißt um die „soziale Aktionsfähigkeit" und „soziale Identität" als korporativer Akteur. An-

---

14 Die klassischen Organisationsmechanismen „Äquivalententausch" und „Autorität" möchten wir durch zwei weitere Mechanismen ergänzen, die ebenfalls der sozialen Koordinierung und Strukturierung dienen: (1) Der *„Gabentausch"*, ein Reziprozität erzeugendes soziales Tauschprinzip, und (2) die *„Delegation"*, ein auf Selbstorganisation basierendes Autorisierungsverfahren (vgl. hierzu bei Bourdieu 1986 und 1987: 180 ff.). Selbstverständlich sind alle vier Mechanismen in allen Organisationsformen wirksam; einzelne Koordinierungsmechanismen erhalten in spezifischen Organisationsformen aber ein spezielles Gewicht. Beispielsweise sind Gabentausch und Delegation vor allem in Kooperationen relevante Mechanismen, weil sie dort als notwendiges Äquivalent für „profit center" und „Hierarchie" fungieren. Auch in hierarchisch strukturierten Konzernen finden soziale Austauschprozesse ebenso wie (informelle) Delegationen statt, aber die beiden Mechanismen sind nicht grundsätzlich strukturbildend für die spezifische Form des Konzerns.

15 Die empirischen Studien umfassen eine schriftliche Erhebung per standardisiertem Fragebogen (vgl. Dederichs/Moock 2001) und mündliche Interviews. Dazu wurden drei nicht-repräsentative Stichproben aus unterschiedlichen Quellen gezogen: Die Datengrundlage bildeten die Top 100 der Transportwirtschaft, der Verein Hamburger Spediteure e.V. und eine Datenbank der Zeitschrift „Logistik Heute" über Transportkooperationen in Deutschland. Im Fragebogen wurden Angaben zum Betrieb und zur Einbindung in Kooperationen sowie die Einstellung zu Kooperationen und anderen organisationellen Formen (in der Regel bei den Geschäftsführern der Betriebe) erhoben, zusätzlich die Bereitschaft zu einem problemzentrierten Experteninterview abgefragt. Daraus rekrutierte sich die Gruppe der befragten Geschäftsführer, die in mehrstündigen Gesprächen zur Kooperationspraxis - besonders zu Koordinierungsformen und Konflikten - interviewt wurden.

dererseits ist davon auszugehen, dass soziale Gebilde nicht von isolierten Individuen getragen oder gar kontrolliert werden, sondern selbst Akteurkonfigurationen bilden. Das bedeutet, dass Wirtschaftsorganisationen mit Hilfe eines Mehrebenenmodells zu begreifen sind, das eine klare Unterscheidung zwischen individuellen, kollektiven und korporativen Akteuren erlaubt und es möglich macht, „Organisationen" in Relation zu externen und internen sozialen Umwelten zu beschreiben.

Das Mehrebenenmodell hat den Vorzug, dass je nach der gewählten Problemstellung und Perspektive unterschiedliche Akteurkonfigurationen auf der Mikro-, Meso- und Makroebene sozialer Aggregation analysiert werden können. Auf einer sehr hohen Aggregationsebene wie bei der Beobachtung von makrosozialen Marktprozessen wird jedes Unternehmen als ein „korporativer Akteur" betrachtet, der dem Anschein nach wie ein Individualakteur im sozialen Feld des Marktes operiert, ungeachtet der innerhalb der Unternehmen auf spezifische Weise ablaufenden sozialen Konstruktion dieser korporativen Aktionsfähigkeit. Die unternehmensinternen Prozesse, die daraus resultieren, dass ein Unternehmen bei näherer Betrachtung selbst ein umkämpftes soziales Feld bildet, werden aus diesem Blickwinkel ignoriert und als eine „Blackbox" behandelt. Aus einer anderen Perspektive geraten die internen Prozesse der sozialen Genese der korporativen Agentenschaft in den Blick. In diesem Fall gilt die Aufmerksamkeit den mikro- und mesosozialen Strukturen und Prozessen, aus denen die korporative Aktionsfähigkeit des Unternehmens resultiert.

In unserem Untersuchungsfall zielt das Organisationskonzept auf die Mikroebene der Sozialität, während sich die Netzwerkbildung und Kooperation zwischen selbstständigen Firmen auf die Mesoebene bezieht und der gesamte Transportmarkt einschließlich seiner Teilsegmente (wie zum Beispiel Sammelgutverkehr, Gefahrgutverkehr et cetera) die Makroebene sozialer Aggregation umfasst. Nach einer für dieses Fallbeispiel festgelegten Nomenklatur bilden einzelne Unternehmen somit „korporative Akteure", die *innerhalb des sozialen Feldes* des Marktes, Netzwerks oder Kooperationsverbundes als Agenten tätig sind und zueinander in Relationen stehen. In einem ersten Abstraktionsschritt wird ein Wirtschaftsunternehmen somit von uns soziologisch als eine organisierte „Korporation" behandelt, was den Blick in die innere soziale Dynamik der Organisation zunächst verstellt.[16] In einem zweiten Abstraktionsschritt wird dann aber die „Blackbox" der Organisation geöffnet. Aus diesem neuen Blickwinkel bildet die Unternehmensorganisation als korporativer Akteur selbst einen „mesosozialen" Zusammenhang, der durch die sozialen Kräfteverhältnisse und

---

16 Abhängig von den spezifischen Forschungsinteressen kann selbstverständlich auch ein anderes Abstraktionsniveau gewählt werden, um beispielsweise „die Gesellschaft" als Ganzes oder auch „die Wirtschaft", das „ökonomische System" bzw. das „ökonomische Feld" in den Blick zu nehmen, was selbstverständlich zu einer Veränderung der soziologischen Gestalt der zu berücksichtigenden Mikro-Meso-Makro-Konfiguration führt.

mikropolitischen Auseinandersetzungen der in Bereiche und Abteilungen, Berufs- und Arbeitsgruppen differenzierten „Mitglieder" hergestellt wird und der die Organisation *als soziales Feld* rahmt. In diesem Fall bilden die Interaktionszusammenhänge und sozialen Gruppierungen individueller Akteure die soziale Mikroebene, während die soziale Genese des Unternehmens zu einem korporativen Akteur für die soziologische Analyse eine neue, mesosoziale Aggregationsebene öffnet.

Die Kooperation mittelständischer Unternehmen ist ein netzwerkähnliches Sozialgebilde, dem eine die Handlungen koordinierende, historisch gewachsene Struktur (wie zum Beispiel Autorität oder Hierarchie) fehlt. Deshalb müssen bei der Entstehung des Netzwerks für die Koordinierung der Netzwerkaktivitäten erst noch besondere Mechanismen für den Austausch von Leistungen etabliert werden, die nicht einfach aus den ursprünglich etablierten einzelbetrieblichen Formen übernommen werden können. Die für kooperierende Unternehmen typische Ambivalenz zwischen der Autonomie und der Interdependenz ihrer Ressourcennutzung fördert aber geradezu die Dualität zwischen Kontrollwunsch einerseits und Vertrauensnotwendigkeit andererseits. Diese scheinbare Paradoxie löst sich auf, wenn die Korrespondenzbeziehungen zwischen mentalen und sozialen Strukturen berücksichtigt werden. Ökonomische und kulturelle, kognitive und affektive Aspekte werden dadurch in Wirtschaftsorganisationen nicht gegeneinander isoliert, sondern ihr Zusammenspiel lässt sich durch die unscharfe „Logik der Praxis" erklären, die auch in der banalsten Mikrosituation noch durch einen praktischen „Spiel-Sinn" gekennzeichnet ist.

Die formalen und strukturellen Veränderungen der Unternehmen sind begleitet von einer Verschiebung der Grenzen und der Rekonfigurierung der Einheit und Identität dieser Sozialgebilde. Daraus folgen nicht nur Zugehörigkeitsprobleme für die Mitarbeiter (am Beispiel des Deutschen Paketdienstes: gehören sie zur jeweiligen DPD-Dependance, zur Kooperation DPD oder zur La Poste?), sondern es führt auch zu einem Zuordnungsproblem für die Unternehmen selbst, denn jede Veränderung des Netzwerkgefüges bedeutet eine neue Konfiguration der beteiligten individuellen, kollektiven und korporativen Akteure. Es gilt also, die Akteure solcher Sozialgebilde in ihren spezifischen Konfigurationsformen zu analysieren. Unter einer *Akteurkonfiguration* verstehen wir nicht nur die wechselseitigen Abhängigkeiten zwischen individuellen Einzelakteuren oder sozialen Kollektiven, sondern einen umfassenden sozialräumlichen Verflechtungszusammenhang zwischen unterschiedlichen Akteurskategorien, den individuelle, kollektive und korporative Akteure auf den verschiedenen Ebenen sozialer Aggregation bilden.[17]

---

17 Unser Konfigurationskonzept reicht weit über gängige Definitionen wie zum Beispiel bei Mintzberg (1991: 107) oder bei Blau (1978) hinaus und orientiert sich an Vorstellungen von Elias (1970: 139ff.), dessen „Figurationssoziologie" starke Affinitäten zur Habitus-Feld-

An dieser Stelle offenbart sich auch die Interdependenz der in unserem Analyserahmen enthaltenen drei Komponenten: Die kollektive oder korporative Agentenschaft sozialer Gebilde kann nicht ohne Rekurs auf die Herausbildung organisatorischer Strukturen in dem sozialen Feld erfolgen und muss sich zugleich auch auf die soziale Strategiefähigkeit des Unternehmens beziehen. Der Analyserahmen erlaubt uns dadurch eine zweifach relationale Perspektive auf Organisationen: Erstens ist eine Organisation *als korporativer Akteur* Ausdruck einer spezifischen Akteurkonfiguration, zweitens ist sie selbst ein *soziales Feld*, das die Machtrelationen über die positionale Struktur der Verteilung der Kapitalsorten als Machtressourcen bestimmt.

4. Organisationen als soziale Felder *und* als korporative Akteure

Zusammenfassend kann festgehalten werden, dass die Fokussierung der Analyse auf *Strukturen*, auf korporative (Wettbewerbs- und Governance-) *Strategien* und auf *Akteurkonfigurationen* im Anschluss an Bourdieus Theorie der Praxis einen tragfähigen Ansatz für die Erforschung des Strukturwandels in der Transportwirtschaft bereitstellt, der hier wegen der gebotenen Kürze nur in einigen grundlegenden Punkten vorgestellt werden konnte. Im Detail muss sich das hier vorgestellte dynamische Organisationskonzept (siehe Abbildung 1) aber vor allem auch empirisch bewähren, um die soziale Dynamik der komplexen Vorgänge nachvollziehen und erklären zu können, die aus den Wechselwirkungen und Interdependenzen zwischen Strukturen, Strategien und Akteurkonfigurationen resultiert. Märkte, Kooperationsnetzwerke und die Organisationsformen der einzelnen Unternehmen lassen sich auf dieser Grundlage als eigenständige Sozialgebilde voneinander unterscheiden. Sie bilden jeweils spezifische soziale Felder mit unterschiedlichen strukturellen Handlungsbedingungen, strategischen Optionen und Akteurkonfigurationen auf verschiedenen Ebenen der Sozialität: Ein *Markt* ist ein Aggregat von sozialstrukturell differenzierten, ungleich positionierten Unternehmen oder Unternehmenskooperationen, die das gleiche Produkt erzeugen und durch ihre Konkurrenzbeziehungen ein soziales Kräfte- und Kampffeld bilden. Eine *Unternehmenskooperation* ist ein soziales Netzwerk aus rechtlich und wirtschaftlich selbstständigen Firmen, die ein sozial abgegrenztes, relativ autonomes soziales Feld bilden, die zumindest als kollektiver Akteur wirksam werden und die versuchen, auf dem Markt wie ein einheitlicher korporativer Akteur aufzutreten. Als *Organisation* erzeugt ein Wirtschaftsunterneh-

---

Theorie Bourdieus aufweist. Der Habitus kann *auch* (neben anderen Deutungen) als ein konfigurationsstiftendes Moment interpretiert werden, das die Nähe- und Distanz-Relation zwischen den Akteuren reguliert und die Gemeinschaftsbildung fördern oder durchkreuzen kann. Der praktische Beitrag der dynamischen Akteurkonfiguration für die Soziogenese der sozialen, politischen und kulturellen „Einheit" einer Organisation ist selbstverständlich erst empirisch zu klären.

men ein soziales Kräfte- und Kampffeld sozial ungleich positionierter individueller und kollektiver Akteure, die nach innen eine organisierte Konfiguration
von miteinander konkurrierenden und um die Vorherrschaft ringenden Akteuren
bilden, nach außen dagegen versuchen, als ein einheitlicher korporativer Akteur
zu handeln.

Abb. 1: Dynamischer Analyserahmen für ein praxistheoretisches Organisati-
onskonzept

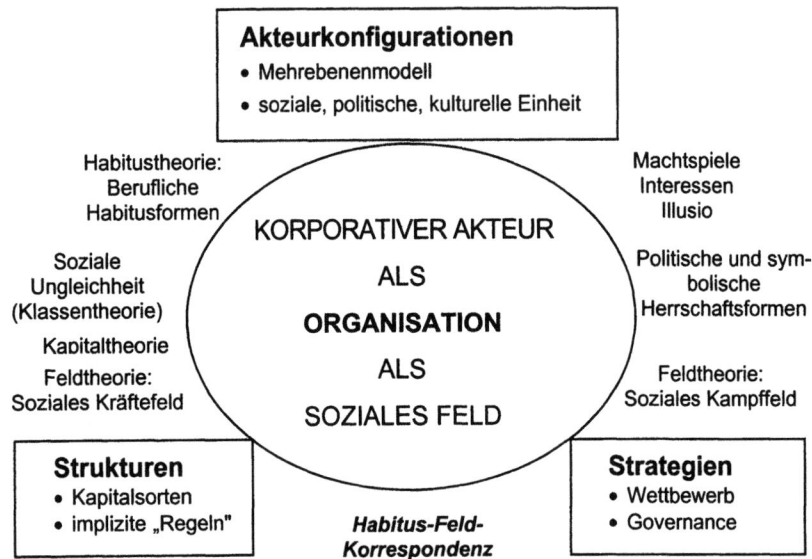

Unser Analyserahmen muss selbstverständlich als ein *dynamisches* Organisationsmodell interpretiert werden, in dem die Strukturen, Strategien und Akteurkonfigurationen von Organisationen interdependent und rekursiv zusammenwirken. Um Organisationen zugleich als korporativen Akteur *und* als soziales Feld zu begreifen, muss den Relationen zwischen den drei basalen „Baustei-
nen" besondere Aufmerksamkeit gewidmet werden. Durch die Analyse der spezifischen Relationen zwischen (beruflich und organisationell ausgebildeten)
Habitusformen und Feldern trägt Bourdieus Theorie der Praxis dazu bei, den
Prozess der sozialen Institutionalisierung der Strategiefähigkeit von Unterneh-
mensorganisationen als korporative Akteure besser zu verstehen und die sozialen Integrations- und Differenzierungsprozesse in den sozialen Kräftefeldern als
ein Zusammenspiel von Akteuren, Strukturen und Strategien zu erklären. Historisch gewachsene Machtbeziehungen und Herrschaftsordnungen sind an die
soziale Verteilungsstruktur der Kapitalsorten gebunden, die den sozialen Positi-

onen entsprechend Handlungszwänge und -optionen in Form von Machtressourcen bereitstellt. Auf der Basis ihrer Kapitalausstattung können die Akteure mit unterschiedlicher Wahrscheinlichkeit Positionen einnehmen oder aufgeben, verteidigen oder erobern, wodurch ihre (individuellen und kollektiven) Strategien auch ungewollt zur Reproduktion oder zur Veränderung der bestehenden Kräfteverhältnisse und Ungleichheitsgefüge beitragen. Auf welche Weise dabei materielle Unterschiede und symbolische Unterscheidungen zusammenwirken, kann hier nicht im einzelnen dargelegt werden. Bei der Auswahl geeigneter Partner für die Bildung von Kooperationsnetzwerken orientieren sich die dominierenden Interessengruppen in den Transportunternehmen aber grundsätzlich an der (mit Hilfe der Schemata des Habitus wahrgenommenen) Affinität der sozialen Positionierungen potenzieller Firmen im Kräfte- und Kampffeld des Marktes. Inwieweit hier Präferenzen und „mentale" Wahlverwandtschaften (hinsichtlich der Interessenwahrnehmung sowie der Interpretation und Definition der Situation) wirksam werden, die auf Ähnlichkeiten in der Produktionsweise beruhen, auf Gemeinsamkeiten in der korporativen Geschichte aufbauen und/oder aus Übereinstimmungen in der Unternehmenskultur resultieren können, ist eine noch offene Forschungsfrage, für die Bourdieus Praxistheorie aber einen geeigneten Analyserahmen bildet.

Abschließend kann festgehalten werden, dass die Eignung von Bourdieus Theorie der Praxis in der Organisationsforschung zwar nicht grundsätzlich in Frage gestellt wird. Ihre Vorzüge und Potenziale werden aber bislang noch weitgehend unterschätzt – vor allem im Vergleich zur Strukturationstheorie von Giddens. Eine ernsthafte Rezeption und systematische Anwendung der Praxistheorie wird davon abhängen, inwieweit sich die bislang noch offenen, auch von Bourdieu selbst vernachlässigten Problemstellungen lösen lassen. An erster Stelle ist hier zu fragen, auf welche Weise sich das Habituskonzept von individuellen Akteuren auf kollektive und korporative Akteure übertragen lässt, um eine überzeugende Konzeption für die Institutionalisierung und den Wandel der „Einheit" und „Identität" von Organisationen entwickeln zu können. Zweitens bleibt offen, was daraus für eine fundierte *Theorie des* (individuellen, kollektiven und korporativen) *Lernens* in und von Organisationen folgt. Und drittens schließlich stellt sich die Frage, wie sich die Anwendung des Sozialstrukturmodells von Bourdieu bei der Analyse ökonomischer Produktionsfelder (auch empirisch und methodisch) noch weiter operationalisieren lässt. Ob und inwieweit die Praxistheorie diese Problemstellungen bewältigen und sich in der wirtschafts- und organisationssoziologischen Forschungspraxis im Vergleich zu alternativen Ansätzen behaupten und bewähren kann, wird die Zukunft zeigen.

Literatur

Blau, P.M., 1978: Einleitung: Parallelen und Kontraste struktureller Analysen. S. 9-26 in: P.M. Blau (Hrsg.), Theorien sozialer Strukturen. Ansätze und Probleme. Opladen: Westdeutscher Verlag.

Bourdieu, P., 1976: Entwurf einer Theorie der Praxis. Frankfurt am Main: Suhrkamp.

Bourdieu, P., 1983: Ökonomisches Kapital, kulturelles Kapital, soziales Kapital. S. 183-198 in: R. Kreckel (Hrsg.), Soziale Ungleichheiten. Soziale Welt: Sonderband 2. Göttingen: Verlag Otto Schwartz & Co.

Bourdieu, P., 1985: Sozialer Raum und „Klassen". Leçon sur la leçon. Zwei Vorlesungen. Frankfurt am Main: Suhrkamp.

Bourdieu, P. 1986: Delegation und politischer Fetischismus. Ästhetik und Kommunikation 16, Heft 61/62: 184-195.

Bourdieu, P., 1987: Sozialer Sinn. Kritik der theoretischen Vernunft. Frankfurt am Main: Suhrkamp.

Bourdieu, P., 1992: Sozialer Raum und symbolische Macht. S. 135-154 in: P. Bourdieu, Rede und Antwort. Frankfurt am Main: Suhrkamp.

Bourdieu, P., 1996: Die Praxis der reflexiven Anthropologie. Einleitung zum Seminar an der École des hautes études en sciences sociales, Paris, Oktober 1987. S. 251-294 in: P. Bourdieu/L.J.D. Wacquant, Reflexive Anthropologie. Frankfurt am Main: Suhrkamp.

Bourdieu, P., 1997a: Der Tote packt den Lebenden. S. 18-58 in: P. Bourdieu, Der Tote packt den Lebenden. Schriften zu Politik und Kultur 2. Hamburg: VSA-Verlag.

Bourdieu, P., 1997b: Für einen anderen Begriff von Ökonomie. S. 79-100 in: P. Bourdieu, Der Tote packt den Lebenden. Schriften zu Politik und Kultur 2. Hamburg: VSA-Verlag.

Bourdieu, P., 1998: Das ökonomische Feld. S. 162-204 in: P. Bourdieu u.a., Der Einzige und sein Eigenheim. Schriften zu Politik und Kultur 3. Hamburg: VSA-Verlag.

Bourdieu, P. et al., 1998: P. Bourdieu unter der Mitarbeit von S. Bouhedja, R. Christin, C. Givry. Eine sichere Geldanlage für die Familie. Das Einfamilienhaus: Produktspezifik und Logik des Produktionsfeldes. S. 26-83 in: P. Bourdieu u.a., Der Einzige und sein Eigenheim. Schriften zu Politik und Kultur 3. Hamburg: VSA-Verlag.

Bourdieu, P./Wacquant, L.J.D., 1996a: Reflexive Anthropologie. Frankfurt am Main: Suhrkamp.

Bourdieu, P./Wacquant, L.J.D., 1996b: Die Ziele der reflexiven Soziologie. Chicago-Seminar, Winter 1987. S. 95-249 in: P. Bourdieu/L.J.D. Wacquant, Reflexive Anthropologie. Frankfurt am Main: Suhrkamp.

Czarniawska-Joerges, B., 1997: Symbolism and Organization Studies. S. 360-384 in: G. Ortmann/J. Sydow/K. Türk (Hrsg.), Theorien der Organisation. Die Rückkehr der Gesellschaft. Opladen: Westdeutscher Verlag.

Dankwerts, D. (Hrsg.), 1991: Logistik und Arbeit im Gütertransportsystem. Rahmenbedingungen, Verlaufsformen und soziale Folgen der Rationalisierung in Transport, Umschlag und Lagerei. Opladen: Westdeutscher Verlag.

Dederichs, A. M./Florian, M./Hillebrandt, F. 2000: Netzwerkbildung in der Transportwirtschaft: Strukturelle und prozessuale Bedingungen. Working Paper 11. Working

Papers zur Modellierung sozialer Organisationsformen in der Sozionik. Technische Universität Hamburg-Harburg: Arbeitsbereich Technikbewertung und Technikgestaltung. Hamburg, Juli 2000.

Dederichs, A. M./Moock, J., 2001: Unternehmenskooperationen in der Transportwirtschaft – Ergebnisse einer Studie. Working Paper 19. Working Papers zur Modellierung sozialer Organisationsformen in der Sozionik. Technische Universität Hamburg-Harburg: Arbeitsbereich Technikbewertung und Technikgestaltung. Hamburg, August 2001.

DiMaggio, P.J., 1991: Constructing an Organizational Field as a Professional Project: U.S. Art Museums, 1920-1940. S. 267-292 in: W.B. Powell/ P.J. DiMaggio (Hrsg.): The New Institutionalism in Organizational Analysis. Chicago, London: University of Chicago Press.

DiMaggio, P.J./Powell, W.B., 1991a: Introduction. S. 1-38 in: W.B. Powell/P.J. DiMaggio (Hrsg.): The New Institutionalism in Organizational Analysis. Chicago, London: University of Chicago Press.

DiMaggio, P.J./Powell, W.B., 1991b: The Iron Cage Revisited: Institutional Isomorphism and Collective Rationality in Organizational Fields. S. 63-82 in: W.B. Powell/P.J. DiMaggio (Hrsg.): The New Institutionalism in Organizational Analysis. Chicago, London: University of Chicago Press.

Elias, N., 1970: Was ist Soziologie? München: Juventa.

Fligstein, N., 1991: The Structural Transformation of American Industry: An Institutional Account of the Causes of Diversification in the Largest Firms, 1919-1979. S. 311-336 in: W.B. Powell/ P.J. DiMaggio (Hrsg.): The New Institutionalism in Organizational Analysis. Chicago, London: University of Chicago Press.

Fligstein, N., 2001: Social skill and the theory of fields. Sociological Theory 19: 105-125.

Freichel, S.L.K., 1992: Organisation von Logistikservice-Netzwerken. Theoretische Konzeption und empirische Fallstudien. Berlin: Erich Schmidt Verlag.

Giddens, A. 1984: Interpretative Soziologie. Frankfurt/Main, New York: Campus.

Giddens, A., 1988: Die Konstitution der Gesellschaft. Frankfurt/Main, New York: Campus.

Kieser, A. (Hrsg.), 1999: Organisationstheorien. 3. Auflage. Stuttgart, Berlin, Köln: Kohlhammer.

Kieser, A./Kubicek, H., 1992: Organisation. 3., völlig neubearbeitete Auflage. Berlin, New York: Walter de Gruyter.

Kieserling, A., 2000: Zwischen Wirtschaft und Kultur. Zum siebzigsten Geburtstag von Pierre Bourdieu. In: Soziale Systeme 6, Heft 2: 369-387.

Mintzberg, H., 1991: Mintzberg über Management. Führung und Organisation. Mythos und Realität. Wiesbaden: Gabler.

Müller, N., 1988: Das Mittelstandskartell nach § 5b GWB als Kooperationsform und Rationalisierungsinstrument der Unternehmen des Güterkraftverkehrs- und Speditionsgewerbes. Inauguraldissertation zur Erlangung des Doktorgrades der Wirtschafts- und Sozialwissenschaftlichen Fakultät der Universität zu Köln. Köln.

Oakes, L.S./Townley, B./Cooper, D.J., 1998: Business Planning as Pedagogy: Language and Control in a Changing Institutional Field. Administrative Science Quarterly 43: 257-292.

Ortmann, G./Sydow, J./Türk, K. (Hrsg.), 1997a: Theorien der Organisation. Die Rück-
kehr der Gesellschaft. Opladen: Westdeutscher Verlag.
Ortmann, G./Sydow, J./Türk, K., 1997b: Organisation, Strukturation, Gesellschaft. Die
Rückkehr der Gesellschaft in die Organisationstheorie. S. 15-34 in: G. Ortmann/J.
Sydow/K. Türk (Hrsg.), Theorien der Organisation. Die Rückkehr der Gesellschaft.
Opladen: Westdeutscher Verlag.
Ortmann, G./Sydow, J./Windeler, J., 1997c: Organisation als reflexive Strukturation. S.
315-354 in: G. Ortmann/J. Sydow/K. Türk (Hrsg.), Theorien der Organisation. Die
Rückkehr der Gesellschaft. Opladen: Westdeutscher Verlag.
Osterloh, M./Grand, S., 1997: Die Theorie der Strukturation als Metatheorie der Organi-
sation? S. 355-359 in: G. Ortmann/J. Sydow/K. Türk (Hrsg.), Theorien der Organi-
sation. Die Rückkehr der Gesellschaft. Opladen: Westdeutscher Verlag.
Porter, M.E., 1984: Wettbewerbsstrategie (Competitive Strategy). Methoden zur Analyse
von Branchen und Konkurrenten. 2., durchgesehene Auflage. Frankfurt am Main:
Campus.
Powell, W.B., 1990: Neither Market nor Hierarchy. Network Forms of Organization.
Research in Organizational Behavior 12: 295-336.
Powell, W.B./DiMaggio, P.J. (Hrsg.): The New Institutionalism in Organizational Analy-
sis. Chicago, London: University of Chicago Press.
Quinn, J. B., 1980: Strategies for change. Logical incrementalism. Homewood, Ill.
Reckwitz, A., 1997: Struktur. Zur sozialwissenschaftlichen Analyse von Regeln und
Regelmäßigkeiten. Opladen: Westdeutscher Verlag.
Scott, W.R., 1991: Unpacking Institutional Arguments. S. 164-182 in: W.B. Powell/ P.J.
DiMaggio (Hrsg.): The New Institutionalism in Organizational Analysis. Chicago,
London: University of Chicago Press.
Staehle, W. H., 1999: Management. Eine verhaltenswissenschaftliche Perspektive. 8.
Auflage, überarbeitet von P. Conrad/J. Sydow. München: Franz Vahlen.
Wacquant, L.J.D., 1996: Auf dem Wege zu einer Sozialpraxeologie. Struktur und Logik
der Soziologie Pierre Bourdieus. S. 17-93 in: P. Bourdieu/L.J.D. Wacquant, Re-
flexive Anthropologie. Frankfurt am Main: Suhrkamp.
Weick, K.E., 1985: Der Prozess des Organisierens. Frankfurt am Main: Suhrkamp.
Wieland, J., 1997: Die Neue Organisationsökonomik. Entwicklung und Probleme in der
Theoriebildung. S. 35-66 in: G. Ortmann/J. Sydow/K. Türk (Hrsg.), Theorien der
Organisation. Die Rückkehr der Gesellschaft. Opladen: Westdeutscher Verlag.
Williamson, O.E., 1975: Markets and Hierarchies: Analysis and Antitrust Implications.
New York: Free Press.

Habitus und Organisation
Ertrag der Bourdieuschen Problemformulierungen und alternative Konzeptualisierungsvorschläge
Frank Janning

1. Einleitung

In der Organisationstheorie dominierten für lange Zeit Ansätze, die interne Prozesse und Probleme durch Veränderungen und Anforderungen in der Organisationsumwelt erklärten. Organisationen reagieren mit Veränderungen und Umstrukturierungen auf Herausforderungen, die aus zunehmend turbulenten und unübersichtlichen Kontextbedingungen erwachsen (vgl. Emory/Trist 1965; Lawrence/Lorsch 1967). Dabei können die Organisationen versuchen strategische Einheiten zu entwickeln, die die Umweltbedingungen sondieren, um Dynamiken möglichst schnell zu erfassen; andererseits werden Teilbereiche der Organisation, die für die Identität oder Wertschöpfung besonders relevant sind, stark abgeschirmt, um eine Irritation der bestandswichtigen Funktionen zu verhindern und organisationsrelevante Wissensressourcen nicht nach außen abzugeben (vgl. Thompson 1967). Organisationen konkurrieren nämlich mit anderen Organisationen, die vereinfacht bloß als Organisationsumwelt konzipiert werden, um knappe Ressourcen und Erfolgschancen (vgl. Pfeffer/Salancik 1978).

Das Marktmodell des interorganisationalen Wettbewerbs kongruiert somit mit einer Vorstellung der Organisation, für die die interne Ordnungsbildung einer ständigen Gefährdung ausgesetzt ist und die deshalb durch rigide Kompetenzzuordnungen, Machtfestlegungen und Grenzziehungen – das hierarchische Organisationsprinzip – ihren Bestand gewährleisten muss (vgl. Williamson 1975). Offensichtlich orientiert sich diese Organisationsvorstellung einseitig an der Organisationsform des Wirtschaftsunternehmens, das Produktion, Produktinnovationen, Fertigungstechniken und Absatzstrategien auf die Marktlage der Angebote und konkurrierenden Preise für Güter zuschneiden muss. Aber nicht alle Organisationen – so z.b. Behörden, Krankenhäuser, Universitäten, Militäreinrichtungen – lassen sich diesem dynamischen Organisationstyp unterordnen, und selbst für die ökonomische Organisation wird zunehmend die Relevanz von Kooperationen und Vernetzungen mit anderen Unternehmen (Zulieferern, Kooperationspartnern bei aufwendigen Produkt- oder Prozessinnovationen) betont (vgl. Alter/Hage 1993; Grandori/Soda 1995; Lewis 1991; Powell 1990; Teubner 1992). Statt Wettbewerb wird nun die Herstellung von Vertrauensbeziehungen und Verlässlichkeit in unübersichtlichen Märkten als Herausforderung auch für interne Ordnungsbildung herausgestellt. Konzeptuell wird diesem Perspektivenwechsel mit einer Hinwendung zu Netzwerkkonzepten und netzwerkanalytischen Analyseverfahren Rechnung getragen. Ziel ist es, die „Einbettung" von Unternehmen angemessen zu berücksichtigen und zu verstehen (vgl. Granovetter 1985; Sydow 1992; Windeler 2001). Auch intraorganisationale Prozesse werden in der Folge aktueller Konzeptinnovationen umgedeutet. Als konzeptuelles Leitbild fungiert nicht mehr das hierarchische Organisationsmodell, das der ökonomischen Rentabilität und Strategiefähigkeit alle internen Prozesse unterordnet; statt dessen werden formale und informelle Netzwerkstrukturen in Unternehmen herausgestellt und normative Leitbilder und Organisationsmythen in ihrer Funktion für die interne Identitätsbildung und Mitarbeitermotivation analysiert oder aber sogar als Instrumente einer Integration der Funktionsträger und intraorganisationalen Statusgruppen durch Unternehmenskultur propagiert (vgl. Franzpötter 1997; Freygang 1999; Meyer/Rowan 1977). Darüber hinaus wird ein Denken, das an klar vorgegebenen Bereichsgrenzen und zergliederten Arbeitsprozessen orientiert ist, kritisiert. Die neuen Leitbilder der Unternehmensorganisation favorisieren flache Hierarchien, dezentrale Entscheidungsmechanismen, flexible Aufgabenzuordnungen, die Anreicherung aller Arbeitsfelder mit neuen Verantwortlichkeiten und Kompetenzen und den ungehinderten Fluss aller prozessrelevanten Informationen (vgl. Ashkenas et al. 1995; Bleicher 1996; Picot/Reichwald/Wiegand 1996; Senge 1996).

Die neuen Organisationsleitbilder wiederholen allerdings einen Fehler des alten Organisationsmodells: Zwar wird nunmehr die Organisationsumwelt nicht mehr als Gegenstück zur internen Ordnung aufgefasst, sondern als wichtiger Innovationsmotor und Bezugspunkt wahrgenommen. Erhalten bleibt aber eine Orientierung der Konzeptbildung, die sich schwer tut konkrete Akteure als Träger von organisationalen Strukturierungs- und Veränderungsprozessen zu benennen (als Ausnahmen vgl. Crozier/Friedberg 1993; Friedberg 1995; Pries 1998; Silverman 1972; Zündorf 1977). In der Organisationssoziologie hält sich eine quasi-funktionalistische Zuordnung von Aufgaben, Rollen, Kommunikationen und Anweisungsbefugnissen, ohne dass allzuhäufig darüber reflektiert wird, wie und in welchem Maße die in Organisationen tätigen Personen disponiert sein müssen, um diese funktionale Reproduktion von Organisationsstrukturen zu leisten, und welche Festlegungen und Innovationen sich ganz aus den Spielräumen des Akteurverhaltens in Organisationen herleiten lassen. Mit anderen Worten fehlt es in der Organisationstheorie an Ansätzen, die eine bessere Zusammenführung der Strukturelemente der Organisation (Aufgabengliederung, Kommunikationsstruktur, Verteilung von Positionen, Entscheidungsbefugnisse) mit der Handlungs- und Akteursebene leisten können. Der zu einseitige Fokus auf die Handlungsträgerschaft einzelner Akteure trägt dabei allerdings ebenso einige Probleme in sich; hierbei kann entweder die Handlungsmacht einzelner ausgezeichneter Akteure (der risikofreudige Unternehmer, der verantwortungs-bewusste „professional", der erfahrene Meister) übertrieben werden oder aber die gesamte soziale Ordnung der Organisationen erscheint als kontingentes Zusammenspiel von rationalen Wahlentscheidungen und Koordinationsspielen zwischen den Akteuren unter Vernachlässigung von impliziten wie expliziten Verhaltensnormen, funktionalen Erfordernissen und regulativen Bestimmungen. Die Organisation wird als dynamische, macht- und strukturfreie Verkettung von Aushandlungen und Interaktionen gekennzeichnet und orientiert sich damit an dem idealtypischen Leitbild des Marktes auch für die interne Ordnung.

Gegen diese Verzeichnungen und Verzerrungen der internen Abläufe scheint insbesondere der Bezug auf sozialtheoretische Ansätze hilfreich, die nicht einseitig eine Entscheidung für die Analyse und Konzipierung von Struk-turen oder Handlungen betreiben, sondern integrativ und mehrdimensional die Beziehung zwischen Handlung und Struktur für bestimmte organisierte Interak-tionskontexte ausloten. In der Organisationssoziologie ist deshalb vor allem Anthony Giddens' (1988) Theorie der Strukturierung auf großes Interesse ge-stoßen, da Giddens ganz bewusst die Aufteilung und wechselseitigen Bezug-nahmen von unterschiedlichen Strukturebenen der komplexen Handlungssitua-tion und die Vermittlung mit motivationalen Handlungsvoraussetzungen sucht (vgl. dazu Ortmann 1995; Ortmann/Sydow/Windeler 1997). Pierre Bourdieus praxeologischer Ansatz wird demgegenüber noch nicht so häufig in der Organi-sationsforschung verwandt, obwohl auch Bourdieu (1979; 1982a; 1983a; 1985; 1987; 1998) Kategorien entwickelt hat, die eine Akteurorientierung ohne Ver-nachlässigung der Konzipierung der Struktureigenschaften von Organisationen erlauben (vgl. einführend Hofbauer 1992). Es gibt aber möglicherweise einige entscheidende Gründe, die den Einsatz Bourdieuscher Kategorien in der Organi-sationssoziologie bislang verzögert haben. Diesen Gründen will ich in diesem Aufsatz nachgehen, und ich möchte ferner alternative Formulierungen für eine bessere Aufnahme Bourdieuscher Grundeinsichten in der Organisationsfor-schung vorstellen.

Die Beschäftigung mit Bourdieus Beitrag setzt dabei hauptsächlich am Ha-bitus-Konzept an, das am deutlichsten die Zusammenführung von handlungs-theoretischen mit sturkturalistischen Erwägungen in der Theoriebildung auf-zeigt. Bourdieu stellt allerdings das Erklärungspotenzial des Habitus-Konzeptes im Kontext von formal organisierten bzw. institutionell geprägten Handlungs-kontexten (Feldern) zurück und interessiert sich kaum noch für die Prozesse der Internalisierung von Normen und der Generierung von Verhaltensstilen und Mentalitäten. Die Bedeutung des habitusgeleiteten Handelns wird somit von Bourdieu für das Akteurverhalten in Organisationen und in institutionalisierten

Handlungsfeldern abgeschwächt, allerdings werden dadurch auch die Theorie-
defizite bei der Erklärung der Prozesse der Handlungsprägung und der Generierung von Gestaltungsansprüchen in den bezeichneten Kontexten, die ja für die
ausdifferenzierte moderne Gesellschaften eine strukturprägende Wirksamkeit
besitzen, deutlich.

2. Das Bourdieusche Habituskonzept

Mit dem Habitus-Begriff strebt Bourdieu eine Vermittlung zwischen den die
individuelle Handlungsfähigkeit generierenden Erfahrungen und Prägungen und
den aktiven Anwendungsorientierungen und Interpretationsleistungen von Akteuren an (vgl. dazu auch Janning 1991: 29ff.; Janning 1998: 195ff.; Janning
2001a). Eine solche Zusammenführung soll der *Habitus* in seiner Doppelfunkti-
on als opus operatum und modus operandi, d.h. als Ergebnis vorausgehender
(individueller wie kollektiver) Lebensbedingungen und Erfahrungen und als
Erzeugungsformel für die den sozialen Situationen angemessenen Wahrneh-
mungs- und Praxisformen leisten:

> „Die Konditionierungen, die mit einer bestimmten Klasse von Existenzbedingungen
> verknüpft sind, erzeugen die Habitusformen als Systeme dauerhafter und übertrag-
> barer Dispositionen, als strukturierte Strukturen, die wie geschaffen sind als struktu-
> rierende Strukturen zu fungieren, d.h. als Erzeugungs- und Ordnungsgrundlagen für
> Praktiken und Vorstellungen, die objektiv an ihr Ziel angepaßt sein können, ohne je-
> doch bewußtes Anstreben von Zwecken und ausdrückliche Beherrschung der zu de-
> ren Erreichung erforderlichen Operationen vorauszusetzen, die objektiv ‚geregelt'
> und ‚regelmäßig' sind, ohne irgendwie das Ergebnis der Einhaltung von Regeln zu
> sein, und genau deswegen kollektiv aufeinander abgestimmt sind, ohne aus dem
> ordnenden Handeln eines Dirigenten hervorgegangen zu sein." (Bourdieu 1987:
> 98f.)

Konzentrieren wir uns auf die Anwendungsorientierung des Habitus: Der Habitus ermöglicht es, dass Akteure systematische Erzeugungsschemata zur Kreation
von Praktiken und Artefakten und von systematischen Wahrnehmungs- und
Bewertungsschemata zur Klassifizierung von Handlungen anderer Akteure
ausbilden (vgl. Bourdieu 1982a: 280). Der systematische Charakter der erworbenen Schemata verweist auf die Tatsache, dass die Praktiken und Wahrneh-
mungsweisen von Akteuren eine innere Kohärenz auszeichnen, die es angemessen erscheinen lassen, in Abgrenzung zu anderen systematischen Praxis- und
Wahrnehmungsformen von der Konstitution spezifischer Lebensstile und Ge-
schmackstypen auszugehen. Die Wirksamkeit solcher Unterschiede und Ähnlichkeiten in der Ausformung von typischen Konsum-, Kleidungs- und Verhaltensstilen erläutert Bourdieu (1982a) in seiner bekannten Studie über 'die feinen
Unterschiede' als Reproduktionsmechanismen für soziale Unterschiede in der
modernen französichen Gesellschaft. Operationalisiert als klassentypische Ge-

schmacksformen und Lebensstilauffassungen kommt dem Habitus die Aufgabe zu, die soziale Position der Akteure besonders in sozialen Situationen anzuzeigen, die nicht ausreichend durch entsprechende Kontextbestimmungen (sozialer Austausch im Berufsalltag oder innerhalb eines Freundschaftsnetzwerks) definiert sind, sondern durch ihre Anonymität und Zufälligkeit Optionen und Verhaltensspielräume eröffnen.

Der systematische Zug des Habitus verweist ferner auf seine Funktion als kognitives System der Abstände und Differenzen; durch den Habitus wird es möglich die sozialen Bedeutungsgehalte von sozialen Situationen zu 'lesen' und sie den etablierten Bedeutungsschemata zuzuordnen. Für Bourdieu sind Akte der Interpretation und Bedeutungszuweisung hauptsächlich mit dem Aussprechen und Kategorisieren von sozialen Ungleichheiten verbunden. Der Habitus eines Akteurs reproduziert den Sinn für soziale Differenzierungsprinzipien (oben/unten, schlicht/eitel, eloquent/behäbig, vulgär/distinguiert etc.) zur Steuerung und Bewertung von Praktiken; dieser Sinn für die sozialen Teilungsprinzipien wird in den primären Sozialisationskontexten erworben und in den sekundären Handlungsfeldern der Sozialisation verfeinert. Die qua Habitus verliehene Fähigkeit, soziale Praktiken nach ihren differenzierenden Wirkungen zu deuten, wird allerdings auch für die Erzeugung der eigenen Handlungen und das Vorbringen von subjektiven Geschmacksurteilen genutzt. Die Akteure verstricken sich durch ihre Urteile und durch ihre Beiträge in Interaktionen in das Netz der sozialen Klassifikation und Differenzierung.

Die Einverleibung und alltägliche Reproduktion sozialer Klassifikationen geht aber über die Prägung kognitiver Schemata hinaus, schließlich wird der Akteur mit allen Aspekten seiner individuellen Körperlichkeit – seiner Körperhaltung, seinen Ess- und Tischsitten, seinem Gefühl für Raum und Distanz, Hast und Langsamkeit etc. – auf das Einhalten sozial angemessener, klassenspezifischer Verhaltensweisen und Selbstbilder getrimmt. Dies führt dazu, dass der Habitus mit einer gewissen Resistenz und Starrheit auf Veränderungen in der sozialen Welt und auf neue Handlungssituationen reagiert. Der Habitus wird im Verlauf einer individuellen Berufs- und Familienbiographie mit Wirklichkeiten konfrontiert, auf die der Akteur nur mangelhaft, eben mit 'veralteten' Handlungskonzepten reagieren kann. Es wirken sich hier die relative Unabhängigkeit der Wahrnehmungen und Praktiken von unmittelbaren Situationsanforderungen und die unreflektierte Aktualisierung von Verhaltensweisen aus, die einem vergangenen Zustand der sozialen Welt angemessen waren. Bourdieu (1979: 168) konstatiert einen Hyseresis-Effekt des Habitus, eine grundlegende Unflexibilität und Trägheit, sich den neuen Handlungsanforderungen anzupassen und neue Kompetenzen zu entwickeln, bzw. eine Unfähigkeit, Veränderungen und Neubewertungen als Lernsituationen für die Entwicklung neuer Wahrnehmungen und Praktiken zu nutzen. Die Hyseresis des Habitus kann sich in innerfamiliären Konflikten wie dem Generationenkonflikt (die Lebensbedingungen von

Eltern- und Jugendlichengeneration differieren so stark, dass die Verhaltensrezepte der vermeintlich erfahreneren Generation den Jugendlichen in ihrer Lebenswelt zu recht als völlig unsinnig erscheinen) dokumentieren oder gar in einer allgemeinen Unzufriedenheit von größeren Bevölkerungsteilen resultieren, die sich aus der Unsicherheit gegenüber sich ankündigenden sozialen Veränderungen und der Gefährdung von in Anspruch genommenen Statusprivilegien speist (für historische und aktuelle Beispiele vgl. Grießinger 1981: 45f.; Scherr 1984: 177f.).

3. Habituskonzept und Feldtheorie

Diese Verwendungsweise des Habitus-Begriffs wird von Bourdieu durch eine milieutheoretische Variante ergänzt: Vermittels des Habitus sind Akteure in der Lage, die zu ihnen 'passenden' Interaktionspartner und Handlungskontexte zu wählen, was natürlich tendenziell zu einer Bestätigung, ja Verstärkung der bislang erworbenen Kompetenzen und Erfahrungen als Dispositionen für das weitere Handeln führt. Für Bourdieu ist mit dem Habitus eine Sicherheitsmechanik eingegeben, die bewirkt, dass sich Individuen möglichst nur den Herausforderungen an ihre Handlungskompetenzen stellen, für deren Bewältigung sie im Normalfall auch ausgerüstet sind. Anders ausgedrückt: Durch die Schaffung eines „Milieus", eines eingegrenzten Anwendungshorizontes „von Situationen, die geeignet sind, seine Dispositionen dadurch zu verstärken, dass sie seinen Erzeugnissen den aufnahmebereitesten Markt bieten" (Bourdieu 1987: 114), strebt der Akteur qua Habitus danach, Krisensituationen, Anwendungsprobleme und kritische Befragungen zu vermeiden. Stattdessen suchen die Akteure Zugang zu jenen Handlungsfeldern, in denen sie für den Einsatz ihrer Handlungsressourcen das beste Handlungsergebnis erzielen können. In ihrer Entscheidung zur Teilnahme an Interaktionen in spezifischen Feldzusammenhängen werden die Akteure weniger von einem bewussten Zweck-Mittel-Kalkül geleitet. Vielmehr steht ihnen ein praktischer Sinn (qua Habitus) als „vorweggenommener Anpassung an die Erfordernisse eines Feldes" (Bourdieu 1987: 112) zur Verfügung. In der Abstimmung von Habitus und Feld aufeinander bewirkt der „Sinn für das Spiel", dass die konkreten Spielsituationen in ihrer Variationsbreite den Spielern vorab vertraut sind, dass die Spielteilnehmer ihr Einsätze auf zukünftige Spielzüge hin platzieren und so dem Spiel eine für sie selbst interessante Orientierung verleihen, und dass die Akteure den Voraussetzungen für das Spiel, nämlich Spielregeln, Spielergebnis etc. bedingungslos zustimmen, weil sie ihnen als vollkommen sinnvoll erscheinen. Der Habitus eines Akteurs fungiert hierbei als Grundlage und Voraussetzung für einen praktisch wirksamen Glauben, der die mit spezifischen Kompetenzen und Ressourcen ausgestatteten Individuen an ein Feld und dessen Funktionslogik bindet:

„Der praktische Glaube ist das Eintrittsgeld, das alle Felder nicht nur fordern, indem sie Spielverderber bestrafen und ausschließen, sondern auch, indem sie praktisch so tun, als könnte durch die Operationen der Auswahl und der Ausbildung Neueingetretener (Initiationsriten, Prüfungen usw.) erreicht werden, dass diese den Grundvoraussetzungen des Felds die unbestrittene, unreflektierte, naive, eingeborene Anerkennung zollen, die die doxa als Urglauben definiert. Mit den unzähligen Akten des Anerkennens, diesem Eintrittsgeld, ohne dass man nicht dazu gehört, die ständig die kollektive falsche Erkenntnis erzeugen, ohne die das Feld nicht funktioniert und die zugleich Ergebnis dieses Funktionierens sind, investiert man gleichzeitig in das kollektive Unternehmen der Bildung symbolischen Kapitals, das nur gelingen kann, wenn unerkannt bleibt, wie die Logik des Feldes überhaupt funktioniert." (Bourdieu 1987: 124f.)

Der Habitus wird als operatives Instrument im Feldkontext somit auf eine Funktion als Regulator für Zugehörigkeit und Einfindung beschränkt; Ziel des Habitus als Operator ist es, die für die unhinterfragte Anpassung an die feldinternen Abläufe, Regeln und Grenzmarkierungen nötigen Deutungsmuster zur Verfügung zu stellen. Damit wird der Habitus (und der konkrete Akteur als Habitusträger gleich mit) aber ganz der Funktionslogik des Handlungsfeldes und dessen internen Strukturen und Regulierungsmechanismen unterworfen.

Für Bourdieu scheint der Habitusbegriff primär dazu geeignet zu sein, Ungleichheiten, Deutungsprobleme und Handlungskonflikte in einfachen Sozialbeziehungen durch geschicktes Überspielen zu lösen bzw. zu verschleiern. Damit können zum einen zufällige Begegnungen zwischen Akteuren aus unterschiedlichen oder ähnlichen Milieus gemeint sein, in denen sich die Akteure zur Vermeidung oder zur Vorbereitung einer nicht durch Institutionalisierungen vordefinierten Interaktionssituation ihren sozialen Status gegenseitig anzeigen; zum anderen können damit aber auch Transaktionen in Gesellschaftsformen gemeint sein, die noch wenig durch Arbeitsteilung und Statusordnung differenziert sind. Insbesondere in traditionalen Gesellschaftsformen, deren Beziehungsgefüge noch stärker durch ein verbindliches Regelwerk gegenseitiger Anerkennung und gegenseitigen Respekts geprägt wird, können soziale Ungleichheiten unter an sich Ehrengleichen nur unter gewissen Bedingungen geduldet werden (vgl. dazu Bourdieu 1987: 229ff.). In der traditionalen Gesellschaft entstehen Verhältnisse der Überlegenheit und der Unterordnung und soziale Ungleichheiten typischerweise durch direkte Interaktionen, d.h. durch einen mit unterschiedlichem Handlungsgeschick ausgeführten Verhaltensbeitrag der Individuen. Die Fortentwicklung der Ordnungsprinzipien von Gesellschaften hin zu einer Institutionalisierung sozialer Beziehungen verändert in gravierender Form die interaktiven und moralisch gebundenen Mechanismen der Herrschaftssicherung. Letztere sind nun – in der modernen Gesellschaft – in den von Interaktionen abgelösten Reproduktionsweisen einer differenzierten Verteilungslogik von Kapital aufzusuchen:

„Die Objektivierung in Institutionen garantiert den Bestand und kumulativen Charakter der materiellen wie symbolischen Errungenschaften, die fortbestehen können, ohne dass die Subjekte sie ständig und vollständig durch bewußtes Handeln wiedererschaffen müßten; doch weil die durch diese Institutionen gesicherten Gewinne unterschiedlich angeeignet werden, dürfte diese Objektivierung auch untrennbar zugleich die Reproduktion der Verteilungsstruktur des Kapitals gewährleisten, die in ihren verschiedenen Formen Voraussetzung dieser Aneignung ist und zugleich die Herrschafts- und Abhängigkeitsverhältnisse reproduziert." (Bourdieu 1987: 239)

Die Herrschaft über die Kapitalverteilungsmechanismen und die Legitimation der unterschiedlichen Handlungsressourcen (ökonomisch, kulturell, sozial, symbolisch) muss nicht mehr überdeckt bzw. überdeutlich herausgestellt werden. Macht und sozialer Status werden nun von den formal durch Titel (als Kompetenzausweis) nachgewiesenen Positionen im (Berufs-)Feld bestimmt, deshalb entfällt die Verschleierungssymbolik. Die unterschiedliche Ressourcenverteilung wird sogar demonstrativ herausgestellt, um die Statushierarchie in eine natürliche Verteilung des 'guten' Geschmacks, der distinguierten oder kultivierten Lebensführung und der positiven Persönlichkeitsmerkmale zu überführen und somit die soziale Genese sozialer Ungleichheit vergessen zu machen. Die Bedeutung von Titeln und Positionen ist Ausdruck einer Tendenz zur Institutionalisierung von sozialen Beziehungen, d.h. Statusphänomene werden entmoralisiert und nehmen eine Dauerhaftigkeit an, die nicht mehr in alltäglicher Beziehungsarbeit sichergestellt werden muss.

Welche Bedeutung erhält nun aber das Habitus-Konzept für die Positionsbestimmungen und die Interaktionen im Feld? Bislang wurde der Stellenwert der Habitus-Kategorie für die Feldtheorie auf die Funktion eines Regulators für die Affinität und den Zugang zu bestimmten Handlungsfeldern beschränkt. Als Spielsinn liefert der Habitus allerdings auch die Strategien und den „Sinn für Differenzen", um sich im feldinternen Wettbewerb zu platzieren. Die Klassifizierungsschemata des Habitus ermöglichen es dem Akteur, Wettbewerbsstrategien und Karriereprogramme zu entwickeln und sich relevanten Gruppen oder Netzwerken im Feld zugehörig zu machen. Die interne Gliederung der sozialen Felder mit der Ausbildung von Konfliktgruppen und Fraktionen nimmt den strukturellen Konflikt innerhalb der Felder um die Anrechnung von unterschiedlichen Handlungsdispositionen – vor allem kulturelles und ökonomisches Kapital – für das Einnehmen von (Macht-)Positionen im (Berufs-)Feld auf. Bourdieu interessiert sich demnach besonders für Konflikte zwischen Fraktionen oder einzelnen Individuen, die sich aus deren Bestreben herleiten lassen, eine gerechte oder ungleichartige Anrechnung der Ausstattung mit der jeweiligen Kapitalsorte durchzusetzen. Dieser grundlegende Feldantagonismus wird von Bourdieu (1980; 1982b; 1983b; 1999) besonders ausführlich und anschaulich am Beispiel der Felder der Kulturproduktion erläutert: Die Produktion von kulturellen Gütern ist durch unterschiedliche Rezeptionsweisen potenziell der Gefahr ausgesetzt, dass sie aus der Begutachtung nach intellektuellen oder künstlerischen Kriterien heraustritt und als Mittel der Demonstration eines „gebildeten" oder „genussfreudigen" Lebensstils instrumentalisiert wird. Dies beschwört feldimmanent die Gefahr einer Entwertung der kulturellen Qualitäts- und Legitimitätskriterien für die Klassifikation der künstlerischen Produkte und im Gegenzug eine Dominanz der rein ökonomischen Verwertungskriterien (Verkaufserfolg, Publikumswirksamkeit, Verkaufspreis des Produktes etc.) herauf. Die Einbeziehung der kulturellen Felder in eine außerkünstlerische, kapitalistische Verwertungsdynamik zieht folgende strukturverändernde Auswirkungen nach sich:

a. Die Professionalisierung und Stärkung der Berufsstände im kulturellen Feld, die ganz auf den Verkauf und die Vermarktung von Kulturgütern spezialisiert sind und als Verleger und Galeristen bzw. als Feuilleton-Kritiker eine ganz besondere Vermittlerrolle für Künstler und Publikum ausüben;

b. Die Teilung des künstlerischen Produktionsfeldes nach Maßgabe von Prinzipien der Kommerzialität und Unkommerzialität, was bedeutet, dass sich zwischen den Kulturschaffenden bzw. zwischen ihren Produkten je nach ihrer Stellung zur Ökonomie Teilungsprinzipien durchsetzen, die dann auch die Unterscheidungen zwischen 'bürgerlicher' und 'intellektueller' oder zwischen 'traditioneller' und 'avantgardistischer' sowie zwischen 'authentischer' und 'kommerzieller' Kunst kennzeichnen und bestimmen (vgl. Bourdieu 1980: 268).

Die letztgenannten Trennungslinien orientieren sich stark an den beiden Idealtypen des gewöhnlichen Unternehmers (in der Kultur), der nur an seinem schnellen Profit interessiert ist, und des kulturell gebildeten Unternehmers, der für sein Ziel, kulturelles Kapital zu akkumulieren (z.B. ein umfassendes, gültiges Werk zu schaffen), auch in Kauf nimmt, dass ihm der materielle Erfolg versagt bleibt. In dieses, das Verhältnis der Kulturproduzenten zueinander prägende Verständnis ihres Konfliktes (z.B. um die Aufklärungsgehalte und die Verständlichkeit von Kunst) fließt wiederum der zentrale soziale Statuskonflikt innerhalb der herrschenden Klasse, nämlich der zwischen intellektueller und ökonomischer Elite, ein:

„Der eigentliche Schauplatz der symbolischen Kämpfe ist freilich die herrschende Klasse selbst. Dabei bilden die Auseinandersetzungen unter den Intellektuellen und Künstlern um das, was als legitime Kunst zu gelten hat, nur einen Aspekt der fortwährenden Fraktionskämpfe innerhalb der herrschenden Klasse um die Durchsetzung einer jeweiligen Definition der legitimen Einsätze und Waffen im Rahmen sozialer Auseinandersetzungen, oder, wenn man will, um die Bestimmung der Basis von legitimer Herrschaft - nämlich Wirtschafts-, Bildungs- oder Sozialkapital, alle drei soziale Machtinstanzen, deren spezifische Effizienz noch gesteigert werden kann durch die des Symbolischen, d.h. durch die Autorität, deren Verbindlichkeit aus kollektiver Anerkennung und kollektiver Mandatsträgerschaft hervorgeht." (Bourdieu 1982a: 395f.)

4. Habitus und Organisation - Anknüpfungsversuche an Bourdieu

Wie können nun die abstrakten Aussagen über die Eigenschaften des Habitus – der Habitus als Erzeugungsformel für angemessene Wahrnehmungen und Praktiken, als System dauerhafter Dispositionen, als Sinn für soziale Abstände und Differenzen, als Zugangscode und Integrationshilfe für die sozialen Felder und als Resistenzpotenzial gegen aktuelle Veränderungen – für die Analyse konkreter Prozesse und grundlegender Strukturabhängigkeiten in Organisationen genutzt werden? Die ersten industrie- und organisationssoziologischen Studien, in die Bourdieusche Fragestellungen eingeflossen sind, interessieren sich besonders für die Analyse des Berufshabitus' von Akteuren. Dabei wird aber kaum die Organisation als besonderer Ort der Berufssozialisation thematisiert (vgl. aber Hofbauer 1992). Zwar wird in einer einschlägigen Formulierung wiederum der Berufshabitus eng mit Erfahrungen der Arbeitsorganisation zusammengebracht, die Habituskategorie soll aber gerade die lebensgeschichtlichen Bildungsprozesse insgesamt und die allgemeinen wie schichtspezifischen kulturellen Wissensbestände miteinschließen (vgl. Windolf 1981). Beide Wirkungsebenen – Modelle der Arbeitsorganisation und stratifizierte kulturelle Kompetenzen – werden von Windolf in die Ordnung eines Zwei-Stufen-Schemas gebracht:

> „Ein beruflicher Habitus soll definiert werden als ein System von Kompetenzen, das in zwei Selektionsstufen angeeignet bzw. ausgewählt wird: 1. Der schichtspezifische Zugang zu formalisierten und nicht formalisierten Lernprozessen legt den Pool kognitiver Kompetenzen (kultureller Praktiken, Wissensbestände) fest, aus dem überhaupt gewählt werden kann. Je restringierter der Zugang zu Ausbildungsinstitutionen, desto kleiner der Vorrat an kulturellen Praktiken. 2. Ein Bestand kultureller Praktiken vorausgesetzt, über die ein Individuum verfügt, wirkt die Arbeitsorganisation als Selektionsinstanz, gewissermaßen als Filter, der nur solche Handlungsformen passieren läßt und gegebenenfalls verstärkt, die den gegebenen Herrschaftsverhältnissen angemessen sind." (Windolf 1981: 14)

Ausgehend von diesen allgemeinen Bestimmungen müssen natürlich weitere Faktoren herausgestellt werden, die den Rahmen an kulturellen Kompetenzen und die konkreten Arbeitsbedingungen und -anforderungen weiter spezifizieren. Neben einer vorzunehmenden Relationierung von Arbeitsplätzen, Arbeitskräfteangebot, sozio-technischen und ökonomischen Sachzwängen und Qualifikationsanforderungen spielt hierbei die Organisation selbst eine große Rolle, werden doch in ihr spezifische Modi der Arbeitsteilung, die Zuordnung von Positionen und Arbeitsaufgaben standardisiert und konzentriert (vgl. Windolf 1981: 16). Aus stärker sozialisationstheoretischer Sicht fungiert der Habitus als funktionales Instrument zur Erreichung des Betriebszweckes durch Umwandlung äußerer Kontrollvorgaben und Verhaltensregeln in eine interne Verhaltenssteuerung (vgl. Windolf 1981: 22). Für Windolf verbindet sich eine solche innerbetriebliche Habitusgenerierung mit einem ständigen alltäglichen Anpassungs-

und Lernzwang; gerade die 'Neuankömmlinge' in den Organisationen werden von den jeweiligen Vorgesetzten in häufigen Gesprächen und durch nachhaltiges Zurechtweisen in die notwendige Arbeits- und Mitgliedschaftsrolle einsozialisiert. Wie wirkt sich aber der Habitus konkret im Betriebsalltag aus und durch welche intraorganisationalen Mechanismen oder Strukturen wird der Habitus verstärkt oder abgeschwächt? Obwohl Windolf dem Habitus eine besondere Funktion für die verhaltensregulative Reproduktion der Betriebsabläufe zuweist, bleibt sein Zugriff rein theoretisch und wird nicht durch Beobachtungen und Rekonstruktionen von Arbeitssituationen und Organisationsprozessen gestützt (vgl. Windolf 1981: 59ff.).

Auch die stärker empirisch orientierten Studien über den Berufshabitus in Organisationen vermeiden die direkte Kontextualisierung des habitusgeleiteten Verhaltens und betonen statt dessen die sozialstrukturellen Besonderheiten und Voraussetzungen für die Berufswahl des Managers oder des Ingenieurs (vgl. Hartmann 1996; Paul 1989). Ein weiteres Thema der Habitusanalyse stellt die soziologische Betrachtung der Auswahlkriterein bei der Rekrutierung von Führungskräften in der Wirtschaft dar; in den Bewerbungsverfahren werden stereotype Eigenschaften an die Bewerber herangetragen – die Suche nach bestimmten führungskompetenten Persönlichkeitstypen –, um die Elemente, Eigenschaften und Besonderheiten des Bewerberhabitus zu ermitteln (vgl. hier besonders Hartmann 1996). Der Forschungsschwerpunkt dieser Studien scheint zu belegen, dass die Analyse des Habitus auf die Rekrutierungs- und Zugangswege für die Organisationsmitgliedschaft beschränkt bleibt, wobei die Habitusforschung eine Kongruenz zwischen kollektiven Persönlichkeitserwartungen und individuellen Persönlichkeitsmerkmalen unterstellt und empirisch auch gut belegen kann. Empirische Studien, die die individuelle Handlungssteuerung in konkreten Arbeitssituationen und in Auseinandersetzung mit regulativen Organisationsvorgaben analysieren wollen und sich dabei im Rahmen qualitativer Tiefenanalysen auch teilweise mit der Bourdieuschen Habitustheorie kritisch befassen, wählen demgegenüber alternative Leitkategorien wie Interessenorientierung, Berufsorientierung oder Arbeitsstil (vgl. etwa Baethge/Denkinger/Kadritzke 1995; Strübing 1992; Wentzke 1996). Die Bourdieusche Habitustheorie wird von diesen Autoren als zu schematisch, operationalisierungsfeindlich und deterministisch verworfen; insbesondere die Veränderung und Re-Orientierung des Habitus durch technische Innovationen, neue Formen der Arbeitsorganisation und Erfahrungen der Weiterqualifikation können nicht angemessen konzipiert werden.

Indirekt und sicherlich ungewollt bestätigt Andreas Wittels (1998) Beitrag zu „Gruppenarbeit und Arbeitshabitus" diesen Vorwurf: Nach Wittel sind die Schwierigkeiten, die Gruppenarbeit als anspruchsvolles Modell der operativen Selbststeuerung in den Betrieben zu verankern, primär dadurch zu erklären, dass ein zu anspruchsvoller, bürgerlicher Arbeitshabitus den Industriearbeitern aufgepfropft werden soll, der mit den sozialkulturellen Routinen ihrer Arbeitswelt keine Verbindung aufweist. Die Arbeiter sind in Bedingungen einsozialisiert worden, die ihnen wenig Subjektivität und nur geringe Handlungsspielräume zubilligen; bei Einführung der Gruppenarbeit können die neuen Selbstverwirklichungsanteile und Kooperationspotenziale nicht genutzt werden, da diese Handlungsorientierungen nicht in der Erfahrungswelt der Arbeiter verankert sind. Neben einer starken intrinsischen Motivation, die der protestantischen Arbeitsethik Webers ähnelt, zeichnet sich der bürgerlicher Arbeitshabitus durch eine besondere Aufwertung und Wertschätzung von Kommunikation in Arbeitsprozessen aus: „Entsprechend dem bürgerlichen Arbeitshabitus findet Kommunikation nicht außerhalb der Arbeit statt, sondern ist vielmehr ihr integraler Bestandteil." (Wittel 1998: 183) Der proletarische Arbeitshabitus verortet hingegen Kommunikationen außerhalb des eigentlichen Arbeitsprozesses; zu häufige Konsultationen und Abstimmungssituationen werden als Störung des individuellen Arbeitsablaufs wahrgenommen. Nun kann man sicher mit Wittel darin übereinstimmen, dass die Gruppenarbeit ein anspruchsvolles Organisationsmodell darstellt, das an intensive Schulungen und flankierende Maßnahmen geknüpft ist. Allerdings ist auch davon auszugehen, dass durch die Gruppenarbeit ein kooperativer Anteil von Industriearbeit in eine Form gegossen wird, der als punktuelle und informelle Interaktion immer schon zum Arbeitsalltag gehört. Diese kooperativen Anteile der Industriearbeit wurden im alten System der Arbeitsorganisation allerdings konterkariert vom Ordnungsmodell der Akkordarbeit, das in den meisten Betrieben, in denen das Gruppenarbeitsmodell eingeführt wurde, das innerbetriebliche Klima nachhaltig prägte. Das auf die individuelle Leistungsmotivation abzielende und die Konkurrenzorientierung verstärkende System der Akkordarbeit liefert aber nicht unbedingt die besten Voraussetzungen für Kooperation am Arbeitsplatz. Der über Lohn und Zulagen geregelte Wettbewerb zwischen den Arbeitern zwingt zu Zeiteinsparungen und zur Minimierung nicht direkt sachbezogener Tätigkeiten. Natürlich prägen diese Handlungsvoraussetzungen auch die Wahrnehmung der neuen Arbeitsmodelle, allerdings ergibt sich aus wissenschaftlicher Sicht dadurch nicht unbedingt ein genereller Vorbehalt gegen Gruppenarbeit oder allgemein gegenüber Dezentralisierungsmaßnahmen, sondern es wird besonders wichtig darauf zu achten, dass die neuen Organisationsformen in mehreren Stufen und unter Vermeidung der Ausbildung von Inkohärenzen und internen Widersprüchlichkeiten implementiert werden. In diesem Zusammenhang wirkt sich die Einrahmung und Begrenzung der Gruppenarbeit durch ein ausgeklügeltes Kennzahlsystem besonders fatal aus. Von der Betriebsleitung werden in vielen Fällen genaue Vorgaben für die Produktivität, den Rationalisierungskoeffizienten, die Produktqualität und die Termintreue entwickelt, denen sich die einzelnen Gruppen und Betriebseinheiten unterzuordnen haben. Diese leistungsbezogenen Kennziffern verstärken nun wiederum den Hysteresis-Effekt angesichts der Anforderungen der Gruppenarbeit; dieser Effekt leitet sich allerdings nicht unbedingt aus einer diskursfeindlichen Alltags- und Arbeitswelt der Arbeiter her, sondern ergibt sich aus der Sozialisation in ein System der berechenbaren Arbeitsleistungen und der innerbetrieblichen Konkurrenz (vgl. dazu besonders Janning 2000: Kap. 4.3.2).

Ähnliche Argumentationsprobleme lassen sich auch in Frank Lettkes (1996) Studie über „Habitus und Strategien ostdeutscher Unternehmer" nachweisen. Zwar stellt Lettke die Bedeutung des Wissens über die Spielregeln der ökonomischen Märkte und der internen Betriebsabläufe für den Unternehmerhabitus heraus. Die konkreten Abläufe, Formungs- und Anpassungsprozesse, die mit einer Sozialisation als Führungskraft in einem Betrieb einhergehen und im Rahmen von Lernphasen an unterschiedlichen Positionen der Organisation erlebbar werden und dadurch auch den Habitusträger mit unterschiedlichen Zuständen der Organisation (und des ökonomischen Feldes) konfrontieren, werden auch hier nicht detailliert nachvollzogen. Und meine Kritik am Habituskonzept setzt genau an der Beobachtung an, dass die Erklärungsnöte und Leerstellen in den angeführten Studien sich dadurch erklären lassen, dass die Habitustheorie im bisherigen Stand ihrer Ausarbeitung und Anwendung zu wenig konzeptuelles Rüstzeug für solche Fragestellungen bereithält. Etwas überspitzt ausgedrückt erscheinen die internen Prozesse der Regelwahrnehmung, Regelverarbeitung und Regelnachbildung (durch Praxis) in der Habitustheorie als „black box". Die Relevanz und das Zustandekommen solcher Konstitutionsprozesse wird nachhaltig betont, allerdings werden keine Konzepte für die Internalisierungsmechanismen und für die Generierung von praktischen Schemata bereitgestellt. Anders formuliert, bleibt Bourdieu letztlich doch die Antwort auf die Frage schuldig, wie das jeweilige Feld mit seinen Spielregeln und die Organisation mit ihren Strukturen und Prozessen in den Habitus der Akteure hinein gelangt.

Dieses grundsätzliche Erklärungsdefizit, das sich in der empirischen Forschung in dem Problem äußert, dass der Habitus immer nur ex post aus den Einstellungen und Äußerungen eines Akteurs durch Interpretationsakte und Konstitutionsannahmen des Forschers ermittelt werden kann, wird auch in neueren Veröffentlichungen, in denen sich Bourdieu (1998: 162ff.; 2000: 233ff.) explizit mit dem ökonomischem Feld auseinandersetzt, nicht beseitigt. In diesen Beiträgen wird das Unternehmen als Feld beschrieben, in dem auf besondere Weise die von Bourdieu allgemein unterschiedenen Kapitalsorten zum Einsatz kommen. Und zwar bemisst sich die Position des Unternehmens – die Marktposition und Auftragslage – im ökonomischen Feld nach dem Umfang an Kapital, das das Unternehmen besitzt und einsetzen kann. Wie in den anderen Feldstudien auch geht es aber Bourdieu (1998: 174) hier nicht bloß um die ökonomische Ausstattung des Unternehmens, denn neben finanziellem Kapital entscheidet auch das technologische Kapital – das Forschungspotenzial und die Ausstattung mit technischen Geräten –, das kommerzielle Kapital – die Verkaufskraft und Liefereffizienz –, das symbolische Kapital – das Image der Firme und der von ihr produzierten Marken –, das kulturelle Kapital und das Organisationskapital – Kenntnisse und Informationen über das Feld bzw. die Marktnische – über den Erfolg und die Wettbewerbsfähigkeit des Unternehmens. Für die interne Struktur des Unternehmens ist die eingenommene Position im Gesamtfeld natürlich auch von besonderer Bedeutung. Bourdieu wehrt sich aber gegen die Annahme, dass sich alle internen Abläufe und Konflikte mit Hilfe der Eigenschaften und Konkurrenzbedingungen der Unternehmensumwelt erklären lassen:

> „Die Strategien der Unternehmen (namentlich in Preisangelegenheiten) sind nicht nur von ihrer Position im Feld abhängig. Sie hängen auch von der Struktur der für die innere Führung der Firma grundlegenden Machtpositionen oder, genauer gesagt, von den (sozial konstituierten) Dispositionen der Führungskräfte ab, die unter dem Zwang des Machtfeldes in der Firma und des Feldes der Firma als Ganzem handeln (dieses Gesamtfeld läßt sich mittels Indikatoren wie der hierarchischen Zusammensetzung des Arbeitskräftebestands, dem schulischen und insbesondere wissenschaftlichen Kapital des Leitungspersonals, dem Grad der bürokratischen Differenzierung, dem Gewicht der Gewerkschaften usw. kennzeichnen)." (Bourdieu 1998: 191)

Folgerichtig müsste dann allerdings eine Erläuterung der Verbindungslinien zwischen den Kapitalstrukturen des Gesamtfeldes und des Umfangs des Unternehmens an Kapital und den internen Strukturierungsprinzipien und Wirkungsverhältnissen einsetzen. Das Unternehmen wird von Bourdieu jedoch an dieser Stelle nur als soziales Feld postuliert, aber nicht befriedigend konzeptuell behandelt. Bourdieus kursorische Überlegungen verdeutlichen jedoch, dass die Akteure in Betrieben und anderen Organisationen auf Grund der Komplexität der auf sie einwirkenden Struktureigenschaften einer Vielzahl heterogener und widerstreitender Anforderungen und Integrationsmechanismen ausgesetzt sind: Die Zugehörigkeit zu einer Abteilung wird durch die Statusähnlichkeit innerhalb der Berufsgruppe oder innerhalb derer mit der gleichen organisationalen Position als Führungskraft sowie durch die Position in informellen Netzwerken und Gesprächszirkeln überlagert (vgl. ähnlich auch Hofbauer 1992: 32f.). Der Habitus eines Akteurs muss deshalb über eine ganze Palette von differenzierten Strategien und Zugehörigkeitskategorien verfügen, um die unterschiedlichen Kontexte und Handlungsmöglichkeiten des Akteurs kohärent und widerspruchsfrei zu verbinden. Akteure müssen somit auf unterschiedliche Anforderungen flexibel reagieren können, und der Habitus muss die Fähigkeit zum „Kontextswitching" ohne Verletzung der wechselnden Angemessenheitsregeln generieren. Angesichts dieser hier nur ganz rudimentär offenbar werdenden Anforderungen an die Handlungssteuerung der Akteure in Organisationen müssen konzeptuelle Ergänzungen und Umformulierungen geleistet werden, um die „black box" des Habitus zu öffnen und das soziale Handeln in Organisationen verstehbar zu machen.

5. Steuerungsansprüche und Handlungsrollen in Organisationen

Es sollen in der gebotenen Kürze zwei mögliche Varianten einer Theoriebildung vorgestellt werden, die sehr wohl mit Annahmen der Bourdieuschen Habitustheorie in Einklang zu bringen sind, jedoch stärker den Wirkungszusammenhang der Organisation als multidimensionalen Strukturzusammenhang reflektieren und darüber hinaus sich auch stärker auf konkrete Prozesse der Arbeitsorganisation, der strategischen Entscheidungsfindung, des Informationstransfers und der Reproduktion sozialer Beziehungen in komplexen Organisationen einlassen.[1] Ich unterscheide dabei zwischen einer Variante, die eine akteurzentrierte Perspektive einnimmt und davon ausgeht, dass sich die Funktionsträger in unterschiedlicher Position innerhalb der Organisation durchaus als Adressaten und Formulierer von Steuerungsansprüchen erleben und analysieren lassen. Diese Sichtweise hat die methodologische Implikation, dass die Eindrücke, Erfahrungen und Gestaltungswünsche der Akteure im Mittelpunkt der Analyse stehen und den primären Referenzpunkt für die Rekonstruktion von Machtdynamiken, Konflikten und Strukturprägungen in der Organisation bilden. Die zweite Variante der Theoriebildung nimmt eine stärker akteurdezentrierte Perspektive ein und betrachtet die Ausstattung von Akteuren mit Interessen, Handlungsstrategien und persönlichen Ressourcenguthaben sozusagen von außen. Die Akteure werden hier als Rollenträger aufgefasst, die in konkreten Handlungssituationen, die durch Erfordernisse der Organisation geprägt werden, ein Set an praktischen und formalen Rollendispositionen einsetzen, um die konkreten Anforderungen der Handlungssituation zu bewältigen und die Position des Rollenträgers in der Organisation zu verteidigen oder sogar zu verbessern. Dieses typisierende Verfahren ähnelt der Habitus-Theorie, dient allerdings der Nachbildung von typischen Handlungskonstellationen und Organisationsausschnitten und muss deshalb weitaus detaillierter die standardisierten Verhaltenserwartungen wie situativen Handlungsanforderungen aufnehmen.

---

1   Die nachfolgenden theoretischen Überlegungen sind im Rahmen zweier Forschungsprojekte entstanden. Die Konzipierung und empirische Erfassung intraorganisationaler Steuerungsansprüche fand in einem an der Universität Magdeburg im Institut für Soziologie angesiedelten DFG-Forschungsprojekt über Dezentralisierung in mittelständischen Unternehmen (Projektleitung: Prof. E. Dittrich) statt (für erste Ergebnisse vgl. Janning 2000). Die Auseinandersetzung mit der Rollentheorie geschieht im Kontext eines DFG-Forschungsprojektes des 'Sozionik'-Schwerpunktes über die Einsatzmöglichkeiten von multiagentenbasierten Verhandlungssystemen im Großkrankenhaus (Projektleitung: Prof. W. Rammert; Prof. H.-D. Burkhard), das Forscher aus der Soziologie (TU Berlin) und der Informatik (HU Berlin) vereint (vgl. dazu Burkhard/Rammert 2000; Janning/Scheuermann/Schubert 2000; Schulz-Schaeffer 2000a).

5.1 Soziale Steuerungsansprüche in Organisationen

Für eine angemessene akteurzentrierte Theoriebildung müssen die spezifischen Dimensionen und Eigenschaften der Organisationsstruktur mit besonderen Handlungsorientierungen, die als genuine Handlungsintention oder als typischer Handlungsimperativ bzw. Gestaltungsanspruch bezeichnet werden, zusammengebracht werden. Dabei muss allerdings beachtet werden, dass die einfache Zuordnung von spezifischer Dimension der Organisationsstruktur und typischer Handlungsorientierung, wie sie Ortmann (1995) im Kontext eines mikropolitischen Handlungskonzeptes herstellt, wenig sinnvoll erscheint (vgl. dazu auch Janning 2000: 26ff.). Zwar muss in Abgrenzung zu Giddens' (1988) „duality of structure"-Ansatz eine viel deutlichere konzeptuelle Vermittlung zwischen Handlungsorientierung und Strukturebene zustande kommen, die einfache, sozusagen präreflexive Repräsentation der Charakteristika von Organisationsstrukturen in den Gestaltungsansprüchen und Handlungsintentionen trägt allerdings wiederum strukturdeterministische Züge. Aus diesem Grunde wird davon ausgegangen, dass sich eine abgrenzbare, idealtypisch zugeschnittene Handlungsorientierung in der reflexiven Auseinandersetzung mit den differenzierten Eigenschaften und Anforderungen der Organisationsstruktur bildet. Reflexivität als Auswahl von Handlungsoptionen und Gestaltungsabsichten bezieht sich nach unserem Verständnis auf die Deutungshorizonte und Funktionsprinzipien der von Akteuren in spezifischen Handlungskontexten für relevant erachteten Strukturmomente der Organisationsstruktur (Rollenstruktur, Formalstruktur, Autoritätsstruktur, Kommunikationsstruktur). Die Strukturmomente müssen aus Sicht der Akteure als differenziertes Angebot an Ressourcen (ökonomisches, kulturelles, soziales und symbolisches Kapital) und Verhaltensregeln (für funktionales bzw. angemessenes Verhalten im Einklang mit strategischen, operativen, wissensorientierten und normativen Anforderungen) verstanden werden. Die Akteure erlangen Handlungsfähigkeit durch Appropriation und Reproduktion der Ressourcen- und Regelmatrix; sie reagieren aber aktuell auf konkrete Anforderungen spezifischer Handlungssituationen und aktualisieren durch die Auswahl von Handlungsstrategien zur Bewältigung dieser Anforderungen die strukturbezogenen, zu Handlungsdispositionen „einverleibten" Ressourcen und Regeln. Die Auswahl von Handlungsmodi geschieht somit in Auseinandersetzung mit der Handlungsumwelt, die aber wiederum entsprechende Verstärkungen der Handlungsintention oder Anregungen zur Veränderung der Handlungsabsicht in sich tragen. Wichtig ist dabei aber zu betonen, dass nach aller Wahrscheinlichkeit die Ausbildung und Bestätigung von Handlungsintentionen nicht primär durch den Rekurs auf eine einzige Struktureigenschaft zustande kommt, sondern auch die Aneignung von bzw. die Beschäftigung mit den anderen Strukturebenen mit einschließt. Diese Annahme erscheint insofern plausibel, als die Strukturebenen der Organisationsstruktur selbst nur analytisch zu trennen sind, allerdings im organisationalen Handlungsfeld und in der konkreten Anwendungssituation der Industriearbeit, der Managemententscheidung, der wissensbasierten Produktentwicklung oder der auftragsbezogenen Produktionsplanung und -steuerung in einem engen Verweisungs- und Wirkungsverhältnis zueinander stehen. Akteure der Organisation nehmen beispielsweise spezifische Rollenerwartungen und funktional zugeordnete Aufgaben nicht unbedingt als voneinander getrennt wahr, ähnlich verhält es sich mit dem Zusammenspiel von sozialen Anordnungsverhältnissen und der formalen Arbeitsteilung und der wissensgenerierenden Integration von Kommunikationsstrukturen und arbeitsteiliger Kompetenzverteilung.

Orientiert an den sich ergänzenden Bestimmungen von Mayntz (1963) und Kieser und Kubicek (1992) über die handlungsrelevanten Dimensionen der Organisationsstruktur und unter Einbeziehung von entsprechenden Typologien des sozialen Handelns in Organisationen von Ortmann (1995) und von Überlegungen zum Verhältnis zwischen organisationaler Wissensbasis und Organisationsstruktur bei Duncan und Weiss (1979) wurde an anderer Stelle ausführlich die Unterscheidung zwischen normativen Handlungsregulierungen, wissensinduzierten Gestaltungsprozessen, autoritätsbestimmten Sozialbeziehungen und aufgabenbezogenen Handlungsfeldern (bestimmt durch Geld und Technik) eingeführt und auf spezifische Handlungsdimensionen der Organisationsstruktur bezogen (vgl. dazu Janning 2000: 43ff.):

- die *strategische Handlungsdimension* betrifft die strategische Gestaltung, Festlegung und Nutzung der Organisationsstruktur unter Privilegierung der Eigenschaften der Autoritätsstruktur gegenüber den anderen Strukturdimensionen zur Verfolgung bestimmter Organisationsziele (Effizienz, Stabilität, Umweltanpassung etc.);
- die *operative Handlungsdimension* betrifft die operative Gestaltung, Festlegung und Nutzung der Organisationsstruktur unter Privilegierung der Eigenschaften der Formalstruktur gegenüber den anderen Strukturdimensionen zur möglichst effektiven und sachgemäßen Gestaltung und Abwicklung der auftragsbezogenen Fertigungsprozesse und Arbeitsgänge;
- die *wissensorientierte Handlungsdimension* betrifft die wissensgenerierende und -verarbeitende Gestaltung, Festlegung und Nutzung der Organisationsstruktur unter Privilegierung der Eigenschaften der Kommunikationsstruktur gegenüber den anderen Strukturdimensionen zur Reproduktion und Erweiterung der organisationalen Wissensbasis;
- die *normative Handlungsdimension* betrifft die ethos-unterstützende und die regulierend-sanktionierende Gestaltung, Festlegung und Nutzung der Organisationsstruktur unter Privilegierung der Eigenschaften der Rollenstruktur gegenüber den anderen Strukturdimensionen zur Rechtfertigung und Stabilisierung der gegebenen Kompetenz- und Aufgabenzuordnungen, funktionsbezogenen Kommunikationsbeziehungen und legitimen Autoritätsverhältnisse und Einflusskanäle.

Diese Handlungsdimensionen der Organisationsstruktur stehen natürlich auch in einem gewissen Verweisungszusammenhang zu den idealtypischen Steuerungsmechanismen Hierarchie, Markt, Professionalität und Polyarchie, allerdings lassen sich die Handlungsdimensionen und die Ebenen der Organisationsstruktur noch besser mit den einzelnen Strukturierungsleistungen von Steuerungsmechanismen in Verbindung bringen, d.h. die Leistungen, die einen Steuerungsmechanismus hervorbringen – die Etablierung von (autoritäts-, status- und aufgabenbezogenen) Rollendifferenzierungen, der Einsatz spezifischer Koordinationsinstrumente und Kommunikationsweisen, die Sozialintegration über normative Sollwerte, die Ausbildung von typischen Institutionalisierungsformen – lassen sich als strategische, operative, wissensorientierte und normative Strukturierungsvorhaben oder -ansprüche charakterisieren, die in ihrer möglichst widerspruchsfreien Zusammenführung die Geltung eines unternehmensspezifischen Steuerungsmechanismus verbürgen (sollen). Häufig dominiert allerdings dabei ein Steuerungsanspruch die anderen Gestaltungsintentionen und Strukturierungsleistungen und unterwirft sie seinem Deutungsanspruch; dies lässt sich zweifelsfrei am überzeugendsten am Beispiel des hierarchischen Steuerungsmechanismus illustrieren, bei dem der strategische Imperativ die alternativen Optionen von strukturinduzierten Handlungsintentionen instrumentalisiert bzw. „kolonisiert". Ein elaboriertes Verständnis von Steuerung komplexer Organisationen setzt demzufolge nicht an komplexitätsreduzierenden Idealtypen an, sondern nutzt den Verweisungszusammenhang zwischen den Handlungsdimensionen der Organisationsstruktur und den (potenziellen) Strukturierungsleistungen von Steuerungsmaßnahmen für die Herleitung von Steuerungsansprüchen; diese Steuerungsansprüche müssen als strukturierte und strukturierend wirkende Handlungsintentionen verstanden werden, die durch den Rekurs auf die konkrete Handlungssituation und durch den Einsatz von spezifischen Koordinationsinstrumenten, also vermittelt über die kontextspezifischen Ausprägungen und Konstellationen, die Eigenschaften der Organisationsstruktur anerkennen und für ihre Steuerungsabsicht gestaltend einsetzen.

Die empirische Analyse setzt dem entsprechend an den Arbeitsplatz- und Tätigkeitsbeschreibungen, Problemempfindungen und situativen Gestaltungsansprüchen der am Betriebsgeschehen in unterschiedlicher Weise beteiligten Akteure an und rekonstruiert aus den Erfahrungsberichten und Prozessbeschreibungen die Koordinationsmechanismen, denen die Akteure als dominante Handlungseinflüsse zwar unterworfen sind, die sie aber auch partiell mitgestalten, und die Steuerungsansprüche, die sie zur Ausgestaltung ihrer Handlungsspielräume oder zur Legitimation der sozialen Ordnung von konkreten Handlungssituationen formulieren.

5.2 Rollen-Sets in Organisationen

Der akteurdezentrierte Ansatz zur Bestimmung von Handlungsorientierungen in komplexen Organisationen besitzt eine andere Stoßrichtung als die qualitative Tiefenanalyse von Steuerungsansprüchen und Gestaltungswünschen. Die organisationsrelevanten Handlungskonzepte sollen idealtypisch modelliert werden, um typische Akteurkonstellationen und die unterschiedlichen Handlungslogiken, die in ihnen zusammentreffen und sich eventuell konflikthaft artikulieren, nachzubilden. Die Nachbildung von Akteurkonstellationen und Konfliktlogiken soll Instrumente generieren helfen, die als reine Modelle oder Simulationsspiele zu Zwecken der Beratung und Supervision die Organisationen über ihre internen Antagonismen aufklären oder sogar Lösungsmodelle für die Konfliktbewältigung bereitstellen können. Darüber hinaus wird die Nachbildung von organisationalen Prozessen und sozialen Konstellationen auch immer bedeutsamer für den Zweig der Softwareentwicklung, der Programme für spezielle Koordinationssituationen in Organisationen (z.B. Terminkoordination, Personaleinsatzplanung, Budgetverhandlungen, Zeitmanagement, bereichsübergreifendes Controlling) auf der Basis von Multiagentensystemen zu entwickeln versucht (vgl. Carley/Gasser 1999; Janning 2001b; Kirn 1996; Malone 1990; Schulz-Schaeffer/Malsch 1998; Rammert 1998; Schulz-Schaeffer 2000b). Die soziologische Rollentheorie bietet für diese Anforderungen besonders gute Anwendungsmöglichkeiten, da sie den instrumentellen Aspekt in der Erzeugung von Handlungsstrategien und sozialen Identitäten betont und den hohen Formalisierungsgrad für das soziale Handeln in Organisationen angemessen abbilden kann (aus Sicht der Informatik vgl. Odell 2000; Parunak/Odell 2001; Lindemann-von Trzebiatowski/Münch 2001). Allerdings muss eine avancierte Verwendungsweise der Rollentheorie der Einsicht Rechnung tragen, dass sich auch in formal organisierten Handlungskontexten Handlungsspielräume ergeben. Diese Handlungsspielräume liegen in der Wechselwirkung zwischen zugeschriebenen bzw. auferlegten Rollen (formale Rollen) und angenommenen bzw. eingenommenen Rollen (praktische Rollen).

Mittels dieser Unterscheidung von zwei Rollenarten wird der Stand der Debatte über die Rollentheorie in der Organisationssoziologie und in der Allgemeinen Soziologie verarbeitet: In der Organisationsforschung wurde der Rollenbegriff bislang primär für die Konzipierung und Analyse von Berufsrollen und Mitgliedschaftsrollen genutzt, deshalb steht die Einsozialisation des Individuums in die Regeln, Routinen und Rituale der Organisation im Vordergrund (vgl. etwa Girschner 1990; Luhmann 1999). Der beiden widerstreitenden rollentheoretischen Grundauffassungen in der soziologischen Theorie gemäß kann man dabei Berufsrollen stark auf die funktionale Aufgaben- und Kompetenzzuteilung durch formale Regeln und Vereinbarungen (verbindliche Verhaltenskodexe, Arbeitsverträge, Arbeitsplatzbeschreibungen etc.) zuschneiden oder aber ihren tendenziell offenen Charakter, der durch die alltägliche Interaktion mit

Vorgesetzten, Arbeitskollegen, Arbeitsgegenständen (Artefakten), formalen und informellen Verhaltensregeln eine ständige, unabgeschlossene Formung erfährt, betonen. Zum einen wird also der Rollenbegriff stark mit Verhaltenserwartungen, die an gesellschaftliche Positionen in der differenzierten Gesellschaft geknüpft sind, verbunden; soziale Rollen werden demnach als Bündel von Rollennormen aufgefasst, die an den jeweiligen Inhaber von Positionen herangetragen werden und auf die Funktion oder den Status der jeweiligen Position im organisierten, arbeitsteilig differenzierten Gesamtgefüge verweisen (vgl. Dahrendorf 1967: 143f.; Popitz 1967: 10f.). Zum anderen wird zwar nicht völlig von der Position des Rollenträgers in Arbeit und Organisation abgesehen, aber die eigentliche Wirksamkeit von Rollen kommt durch die Ausprägung von Interaktionsstilen für die angemessene und regelmäßige Interaktion zwischen den Inhabern von Positionen zustande; darüber hinaus wird von den interpretativen Ansätzen die Variation und die Eigenleistung in dem Rollenverhalten von Akteuren betont, d.h. der Rollenhandelnde kreiert und modifiziert seine Rolle durch bewusste situationsangemessene Akte des „role making" (vgl. Argyle 1971: 271ff.; Turner 1962: 20ff.).

Avancierte rollentheoretische Modelle nehmen nun zur Kenntnis, dass die in der ersten Phase der Rollentheorie besonders stark mit dem Rollenbegriff identifizierten Eigenschaften des regelmäßigen sozialen Handelns – die Reaktion des Individuums auf (Rollen-)Erwartungen und Handlungsnormen mittels gleichzeitiger Internalisierung und Externalisierung durch das Rollenhandeln – nur einen wichtigen Teilaspekt des Rollenhandelns erfasst (aus der aktuellen Literatur vgl. Esser 2000: 141-197; Geller 1994; Schimank 2000: 37-69). Denn schon die einfache Annahme des „role taking" muss eine Auseinandersetzung mit den Mechanismen des „role making" nach sich ziehen. Wir versuchen den beiden Erklärungsstrategien in der Anwendung der Rollentheorie auf soziales Handeln in Organisationen dadurch gleiches Gewicht zu verleihen, indem wir sowohl die durch formale Regelungen, Dienstanweisungen und internalisierte Sachlichkeitskriterien strukturell geprägten Elemente des Rollenhandelns als auch das kreative Gestalten von Rollen in Abwägung der konkreten Anforderungen von nicht immer vorhersehbaren Situationen in unser Rollenkonzept integrieren. Dafür nutzen wir Robert Mertons (1973) Ausführungen über Rollen-Sets von Akteuren.

Ausgangspunkt ist Robert Mertons Überlegung, dass zu einer Position (in einer Organisation) nicht nur eine klar zu definierende Rolle gehört, sondern ein ganzes Ensemble an Rollen, also ein Rollen-Set, dabei ergeben sich die typischen Rollen eines an die Position gebundenen Rollen-Sets aus den Beziehungen, die ein Akteur typischerweise zu anderen Akteuren (bzw. Positionsträgern) in einer Organisation aufnimmt: „(U)nter Rollen-Sets verstehe ich die Kombination von Rollen-Beziehungen, in die eine Person auf Grund ihrer Inhaberschaft eines bestimmten sozialen Status [wir verwenden hier besser weiterhin den

Positionsbegriff; F. J.] verwickelt ist" (Merton 1973: 322). Für die Zwecke der nachbildenden Theoriebildung müssen wir den Gedanken der Rollen-Sets erweitern: Es handelt sich bei Rollen-Sets um eine Kombination von Rollen, die durch die Beziehungen mit anderen Positionsträgern reflexiv erzeugt werden, d.h. die durch soziale Beziehungen und formale Positionsansprüche an den Akteur herangetragenen Rollenerwartungen werden mit der individuellen Ausgestaltung von Rollendefinitionen beantwortet. Die Rollendefinitionen entwerfen allgemeine Handlungsziele und konkrete Handlungsstrategien für die Nutzung, Reproduktion oder Veränderung der sozialen Beziehungen in Organisationen. Das Feld der sozialen Beziehungen in Organisationen wie die möglichen Handlungsziele und Handlungsstrategien werden strukturiert (sowohl eingeschränkt als auch motiviert) durch eine Matrix, bestehend aus Regeln und Ressourcen, die aus einer bestimmten Ordnung der Verteilung und Verwendung sozialer Kapitalsorten (ökonomisch, kulturell, sozial, symbolisch, organisational) resultieren, und aus bestimmten strukturellen Konfigurationen der sozialen Beziehungen, die wir als Organisationsstrukturen (Wettbewerbsstrukturen, Wissensstrukturen, Netzwerkstrukturen, Autoritätsstrukturen, Formalstrukturen) bezeichnen. Positionen in der Organisation sind verbunden mit einer Reihe unterschiedlicher Aufgaben, (Befehls-) Kompetenzen, Berichtspflichten, Entscheidungsbefugnissen und Kommunikations- und Lernsituationen, die nicht alle und in gleichem Maße durch formale Bestimmungen (qua Arbeitsvertrag oder durch Zuordnung standardisierter Aufgabenanteile) gedeckt sind. Deshalb müssen wir in dem Rollen-Set eines Positionsträgers neben einem Anteil von formalen Rollen auch einen Anteil von praktischen Rollen berücksichtigen. Durch den Rekurs auf Organisationsstrukturen wird natürlich vor allem der Anteil der formalen Rollen in den Rollen-Sets bestimmt. Die Vorgaben aus den formalen Rollen werden in konkreten Anwendungssituationen umgesetzt, angepasst, erweitert, ergänzt und mit konkreten Handlungsstrategien versehen, dadurch entstehen die praktischen Rollen in Organisationen. Die für die Ausbildung von praktischen Rollen maßgeblichen Anwendungssituationen werden wiederum bestimmt durch ein funktionales Motiv der Regelung oder Steuerung des situativen Organisationsausschnittes sowie durch eine dem funktionalen Situationsgehalt entsprechende Koordinationsform für die Herstellung und Integration des situativen sozialen Handelns. Mit Gotsch (1987: 36ff.) können wir davon ausgehen, dass bestimmte Regelungs- und Koordinationssituationen für die beteiligten Akteure die Orientierung an einer praktischen Rollendifferenzierung sinnvoll erscheinen lassen, die von den dispositiven Eigenschaften der formalen Rollen gespeist, aber nicht vollends festgelegt wird. Die konkreten Anwendungssituationen lassen sich somit noch nach den jeweils in ihnen vorherrschenden Koordinationsmechanismen (hierarchische Anweisung, Wettbewerb, Einfluss durch Expertentum, Verhandlung zwischen statusgleichen, interdependenten Akteuren etc.) unterscheiden. Eine allgemeine Typologisierung von praktischen Rollen in konkreten Koordinationssituationen lässt sich dann im Anschluss an die vereinfachte polare Differenzierungsannahme für die konventionellen Mechanismen – Rollendifferenzierungen in Handlungssituationen zwischen Vorgesetzten und Befehlsempfängern (hierarchische Koordinationssituation), Anbietern und Nachfragern (Wettbewerbssituation), Experten und Laien (Einflusssituation), aufeinander abgestimmte Verhandlungsrollen in Spielsituationen (Verhandlungssituation) – vornehmen.

6. Plädoyer für die Ergänzung und Weiterentwicklung der Bourdieuschen Konzepte

Die Überlegungen zu den sozialen Steuerungsansprüchen und den Rollen-Sets in Organisationen sind als Beiträge zu einer Theorie des sozialen Handelns in Organisationen zu verstehen, die weder die Wirkungskraft der Organisationsstrukturen noch die Aneignung und Gestaltung konkreter Prozesse aus Sicht der Akteure vernachlässigt. Die beiden Konzeptualisierungsvorschläge ließen sich durch zusätzliche theoretische Annahmen sicherlich noch besser miteinander verknüpfen; erforderlich wäre hierfür beispielsweise die genaue Ausarbeitung des Verhältnisses der Bourdieuschen Kapitalsorten zu einer Typologie der Organisationsstrukturen. In den vorstehenden Konzeptualisierungen wurden durchaus bewusst zwei unterschiedliche Typologien der Organisationsstrukturen verwandt, weil sie die (noch) voneinander abweichenden Perspektiven in der Theoriebildung ausdrücken und markieren helfen. Die konzeptuellen Anschlussüberlegungen würden jedoch vor allem darauf hinauslaufen, die Organisation als soziales Feld verstehbar zu machen und dabei die Transformation von Handlungsressourcen (bei Bourdieu: die Kapitalsorten) unter dem Einfluß von strukturellen Ordnungskonfigurationen (Regeln, Netzwerke, Standardisierungen usw.) in kontextabhängige Handlungsstrategien zu erläutern. Die „black box" der Transformation von Ressourcen in Strategien wird, wie oben ausführlich erläutert wurde, mit Hilfe von rollentheoretischen Annahmen und der empirischen Analyse von sozialen Steuerungsansprüchen in Organisationen „geöffnet". Angesichts dieser theoretischen Ergänzungsleistungen und Neuformulierungen für das Feld der Organisation wird natürlich der Status der Habitus-Theorie in der Bourdieuschen Feldtheorie insgesamt prekär. Dabei soll allerdings nicht der Ertrag derjenigen soziologischen Forschungen in Frage gestellt werden, die für ihre Fragestellung spezifische Eigenschaften des Habitus – den Hysteresis-Effekt, die Heranführung an die sozialen Felder durch den Habitus – isoliert betrachtet haben. Speziell in der Organisationssoziologie wird der Habitusbegriff jedoch höchstens als theoretische Klammer Interesse finden. Für eine bessere Verwendbarkeit als Analyseinstrument muss er durch Bestimmungen ergänzt werden, die eine engere Verbindung mit den Strukturen und Prozessen von Organisationen herstellen und eine bessere Operationalisierung der unterstellten Wechselwirkungen zwischen Handlung und Struktur in Organisationen erlauben.

Literatur

Alter, C./Hage, J. (1993): Organizations Working Together, Newbury Park/London/New Delhi: Sage.

Argyle, M. (1971): Soziale Interaktion, Köln: Kiepenheuer & Witsch.

Ashkenas, R./Ulrich, D./Jick, T./Kerr, S. (1995): The Boundaryless Organization. Breaking the Chains of Organizational Structure, San Francisco: Joey Bass Publishers.

Baethge, M./Denkinger, J./Kadritzke, U.: (1995) Das Führungskräfte-Dilemma. Manager und indu-strielle Experten zwischen Unternehmen und Lebenswelt, Frankfurt a M./New York: Campus.

Bleicher, K. (1996): Das Konzept Integriertes Management, Frankfurt/New York: Campus, 4. A.

Bourdieu, P. (1979): Entwurf einer Theorie der Praxis (auf der ethnologischen Grundlage der kabyli-schen Gesellschaft), Frankfurt a.M.: Suhrkamp.

Bourdieu, P. (1980): „The Production of Belief: Contributions to an Economy of Symbolic Goods", in: Media, Culture, and Society, Vol. 2, pp. 261-293.

Bourdieu, P. (1982a): Die feinen Unterschiede. Kritik der gesellschaftlichen Urteilskraft, Frankfurt a.M.: Suhrkamp.

Bourdieu, P. (1982b): „Die Wechselbeziehungen von eingeschränkter Produktion und Großproduktion", in: Bürger, Christa/Bürger, Peter/Schulte-Sasse, Jürgen (Hg.): Zur Dichotomisierung von hoher und niederer Literatur, Frankfurt a. M.: Suhrkamp, S. 40-61.

Bourdieu, P. (1983a): „Ökonomisches Kapital, kulturelles Kapital, soziales Kapital", in: Kreckel, Reinhard (Hg.): Soziale Ungleichheiten, Göttingen, Schwarz, S. 183-198.

Bourdieu, P. (1983b): „The Field of Cultural Production, or: the Economic World Reversed", in: Poe-tics,Vol. 12, pp. 311-356.

Bourdieu, P. (1985): Sozialer Raum und "Klassen"/Leçon sur la leçon. Zwei Vorlesungen, Frankfurt a.M: Suhrkamp.

Bourdieu, P. (1987): Sozialer Sinn. Kritik der theoretischen Vernunft, Frankfurt a.M: Suhrkamp.

Bourdieu, P. (1998): „Das ökonomische Feld", in: Bourdieu, Pierre u.a.: Der Einzige und sein Eigenheim. Schriften zu Politik & Kultur 3, Hamburg: VSA, S. 162-204.

Bourdieu, P. (1999): Die Regeln der Kunst. Genese und Struktur des literarischen Feldes, Frankfurt a. M: Suhrkamp.

Bourdieu, P. (2000): Les structures sociales de l'économie, Paris: Seuil.

Burkhard, H.-D./Rammert, W. (2000): Integration kooperationsfähiger Agenten in komplexen Organisationen. Möglichkeiten und Grenzen der Gestaltung hybrider offener Systeme, TU Berlin: Technical University Technology Studies Working Papers, 1/00.

Carley, K. M./Gasser, L. (1999): „Computational Organization Theory", in: Weiss, G. (ed.): Multi-agent Systems. A Modern Approach to Distributed Artificial Intelligence, Cambridge/London: MIT, pp. 299-330.

Crozier, M./Friedberg, E. (1993): Die Zwänge kollektiven Handelns. Über Macht und Organisation, Frankfurt a. M.: Anton Hain (Neuausgabe).

Dahrendorf, R. (1967): „Homo Sociologicus: Versuch zur Geschichte, Bedeutung und Kritik der Kategorie der sozialen Rolle", in: Dahrendorf, R.: Pfade aus Utopia. Arbeiten zur Theorie und Methode der Soziologie, München: Piper, S. 128-194.

Duncan, R. B./Weiss, A. (1979): „Organizational Learning: Implications for Organizational Design", in: Staw, B. (ed.): Research in Organizational Behaviour, Vol. 1, Greenwich: JAI Press, pp. 75-123.

Emery, F./Trist, E. L. (1965): „The Causal Texture of Organizational Environments", in: Human Rela-tions, Vol. 18, pp. 21-32.

Esser, H. (2000): Soziologie. Spezielle Grundlagen, Band 5: Institutionen, Frankfurt/New York: Campus

Franzpötter, R. (1997): Organisationskultur - Begriffsverständnis und Analyse aus interpretativ-soziologischer Sicht, Baden-Baden: Nomos.

Freygang, L. (1999): Formale und informale Netzwerkstrukturen im Unternehmen, Wiesbaden: Gabler.

Friedberg, E. (1995): Ordnung und Macht. Dynamiken organisierten Handelns, Frankfurt/New York: Campus.

Geller, H. (1994): Position, Rolle, Situation. Zur Aktualisierung soziologischer Analyseinstrumente, Opladen: Leske + Budrich.

Giddens, A. (1988): Die Konstitution der Gesellschaft. Grundzüge einer Theorie der Sturukturierung, Frankfurt/New York: Campus.

Girschner, W. (1990): Theorie sozialer Organisationen. Eine Einführung in Funktionen und Perspektiven von Arbeit und Organisation in der gesellschaftlich-ökologischen Krise, Weinheim/Mün-chen: Juventa.

Gotsch, W. (1987): „'Soziale Steuerung' - zum fehlenden Konzept einer Debatte", in: Glagow, M./Willke, H. (Hg.): Dezentrale Gesellschaftssteuerung: Probleme der Integration polyzentrischer Gesellschaft, Pfaffenweiler: Centaurus, S. 27-44.

Grandori, A./Soda, G. (1995): „Inter-firm Networks: Antecedents, Mechanisms, and Forms", in: Organization Studies, Vol. 16, pp. 183-214.

Granovetter, M. (1985): „Economic Action and Social Structure: The Problem of Embeddedness", in: American Journal of Sociology, Vol. 91, pp. 481-510.

Grießinger, A. (1981): Das symbolische Kapital der Ehre. Streikbewegung und kollektives Bewußtsein deutscher Handwerksgesellen im 18. Jahrhundert, Frankfurt a.M./Berlin/Wien: Ullstein.

Hartmann, M. (1996): Topmanager. Die Rekrutierung einer Elite, Frankfurt/New York: Campus.

Hofbauer, J. (1992): Der soziale Raum „Betrieb". Zur Strukturierung der betrieblichen Sozialwelt aus der Sicht der bourdieuschen Sozialtheorie, Berlin: WZB discussion paper.

Janning, F. (1991): Pierre Bourdieus Theorie der Praxis. Analyse und Kritik der konzeptuellen Grundlegung einer praxeologischen Soziologie, Opladen: Westdeutscher Verlag.

Janning, F. (1998): Das politische Organisationsfeld. Politische Macht und soziale Homologie in komplexen Demokratien, Opladen/Wiesbaden: Westdeutscher Verlag.

Janning, F. (unter Mitarbeit von S. Kühl, G. Kullmann, B. Dauer, E. Dittrich) (2000a): Abschied von der Hierarchie? Dezentralisierung in mittelständischen Unternehmen, Forschungsbericht des DFG-Projektes „Enthierarchisierung, Dezentralisierung und Vernetzung: Mittelständische Unternehmen im Spannungsfeld von Flexibilisierung und Stabilisierung". Teil 1: Die Unternehmen Kupfer und Sitfix, Institut für Soziologie: Universität Magdeburg.

Janning, F. (2001a): „Die Theorie symbolischer Konflikte: Pierre Bourdieu", in: Bonacker, T. (Hg.): Sozialwissenschaftliche Konflikttheorien. Eine Einführung, Opladen: Leske + Budrich (i. E.).

Janning, F. (2001b): Multiagentenbasierte Verhandlungssysteme im Großkrankenhaus. Konzeptionelle Überlegungen und Anwendungsszenarien, Aufsatzmanuskript.

Janning, F./Scheuermann, K./Schubert, C. (2000): Multiagentensysteme im Krankenhaus. Sozionische Gestaltung hybrider Zusammenhänge, TU Berlin: Technical University Technology Studies Working Papers, 10/00.

Kirn, S. (1996): „Organizational Intelligence and Distributed Artificial Intelligence", in: O'Hare, G. M. P./Jennings, N. R. (eds.): Foundations of Distributed Artificial Intelligence, New York: John Wiley & Sons, pp. 505-527.

Kieser, A./Kubicek, H. (1992): Organisation, Berlin/New York: Walter de Gruyter, 3. A.

Lawrence, P. R./Lorsch, J. W. (1967): Organizations and Environments: Managing Differentiation and Integration, Boston: Graduate School of Business Administration.

Lettke, F. (1996): Habitus und Strategien ostdeutscher Unternehmer. Eine qualitativ-empirische Analyse unternehmerischen Handelns, München/Mering: Rainer Hampp.

Lewis, J. C. (1991): Strategische Allianzen. Informelle Kooperationen, Minderheitsbeteiligungen, Joint Venrtures, Strategische Netze, Frankfurt a. M./New York: Campus.

Lindemann-von Trzebiatowski, G./Münch, I. (2001): The Role Concept for Agents in Multi-Agent Sy-stems, Aufsatzmanuskript.

Luhmann, N. (1999): Funktion und Folgen formaler Organisation, Berlin: Duncker & Humlot, 5. A.

Malone, T. W. (1990): „Organizing Information Processing Systems: Parallels Between Human Organizations and Computer Systems", in: Robertson, S. P./Zachary, W. W./Black, J. B. (eds.): Cognition, Computation, and Cooperation, Norwood: Ablex Publ., pp. 56-83.

Mayntz, R. (1963): Soziologie der Organisation, Reinbeck b. Hamburg: Rowohlt Taschenbuch Verlag.

Merton, R. (1973): „Der Rollen-Set: Probleme der soziologischen Theorie", in: Hartmann, H. (Hg.): Moderne amerikanische Soziologie. Neuere Beiträge zur soziologischen Theorie, Stuttgart: Ferdinand Enke, S. 316-333.

Meyer, J. W./Rowan, B. (1977): „Institutionalized Organizations: Formal Structure as Myth and Cere-mony", in: American Journal of Sociology, Vol. 83, pp. 340-363.

Odell, J. (2000): Toward a Formalization of the Role Concept, Aufsatzmanuskript.

Ortmann, G. (1995): Formen der Produktion. Organisation und Rekursivität, Opladen: Westdeutscher Verlag.

Ortmann, G./Sydow, J./Windeler, A. (1997): „Organisation als reflexive Strukturation", in: Ortmann, G./Sydow, J./ Türk, K. (Hg.): Theorien der Organisation. Die Rückkehr der Gesellschaft, Opladen: Westdeutscher Verlag, S. 315-354.

Parunak, H. v. D./Odell, J. (2001): „Representing Social Structures in UML", in: Wollridge, M./Cian-carini, P./Weiss, G. (eds.): Proceedings of the Agent-Oriented Software Engineering Workshop - Agents 2001 - (i.E.).

Paul, G.: Die Bedeutung von Arbeit und Beruf für Ingenieure. Eine empirische Untersuchung, Frankfurt a.m./New York: Campus.

Pfeffer, J./Salancik, G. R. (1978): The External Control of Organizations. A Resource Dependence Perspective, New York: Harper & Row.

Picot, A./Reichwald, R./Wigand, R. T. (1996): Die grenzlose Unternehmung. Information, Organisation und Management, Wiesbaden: Gabler, 2. A.

Popitz , H. (1967): Der Begriff der sozialen Rolle als Element der soziologischen Theorie, Tübingen: J. C. B. Mohr.

Powell, W. W. (1990): „Neither Markets nor Hierarchy: Network Forms of Organization", in: Research in Organizational Behavior, Vol. 12, pp. 295-336.

Pries, L. (1998): Betrieblicher Wandel in der Risikogesellschaft. Empirische Befunde und konzeptionelle Überlegungen, München/Mering: Rainer Hampp Verlag, 2. A.

Rammert, W. (1998): „Giddens und die Gesellschaft der Heinzelmännchen. Zur Soziologie technischer Agenten und Systeme Verteilter Künstlicher Intelligenz", in: Malsch, T. (Hg.): Sozionik. Soziologische Ansichten über künstliche Intelligenz, Berlin: Edition Sigma, S. 91-128.

Scherr, A. (1984): Struktuelle Bedingungen und alltagskulturelle Formen individueller Reproduktion im entwickelten Kapitalismus, München: Beck.

Schimank, U. (2000): Handeln und Strukturen. Einführung in die akteurtheoretische Soziologie, Weinheim/München: Juventa.

Schulz-Schaeffer (2000a): Enrolling Software Agents in Human Organizations. The Exploration of Hybrid Organizations within the Socionics Research Program, TU Berlin: Technical University Technology Studies Working Papers, 3/00.

Schulz-Schaeffer, I. (2000b): Vergesellschaftung und Vergemeinschaftung künstlicher Agenten. Sozialvorstellungen in der Multiagenten-Forschung, TU Hamburg-Harburg: Research Reports, 3/00.

Schulz-Schaeffer, I./Malsch, T. (1998): Das Koordinationsproblem künstlicher Agenten aus der Perspektive der Theorie symbolisch generalisierter Interaktionsmedien", in: Malsch, T. (Hg.): Sozionik. Soziologische Ansichten über künstliche Intelligenz, Berlin: Edition Sigma, S. 235-254.

Senge, P. M. (1996): Die fünfte Disziplin. Kunst und Praxis der lernenden Organisation, Stuttgart: Klett-Cotta.

Silverman, D. (1972): Theorie der Organisationen. Soziologische Aspekte zu System, Bürokratie und Managment, Wien/Köln/Graz: Hermann Böhlaus Nachf.

Strübing, J. (1992): Arbeitsstil und Habitus. Zur Bedeutung kultureller Phänomene in der Programmierarbeit, Wissenschaftliches Zentrum für Berufs- und Hochschulforschung der GH Kassel: Werkstattberichte Bd. 34.

Sydow, J. (1992): Strategische Netzwerke. Evolution und Organisation, Wiesbaden: Gabler.

Teubner, G. (1992): „Die vielköpfige Hydra: Netzwerke als kollektive Akteure höherer Ordnung", in: Krohn, W./Küppers, G. (Hg.): Ermergenz: Die Entstehung von Ordnung, Organisation und Bedeutung, Frankfurt a. M.: Suhrkamp, S. 189-216.

Thompson, J. D. (1967): Organizations in Action. Social Science Bases of Administrative Theory, New York: Mc Graw-Hill.

Turner, R. H. (1962): „Role-Taking: Process versus Conformity", in: Rose, A. (ed.): Human Behavior and Social Processes, Boston: Houghton-Mifflin, pp. 20-40.

Wentzke, T. (1996): Leistungsprinzip und Sachzwang. Interessenorientierung von Industrieangestellten, Stuttgart/Marburg/Erfurt: Peter Wiehl.

Williamson, O. E. (1975): Markets and Hierarchies: Analysis and Antitrust Implications. A Study in the Economics of Internal Organization, New York: The Free Press.

Windeler, A. (2001): Unternehmungsnetzwerke. Konstitution und Strukturation, Wiesbaden: Westdeutscher Verlag.

Windolf, P. (1981): Berufliche Sozialisation. Zur Produktion des beruflichen Habitus, Stuttgart: Enke.

Wittel, A. (1998): „Gruppenarbeit und Arbeitshabitus", in: Zeitschrift für Soziologie, Jg. 27, S. 178-192.

Zündorf, L. (1977): Handlungsparadigma und Forschungsstrategie. Zum Problem der Abstimmung theoretischer Ansätze und empirischer Instrumente in der Organisationsforschung, Universität Münster: Dissertation.

Soziologie der Geschlechterverhältnisse

Jenseits männlicher Herrschaft
Pierre Bourdieus Konzept einer Geschlechterpolitik*
Claudia Rademacher

Seit den 90er Jahren breitet sich Resignation innerhalb des feministischen Diskurses aus. Vom „Ende des Feminismus" ist die Rede und die Gefahr eines backlash ist im Anzug. Zielte der Feminismus der 70er und 80er Jahre auf die Gleichstellung und Emanzipation der Frauen, so droht diese Schlagkraft mit den Einsichten (de-)konstruktivistischer und poststrukturalistischer Geschlechterforschung in die essentialistische Basis der Annahme eines Kollektivsubjekts „Frauen" verloren zu gehen. Mit dem Verlust des Subjekts Frau als politische Akteurin(vgl. Krais 1997) wird die Gefahr einer Entpolitisierung heraufbeschworen. Von der Mainstream-Soziologie ohnehin kaum wahrgenommen, allenfalls in den Schmollwinkel „Frauenecke" (Lehnert 1999) gestellt, scheint sich die feministische Theorie nun selber noch das Wasser abzugraben, indem sie die sozialen AkteurInnen als „diskursive Effekte" entlarvt.

Einen Ausweg aus den politischen Sackgassen poststrukturalistischer Geschlechterforschung scheinen die jüngsten Überlegungen Pierre Bourdieus zur *Männlichen Herrschaft* zu zeigen. In seiner Theorie der Geschlechterungleichheit kommt den symbolischen Auseinandersetzungen und Kämpfen als zentraler Momente der *sozialen Praxis* eine entscheidende Bedeutung zu (vgl. Krais 1993: 210f.): Den Kern dieser symbolischen Auseinandersetzungen bildet der politische Kampf, in dem die beherrschten Gruppen – in diesem Fall die Frauen – versuchen, die legitime Sicht der Welt zu verändern. Letztlich zielt Bourdieus Analyse des Wechselspiels von symbolischer Ordnung und Sozialstruktur auf die Möglichkeiten und Voraussetzungen einer „symbolischen Revolution" der Geschlechterordnung (Bourdieu 1997a: 216; 1997b: 227, 230; Bourdieu/Wacquant 1996: 211). Der entscheidenden Frage, ob es Bourdieu gelingt, die Voraussetzungen einer symbolischen Revolution der Geschlechterordnung zu benennen, ob sich also mit Bourdieu ein Konzept der Geschlechterpolitik entwickeln lässt, soll im Folgenden nachgegangen werden. Zunächst werfe ich deshalb einen Blick auf Bourdieus Analyse der *Männlichen Herrschaft*, die ich auf ihre Erkenntnisgewinne und Grenzen hin befrage (I.), um dann am Beispiel

---

* Zuerst erschienen in Bittlingmayer, Uwe et al. (Hg.): Theorie als Kampf. Zur politischen Soziologie Pierre Bourdieus, Opladen 2002.

des wissenschaftlichen Feldes Möglichkeiten und Grenzen einer Geschlechterpolitik auszuleuchten (II.).

I. Täter und Mittäterinnen – Männliche Herrschaft und weibliche Komplizenschaft

Bourdieu verfolgt mit seiner Analyse der *Männlichen Herrschaft* das Ziel, eine
Erklärung für die erstaunliche *Beharrlichkeit und Kontinuität männlicher Dominanz* liefern. Er geht davon aus, dass Geschlechtsunterschiede nichts Natürliches, sondern etwas kulturell Erzeugtes sind. Sie werden durch machtvolle Diskurse mit ihren binären Klassifikationsschemata (oben/unten, groß/klein,
hart/weich, aktiv/passiv, penetrierend/penetriert usw.) so tief in die Hirne und
Körper eingraviert, dass das Kulturelle als Natur erscheint. (Vgl. Bourdieu
1997a sowie 2001) Die Geschichtsmächtigkeit dieser Prinzipien der Di-Vision
(Bourdieu 1997a: 156ff) verdeutlicht Bourdieu am ethnographischen Beispiel
der kabylischen Gesellschaft und der Interpretation von Virginia Woolfs Roman
„To the Lighthouse" (1927). Der Umweg über die Kabylei dient dem Zweck,
„die unzähligen widerstreitenden Geschlechtertheorien dem Säurebad des Kabylentests auszusetzen" (Bourdieu 1997c: 92). Gerade weil sich diese binäre Logik
durch Sozialisationsprozesse über Jahrhunderte in die Hirne und Körper von
Männern und Frauen eingeschrieben hat, bedarf es nach Bourdieu eines distanzierten ethnologischen Blicks auf eine für uns zunächst „fremde" Gesellschaft.
Die Darlegung des Systems homologer Gegensätze (männlich/weiblich als trocken/feucht, oben/unten, hart/weich usw.) in der Kabylei soll den ethnographischen Blick auf die eigene Kultur schärfen, um die Aufmerksamkeit auf *unbewusste Tiefenstrukturen und Kontinuitäten von Herrschaftsmechanismen* zu
lenken. Weil die kabylische Gesellschaft „keine andere Dimension der sozialen
Differenzierung und der Herrschaft kennt als die nach dem Geschlecht" (Krais
1993: 213)[1], lässt sich an ihrem Beispiel die Übersetzung der horizontalen Arbeitsteilung nach dem Geschlecht in ein vertikales Ungleichheits- und Machtgefälle zwischen Mann und Frau wie unter einem Vergrößerungsglas studieren.
An diesem „vergrößerten Bild", das die Inkorporierung der männlichen Herrschaft und ihre symbolische Gewalt erkennbar macht, erläutert Bourdieu die
„Ökonomie der symbolischen Güter" (Vgl. Portevin zit. in Bourdieu 2001: 1).
Ihre geheime Logik liegt im Schein der Zweckfreiheit, genauer: in der fortlaufenden Verschleierung und Invisibilisierung von Zwecken, Intentionen und
Nutzenkalkülen. In symbolischen Gewaltverhältnissen „ist eine andere Art von
Ökonomie im Spiel, die der Kraft des Symbolischen, die sich, *wie durch Magie*,

---

1   Mit der Reduktion der gesellschaftlichen Ordnung der Kabylei auf das Geschlechterverhältnis
     beteiligt sich Bourdieu an der reduktionistischen Konstruktion des Orients, wie sie von Said
     kritisiert worden ist. (Vgl. Said 1978 und Lutz 1991: 22f)

jenseits allen physischen Zwangs und – in ihrer scheinbaren Zweckfreiheit – im Widerspruch zu den gewöhnlichen Gesetzen der Ökonomie auswirkt" (Bourdieu 1997a: 165).Die symbolische Gewalt im Geschlechterverhältnis materialisiert sich für Bourdieu in der Habitualisierung und Somatisierung der Geschlechterkonstruktionen. Der Habitus als Ensemble von Denk-, Wahrnehmungs- und Handlungsschemata ist das sozialisatorische Produkt einer sozialen „Benennungs- und Einprägungsarbeit". Im Prozess der primären Sozialisation bilden Körper und Gehirn, wie der Neurologe Antonio Damasio treffend formuliert, „somatische Marker". Mit Hilfe solcher Marker wird die soziale Ungleichheit des Geschlechterverhältnisses ebenso wie die symbolische Gewalt permanent reproduziert. „Folglich kann die ganze Sozialisationsarbeit nur darauf abzielen, daß Grenzen, die vor allem den Körper betreffen [...], verinnerlicht und in die Körper eingeschrieben werden." (Bourdieu 1997a: 184f.)

Bei aller Betonung der symbolischen Dimension der Geschlechterordnung insistiert Bourdieu – in deutlicher Abgrenzung von kulturalistischen Positionen jedweder Couleur – demgegenüber hartnäckig darauf, dass die männliche Herrschaft nur einen „Sonderfall" von sozialer Ungleichheit darstellt und stets verwoben ist mit übergreifenden makrosozialen Ungleichheits- und Herrschaftsstrukturen. In der Tradition von Marx und Weber sieht er den Motor der gesellschaftlichen Entwicklung im Kampf sozialer Akteure und sozialer Gruppen um die Teilhabe an ungleich verteilten Lebenschancen. Kern aller sozialen Ungleichheitsverhältnisse (auch der zwischen den Geschlechtern) sind für Bourdieu die „objektiven Strukturen, von der Wissenschaft in Form der Wahrscheinlichkeit des Zugangs zu Gütern, Dienstleistungen und zur Macht erfaßt" (Bourdieu 1987: 112).

Männliche Herrschaft ist für Bourdieu „die paradigmatische Form der symbolischen Herrschaft" (Bourdieu/Wacquant 1996: 208). Nur im Bezugsrahmen eines allgemeineren Modells symbolischer Herrschaft lassen sich folglich die Kontinuitäten und Transformationen der Geschlechterverhältnisse analysieren. Sprachliche Benennungs- und Bedeutungsakte, alltagsweltliche Klassifikationen wie männlich/weiblich, aktiv/passiv, rational/emotional, privat/öffentlich etc. *reproduzieren* und stabilisieren die Geschlechterungleichheit, sind aber nicht – jedenfalls nicht allein – der Ort ihrer Genese. Die *Wurzel* und geheime ratio der Geschlechterungleichheit sieht Bourdieu nicht in der mikrosozialen Benennungspraxis, sondern in den sozialen Ungleichheitsverhältnissen in Klassengesellschaften und ihrer symbolischen Gewalt.

Den ideologischen Glaubenskämpfen um die Frage, was primäres und was sekundäres soziales Differenzierungsprinzip sei – Geschlecht oder Klasse –, entzieht sich Bourdieu, indem er sich auf die Rolle des empirischen Forschers zurückzieht: „Was wir beobachten, das sind immer gesellschaftlich und geschlechtlich konstruierte Habitus. [...] Man kann wissenschaftlich nicht auseinanderhalten, was der Klasse und was dem gender zukommt." (Bourdieu 1997b: 225)

Die Geschlechtscharaktere sind für Bourdieu durch und durch – gewissermaßen „mit Haut und Haaren" – Teil der „Ökonomie der symbolischen Güter" – in der Kabylei wie in der modernen Gesellschaft. Die Prinzipien der Di-Vision und Unterordnung haben sich laut Bourdieu ungeachtet gesellschaftlicher Veränderungen wie der industriellen Revolution, der zunehmenden Erwerbsbeteiligung von Frauen, der Bildungsexpansion etc. nahezu unverändert erhalten. (vgl. Bourdieu 1997a: 185ff.) Die erstaunliche Persistenz und historische Kontinuität männlicher Herrschaft sieht Bourdieu darin begründet, dass die Geschlechterordnung stets durch eine *symbolische Ordnung* überhöht und abgesichert ist. Der mächtigste Stützpfeiler männlicher Herrschaft liegt in der unsichtbaren und fortlaufend verschleierten *symbolischen Gewalt* der Geschlechterverhältnisse, die eine heimliche Komplizenschaft zwischen männlichen Herrschern und weiblichen Beherrschten erzeugt. Kennzeichen der symbolischen Gewalt ist gerade ihre *Verkennung als Gewalt* und ihre *Anerkennung* als *legitime Macht*. Deshalb kann symbolische Gewalt nach Bourdieu erfolgreich über einen sozialen Akteur nur unter „Mittäterschaft dieses Akteurs" (Bourdieu/Wacquant 1996: 204) ausgeübt werden.

Der Umsturz der bestehenden Geschlechterordnung muss daher bei der Entschleierung und Entzauberung der *symbolischen Ordnung* ansetzen, beim „häretischen Bruch" mit den Repräsentationen, Klassifikationen, Dispositionen und Vorstellungen in Bezug auf die Geschlechter. Der Revolution der Geschlechterverhältnisse muss eine *symbolische Revolution* vorausgehen.

So überzeugend Bourdieus Anliegen auch immer sein mag, durch die Entlarvung von Naturalisierungsstrategien den „häretischen Bruch" mit den Repräsentationen der symbolischen Ordnung zu vollziehen, es bleiben aber viele Fragen offen, die den Kern einer Geschlechterpolitik betreffen: Wer sind die potentiellen AkteurInnen der symbolischen Revolution, die Voraussetzung eines Umsturzes der Geschlechterordnung ist? Wer verbirgt sich hinter der häretischen „Avantgarde der subversiven politischen und intellektuellen Bewegung" (Bourdieu 1998)?

In seiner Analyse der „männlichen Herrschaft" verfängt Bourdieu sich m. E. in einen Circulus vitiosus: Die symbolische Revolution, die darauf zielt, die fundamentalen Prinzipien der männlichen Weltsicht und der männlichen Herrschaft in den Köpfen wie in der Wirklichkeit umzustürzen, ist gebunden an eine kollektive Aktion zur Organisation eines symbolischen Kampfes (Bourdieu 1997a: 215). Erst diese kollektive Aktion wäre in der Lage, das Zusammenspiel zwischen inkorporierten Geschlechterhabitus und objektiver Struktur – jene heimliche Komplizenschaft zwischen weiblichen Beherrschten und männlichen Beherrschern – aufzubrechen. Dieser Bruch, d.h. die „wirklich kollektive Umkehrung der mentalen Strukturen" (Bourdieu 1997a: 215) – durch die Männer

„ihr Privileg als Falle" und Frauen ihre „Komplizenschaft" als Unterdrückung erkennen würden – ist für Bourdieu aber wiederum die Bedingung der Möglichkeit einer kollektiven Bewegung. Symbolische Revolution und politisch/soziale Revolution haben sich in dieser Konstruktion wechselseitig zur Voraussetzung.

Die Widersprüche und Ungereimtheiten in Bourdieus Analyse „Männlicher Herrschaft" sowie in seiner Konzeption einer möglichen politischen Revolution der symbolischen Ordnung verdanken sich m. E. einigen problematischen Basisannahmen Bourdieus:

(1) Bourdieu geht davon aus, dass Frauen aufgrund ihres Geschlechterhabitus „die am höchsten bewerteten Spiele wie Politik, Geschäft, Wissenschaft usw." (Bourdieu/Wacquant 1996: 210) meiden. Männer lieben die Macht, Frauen lieben die Männer, die die Macht lieben (vgl. Bourdieu 1997a: 201).

(2) Aufgrund der historisch-sozialen Missachtung der Reproduktionstätigkeit von Frauen zirkulieren diese lediglich als Tauschobjekte. Daraus folgt nach Bourdieu, dass die Frauen „in die Dialektik von Prätention und Distinktion eher als Objekte denn als Subjekte eintreten" (Bourdieu 1997a: 217).

(3) Durch die vergeschlechtlichten Habitus wird die Ungleichheit permanent reproduziert und – so die Annahme Bourdieus – durch Komplizenschaft zementiert. Die Komplizenschaft zwischen männlichen und weiblichen Habitus führt nach Bourdieu zum Selbstausschluss der Frauen. (Vgl. Zimmermann 2000: 46, Engler 2000: 140) Deshalb bleibt ihm nur die Forderung einer Wandlung der Produktionsbedingungen der habituellen Dispositionen als Bedingung für eine symbolische Revolution (Bourdieu 1997b: 230).

Diese Prämissen Bourdieus blenden – wie ich zeigen will – entscheidende Transformationsprozesse der entwickelten kapitalistischen Gesellschaften aus, die auch die Geschlechterungleichheit beeinflussen. Natürlich ist sich auch Bourdieu darüber im Klaren, „daß sich die männliche Herrschaft nicht mehr mit der Evidenz des Selbstverständlichen durchsetzt" (Bourdieu 1997b: 226), wie er im Gespräch mit Irene Dölling und Margareta Steinrücke sagt. Für seine Argumentation zur männlichen Herrschaft bleibt diese Überlegung jedoch folgenlos. Bourdieus Konzeption der *Männlichen Herrschaft* gewinnt erheblich an theoretischer Stichhaltigkeit – so meine These – , wenn man seine Analysen zu den männlichen Spielen der Ehre in *La Domination Masculine*, sein Häretikerkonzept aus *Homo academicus* mit den neueren Analysen der feministischen Geschlechterungleichheitsforschung verknüpft.

Ein ironischer Hinweis am Rande: Bourdieu (1997c: 92) verfolgt – wie er in *Männliche Herrschaft revisited* schreibt – die Absicht, „die unzähligen widerstreitenden Geschlechtertheorien dem Säurebad des Kabylentests auszusetzen", versäumt es aber, sein an der Kabylei abgelesenes Konzept männlicher Herrschaft dem Säurebad avancierter Geschlechterforschung auszusetzen. Er gibt in dem gleichen Artikel zu, dass er die besten Werke zum Thema, die er in seine „systematische Darstellung von Geschlechterherrschaft" zu integrieren beabsichtigte, erst nach Abschluss seiner Untersuchung gelesen hat, aus Angst, abgelenkt zu werden in Richtungen, die durch das männliche Unbewusste vorgegeben sind.

Verknüpft man, wie gesagt, Bourdieus Analysen zu den männlichen Spielen der Ehre in *La Domination Masculine*, sein Häretikerkonzept aus *Homo academicus* mit den neueren Analysen der feministischen Geschlechterungleichheitsforschung, dann zeigt sich, dass die männliche Herrschaft eben nicht, wie Bourdieu schreibt, „jeder häretischen Infragestellung enthoben" (Bourdieu 1997a: 15) ist. Eine solche Perspektive trägt einerseits den symbolischen Gewaltverhältnissen in ihrer Gleichzeitigkeit von „endloser Varietät und monotoner Ähnlichkeit" (Knapp 1992: 291) Rechnung, andererseits nimmt sie aber auch die Chancen und Veränderungspotenziale für das Geschlechterverhältnis in den Blick, die sich aus dem Wandel der Produktions- und Erwerbssphäre in hochdifferenzierten Gesellschaften ergeben, wie ich exemplarisch am Feld der Wissenschaft aufzeigen möchte.

II. „Ausschließende Einschließung"[2] – Frauen im Feld der Wissenschaft

Ein Blick auf aktuelle Statistiken über den Professorinnenanteil im Wissenschaftssystem bringt die ernüchternde Erkenntnis: Allen Anstrengungen und Bemühungen zum Trotz (erfolgreiche Promotion, Habilitation) ist der Frauenanteil in wissenschaftlichen Spitzenpositionen nach wie vor extrem niedrig, der Anteil der Professorinnen lag im Jahr 1996 bei 6,2 %.[3] Hat Bourdieu also doch Recht, lieben die Frauen nach wie vor nur die Männer, die die Macht lieben? Oder sind sie – wie gebetsmühlenhaft wiederholt wird – doch zu sehr mit Familie und Kindern belastet, dass sie die letzte Hürde nicht nehmen können? (Kritisch zu dieser Annahme: Müller 1999)[4] Oder aber sind Frauen aufgrund ihres Geschlechterhabitus zu konfliktscheu, um in diesem heiß umkämpften Feld der Konkurrenz gewachsen zu sein?

Derartige Deutungsmuster für die Marginalität von Frauen in wissenschaftlichen Spitzenpositionen hatten in bestimmten historischen Phasen sicher ihre Berechtigung[5], bilden aber die aktuelle Wirklichkeit nur noch unvollkommen

---

2   Siehe Wetterer 1999.
3   Differenzierte empirische Belege finden sich in dem von Krais (2000) herausgegebenen Band „Wissenschaftskultur und Geschlechterordnung. Über die verborgenen Mechanismen männlicher Dominanz in der akademischen Welt"
4   „Schon in der Vorstellung, die Vereinbarkeit von Familie und Beruf sei ein Problem von Frauen – und kein gesellschaftliches Problem – liegt das ideale Feld für praktizierte professionelle Schließungsverfahren, die sich gegen aufsteigende Frauen richtet." (Beaufaÿs 1999: 312).
5   Zur Stereotypenkonstruktion von Geschlecht in Führungspositionen vgl. Ernst 1999.

ab. Sie treffen sich mit dem bourdieuschen Erklärungsansatz in *La Domination Masculine* in der Ausblendung jeder historischen Dimension. Darüber hinaus weisen sie eine spezifische Perspektivenverengung auf: Die Gründe für die Marginalität von Frauen in Spitzenpositionen und die Kontinuität männlicher Herrschaft werden einzig bei den Frauen gesucht, ohne die – wie Karin Zimmermann (2000: 45) zu Recht hervorhebt – „Praxen der Vergeschlechtlichung sozialer Räume" zu berücksichtigen. Aufschlussreicher scheint mir ein *Wechsel der Perspektiven*, wie er von Engler, Krais, Wetterer, Müller u.a. vorgenommen wird: weg von den Frauen – hin zur Wissenschaft.[6]

Eine Analyse des wissenschaftlichen Feldes gibt Aufschluss über die Möglichkeiten und Grenzen einer Geschlechterpolitik. Im Anschluss an Bourdieu lässt sich Wissenschaft als *soziales Feld* (Bourdieu 1998) beschreiben (vgl. Krais 2000b; Engler 2000), das wie jedes andere Feld durch beherrschte und herrschende Gruppen, durch spezifische Spielregeln, Einsätze und eine *illusio*, das heißt den Glauben an die Ernsthaftigkeit und Sinnhaftigkeit des Spiels, gekennzeichnet ist. Die Genese des wissenschaftlichen Feldes hat unter Ausschluss von Frauen stattgefunden. Von daher sind die Spielregeln und Einsätze, die sich in diesem Feld entwickelt haben, die Strukturen und Organisationen *nicht* geschlechtsneutral, wie Bourdieu in seinen vielfältigen Analysen zum *Homo academicus*, *Vom Gebrauch der Wissenschaft* etc., in denen die Vergeschlechtlichung der sozialen Räume und Felder ausgeblendet wird, nahe legt. (Vgl. Zimmermann 2000: 45ff)[7] Vielmehr treffen vergeschlechtlichte Habitus immer schon auf vergeschlechtlichte Strukturen im Feld der Wissenschaft. Frauen schließen sich nicht selbst von den wissenschaftlichen Spitzenpositionen aus, wie Bourdieu meint. Sie investieren ebensoviel Arbeit, Zeit und Energie wie Männer, kennen die Einsätze, beherrschen die Spielregeln und werden dennoch nicht als ebenbürtige Spielerinnen anerkannt. Der Status einer „Person im wissenschaftlichen Feld, einer Mitspielerin, wird ihnen nicht zuerkannt" (Krais 2000b: 47).

Wie Engler (2000: 138) in ihrer empirischen Untersuchung zum „Selbstverständnis von Professoren" herausgefunden hat, zählen neben den scheinbar geschlechtsneutralen „Zauberworten ,Arbeit', ,Leistung', ,Qualifikation' etc. immer auch noch andere Dinge": Ein wesentlicher Bestandteil der illusio des wissenschaftlichen Feldes ist, „dass Wissenschaft von Persönlichkeiten gemacht wird" (Engler 2000: 138). Da das Feld der Wissenschaft aber – wie Bourdieu in *Die männliche Herrschaft* (1997a: 204) zu Recht betont – wie alle ernsten Spie-

---

6 Aus der Vielzahl der Literatur möchte ich hier nur auf einige Schriften verweisen, die sich sowohl theoretisch als auch empirisch mit dem Feld der Wissenschaft und den Geschlechterverhältnissen auseinandergesetzt haben: Geenen 1994, Hasenjürgen 1996, Zimmermann 2000.

7 Zu Recht hebt Ursula Müller (1999: 139) hervor, „dass jede Organisation, ob es ihr bewusst ist oder nicht, ,Geschlechterpolitik' betreibt".

le nach dem „Isotimieprinzip", d.h. nach dem Prinzip gleicher Ehre funktioniert, erweisen sich Frauen als nicht *satisfaktionsfähig*.

Ähnliche Überlegungen zur Funktion der Ehre finden sich bereits 1892 bei Georg Simmel (1989: 189): Die Ehre ist es, wie Simmel in der *Einleitung in die Moralwissenschaft* schreibt, „die mich als eine bestimmt umgrenzte Persönlichkeit hinstellt und mich verhindert, mich [...] mit Anderen gemein zu machen, die mich mit einer Sphäre umgibt, in die niemand ungestraft eindringen darf". Diese Konstruktionen von männlichen wissenschaftlichen Persönlichkeiten, die – so Bourdieu (1997a: 199) – „eine Glorifizierung des eigenen Ich" voraussetzen und schaffen, führen zur Konstanz homosozial-männlicher Rekrutierungsmuster (vgl. Zimmermann 2000) in wissenschaftlichen Spitzenpositionen.

Zur Verdeutlichung der Konstruktion einer männlich wissenschaftlichen Persönlichkeit zitiere ich einige der Erklärungen von Professoren aus der von Hans Anger (1960: 481ff.) in den 50er Jahren durchgeführten Untersuchung *Probleme der deutschen Universität*. Die Gründe für die Seltenheit weiblicher Professoren sehen die befragten Professoren darin, dass „Geistigkeit ein Privileg der Männer" sei und die „geistig arbeitende Frau die schöpferische Absicht" verfehle. Ein anderer erklärt unumwunden, dass die „Universität Männersache" sei und zu einem „Hochschullehrer die ganze Fülle einer männlichen Begabung" gehöre. Die Persönlichkeitsbilder, die hier über den Umweg der Erklärung der „Unfähigkeit" von Frauen entworfen werden, finden in dieser Reinkultur heute – zumindest in offiziellen Kontexten – keine Entsprechung. Allerdings geistern sie – wie Bourdieu in die *Männliche Herrschaft* zu Recht hervorhebt – in den Praktiken und unbewussten Dispositionen: Genialität, Einmaligkeit, Kreativität gelten in der scientific community nach wie vor als Charakteristika von Professoren.

Im wissenschaftlichen Feld wird in Konkurrenzkämpfen um die Konstruktion und Positionierung dieser – wie Bourdieu in *Die Männliche Herrschaft* zeigt (1997a: 191) – „formidablen männlichen Persönlichkeit" gerungen. Obwohl Frauen über das gleiche kulturelle Kapital verfügen, werden sie von diesem Wettbewerb ausgeschlossen, da sie qua Geschlecht nicht satisfaktionsfähig sind. Ihnen fehlt das *symbolische Kapital der Ehre*. Diese „Nicht-Anerkennung im Wettkampf [...] ist jedoch" – wie Krais (2000b: 47) pointiert – „nicht nur als ein Unterlassen zu sehen. Vielmehr findet zugleich, wie um sich einer ‚Schmutz-Konkurrenz' zu entledigen, ein aktives Hinausdrängen mit den Mitteln symbolischer Gewalt statt."

Aus der Vielzahl der empirisch nachgewiesenen subtilen Ausschlussmechanismen möchte ich hier einige zentrale nennen, die zur Marginalisierung von Frauen in wissenschaftlichen Spitzenpositionen führen:

„Die Strategie des Sich-auf-sich-Berufens" greift – wie Zimmermann (2000: 75ff; 128ff) am Beispiel der Rekrutierung der Delegierten für den Wissenschaftsrat nachweist – auf der Makroebene von Wissenschaft und Staat und

strahlt in die Meso- und Mikroebene aus: Wissenschaftlerinnen werden bei der Besetzung von wichtigen Positionen „übersehen", nicht zitiert (Zitierkartelle) und bei Auflistungen wichtiger Arbeiten des Faches übergangen. (Vgl. Krais 2000b: 47). Da bei der „Definition der Passfähigkeit der Mitspieler" – dies das Ergebnis der Analyse von Zimmermann (2000: 92) – „die implizite Männlichkeit ein normaler und unhinterfragter Auswahlmechanismus ist", sind Frauen exkludiert: Je höher die Hierarchieebene desto seltener findet man Frauen.

Dieses Kooptationsprinzip wird stabilisiert durch geschlechtsdifferent verlaufende Rekrutierungsmuster: Frauen werden wesentlich seltener trotz hervorragender Examina zur Promotion motiviert und das Interesse von promovierten Frauen an der Assistentur liegt, wie Geenen (2000: 96) in ihrer empirischen Untersuchung festgestellt hat, „zum Teil noch jenseits der Vorstellungskraft des betreuenden Ordinarius".

Verstärkend kommt noch hinzu, dass die Motive für die Förderung von Männern unhinterfragt, die von Frauen jedoch legitimationspflichtig sind und häufig auf außerwissenschaftliche Gründe zurückgeführt werden, was dann wiederum mit der Infragestellung der wissenschaftlichen Qualifikation einhergeht (vgl. Geenen 1994; 2000)

Michael Hartmann weist in seinen Untersuchungen über *Leistung oder Habitus? Das Leistungsprinzip und die soziale Offenheit der deutschen Wirtschaftselite* (in diesem Band) darauf hin, dass „Frauen in hohen Führungspositionen immer noch eine Rarität [sind]. So wird keines der 100 größten deutschen Unternehmen von einer Frau geführt, bekleidet keine Frau eine Vorstandsposition in einem Großkonzern und haben es unter den untersuchten Promovierten nur ganze drei von über 200 Frauen geschafft, eine Führungsposition zu erreichen." (Vgl. auch Ernst 1999) Unter Bedingungen der Globalisierung verschärfen die immer komplexer werdenden Entscheidungsgrundlagen die homosoziale Auswahl: Man geht „auf ‚Nummer Sicher'" und „wählt anhand der gewohnten Kriterien dann doch lieber einen Mann" (Hartmann 1995: 464 Fßn. 31).

Was folgt aus dieser ernüchternden Bestandsaufnahme für die Möglichkeit einer Geschlechterpolitik?

Für Bourdieu setzt die „Befreiung der Frau" – wie er in *Männliche Herrschaft revisited* (1997c: 98) formuliert – eine symbolische Revolution voraus, die „einen Umsturz der Ordnung der Dinge" und „der materiellen Strukturen umfassen müsste". Mit einer solchen Alles-oder-nichts-Position wird der Möglichkeit einer Geschlechterpolitik die Grundlage entzogen. Bourdieus Analyse der Geschlechterordnung stößt da an ihre Grenze, wo er Frauen in der Position von Zuschauerinnen sieht, die lediglich mit dem negativen Privileg des „Scharfblicks der Ausgeschlossenen" ausgestattet sind. Ohne in einen „Campus-Radikalismus" zu verfallen, vor dem Bourdieu (1997c: 98) zu Recht warnt, ist doch gegen Bourdieu darauf zu insistieren, dass „neue Spieler, neue Akteure nicht nur die Kräfteverhältnisse zwischen den Akteuren, sondern auch das Spiel selbst verändern" (Krais 2000b: 50). Ein wesentlicher Beitrag zur Veränderung des Spiels liegt, wie Engler (2000: 140) hervorhebt, in der „Entzauberung der wissenschaftlichen Persönlichkeit".

Die Zerstörung und Demontage der Verknüpfung von wissenschaftlichem Charisma und Männlichkeit (vgl. Wobbe 1997: 131f.), die Destruktion der akademischen Rituale der Selbstbeweihräucherung und Selbstbeglückwünschung sind Schritte in die Richtung einer „Realpolitik der Vernunft", wie Pierre Bourdieu (1998: 64) sie verficht. Besteht „wirkliches politisches Handeln" nach Bourdieu (1993: 45) „darin, sich der Kenntnis des Wahrscheinlichen zu bedienen, um die Chancen des Möglichen zu vergrößern", dann hat Geschlechterforschung immer schon eine politische Dimension. Geschlechterpolitik meint dann, die Erkenntnisse, die in den vielen Forschungsbereichen zu den Themen „Profession und Geschlecht", „Geschlecht und Organisation" oder „Klasse und Geschlecht" usw. gewonnen worden sind, umzusetzen in politische Interventionsstrategien und dazu muss sich nicht gesamtgesellschaftlich erst alles ändern. (Vgl. Wetterer 1999; Metz-Göckel 1999; Müller 1999) Denn solange es im wissenschaftlichen Feld „Kampf gibt, Auseinandersetzung, gibt es auch Geschichte, und das heißt Hoffnung" (Bourdieu 1993: 65).

Dieser Hoffnung Nahrung zu geben, darin liegt für Bourdieu die eigentliche Aufgabe einer Soziologie, die störend und verstörend zugleich sein soll. „Als Wissenschaft, die daran arbeitet, die Produktionsgesetze von Wissenschaft zu erkennen, bietet die Soziologie nicht nur Mittel zur Herrschaft, sondern eventuell Mittel zur Beherrschung der Herrschaft." (Bourdieu 1993: 48)

In diesem Sinne lassen sich aus den – für die Mainstream-Soziologie immer noch störenden – Einsichten soziologischer Geschlechterforschung in die Gleichzeitigkeit von „endloser Varietät und monotoner Ähnlichkeit" (Knapp 1992: 291) männlicher Herrschaft zwar keine Anleitungen zur Geschlechterrevolution aber durchaus wirksame Gegengifte gewinnen.

Aus der Vielzahl von soziologisch inspirierten „Mittel[n] zur Beherrschung der Herrschaft" will ich hier nur einige aufzählen:

- Gleichstellungspolitik als Struktur- und Steuerungspolitik
- Konzepte des Mainstreaming
- Evaluationen
- Frauennetzwerke und Kartelle usw.

Durch solche Interventionsstrategien findet sozialer Wandel statt – zwar „im Schneckentempo, aber immerhin: sozialer Wandel." (Wetterer 1999: 241)

Literatur

Anger, Hans 1960, Probleme der deutschen Universität. Bericht über die Erhebung unter Professoren und Dozenten, Tübingen.

Beaufaÿs, Sandra 1999, Mit freiem Kopf arbeiten: Familie und Beruf aus der Sicht von Medizinerinnen in Führungspositionen, in: Neusel, Aylâ/Angelika Wetterer (Hrsg.), Vielfältige Verschiedenheiten. Geschlechterverhältnisse in Studium, Hochschule und Beruf. Frankfurt/M./New York, S. 305-326.

Bourdieu, Pierre 2000, Die Herrschaft des Mannes. Zur symbolischen Ökonomie des Geschlechterverhältnisses, Pierre Bourdieu im Gespräch mit Catherine Portevin, aus dem Französischen von Stephan Egger, in: Rademacher, Claudia/Peter Wiechens(Hrsg.), Geschlecht – Ethnizität – Klasse. Zur sozialen Konstruktion von Hierarchie und Differenz, Opladen, S. 11-30.

Bourdieu, Pierre 1997a, Die männliche Herrschaft, in: Dölling, Irene/Beate Krais (Hrsg.), Ein alltägliches Spiel. Geschlechterkonstruktion in der sozialen Praxis, Frankfurt/M., S. 153-217.

Bourdieu, Pierre 1997b, Eine sanfte Gewalt. Pierre Bourdieu im Gespräch mit Irene Dölling und Margareta Steinrücke (März 1994), in: Dölling, Irene/Beate Krais (Hrsg.), Ein alltägliches Spiel. Geschlechterkonstruktion in der sozialen Praxis, Frankfurt/M., S. 218-230.

Bourdieu, Pierre 1997c, Männliche Herrschaft revisited, in: Feministische Studien, Heft 2, S. 88-99.

Bourdieu, Pierre 1998, Vom Gebrauch der Wissenschaft. Für eine klinische Soziologie des wissenschaftlichen Feldes, Konstanz.

Bourdieu, Pierre 1993, Soziologische Fragen. Aus dem Französischen von Hella Beister und Bernd Schwibs, Frankfurt/M.

Bourdieu, Pierre/Loïc Wacquant 1996, Reflexive Anthropologie, übersetzt von Hella Beister, Frankfurt/M.

Bund-Länder-Kommission für Bildungsplanung und Forschungsförderung (BLK) 1996, Förderung von Frauen in der Wissenschaft. Fortschreibung des Berichts aus dem Jahre 1989, 25.3.1996, Bonn.

Dölling, Irene/Beate Krais 1997 (Hrsg.), Ein alltägliches Spiel. Geschlechterkonstruktion in der sozialen Praxis, Frankfurt/M.

Engler, Steffanie 2000, Zum Selbstverständnis von Professoren und der illusio des wissenschaftlichen Feldes, in: Krais, Beate (Hrsg.), Wissenschaftskultur und Geschlechterordnung. Über die verborgenen Mechanismen männlicher Dominanz in der akademischen Welt, Frankfurt/M./New York, S. 121-151.

Ernst, Stefanie 1999, Geschlechterverhältnisse und Führungspositionen. Eine figurationssoziologische Analyse der Stereotypenkonstruktion, Opladen.

Friebertshäuser, Barbara/Steffanie Engler 1992, Die Macht des Dominanten, in : Wetterer, Angelika (Hrsg.), Profession und Geschlecht, Frankfurt/M., S. 51-82.

Geenen, Elke 1994, Blockierte Karrieren. Frauen in der Hochschule, Opladen.

Geenen, Elke 2000, Akademische Karrieren von Frauen an wissenschaftlichen Hochschulen, in: Krais, Beate (Hrsg.), Wissenschaftskultur und Geschlechterordnung.

Über die verborgenen Mechanismen männlicher Dominanz in der akademischen Welt, Frankfurt/M./New York, S. 83-105.

Hartmann, Michael 1995, Deutsche Topmanager: Klassenspezifischer Habitus als Karrierebasis, in: Soziale Welt, 46, S. 440-468.

Hasenjürgen, Brigitte 1996, Soziale Macht im Wissenschaftsspiel. Sozialwissenschaftlerinnen und Frauenforscherinnen an der Hochschule, Münster.

Knapp, Gudrun-Axeli 1992, Macht und Geschlecht. Neuere Entwicklungen in der feministischen Macht- und Herrschaftsdiskussion, in: Knapp, Gudrun-Axeli/Angelika Wetterer (Hrsg.), TraditionenBrüche. Entwicklungen feministischer Theorie, Freiburg, S. 287-325.

Krais, Beate 1993, Geschlechterverhältnis und symbolische Gewalt, in: Gebauer, Gunter/Christoph Wulf (Hrsg.), Praxis und Ästhetik: neue Perspektiven im Denken Pierre Bourdieus, Frankfurt/M.., S. 208-250.

Krais, Beate 2000a, Einleitung: Die Wissenschaft und die Frauen, in: Krais, Beate (Hrsg.), Wissenschaftskultur und Geschlechterordnung. Über die verborgenen Mechanismen männlicher Dominanz in der akademischen Welt, Frankfurt/M./New York, S. 9-29.

Krais, Beate 2000b, Das soziale Feld Wissenschaft und die Geschlechterverhältnisse. Theoretische Sondierungen, in: Krais, Beate (Hrsg.), Wissenschaftskultur und Geschlechterordnung. Über die verborgenen Mechanismen männlicher Dominanz in der akademischen Welt, Frankfurt/M./New York, S. 31-54.

Lehnert, Nicole 1999, >...und jetzt wollen Sie uns wieder in die Frauenecke stellen!< Die Bedeutung der Kategorie Geschlecht in den Vorstellungen von Frauenförderung, Bielefeld.

Lenz, Ilse 1995, Geschlecht, Herrschaft und internationale Ungleichheit, in: Becker-Schmidt, Regine/Gudrun-Axeli Knapp (Hrsg.), Das Geschlechterverhältnis als Gegenstand der Sozialwissenschaften, Frankfurt/M./New York, S. 19-46.

Lutz, Helma 1991, Welten verbinden: türkische Sozialarbeiterinnen in den Niederlanden und der Bundesrepublik Deutschland, Frankfurt/M.

Metz-Göckel 1999, Zur Produktivität von WissenschaftlerInnen, in: Neusel, Aylâ/Angelika Wetterer (Hrsg.), Vielfältige Verschiedenheiten. Geschlechterverhältnisse in Studium, Hochschule und Beruf, Frankfurt/M./New York, S. 161-191.

Müller, Ursula 1999, Asymmetrische Geschlechterkonstruktionen in der Hochschule, in: Neusel, Aylâ/Angelika Wetterer (Hrsg.), Vielfältige Verschiedenheiten. Geschlechterverhältnisse in Studium, Hochschule und Beruf, Frankfurt/M./New York, S. 135-159.

Said, Edward 1978, Orientalism. London.

Wetterer, Angelika 1999, Theoretische Entwicklungen der Frauen- und Geschlechterforschung über Studium, Hochschule und Beruf – ein einleitender Rückblick, in: Neusel, Aylâ/Angelika Wetterer (Hrsg.), Vielfältige Verschiedenheiten. Geschlechterverhältnisse in Studium, Hochschule und Beruf, Frankfurt/M./New York, S. 15-34.

Wobbe, Theresa 1997, Wahlverwandtschaften. Die Soziologie und die Frauen auf dem Weg zur Wissenschaft, Frankfurt/New York.

Zimmermann, Karin 2000, Spiele mit der Macht in der Wissenschaft. Passfähigkeit und Geschlecht als Kriterium für Berufungen, Berlin.

Berufungsspiele des wissenschaftlichen Feldes im Lichte des Konzepts symbolische Gewalt

Karin Zimmermann

1. Einleitung

„Die symbolische Gewalt ist eine Gewalt, die sich der stillschweigenden Komplizität derer bedient, die sie erleiden, und oft auch derjenigen, die sie ausüben, und zwar in dem Maße, in dem beide Seiten sich dessen nicht bewusst sind, dass sie sie ausüben oder erleiden. Aufgabe der Soziologie wie aller Wissenschaften ist es, Verborgenes zu enthüllen; sie kann daher dazu beitragen, die symbolische Gewalt innerhalb der sozialen Beziehungen zu verringern." (Bourdieu 1998: 21f.)

Wenn in modernen Gesellschaften die symbolischen gegenüber anderen Herrschaftsformen wie den ökonomischen oder politischen an relativer Eigenständigkeit gewinnen, wird es entscheidend, „zu begreifen, was symbolische Herrschaft ist, zu begreifen, wie sie ausgeübt wird. (...) Und die männliche Herrschaft ist in gewissem Sinne der geeignetste Gegenstand, um diese modernen Herrschaftsformen zu begreifen" (Bourdieu 1997: 220; 1996: 208). Auch in der Haltung, die Gründe für die Marginalität von Frauen in Spitzenpositionen der Wissenschaft bei ‚den Frauen' zu suchen, sind, wie Claudia Rademacher in ihrer kritischen Diskussion der männlichen Herrschaft zu recht hervorhebt (siehe Rademacher in diesem Band), Formen der Bewertung sozialer Realitäten repräsentiert, die keinen anderen Effekt ausüben, als die symbolische Gewalt in den Geschlechterverhältnissen zu stabilisieren. In praxeologischer soziologischer Perspektive, wie Bourdieu sie entwirft, wird es daher erforderlich, die Schemata der Wahrnehmung und Bewertung, die Erkenntnismittel selbst, zum Gegenstand der soziologischen Erkenntnis zu machen. Die Erkenntnismittel verortet Bourdieu bekanntlich in einer „doppelsinnige(n) Relation": „Zwischen den objektiven Strukturen (den Strukturen der sozialen Felder) und den inkorporierten Strukturen (den Strukturen des Habitus)" (Bourdieu 1998a: 7). Bourdieu will damit den Möglichkeiten Rechnung tragen, „welche im Körper der Akteure und in der Struktur der Situation, in der sie agieren, oder, genauer gesagt, in der Relation zwischen diesen beiden angelegt sind." (Bourdieu 1998a: 7)

Dieses relationale soziologische Denken gibt mir den Schlüssel in die Hand, um mit den Berufungsspielen eine Form der sozialen Praxis des wissenschaftli-

chen Feldes theoretisch und empirisch in den Blick zu nehmen. In die Analyse
fließen Gesprächssequenzen aus Interviews mit Personen ein, die zu einem
bestimmten Zeitpunkt, im Kontext des Umbaus der ostdeutschen Wissenschaft
Anfang bis Mitte der 90er Jahre, an unterschiedlichen Stellen an Personalauswahlverfahren und an den Entscheidungsvorbereitungen beteiligt waren.[1] Auf
dieser empirischen Basis wird der Blickwinkel auf das wissenschaftliche Feld so
eingestellt, dass der Blick durch die Brillen der Beteiligten hindurch fällt, um sie
im praxeologischer Perspektive als soziale Akteure, und wie diese die soziale
Welt der Wissenschaft sehen und bewerten, sichtbar zu machen.

Als Ausgangspunkt für die empirische Analyse des Berufungsgeschehens in
der Wendezeit setze ich das Konzept des sozialen Feldes als ein heuristisches
Konzept ein. Als Heuristik hat das Feldkonzept, wie Beate Krais schreibt, die
selten explizit gemachte, aber außerordentlich wichtige Konsequenz, dass die
Vorstellung von der inneren Homogenität eines ‚Systems' oder ‚Bereiches'
aufgegeben und statt dessen davon ausgegangen wird, dass in dem Feld „die
‚Spieler' in relevanten Merkmalen verschieden sind. (...) Wie groß die Varianz
ist, wie unterschiedlich die Akteure sein können bzw. welche unterschiedlichen
Positionen es gibt, wird damit zu einer zentralen Frage bei der Untersuchung
eines bestimmten Feldes." (Krais 2000: 38)

Welche unterschiedlichen Positionen gibt es, bezogen auf das wissenschaftliche Feld während der Wendezeit? Wer ist an welchen Stellen relevant, wenn
es um die Organisation eines umfassenden Personalwechsels in den ostdeutschen Hochschulen geht?

2. Der Raum der Positionen

Zur Organisation der Berufungsverfahren lässt sich eine Vorstellung entwickeln,
wenn wir zunächst das westdeutsche ‚System' wissenschaftspolitischer Steuerung (Bund-Länder-Koordination) betrachten. Denn mit der Wende werden
seine Organisations- und Entscheidungsstrukturen auf der Basis des deutsch-
deutschen Einigungsvertrages auf die ostdeutschen Bundesländer übertragen.[2] In

---

1   Insgesamt sind es 35 Interviews mit Professorinnen und Professoren, mit Angehörigen des
    wissenschaftlichen Mittelbaus, mit Frauenbeauftragten und mit anderen Mitgliedern in univer-
    sitären Berufungskommissionen sowie in politikberatenden Gremien und Wissenschaftsorgani-
    sationen. Die Befragten sind ost- wie westdeutscher Herkunft, Männer und Frauen (siehe
    Zimmermann 2000: 223f.).

2   In den „Spielen mit der Macht in der Wissenschaft" (Zimmermann 2000) wird das Zustande-
    kommen dieser Entscheidung ausführlich behandelt und auch die Grundkonzepte Bourdieus
    wie der soziale Raum, Klassen, ökonomisches, kulturelles, soziales und politisches Kapital
    diskutiert, um sie für die empirische Analyse des deutsch9-deutschen Transformationsprozes-
    ses anwendungsfähig zu machen. Grundlegend zum ökonomischen, kulturellen und sozialen
    Kapital siehe Bourdieu 1983 und 1992 und für das wissenschaftliche Feld, in dem die ver-
    schiedenen Formen des kulturellen Kapitals dominieren: Bourdieu 1992a.

Anlehnung an die Kapitalarten und an das Modell des sozialen Raumes bei Bourdieu kann diese Organisations- und Entscheidungsstruktur als ein Machtraum konstruiert werden, der sich aus unterschiedlichen, aufeinander bezogenen sozialen Positionen zusammensetzt. Im statischen Zustand betrachtet, sind in dem heuristischen Raummodell die folgenden Gruppen sozialer Akteure (Positionen) über- und untereinander, links, rechts und dazwischen angeordnet.

Abb. 1: Machtraum der wissenschaftspolitischen Steuerung

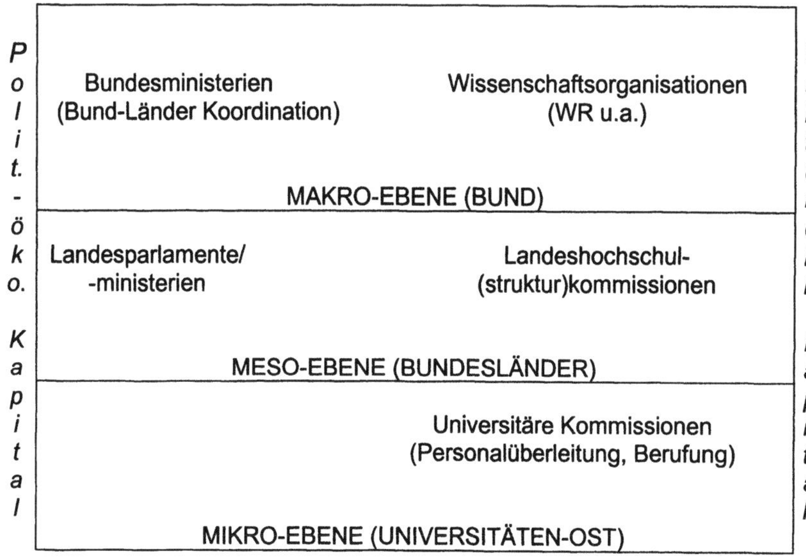

Polit.-öko. Kapital		Kulturel. Kapital
Bundesministerien (Bund-Länder Koordination)		Wissenschaftsorganisationen (WR u.a.)
	MAKRO-EBENE (BUND)	
Landesparlamente/-ministerien		Landeshochschul-(struktur)kommissionen
	MESO-EBENE (BUNDESLÄNDER)	
	Universitäre Kommissionen (Personalüberleitung, Berufung)	
	MIKRO-EBENE (UNIVERSITÄTEN-OST)	

Der Raum unterteilt sich in eine vertikale und in eine horizontale Ebene. Die vertikale Ebene dieses Machtraumes (Makro, Meso, Mikro) bezeichnet nicht die häufig in der Soziologie und Politikwissenschaft gebräuchlichen Bezeichnungen (Mikro: Interaktionen; Meso: Organisationen; Makro: Gesellschaft), sondern einen Raum aus Hierarchien aufgrund der Arbeits-, Zuständigkeits- und Kompetenzverteilungen in dem föderativ geregelten Machtraum wissenschaftspolitischer Steuerung in der Bundesrepublik. Zusätzlich bestehen horizontale Kompetenz- und Arbeitsteilungen zwischen Wissenschaft (wissenschaftlichen Akteuren) und Staat (staatlichen Akteuren). In Anlehnung an den sozialen Raum bei Bourdieu bilden beide Akteursgruppen Gegenpole: Während die Wissenschaft (rechts) vorwiegend mit dem kulturellen Kapital ausgestattet ist, stützt sich die staatliche Seite (links) primär auf die Ressource des politisch-ökonomischen Kapitals. Während den Akteuren der staatlichen Seite letztlich die formale Entscheidungskompetenz in dem Berufungsspiel obliegt, sind die Akteure auf der wissenschaftlichen Seite beratend und empfehlend tätig. Deren Vorschläge und Empfehlungen sind für die staatlichen Akteursgruppen formal nicht bindend. So waren die von den ostdeutschen Wissenschaftsministerien und Landesregierungen 1991/92 eingerichteten Hochschulstrukturkommissionen (Mesoebene) mit Empfehlungen zur Profilbildung in den Universitäten betraut, ebenso der auf gesamtstaatlicher Makroebene angesiedelte Wissenschaftsrat (WR) und die für ihn tätigen wissenschaftlichen Experten und Gutachter. Der Wissenschaftsrat und die Hochschulstrukturkommissionen gaben Empfehlungen zur Durchführung der Berufungsverfahren und machten Vorschläge, wer als Gutachter oder Gründungsbeauftragte in den Universitäten tätig werden sollte.

Interagieren die in dem Machtraum auf der Grundlage ihrer Ressourcen und Kompetenzen positionierten sozialen Akteure wie der Wissenschaftsrat und die Hochschulstrukturkommissionen, die Gutachter und Gründungsbeauftragten dann aktualisieren sie die zwischen ihnen bestehenden sozialen Beziehungen, geregelt durch Arbeitsteilungen, Zuständigkeiten und Kompetenzen. Dieses Zusammenwirken verleiht dem, bisher im statischen Zustand betrachteten Machtraum Dynamik: Bei Entscheidungsbedarf, wie dies im Transformationskontext durch den Einigungsvertrag 1990 notwendig wurde, werden durch die Interaktionen auf und zwischen den verschiedenen Ebenen dynamische Machtfelder gebildet. Das Machtfeld bei Bourdieu ist ein Kräftefeld und umfasst „eine ganz reale Population von Inhabern jener greifbaren Realität (...), die man Macht nennt: worunter ich die Machtverhältnisse zwischen sozialen Positionen verstehe, die ihren Besitzern ein ausreichendes Quantum an gesellschaftlicher Macht – oder Kapital – sichern, um sie in die Lage zu versetzen, in die Kämpfe um das Monopol auf die Macht einzutreten, zu deren wichtigsten Dimensionen die Kämpfe um die Definition der legitimen Form der Macht" gehören (Bourdieu/Wacquant 1996: 263).

Auf der Grundlage der Konzeption des Feldes der Macht kann nun detaillierter und aus der empirischen Perspektive beobachtet werden, wie in der sozialen Praxis die legitimen Formen der Macht bezogen auf die Phase der Umstrukturierung der ostdeutschen Universitäten ausgehandelt und definiert werden. Es ist insbesondere die Frage von Inklusion und Exklusion; je nachdem, wie die Grenzen eines Feldes in der Praxis festgelegt werden und bestimmt wird, wer (noch) dazu gehört und wer nicht (mehr).

3. Die homosoziale Welt der old boys networks

In Folge des Einigungsvertrages ist die Legitimität der wissenschaftlichen und der politischen Akteure des bisherigen Machtfeldes (der DDR) insgesamt obsolet geworden. Die legitime Definitionsmacht über das Verfahren bei den Berufungen wurde in der Wendezeit durch die entscheidungskompetenten staatlichen Akteure auf der Makroebene des Machtfeldes (Bundesministerien) maßgeblich dem Wissenschaftsrat übertragen. Wenden wir den Blick von diesen 'äußeren' Beziehungen des wissenschaftlichen Feldes (zum politischen Feld) auf das Innenleben des wissenschaftlichen Universums, dann kommen Rekrutierungsstrategien in den Blick, die den vielfältigen Varianten des Berufungsspiels Richtung geben: Das Prinzip der Kooptation. Im Folgenden geht es um die Prozedere bei der Bestellung neuer Mitglieder für die wissenschaftliche Kommission innerhalb des Wissenschaftsrates. Der Allianz, von der im Folgenden die Rede ist, gehören die Präsidenten und Vorsitzenden der verschiedenen Wissenschaftsorganisationen an, die von den entsprechenden Wissenschafts- und Forschungsorganisationen dorthin delegiert werden. Es berichtet ein Mitglied dieser Allianz. Wir bewegen uns demnach auf der Makroebene des Machtraumes (siehe Grafik rechts oben):

> „In der Allianz geht das natürlich in bewährter kollegialer Weise. Es wird immer abwechselnd eingeladen, einmal lädt der Vorsitzende des Wissenschaftsrates ein, dann lädt der Präsident der Max-Planck-Gesellschaft ein. (...) Und bei dieser Gelegenheit sagt dann die Tagesordnung - die ganz informell gehandhabt wird, es gibt ja kein Protokoll (...) - es müssen wieder Leute in den Wissenschaftsrat berufen werden. Und der (...) Wissenschaftsrat (...) sagt, es scheidet der Herr X [Name], der Herr Y [Name] und der Z [Name] aus (...), und sagt dann, wir brauchen drei Leute und nennt die drei Professionen. Und dann sagt er, wir haben auch schon gedacht an den und an den. Diese Stäbe [des Wissenschaftsrates], die ja große Erfahrungen haben, weil sie ständig an den Universitäten herumlaufen und Gutachten ausarbeiten und dann die Leute, die ihnen dort begegnet sind, auch relativ gut kennen und natürlich genau wissen, da und da gibt es gute Leute und der oder der war ein furchtbarer Schwätzer. Das ist doch ganz klar, dass die da solche Urteile haben. Die werden in die Sitzung der Allianz eingebracht und gesagt, wir hätten gern den Müller, den Meier und den Schulze. Und dann kommt es darauf an, was die anderen sagen. Und wenn z.B. der Präsident der Deutschen Forschungsgemeinschaft sagt, den Schulze, das kann ich mir vorstellen, dass sie den haben wollen, den können sie nicht kriegen, weil wir den haben wollen, (...) dann muss der andere passen." (E1, hoch angesehener Wissenschaftler westdeutscher Herkunft mit zahlreichen Tätigkeiten in wissenschaftlichen Organisationen)[3]

Der Ritus der organisationsinternen Inszenierung von Kollegialität symbolisiert, dass die Definitionsmacht in den Händen eines möglichst engen, inneren

---

3 Die Interviewpassagen aus den Gesprächen mit den Experten und Expertinnen (E) für die Berufungen sind in kursiv gesetzter Schrift im Text abgehoben.

Machtzirkels bleiben soll. Dafür sorgen die Organisationsstrukturen, die Quoten und Vorauswahlen vorsehen, so dass die zur Verfügung stehenden Plätze schon vor der eigentlichen Auswahl besetzt sind. Dieses Muster homosozialer Repräsentation, Delegation und Kooptation und die Natürlichkeit mit der es von den Männern in der Allianz praktiziert wird, lässt es aus dem Blickwinkel des Akteurs aus dieser Allianz als etwas ganz Selbstverständliches erscheinen, dass *„vieles zusammen kommen muss"* (E1), um eine Professorin zu kooptieren. Während der Wende, als für die neu hinzukommenden Wissenschaftler und Wissenschaftlerinnen aus dem Osten durch politische Vorgaben noch einige Plätze geschaffen werden mussten, habe es zwar die Einschätzung gegeben, dass es *„auch schön wäre, wenn es eine Frau wäre"*, doch: *„eine, mehr wollen wir nicht"* (E1), sei oft der Tenor bei den Präsidenten und Vorsitzenden der Wissenschaftsorganisationen. In der Strategie, die Integrationsbereitschaft wissenschaftlicher Gremien so hoch wie möglich zu veranschlagen und die Zahl der Frauen in den Entscheidungsgremien dabei so niedrig wie möglich zu halten, wird der Spannungsbogen für Geschlechtergrenzen markiert, ein Spannungsverhältnis, in dem sich in der Wendezeit die fast ausschließlich männliche, westdeutsche Steuerungselite etabliert. Wie wirkt sich die Kollegialität unter Gleichen bei der Personalauswahl für die Professuren im Berufungsspiel vor Ort in den Hochschulen (Mikroebene) aus?

4. Der institutionalisierte und personifizierte Begründungszwang

Via Vorschlag durch die Wissenschaftsorganisationen (Makroebene) und Hochschulstrukturkommissionen (Mesoebene) sowie der formalen Ernennung von Wissenschaftlern zu Gründungsbeauftragten vor Ort (Mikroebene) durch die politisch relevanten Entscheidungsträger (siehe Grafik links) verzweigt sich die Definitionsmacht ,nach unten' in die in der Regel disziplinär organisierten sozialen Netzwerke des wissenschaftlichen Feldes (siehe Grafik rechts). Die sozialen Netzwerke werden im Umbau der Osthochschulen besonders relevant, wenn es darum geht, neben den Gründungsbeauftragten weitere Wissenschaftler als Mitglieder in die universitären Berufungskommissionen zu berufen. Die Akteure der Mikroebene vor Ort in den ostdeutschen Hochschulen definierten die Fächerprofile und führten die Berufungsverfahren durch. Der Begründungszwang bildet im universitären Berufungsspiel einen Dreh- und Angelpunkt. Der institutionalisierte Begründungszwang wird mit der Entwicklung von Frauenförderpolitiken in verschiedenen Formen realisiert, als Sonderprogramme in der Forschungsförderung oder auch durch das Amt der Frauenbeauftragten, wie es seit den 80er Jahren an den westdeutschen Hochschulen institutionalisiert wird. Mit dem Umbau des Machtfeldes wird der westliche, institutionalisierte Begründungszwang in der Wendezeit weitgehend ohne Reibungsverluste in den Osten transferiert. In der folgenden Stellungnahme eines westdeutschen Gründers frauenfreier Institute an mehreren ostdeutschen Hochschulen wird das für den Begründungzwang charakteristische Deutungsmuster des Traditionalisten offen gelegt.

„Also ich bin natürlich ein vollkommener Traditionalist. Frauen sind für mich Menschen und insofern kriegen sie keinen Bonus, aber auch keinen Malus. Ich müsste aber ein neues Bewusstsein haben und müsste sagen, Frauen kriegen erst einmal einen Bonus und das tue ich nicht. Insofern bin ich ein Reaktionär. Der Witz ist doch einfach der: sie dürfen Frauen nicht diskriminieren, also sagen: ‚Ach Gott, diese Frau, nein, wir wollen keine Frauen haben, wir wollen hier unter Männern bleiben‘. Das ist Diskriminierung, da wird die Qualität nicht in Betracht gezogen, sondern das ist von vornherein ein Malus. Und es normalisiert sich ja auch langsam, nun haben wir ja auch überall Frauenbeauftragte, die ja auch ihrerseits immer sagen, warum ist unter diesen weiblichen Bewerbungen keine in die engere Wahl gekommen. Das finde ich in Ordnung, da muss man sagen, warum sie nicht in die engere Wahl gekommen sind, da muss man argumentieren können. Wenn man es nicht argumentieren kann, dann sagt die, ‚nein, das passt mir nicht, ladet die mal noch ein‘; das ist auch in Ordnung. Sie haben also einen Begründungzwang und der Begründungzwang ist wichtig. Das finde ich einen guten Fortschritt. Das ist sehr gut, weil ein expliziter Begründungzwang fördert die Explikation der Kriterien. Ich bin dagegen, dass man sagt jede zweite Stelle soll mit einer Frau besetzt werden. Warum jede zweite Stelle? Meinetwegen zwei Stellen hintereinander, dann, wenn die wirklich gut sind." (E2, Institutsgründer westdeutscher Herkunft, bekannter Wissenschaftler mit Tätigkeiten in verschiedenen wissenschaftspolitischen Gremien).

Typisch für das, was ich als den institutionalisierten Begründungzwang bezeichne, ist das Ausspielen der sogenannten Frauenquote gegen die Präsenz der Frauen- und Gleichstellungsbeauftragten, wie sie hier deutlich wird. Charakteristisch für den Begründungzwang ist weiterhin, dass als Ausdruck eines ohnehin nur langsamen Wandels die Präsenz der Frauenbeauftragten in den Personalauswahlkommissionen zwar nicht negiert, aber nur insofern bejaht wird, als die Funktion der Frauen- und Gleichstellungsbeauftragten auf die Beobachtung reduziert bleibt. Ihr fällt die Aufgabe zu anzuregen, dass die Personalauswahlkriterien transparent(er) gemacht werden sollen. Mithin ist der institutionalisierte Begründungzwang ein in der Frauenbeauftragten personifizierter Begründungzwang. Doch wohin führt ein personifizierter Begründungzwang?

Er führt zu der bei den Professuren feststellbaren, fast ausschließlich „rhetorischen Präsenz" (Wetterer 1994) von Frauen, auf die Angelika Wetterer in ihrer Bilanz der Erfahrungen mit den westdeutschen Frauenförderpolitiken der 80er Jahre aufmerksam gemacht hat. Der personifizierte Begründungzwang wird im Berufungsspiel, was oben schon angedeutet wurde, so genutzt, dass die argumentative Kunstfertigkeit der Akteure steigt, sind sie doch dem Zwang ausgesetzt zu begründen, warum Frauen auf die Denomination einer Professur (nicht) passen. Mit dem Zwang zur Begründung steigt gleichzeitig, zumindest der Möglichkeit nach, der Grad der Reflexivität in bezug auf die Grenzziehungen zwi-

schen Männern und Frauen im Berufungsspiel. Denn durch den Begründungszwang wird das ‚Frau-Sein', damit aber auch ‚das Mann-Sein' thematisch. Als
problematisch in der sozialen Praxis des Berufungsspiels erweist sich allerdings,
dass das Explizit-Machen des Geschlechts die zweigeschlechtlichen Klassifikationsschemata ‚Mann oder Frau' keineswegs neutralisiert. Im Gegenteil, die
Geschlechtszuschreibung fließt in die Passung ein. Und zwar indem die Kriterien für Qualifikation, Erfolg, Anerkennung, Qualität oder Leistung usw. argu-
mentativ äußerst flexibel eingesetzt werden. Denn das Geschlecht darf, da es ja
(immer noch) als ein außerwissenschaftliches Kriterium gilt, eigentlich keine
Rolle spielen, was wiederum die argumentative Kunstfertigkeit der Akteure
steigert. Um die in den Argumenten verborgenen Verhältnisse von Anerkennung und Verkennung, die symbolische Gewalt, offen zu legen, müssen wir die
Kunstgriffe noch genauer unter die Lupe nehmen und beobachten, was dort
passiert, wo das im Berufungsspiel eigentlich umspielte Interesse berührt wird:
die soziale Macht darüber zu bestimmen, welche Qualität in Betracht zu ziehen,
was und wer denn „wirklich gut" (E2) sei.

Dass Kandidatinnen letztlich das falsche Geschlecht repräsentieren, wird im
Berufungsspiel kaum offen ausgesprochen und beruht auf stillschweigend ge-
troffenen Übereinkünften. Sie werden in dem folgenden Beispiel offengelegt. In
diesem Beispiel entscheidet die zuständige Berufungskommission immer in
derselben Zusammensetzung über die Besetzung von mehr als zehn Professuren
für zwei Institute, in denen zwei benachbarte Fächer angesiedelt werden. Es gibt
eine Gründerfigur, die von der zuständigen Wissenschaftsadministration eingesetzt wurde, neben wenigen ostdeutschen setzt sich die Berufungskommission
vorwiegend aus externen Mitgliedern westdeutscher Herkunft zusammen. Die
einzige Frau in diesem Gremium ist Professorin und ostdeutscher Herkunft. Sie
sei

> „teilweise sehr ärgerlich darüber, dass wir auch sehr gute Bewerberinnen hatten, die
> die formalen Kriterien erfüllt haben, aber dann doch nicht auf den ersten Platz ge-
> kommen sind. Zum Beispiel ist [Name], die vor allem auch für ihre Verbindung von
> [zwei Methodenrichtungen] bekannt ist und wirklich ein Standing hat, auf den drit-
> ten Platz gekommen. Der, der auf dem ersten war, der war schon sehr gut, das habe
> auch ich so gesehen (...). Aber ich war der Meinung, dass [Name], wenn man nur die
> Qualifikation und die Art und Weise des Sich-Darstellens nimmt, auf den zweiten
> Platz gehört hätte." (E3, Professorin ostdeutscher Herkunft, zur Wendezeit berufen)

Aber auch die zweite Listenplatzierung war nicht durchsetzbar. Als der Erstplat-
zierte schließlich den Ruf ablehnt, hatte sie gehofft, durchsetzen zu können, dass
die Kandidatin „vom dritten Platz aus berufen werden muss, unter diesem Gesichtspunkt Frauenförderung, aber auch da konnte ich mich in der Kommission
nicht durchsetzen." (E3) Eine sehr ähnliche Konstellation ergibt sich bei den
Listenplatzierungen für eine Professur in einem Anwendungsgebiet des benachbarten Faches. Auch dort sei die Liste noch einmal „offen gewesen, und wir

(haben) versucht (...), die Kandidatin vom dritten Platz nach oben zu hieven, was aber auch nicht gelungen ist." (E3). Zwar habe auch diese Kandidatin bei den Auswählenden *„einen sehr guten Eindruck"* (E3) hinterlassen, aber das Argument, sie komme nicht aus dem richtigen der beiden benachbarten Fächer, war stärker und die Professur wird neu ausgeschrieben. Besetzt wird sie schließlich mit einem Professor, der zwar aus demselben ‚falschen' Fach wie die Kandidatin im ersten Verfahrensdurchlauf kommt; *„Aber er ist eben ein Mann"* (E3), so die schließlich resignierende Feststellung dieser Interviewpartnerin.

Im Ergebnis steht also das fachliche Argument mit der ‚falschen Qualifikation' als Begründung für die Ablehnung der Kandidatin, obwohl das ausschlaggebende Kriterium – für uns jetzt offensichtlich – das ‚richtige Geschlecht' des neuen Professors ist.

Nun könnte ich aus jedem der insgesamt 35 Interviews zahlreiche weitere ähnliche Beispiele anführen. Insgesamt laufen diese auf eines hinaus: Bewerbungen von Frauen sind in Zeiten der ‚Frauenförderung' formal zu berücksichtigen, dies geschieht und zuweilen wird nach einer Bewerberin regelrecht gefahndet. Das Problem ist allerdings: Sobald in dem Vergleich der Qualifikations- und Leistungsprofile die besondere Aufmerksamkeit auf die Bewerberin gerichtet wird, wird an einem bestimmten Punkt der Auswahl – fachlich und sachlich begründet versteht sich – festgestellt, dass die Bewerberin irgendwie doch nicht so gut passe wie die meisten Bewerber. Dieses Passen bezeichne ich als eine Passfähigkeit. Was ist unter Passfähigkeit zu verstehen?

5. Die Erste unter Gleichen (?)

Wie mit dem institutionalisierten Begründungszwang schon angedeutet, finden sich die Kandidatinnen, falls sie denn auf der Berufungsliste platziert werden, oft auf den zwar achtbaren aber aussichtslos(er)en zweiten oder dritten Listenplätzen wieder. Dies geschieht nicht zufällig und nicht willkürlich, sondern unter dem Aufwand einer Konstruktionsarbeit an der Passfähigkeit. Dabei läuft die Geschlechtszuschreibung immer mit und kann im Bedarfsfall für oder gegen eine Berufung (de-)aktiviert werden. Die Kontrolle über den gesamten Prozess zur Herstellung und Bestätigung einer Passfähigkeit zu behalten, ist im Berufungsspiel entscheidend. Dass hier ein nur normativ verstandener Begründungszwang gegen die rhetorische Kunstfertigkeit nicht ausreicht, lehren uns soziale Akteure wie der Institutionsgründer von oben selbst. Sie begrüßen den Begründungszwang ausdrücklich und ihre wissenschaftliche Definitionsmacht ist als legitime Macht anerkannt. Je höher die Anerkennung, desto größer die Freiheit, selbst gesetzten und akzeptierten Normen praktisch zu widersprechen. Der (oben zitierte) Institutsgründer mehrerer frauenfreier Institute beispielsweise gibt zu Protokoll:

In Y [ostdeutscher Universitätsstandort] hatte ich Frau B [Name], die uns sehr gut gefallen hat und die wir auf den zweiten Platz der Liste gestellt haben. Sie hatte Pech gewissermaßen, weil der, der auf den ersten kam nun wirklich so stark war, dass man, hätte man ihn hinter die Frau gesetzt, hätte man ein..., hätte man irgendwie..., wäre der nicht da gewesen, dann hätten wir die Frau auf den ersten Platz genommen. Es tat uns leid." (E2)

Unter dem Deckmantel vermeintlicher Geschlechtsneutralität ist die Disposition Männer zu privilegieren institutionell noch relativ gut abgesichert. Wenn auch die argumentative Verlegenheit andererseits zeigt, dass die Anerkennung der Zuschreibung des ‚Mann-Seins' im Berufungsspiel vielleicht sogar erheblichen Irritationen ausgesetzt ist. Unter den hier beschriebenen Bedingungen des institutionalisierten Begründungszwangs kommt es bis dato zur Konstruktion eines dritten Listenplatzes, auf dem sich dann die Kandidatinnen regelhaft platziert finden. Dass hierbei die symbolische Gewalt im Spiel ist und als Gewalt verkannt wird, können wir daran sehen, dass dann, wenn es wie in den Berufungsspielen um die Lebenszeitstellung als Professorin geht, ein kollektives Schicksal heraufbeschworen wird: *„Es tat uns leid"* (E2). Hatten Frauen Pech und Männer Glück?

Mit Pech und Glück kommen wir hier, soziologisch, nicht weiter, wenngleich die Akteure in der sozialen Praxis versuchen, uns dies glauben zu machen.[4] So geschehen auch in der abschließenden Stellungnahme einer ostdeutschen Newcomerin, die im Amt der Frauen- und Gleichstellungsbeauftragten während der Wendezeit selten aber doch Sternstunden erlebt habe. Eine solche Sternstunde schildert diese soziale Akteurin wie folgt:

„Es gibt Frauen, die sind super clever, die sind besser als die Männer. Da habe ich gestaunt, wie die einschlagen, sagenhaft, nichts von Lady rühr mich nicht an. (...) Eine Ost-Frau, nicht viel hermachen, ein Lippenstift wäre schon zuviel, das stört bei der Arbeit. Anpacken, in einem Bereich, in dem es überhaupt keine Frauen gibt. Ich weiß noch den Tag, wo die sich vorstellte. Eingeladen wurde sie, weil sie einen riesigen Berg von Veröffentlichungen, Paletten von Patenten hatte, und dann kam die: So ein Typ Mutti, hochgeschlossene weiße Bluse, langer schwarzer Rock und sah so aus, ‚nun werde ich euch mal was erzählen'. Ich dachte noch, mein Gott, und hier alles Wessis, wenn die Dich jetzt nicht fertig machen. Die machte den Mund auf und die Männer wurden immer kleiner: Die bringt sieben Projekte mit, Drittmittel in Millionenhöhe, die hat einen Vortrag hingelegt, konnte so parieren, alle waren wirklich begeistert. Diese Liste zusammenzustellen, das ging Ruck-Zuck: Frau [Name] Platz eins! Gegen West-Männer, die alle in den USA waren, was unsere nie konnten, wenn sie bis in die Sowjetunion kamen, waren sie schon gut. Das sind so Sternstun-

---

4   So stellt beispielsweise auch Angelika Wetterer in ihrer Bilanzierung früherer Ergebnisse aus der Berufs- und Hochschulforschung fest, dass es, entgegen den Erwartungen so mancher Forscherin, so erschien, als hätten die befragten Hochschullehrerinnen „‚Glück', die Hochschullehrer ‚kräftig dran gedreht', und beides schien relativ unabhängig von dem zu sein, was ‚tatsächlich' passiert war. So what?" (Wetterer 1999: 17f.).

den für eine ostdeutsche Gleichstellungsbeauftragte. Und ausgerechnet in so einem Fach noch dazu, wo Leute aus dem Westen waren, die im Konzern ihre Finger mit drin hatten und bestimmt gute Beziehungen." (E4, wissenschaftliche Mitarbeiterin ostdeutscher Herkunft, Frauenbeauftragte in Berufungskommissionen)

In diesen Einteilungen und Bewertungen der sozialen Akteurin zeigt sich beispielhaft, dass sie jenes Bewertungsschema, das im Berufungsspiel verankert ist, verinnerlicht hat: Die ‚Tatsache', dass sich die Besten – unbeschadet des Geschlechts – durchsetzen würden, dass diejenigen, die auf den ersten Platz gehören, dort – qua Leistung oder Qualität – auch hinkommen. Genau dieser Glaube an die Bestenauslese in den Berufungsspielen ist es, der dazu führt, dass im Berufungsspiel sozial Dominierte in ganz bestimmten Situationen dazu neigen, die sozial dominanten Schemata der Klassifikation anzuerkennen. Und das bedeutet sich selbst mit dem Blick der Herrschenden zu sehen und zu bewerten, die symbolische Gewalt gleichzeitig auszuüben und zu erleiden.

Damit führt uns das Beispiel der Sternstunde ganz plastisch etwas ganz anderes vor Augen: wie sehr es notwendig ist, ernsthaft über Strategien nachzudenken, die geeignet sind, den Bruch mit der Anerkennung einer in den Berufungsspielen des wissenschaftlichen Feldes dominanten Vorstellung vom ‚Mann-Sein' (des ‚guten' wie des ‚schlechten Wissenschaftlers') herbeizuführen.

6. Der Raum der Blickwinkel

Diesen Bruch herbeizuführen würde voraussetzen, dass die Spielteilnehmer und -teilnehmerinnen sich Klarheit über die Konsequenzen verschafften, die daraus resultieren, dass sie nicht Qualität und Leistung allein verhandeln, für die ‚objektive' Maßstäbe zur Verfügung stehen. Dass es statt Objektivität im Berufungsspiel Kampf um die Durchsetzung der legitimen Sichtweisen auf das gibt, was als Qualität und Leistung zählt, welcher Erfolg und welche Anerkennung sich auch auszahlen, scheinen die Beteiligten zu wissen. Da sie aber in die sozialen Auseinandersetzungen um die Kontrolle über die Passfähigkeit involviert sind, schützt dieses Wissen nicht davor zu erkennen, dass im Berufungsspiel das Geschlecht den Ton angibt „wie in der Musik die Kreuze und Schlüssel" (Bourdieu 1997a: 222). Die Art und Weise, wie in dem wissenschaftlichen Feld die zweigeschlechtliche Ordnung erzeugt wird (modus operandi), kann mit der Passfähigkeit als einer analytischen Kategorie rekonstruiert werden. Die Mechanismen, denen die Passfähigkeit ihre Reproduktion verdankt, liegen in einer doppelsinnigen Relation zwischen vergeschlechtlichten Strukturen des Feldes und den vergeschlechtlichenden sozialen Praktiken.

Die Analyse setzt voraus, den heuristischen sozialen Raum und darin die relational zueinander eingenommenen Positionen der Akteure und Akteurinnen zu konstruieren. Anhand der Stellungen der Positionen in der Struktur des Feldes kann analysiert werden, wie groß die Varianz unter den in ihren Merkmalen verschiedenen ‚Spieler/innen' ist, wo und wie Stellung (‚objektive Strukturen') und Stellungnahmen (‚inkorporierte Strukturen') sich in Verhältnissen zueinander bedingen. Es bedeutet, dass wir nur dann wirklich verstehen können, was Akteure des Feldes sagen oder tun, wenn wir in der Lage sind, uns auf eine Stellung beziehen zu können, die sie in dem Feld einnehmen. Es geht also darum, das relative Gewicht zwischen Akteurspositionen in den Blick zu bekommen, indem der „Raum der Blickwinkel" (Bourdieu 1998b: 38) soziologisch konstruiert wird.

Dass es dabei für die Soziologin keinen Ort der Beobachtung jenseits des Raums der Blickwinkel gibt, ist ein eigenes Thema (siehe Engler/Zimmermann 2002; Engler 2001 und in diesem Band). Hier ist schon viel gewonnen, wenn einsehbar wird, dass mit ‚Begriffen' zu brechen ist, die durch die Praktiken in sozialen Feldern vorstrukturiert sind, soll die symbolische Gewalt in den Geschlechterverhältnissen reduziert werden. Hierzu kann die Konstruktionsarbeit der Soziologin beitragen und auch Denkanstöße für die Selbstanalyse geben. Vor die Schwierigkeit kollektiver Selbstanalyse als Voraussetzung für bewusste Veränderungen der sozialen Realität sind die Akteurinnen und Akteure in der sozialen Praxis eines Feldes gestellt.

Literatur

Bourdieu, P., 1983: Ökonomisches Kapital, kulturelles Kapital, soziales Kapital. S. 183-198 in: Kreckel, R. (Hg.), Soziale Ungleichheiten, Soziale Welt, Sonderband 3, Göttingen
Bourdieu, P., 1992: Die feinen Unterschiede. Kritik der gesellschaftlichen Urteilskraft. Frankfurt am Main: Suhrkamp
Bourdieu, P., 1992a: Homo academicus. Frankfurt am Main: Suhrkamp
Bourdieu, P., 1996: Die Praxis der reflexiven Anthropologie. S. 251-294 in: P. Bourdieu/Loïc J.D. Wacquant, 1996: Reflexive Anthropologie. Frankfurt am Main: Suhrkamp
Bourdieu, P., 1997: Die männliche Herrschaft. S.153-255 in: I. Dölling/B. Krais (Hg.), Ein alltägliches Spiel. Geschlechterkonstruktion in der sozialen Praxis. Frankfurt am Main: Suhrkamp
Bourdieu, P., 1997a: Eine sanfte Gewalt. Pierre Bourdieu im Gespräch mit Irene Dölling und Margareta Steinrücke. S. 218-230 in: I. Dölling/B. Krais (Hg.), Ein alltägliches Spiel. Geschlechterkonstruktion in der sozialen Praxis. Frankfurt am Main: Suhrkamp
Bourdieu, P., 1998: Über das Fernsehen. Frankfurt am Main: Suhrkamp
Bourdieu, P., 1998a: Praktische Vernunft. Zur Theorie des Handelns. Frankfurt am Main: Suhrkamp
Bourdieu, P., 1998b: Vom Gebrauch der Wissenschaft. Für eine klinische Soziologie des wissenschaftlichen Feldes. Konstanz: UVK

Engler, S., 2001: „In Einsamkeit und Freiheit"? Zur Konstruktion der wissenschaftlichen Persönlichkeit auf dem Weg zur Professur. Konstanz: UVK

Engler, S./K. Zimmermann, 2002: Das soziologische Denken Bourdieus, in: U. H. Bittlingmayer/J. Kastner/C. Rademacher (Hg.), Theorie als Kampf? Zur politischen Soziologie Pierre Bourdieus. Opladen: Leske & Budrich (erscheint im März 2002)

Krais, B., 2000: Das soziale Feld Wissenschaft und die Geschlechterverhältnisse. Theoretische Sondierungen. S. 30-54 in: B. Krais (Hg.), Wissenschaftskultur und Geschlechterordnung. Über die verborgenen Mechanismen männlicher Dominanz in der akademischen Welt. Frankfurt am Main/New York: Campus

Wetterer, A., 1998: Noch einmal: Rhetorische Präsenz – faktische Marginalität. S. 18-34 in: L. Plöger/B. Riegraf (Hg.), Gleichstellungspolitik als Element innovativer Hochschulreform. Bielefeld: Kleine

Wetterer, A., 1999: Theoretische Entwicklungen der Frauen- und Geschlechterforschung über Studium, Hochschule und Beruf – ein einleitender Rückblick. S. 15-34 in: A. Neusel/A. Wetterer (Hg.), Vielfältige Verschiedenheiten. Geschlechterverhältnisse in Studium, Hochschule und Beruf. Frankfurt am Main/New York: Campus

Zimmermann, K., 1999: Die soziale Konstruktion der Passfähigkeit in Personalauswahlverfahren. Berufungen an ostdeutsche Universitäten. Hochschule Ost, 3./4: 171-194

Zimmermann, K., 2000: Spiele mit der Macht in der Wissenschaft. Passfähigkeit und Geschlecht als Kriterien für Berufungen. Berlin: Edition Sigma

Von klugen Köpfen und Genies
Zum Selbstverständnis von Professoren

Steffani Engler

1. Einleitung

Die von Pierre Bourdieu entwickelten theoretischen Konzepte zur Analyse der sozialen Welt entstanden im Verlaufe vieler unterschiedlicher Forschungsarbeiten. Diese Konzepte sind also bildlich gesprochen nicht am Schreibtisch entwickelt worden, sondern entstanden, um praktische Probleme zu lösen.[1] Auch die Weiterentwicklung oder der Ausbau von Konzepten erfolgt bei Bourdieu nicht losgelöst von einem konkreten Gegenstand, was allerdings nicht bedeutet, dass die Konzepte nur zur Analyse jener Gegenstände oder Sachverhalte zu gebrauchen sind, anhand derer sie entwickelt wurden. Doch dieser Aspekt, dass die Konzepte auf einen Gegenstand zu beziehen sind, um Soziologie zu betreiben, tritt bei der »freien« Verwendung von Termini, d. h. losgelöst von Gegenständen und herausgelöst aus je spezifischen sozialen Gefügen, ebenso in den Hintergrund wie bei abstrakten formalen Diskussionen, die über die Konzepte geführt werden. Dennoch sind diese Varianten der Bezugnahmen auf Termini im wissenschaftlichen Feld üblich und im üblichen Sinne akzeptiert. Doch mir geht es darum, die theoretischen Konzepte anzuwenden und sie zu gebrauchen, um Soziologie zu betreiben und etwas über kluge Köpfe und Genies zu erfahren. Mein Anliegen ist, theoretische Konzepte von Bourdieu zu nutzen, um Selbstverständlichkeiten ans Licht zu führen, die mit klugen Köpfen und Genies verbunden sind.

Dazu möchte ich mit einer Nachricht aus dem 21. Jahrhundert beginnen, in der ganz unverblümt gesagt wird, weshalb es sich bei klugen Köpfen und Genies um Männer handelt: Anlässlich des Internationalen Frauentages im März 2001 war in einer Tageszeitung unter der Rubrik „Experte" zu lesen, dass die Benachteiligung von Frauen nach der Auffassung des Kenianischen Präsidenten Daniel arap Moi eine biologische Ursache habe. „Ihr Gehirn sei einfach zu klein", eröffnete er hunderten empörten Zuhörerinnen am Internationalen Frau-

---

1   So hat beispielsweise der Begriff kulturelles Kapital „seine Grundlage in den praktischen Problemen und Schwierigkeiten", die im Laufe von Forschungsarbeiten auftraten (Bourdieu 1996, S. 196).

entag zur Eröffnung eines Frauenseminars in Nairobi. „Ihr Frauen könntet mehr erreichen, ihr könntet mehr besitzen. Aber weil ihr so kleine Hirne habt, könnt ihr niemals bekommen, was ihr anstrebt", sagte das Staatsoberhaupt".[2]

Die Größe des Gehirns wird hier als entscheidender Faktor ausgewiesen, der über das Erreichen von sozialen Positionen und dem Besitz von Eigentum entscheidet. Das Gehirn und seine Größe als das materielle Substrat von Leistung und Begaben bis hin zur Genialität anzusehen, ist in unserem Alltagsverständnis weit verbreitet.[3] Das Selbstverständnis hierbei ist, dass ein proportionaler Zusammenhang zwischen Hirngröße und intellektueller Leistung besteht. Auch im Feld der Wissenschaft hat diese Sichtweise eine Tradition. Die Substanz Gehirn faszinierte schon die Hirnforschung im 19. Jahrhundert.

In der Hirnforschung des 19. Jahrhunderts wurde eine enge Verbindung zwischen Gehirn, Geistesleistung und Kultur immer wieder behauptet. Kategorien wie Begabung, Geschlecht und Geisteskrankheit oder Hang zum Verbrechen wurden in Gehirn und Schädel „eingeschrieben" (vgl. Hagner 1999, S. 300). Dem naturalistischen Verständnis des Menschen entsprechend wurden Unterschiede „lesbar gemacht wie alle anderen Phänomene im Buch der Natur". So basierte die moderne Hinforschung auf der Überlegung, „dass die geistigen Eigenschaften, Talente und Neigungen ihren Sitz und ihre Ursachen im Gehirn haben" (Hagner 1999, S. 308) und auf dem Glauben, dass es einen Zusammenhang zwischen Hirngewicht und geistigem Vermögen gibt. Es wurde davon ausgegangen, dass das Gehirn von Genies deutlich schwerer sei als das von gewöhnlichen Menschen. Dass Intelligenz ihren Sitz im Gehirn hat, war selbstverständlich.

Seit Mitte des 19. Jahrhunderts wurden die Gehirne berühmter außergewöhnlicher Männer mit in die vergleichenden Untersuchungen der Hirnforschung aufgenommen. Der Nachweis, dass das Gehirn von Genies schwerer sei als das von gewöhnlichen Menschen, konnte nicht erbracht werden. Daraufhin setzten verstärkt Untersuchungen ein, die nach Differenzen zwischen Genies und gewöhnlichen Menschen im Gehirn suchten, zum Beispiel im Windungsreichtum. Der Glaube daran, dass Genialität im Gehirn ihren Sitzt hat, wurde nicht aufgegeben.

Während in der Hirnforschung der Glaube an Differenzen im Gehirn zwischen genialen Köpfen und Gewöhnlichen dominierte, war das Selbstverständnis von deutschen Professoren dadurch gekennzeichnet, dass diese glaubten, dass man Professor von Gottes Gnaden wird. Erfolgreiche Gelehrte wurden als begnadet angesehen, ausgestattet mit einer keineswegs jedermann zufallenden Gabe des Geistes. So galt die wissenschaftliche Leistung als Resultat von nicht

---

2 Frankfurter Rundschau Nr. 59, 10.03.2001.
3 Davon zeugen sowohl Chroniken als auch Romane. Vgl. z.B. Richter 2000; Johler/Burrow 2001.

erlernbarer Inspiration. Diese Inspiration konnte nicht erworben werden, sie war dem Forscher von göttlicher Gnade, als Charisma, in die Wiege gelegt worden und konnte lediglich entfaltet werden (vgl. Schmeiser 1994).

Machen wir einen Sprung in die Gegenwart. Wir glauben am Anfang des 21. Jahrhunderts nicht mehr daran, dass große Persönlichkeiten ein größeres Gehirn haben als gewöhnliche Menschen und auch nicht mehr an die göttliche Gnade, sondern vielmehr daran, dass man auf Grund wissenschaftlicher Arbeit und Leistung zum Professor wird. Es gehört zu unserem Selbstverständnis, dass Wissenschaft von Persönlichkeiten betrieben wird und dass wissenschaftliche Arbeit und Leistung diese Persönlichkeiten auszeichnet.

Dem wäre „eigentlich" nichts hinzuzufügen, wenn es ebenso viele wissenschaftliche Persönlichkeiten weiblichen wie männlichen Geschlechts gäbe, bzw. wenn es dieses Missverhältnis zwischen Professorinnen und Professoren nicht gäbe. Da es so wenig Professorinnen gibt, muss man nun entweder behaupten, dass Frauen weniger leisten als Männer und deshalb seltener Professorin werden. Oder aber man muss eine Blickrichtung wählen, die berücksichtigt, dass neben den Zauberworten „Arbeit", „Leistung" und „Qualifikation" immer auch noch andere Dinge zählen. Bei diesen anderen Dingen meine ich nun nicht, dass man beispielsweise Frauen in der Wissenschaft ins Blickfeld rückt und diesen attestiert, dass sie die Regeln nicht beherrschen, die in dieser Welt regieren, dass sie mit einer mangelnden Spielfähigkeit ausgestattet sind etc. Mir geht es nicht um das Warum der Dinge, nicht darum, Ursachen und Gründe für den Sachverhalt, dass es wenige Professorinnen gibt, aufzudecken. Mir geht es darum, *wie* soziale Sachverhalte zustande kommen, um die Funktionsweise in der Praxis aufzuzeigen. Anders gesagt, man kann bei den Frauen nach Ursachen und Gründen für diesen Sachverhalt suchen oder man kann eine andere Blickrichtung wählen, um jene Dinge ans Licht zu bringen, die neben der wissenschaftlichen Leistung auch noch zählen, wenn es darum geht, eine Professur zu besetzen.[4] Dies aber setzt einen Blickwechsel vom Einzelnen zum sozialen Feld voraus. Wenn man nicht voraussetzt, dass es kluge Köpfe und Genies „gibt", dann stellt sich die Frage, wie diese klugen Köpfe und Genies zustande kommen. Bei dieser Fragerichtung muss man inne halten und darauf verweisen, dass damit eine Blickrichtung und eine soziologische Denkweise verbunden sind, die in der Soziologie *nicht* üblich sind. Diese Fragerichtung setzt voraus, dass das soziologische Denken Bourdieus bekannt ist (vgl. Engler/Zimmermann 2002).[5] Mit

---

4   Karin Zimmermann (2000) rückt das soziale Geschehen von universitären Berufungsverhandlungen in das Zentrum ihrer Analyse. Damit lenkt sie die Aufmerksamkeit auf jenes komplexe Geflecht universitärer Aushandlungs- und Entscheidungsprozesse, deren Ergebnis wir in dem Sachverhalt vorfinden, dass es viele Professoren und wenige Professorinnen gibt.

5   Wie wenig vertraut wir mit dem soziologischen Denken Bourdieus sind, obgleich Bourdieu in aller Munde ist, zeigt beispielsweise die Rezeption der Artikels „Die biographische Illusion" von Bourdieu (Bourdieu 1990). Der Artikel wird in der bundesrepublikanischen Biographiefor-

einer solchen Frage verändert sich der Blick auf den wissenschaftlichen Gegenstand, um den es geht: um wissenschaftliche Persönlichkeiten und ihr Selbstverständnis. Denn mit dieser Fragestellung ist ein Blickwechsel vom Einzelnen zum sozialen Gefüge verbunden, von einem Denken in Substanzen hin zu einem Denken in Relationen. Mit dieser Fragestellung ist aber auch verbunden, dass ein altes Problem der Frauen- und Geschlechterforschung mittels neuer Herangehens- und Betrachtungsweise unter die Lupe genommen werden kann.

Es geht mir also darum, das Selbstverständnis von Professoren unter die Lupe zu nehmen, es nicht als selbstverständlich vorauszusetzen, um herauszufinden, was im wissenschaftlichen Feld über das wissenschaftliche Arbeiten hinaus wichtig ist. Dabei möchte ich hier ausdrücklich darauf hinweisen, dass Wissenschaft zu betreiben eine harte Arbeit und mit großen Mühen und auch mit Schwierigkeiten verbunden ist. Das zeigen die von mir analysierten berufsbiographischen Interviews mit Professorinnen und Professoren. Doch um diesen Punkt, dass Wissenschaft harte Arbeit ist, geht es mir nicht. Sondern vielmehr darum, was neben der wissenschaftlichen Arbeit auch noch zählt. Ich vermute, dass es sich bei diesen Dingen um soziale Dinge handelt, die auf vergeschlechtlichte Praktiken hinweisen und zum Ausschluss von Frauen aus der Position von Professuren beitragen. Selbstverständliche Dinge in den Blick zu nehmen heißt hierbei auch, dass die Beteiligten hierbei nicht bewusst, geplant oder strategisch vorgehen, um den Ausschluss von Frauen zu bewirken. Um mein Vorhaben umzusetzen, bedarf es theoretischer Konzepte, die das ermöglichen.

2. Theoretischer Zugang: Von der Substanz zur Relation

Ein soziologischer Blick auf das Selbstverständnis von Professoren, der nicht voraussetzt, dass das Selbstverständnis selbstverständlich ist, sondern danach fragt, wie es zustande kommt, kann sich weder auf die Hirngröße, noch auf die Göttliche Gnade, aber auch nicht auf einen gegebenen subjektiven Sinn im Subjekt stützen. Das Selbstverständnis lässt sich im Zusammenhang mit jenem Feld entschlüsseln, in dem es existiert und Wirkung zeigt.

Zentraler Gedanke der Soziologie Bourdieus, der auch sein Konzept des sozialen Feldes prägt, ist die Ablehnung der Vorstellung, dass der Antrieb für

---

schung heftig kritisiert, weil die LeserInnen annehmen, Bourdieu würde den Personen, die von WissenschaftlerInnen interviewt wurden und ihre Lebensgeschichte erzählt haben, eine biographische Illusion attestieren. Bourdieu fragt in diesem Artikel vielmehr danach, wie das »Ich«, das in biographischen Analysen vorausgesetzt wird, überhaupt zustande kommt, welche sozialen Mechanismen dieses uns so selbstverständliche „Ich" hervorbringen. Bourdieu zeigt dabei, dass die Interpreten von erzählten Lebensgeschichten einer biographischen Illusion aufsitzen, da sie dieses „Ich" voraussetzten. Doch an diesem Beispiel zeigt sich, dass die Denkweise Bourdieus und die damit verbundene Blickrichtung auf den Gegenstand, nämlich soziale Dinge nicht vorauszusetzen, sondern nach dem Zustandekommen in der Praxis zu fragen, nicht vertraut ist.

gesellschaftliche Entwicklung im Inneren der Subjekte zu sehen ist. Er wendet sich dagegen, ein vorsoziales Ich anzunehmen, ein Subjekt mit einem inneren Kern, ausgestattet mit Sinn.[6] Damit ist ein Bruch mit dem Substanzdenken verbunden, das besagt, dass es Subjekte gibt, dass es kluge Köpfe und Genies gibt, die als singuläre Einzelwesen existieren und ausgestattet sind mit genialen Gedanken, die sich in Auseinandersetzung mit der Welt entfalten, oder dass es kluge Köpfe gibt, die mit göttlicher Gnade ausgestattet sind, die ihnen in die Wiege gelegt wurde. Das soziologische Pendant zu dieser Vorstellung ist, dass es gesellschaftliche Verhältnisse und Strukturen gibt, die das Subjekt durchziehen.[7] Die Gemeinsamkeit beider Vorstellungen liegt darin, dass im einem wie im anderen Falle etwas als gegeben vorausgesetzt wird (das Subjekt oder die Strukturen), was dazu führt, dass nicht mehr danach gefragt wird, wie die sozialen Dinge zustande kommen. Wenn man bei einer soziologischen Analyse weder im Subjekt noch in der Gesellschaft die ursprüngliche Begründung findet, wenn man weder das eine noch das andere voraussetzt, dann kann man die Frage stellen, *wie* AkteurInnen sich und ihre soziale Welt erzeugen und *worauf* sie sich dabei beziehen. An die Stelle des Substanzdenkens tritt ein Denken in Relationen.[8]

Damit ist verbunden, dass AkteurInnen nicht als isolierte Einzelwesen begriffen werden, die mit ontologischen Eigenschaften ausgestattet sind, die sie zu klugen Köpfen machen. Sondern die wissenschaftliche Welt wird als ein soziales Gefüge verstanden - und dieses ist der Ausgangspunkt der Analyse des Selbstverständnisses von Professoren. Ausgangspunkt der Betrachtung sind nicht die Einzelnen und ihre Persönlichkeitsmerkmale, sondern ein dynamisches soziales Gefüge, ein soziales Feld, in dem die Einzelnen sozial einzigartig sind. Der Grundgedanke hierbei ist, dass wir in einer hochdifferenzierten Gesellschaft leben, die nicht nach einem einheitlichen Prinzip funktioniert. Dieser Grundgedanke geht in die Konzeption von sozialen Feldern ein, die nach je spezifischen Prinzipien funktionieren. In den jeweiligen Feldern, wie der Hochschule, konstruieren AkteurInnen ihr Selbstverständnis in Relation zu den Erfordernissen des Feldes, in dem sie existieren und in Beziehung zu anderen AkteurInnen treten. Daher ist das Selbstverständnis von AkteurInnen nicht herausgelöst aus den sozialen Feldern zu verstehen, in denen es generiert wurde, Wirkung entfaltet und Effekte produziert. Ein Professor existiert als solcher nur, weil ein wis-

---

6   Vgl. Bourdieu 1990.
7   Wenn man nicht davon ausgeht, dass es Strukturen gibt, die die Subjekte durchziehen, ist man auch weit davon entfernt, Frauen und Männer zu Opfern von Verhältnissen zu machen. Gleichwohl gilt es zu berücksichtigen, dass unsere Wahrnehmungen- und Bewertungen von Dingen und auch unseren Handlungen nicht herausgelöst aus sozialen Gefügen zu verstehen sind. Denn, die Wahrnehmungs- und Bewertungsschemata, mit denen wir die Welt einteilen und aufteilen und unsere je eigene Sicht der Welt hervorbringen, haben wir nicht selbst erfunden.
8   Vgl. Engler/Zimmermann 2002.

senschaftliches Feld mit AkteurInnen existiert, in dem er Professor geworden ist. D. h. aber auch, das Selbstverständnis ist durch und durch sozialer Natur. Das Selbstverständnis von Professoren zu betrachten heißt dann, etwas über das Funktionieren des wissenschaftlichen Feldes, in dem die ProfessorInnen existieren, herauszufinden. Wenn gefragt wird, worauf Professoren ihre Aufmerksamkeit richten, dann um festzustellen, welche Wahrnehmung und Bewertung von Dingen in ihre Sichtweise eingeht, und vor allem, um herauszuarbeiten, woran alle glauben, die in diesem Feld agieren.

Mit der Theorie der Felder ist aber noch eine ganz andere wichtige Vorstellung verbunden, nämlich die, dass die sozialen Felder nach je spezifischen Prinzipien funktionieren. In dieser Vorstellung von sozialer Differenzierung lässt sich das Funktionieren von sozialen Feldern also nicht auf ein einheitliches, universelles Grundprinzip reduzieren, das in allen sozialen Feldern anzutreffen ist und dem in allen Feldern die gleiche Bedeutung zukommt. Jedes Feld weist seine eigene Logik, seine eigenen Prinzipien auf (vgl. Bourdieu 1998a). Das bedeutet eine klare Absage an alle universellen Erklärungsvarianten von sozialem Handeln, gleichgültig, ob diese im Inneren des Subjekts oder in äußeren Strukturen den Antrieb von Handlungen verankert wissen wollen.

Bourdieu nutzt oft die Metapher des Spiels, um seine Vorstellungen vom sozialen Feld und dem Einsatz der AkteurInnen zu erläutern. Diese Metapher verdeutlicht, dass das soziale Handeln der AkteurInnen hier nicht in Kategorien gefasst wird, die sich zwischen bewusst, rational geplant oder unbewusst bewegen.[9] Bourdieu rückt vielmehr mit der sozialen Praxis soziale Dinge in den Vordergrund, die sich von selbst verstehen, aber dennoch nicht selbstverständlich sind. Für die am Spiel Beteiligten sind soziale Dinge selbstverständlich und zwar so, dass diese Dinge nicht ins Blickfeld rücken und vorausgesetzt werden. So streicht das Bild des Spiels heraus, dass die AkteurInnen agieren, ohne zu überlegen, welcher Sinn denn aus dieser und jener Handlung, dieser und jener Äußerung gezogen werden könnte. Wäre dem nicht so, kämen sie vor lauter Nachdenken nicht dazu, etwas zu tun oder zu sagen. Gleichwohl handelt es sich bei diesen Spielen um ernste Spiele, denn es geht vielfach in diesen Spielen um die soziale Existenz.

Von sozialen Spielen im wissenschaftlichen Feld zu reden, bedeutet allerdings nicht, dass es soziale Spiele „gibt", sondern dass man mit Hilfe dieses Konzeptes dem, was in der Realität stattfindet, sehr nahe kommt. Genau dieser Aspekt der konstruierten Nähe zum Gegenstand, den man als ein wesentliches

---

9   Die scholastische Sicht hat, folgt man Bourdieu, bisher die Einsicht verhindert, „dass wir Menschen, laut Leibnitz ‚in Dreiviertel unserer Handlungen Automaten sind'" (Bourdieu 1982, S.740). Das heißt nun wiederum nicht, dass AkteurInnen als Marionetten gesehen werden. Hierbei geht es vielmehr um die ganz alltäglichen, selbstverständlichen Dinge der sozialen Praxis, die nicht ins Bewusstsein gehoben werden, weil sie als selbstverständlich vorausgesetzt werden.

Merkmal der theoretischen Konzepte Bourdieus bezeichnen kann, birgt eine Menge Probleme; denn es führt dazu, dass diese Konzepte oftmals mit der Realität gleich gesetzt werden. Nachfolgend werde ich auf diese theoretischen Konzepte Bourdieus zurückgreifen; sie dienen mir dazu, die soziale Realität zu analysieren.

Mit diesem theoretischen Rüstzeug geht es jetzt darum, etwas über das Selbstverständnis zu erfahren. Jetzt kann danach gefragt werden, was von Professoren als wichtig ausgewiesen wird, was dabei als selbstverständlich vorausgesetzt wird und wer oder was als Referenzpunkt bei der Konstruktion dient. Dazu greife ich auf Material aus dem Projekt „Der lange Weg zur Professur" zurück. In diesem Projekt wurde gestützt auf 15 ausführliche biographische Interviews der berufliche Werdegang von Professorinnen und Professoren aus den alten Bundesländern erfragt (Besoldungsgruppen C-3 und C-4). Ich greife auf die Interviews mit Professoren, nicht auf jene mit Professorinnen zurück. Da anzunehmen ist, dass in ihrem Selbstverständnis Aspekte sichtbar werden, die zeigen, was im wissenschaftlichen Feld über die wissenschaftliche Arbeit hinaus wichtig ist. Den nachfolgenden Interviewauszug nutze ich, um exemplarisch etwas über das Selbstverständnis von Professoren zu erfahren. Dabei greife ich eine Facette heraus. In der Welt der Wissenschaft ist immer wieder von „Neuem" die Rede. Schauen wir uns dieses Neue an.

3. „Da fiel mir was ein"

Als Professor wird man nicht geboren. Den Schilderungen des Weges zur Professur ist dies in aller Deutlichkeit zu entnehmen. So schildert ein Professor der Soziologie zunächst, dass er sich nicht als der „geborene Sozialwissenschaftler" fühlte, um anschließend ein zentrales Ereignis zu schildern, das ihn zu einem Sozialwissenschaftler machte.

> F: Es wurde eigentlich dann anders, und das kann man ziemlich genau sagen, (...) im Vorfeld des damaligen Soziologiekongresses. Da fiel mir was ein, und zwar auch nicht plötzlich, sondern das waren Dinge, die ich schon jahrelang vorher irgendwie bewegt hatte, die mehr implizit als explizit in ein Lehrbuch eingegangen sind (...). Und das reifte so jahrelang. Ich bin im Prinzip eher so ein langsamer Kettendenker, als dass mir spontan das Neue einfällt. Und da kam ich mit bestimmten Ideen an die akademische Öffentlichkeit, die hatten Erfolg, und dann machte es auch Spaß, weil ich auch das Gefühl hatte, das ist was, was Neues ist und was mir auch liegt. Also, das war nicht nur, weil es Erfolg hatte – das war es auch –, sondern weil ich das Gefühl hatte: ›Okay, das ist was, was du wirklich für richtig und wichtig empfindest‹. Und seit [Jahreszahl] bin ich, glaube ich, das, was man einen überzeugten, bewussten und auch ziemlich begeisterten Sozialwissenschaftler nennt.

Herr Frank beschreibt sich als einen Professor, der nicht mit der Überzeugung, der geborene Wissenschaftler zu sein, in diese Welt eintrat, sondern als eine wissenschaftliche Persönlichkeit, die durch einen bestimmten eigenen Beitrag zur Wissenschaft zu der Überzeugung gelangte, in diese Welt zu passen. Er entwirft sich als eine wissenschaftliche Persönlichkeit, deren Verhältnis zur Wissenschaft sich geändert hat, als ihm etwas Neues einfiel, das in der Wissenschaftsgemeinde aufgenommen wurde und Erfolg hatte. Die langsam gereifte Idee und ihr Erfolg werden dargestellt wie der Eintritt in die Welt der Wissenschaft. Dabei verweist diese neue Idee auf eigenständige, die Wissenschaft weiterführende Gedanken, die unterschieden werden von Dingen, die schon andere gedacht und geschaffen haben. Die neue Idee springt ins Auge. Was hat es mit solchen Ideen auf sich? Wenn diese wichtig sind und wenn es zum Selbstverständnis von WissenschaftlerInnen gehört, neue Ideen zu haben, dann müssten sich in anderen berufsbiographischen Beschreibungen ähnliche Einschätzungen finden. Nicht in allen, aber sicher in einigen. Talcott Parsons zeichnet in „Soziologie – autobiographisch" nach, wie die Theorie des sozialen Systems entstanden ist, und schreibt: „Dabei kam mir plötzlich der Gedanke, dass die grundlegende Klassifikation (...). Dieser Einfall erwies sich als Ausgangspunkt für eine fundamentale Neubetrachtung des Problems (...). Es gelang uns, meine ich, eine neue, verallgemeinernde Analyse (...) auszuarbeiten. Es eröffnete sich eine völlig neue Sicht der Struktur" (Parsons 1975, S. 25). Während bei Herrn Frank die Idee reifte, kam Talcott Parsons der Gedanke „plötzlich". Wichtig ist, dass neue Ideen oder Einfälle dazu dienen, sich als wissenschaftliche Persönlichkeit vorzustellen. So sind neue Ideen ebenso wie Zuschreibungen von Erfindungen und Entdeckungen im wissenschaftlichen Feld ganz zentral. Schon bei Max Weber ist der Einfall zu finden, der den Wissenschaftler begnadet, auch bei Weber fällt dieser nicht plötzlich vom Himmel. „Nur auf dem Boden ganz harter Arbeit bereitet sich normalerweise der Einfall vor. Gewiß: nicht immer" (Weber [1919] 1968, S. 590). Die neue Idee, die eigene Überzeugung von der Wichtigkeit derselben sowie die Anerkennung durch die akademische Öffentlichkeit machten aus Herrn Frank das, was er einen *„überzeugten, bewussten und auch ziemlich begeisterten Sozialwissenschaftler"* nennt.

Selbstverständlich gibt es große Differenzen in solchen Selbstpräsentationen. Diese sind sowohl im Zusammenhang mit fachkulturellen Unterschieden als auch mit dem je besonderen berufsbiographischen Werdegang zu sehen etc.. Es zeigt sich hier jedoch, dass es darum geht, sich als wissenschaftliche Persönlichkeit darzustellen. Und dieser Aspekt ist mir wichtig. So kann man feststellen, dass Professoren zweifellos unterschiedliche Varianten der wissenschaftlichen Persönlichkeit präsentieren. Es lassen sich viele Varianten der wissenschaftlichen Persönlichkeit identifizieren, doch das ist gar nicht entscheidend.

Eine Gemeinsamkeit liegt darin, dass sich – wie unterschiedlich die Varianten auch sein mögen – die wissenschaftliche Persönlichkeit nicht von selbst versteht und dass Konstruktionsarbeit geleistet wird, um die Persönlichkeit hervorzubringen. Doch wenn es um die Welt der Wissenschaft geht, wird stillschweigend vorausgesetzt, dass Wissenschaft von wissenschaftlichen Persönlichkeiten gemacht wird. Und hier zeigt sich, dass dies ganz und gar nicht selbstverständlich ist.

Max Weber hat das Selbstverständnis, dass man zum Professor berufen sein muss, vom Himmel auf die Erde geholt. Er hat die göttliche Gnade entzaubert, in dem er deutlich machte, dass Wissenschaft auf dem Boden harter Arbeit entsteht. Das von Herrn Frank präsentierte Selbstverständnis lässt keine Zweifel daran, dass bei der harten wissenschaftlichen Arbeit etwas ganz Bestimmtes passieren muss, nämlich dass eine wissenschaftliche Persönlichkeit entworfen wird.

Im modernen Selbstverständnis wird diese Persönlichkeit nicht mehr konstruiert als Begnadung, sondern sie ist aufgenommen in den Selbstentwurf. Die wissenschaftliche Persönlichkeit ist dem Menschen nicht mehr in die Wiege gelegt, sondern muss in der modernen säkularisierten Welt selbst entworfen werden.

Es kann aber auch nicht lediglich dieser Glaube sein, dass Wissenschaft von Persönlichkeiten gemacht wird, der bei der harten wissenschaftlichen Arbeit entsteht und dazu beiträgt, dass im wissenschaftlichen Feld immer auch andere Dinge als die wissenschaftliche Arbeit und Leistung zählen. (Denn sonst könnte man Frauen ganz allgemein einfach den Hinweis geben, dass sie sich als wissenschaftliche Persönlichkeit entwerfen sollen.) So genügt es nicht, sich selbst im Prozess der Arbeit als wissenschaftliche Persönlichkeit hervorzubringen. Vielmehr ist das die Voraussetzung, um von anderen Personen als solche wahrgenommen zu werden. Das bedeutet, es ist wesentlich, dass damit ein Einsatz in einem sozialen Spiel verbunden ist, in dem es darum geht, dass Wissenschaft von Persönlichkeiten gemacht wird. Es ist der Einsatz, der zu leisten ist, um an den sozialen Spielen um die Größe der Persönlichkeit im wissenschaftlichen Feld teilzunehmen.

4. Soziale Spiele und die wissenschaftliche Persönlichkeit

Jetzt kann ich den Blick auf jene Bemerkung von Herrn Frank lenken, die so selbstverständlich ist, dass sie nicht gleich ins Auge springt, jedoch auch zur Darstellung von wissenschaftlichen Persönlichkeiten gehört. Herr Frank hat sich als eine wissenschaftliche Persönlichkeit dargestellt, die nicht vom Himmel gefallen ist. Er hat gesagt: *„da kam ich mit bestimmten Ideen an die akademische Öffentlichkeit, die hatten Erfolg".* Die Ideen wurden in der akademischen Öffentlichkeit aufgenommen. Mehr noch, diese neuen Ideen wurden ihm auch zugeschrieben, er hatte Erfolg. Solche Anmerkungen finden sich nicht nur bei Herrn Frank, sondern auch bei anderen Professoren. Sie weisen auf die Anerkennung ihrer Arbeit in der Scientific Community hin. Der Soziologe Herr Thomas stellt fest: *„Ich habe nebenher auch schon andere Dinge gemacht und* *fand da Anklang ".* Der Elektrotechniker Herr Sander lässt keinen Zweifel daran, dass schon sein erster Artikel in der Fachgemeinschaft aufgenommen wurde. *„Der Artikel ist auch später noch öfters benannt worden in anderen Veröffentlichungen".* Oftmals fallen solche Bemerkungen eher beiläufig. Doch was hat es damit auf sich?

Nicht nur die wissenschaftliche Persönlichkeit versteht sich nicht von selbst, auch wenn wir sie für selbstverständlich halten. Auch kluge Köpfe und Genies entstehen nicht in „Einsamkeit und Freiheit". In sozialen Spielen wird in Wettkämpfen die Verteilung von Anerkennung und somit von sozialem Kapital verhandelt.[10] In diesen Verteilungskämpfen geht es darum, die wissenschaftliche Arbeit anzuerkennen und Zuschreibungen von wissenschaftlicher Leistung vorzunehmen. Und darüber hinaus geht es darum, die Größe der Persönlichkeiten zu bestimmen. Große und kleine wissenschaftliche Persönlichkeiten werden im sozialen Spiel produziert.[11] Kluge Köpfe und Genies sind soziale Geschöpfe, geschaffen in einem Wettstreit, in dem es nicht nur um die wissenschaftliche Arbeit geht, sondern auch um die Produktion von großen und kleinen Wissenschaftlern. Vermittelt über die Verteilung von Anerkennung für die Arbeit und die Zuschreibung geleisteter Arbeit zu einer Person, wird die Größe der wissenschaftlichen Persönlichkeit erzeugt. Bei der Verteilung von Anerkennung und der Zuschreibung von Leistung zu einer Person geht es um die Produktion von großen und kleinen wissenschaftlichen Persönlichkeiten. Dass es sich hierbei nahezu ausschließlich um einen Wettstreit unter Männern handelt, in dem die eigene Größe in Relation zu anderen Persönlichkeiten ausgehandelt wird, ist nicht zu übersehen.

5. Der Ausschluss

Es gibt eine Möglichkeit, um zu erklären, wie es kommt, dass Frauen von diesen sozialen Spielen ausgeschlossen sind. Bourdieu beispielsweise identifiziert ganz allgemein eine Geschlechtsdifferenzierung in der Sozialisation, „die Männer dazu bestimmt, die Machtspiele zu lieben, und die Frauen dazu, die Männer, die sie spielen, zu lieben" (Bourdieu 1997, S. 201). Bourdieu erklärt somit, dass Frauen am Wettstreit um die wissenschaftliche Persönlichkeit nicht teilnehmen,

---

10 Ein Spezifikum des wissenschaftlichen Feldes liegt in der Art des Wettstreites. Denn die paradoxe Logik der Auseinandersetzungen im wissenschaftlichen Feld besteht darin, „dass WissenschaftlerInnen nur von ihren eigenen KollegInnen Anerkennung ausgesprochen werden kann, von jenen KollegInnen, die ja zugleich ihre KonkurrentInnen um eben dieses Prestige sind" (Felt u.a. S. 78).

11 Dass es in den sozialen Spielen nicht lediglich um solide und fundierte wissenschaftliche Arbeit geht – das zeigen die Skandale um Fälschungen nach dem Tode einst anerkannter und einflussreicher Wissenschaftler. Vgl. zu Fälschungen in der Wissenschaft Di Trocchio 1994.

weil sie die Männer lieben, die die Machtspiele spielen. Frauen werden von Bourdieu ganz allgemein außerhalb der sozialen Spiele entworfen.[12]

An dieser Stelle Bourdieu zu folgen, würde bedeuten, jenem männlichen Blick zu folgen, der Frauen ganz allgemein außerhalb der sozialen Spiele platziert und sie zu Zuschauerinnen macht.[13] Damit würden jene Frauen ignoriert, die ihre wissenschaftliche Arbeit lieben und selbst etwas werden wollen. So kann man sagen, dass dieser männliche Blick jene Frauen ausschließt, die sich nicht damit begnügen, die Männer zu lieben, die Machtspiele lieben, sondern selbst Professorin werden wollen. Denn die Erkenntnis, dass in sozialen Spielen große und kleine wissenschaftliche Persönlichkeiten entstehen, wird erst dann brisant, wenn das (männliche) Geschlecht der Beteiligten ins Spiel kommt. Denn der Sachverhalt, dass es nicht nur die harte Arbeit ist, die im wissenschaftlichen Feld zählt, sondern auch die in sozialen Spielen konstituierte wissenschaftliche Persönlichkeit, erklärt ebenso wenig wie der männliche Blick auf die Frauen, weshalb Frauen von diesen sozialen Spielen ausgeschlossen sind. Und jetzt kann man Frauen in dieses Spiel einbringen und beobachten, was geschieht. Dabei gilt es zunächst zu klären, ob Frauen wirklich der Status einer Mitspielerin im wissenschaftlichen Feld verwehrt wird? Sind sie wirklich aus den Auseinandersetzungen ausgeschlossen? Wie sehen das Wissenschaftlerinnen? Dass sich viele Frauen in der Welt der Wissenschaft nicht wie Fische im Wasser fühlen, davon zeugen auch Buchtitel wie „Ausgegrenzt und Mittendrin"[14]. Auch Beispiele finden sich genug. Die Soziologin Renate Mayntz schreibt von einer „milden Form empfundener Isolierung". „Gestört hat mich an meinem weiblichen Minderheitenstatus vor allem, dass ich aus der zwischen männlichen Kollegen herrschenden Kameraderie ausgeschlossen blieb; manchmal kam ich mir im männlichen Kollegenkreis wie ein Zirkuspferd vor, auf dessen Kunststücke man stolz ist" (Mayntz 1996, S. 235). Auch Hannah Arendt sagte in einem Interview: „Ich fühle mich keineswegs als Philosophin. Ich glaube auch nicht, dass ich in den Kreis der Philosophen aufgenommen worden bin" (Arendt 1996, S. 44). Die Liste ist fortsetzbar und schließt auch Nobelpreisträgerinnen nicht aus. Die wissenschaftlichen Leistungen dieser Frauen werden anerkannt, dennoch sind sie von den sozialen Spielen ausgeschlossen, in dem es um die Konstruktion der wissenschaftlichen Persönlichkeit geht.

---

12 Bourdieu meint, dass die ganze Erziehung Frauen darauf vorbereitet „am Spiel durch Stellvertretung, d.h. aus einer zugleich außenstehenden und untergeordneten Position« teilzunehmen" (Bourdieu 1997, S. 200). Ob man diese Einschätzung teilt oder nicht, ist hier gar nicht wesentlich. Wichtig ist jedoch, dass eine analytische Betrachtung von Prozessen, die dazu führen, dass selbst jene Frauen, die an Spielen teilnehmen wollen, ausgeschlossen werden, nicht erfolgen kann, wenn man dies so paradigmatisch beschreibt.

13 Gleichwohl kommt Bourdieu auch zu dem Ergebnis, dass Frauen aufgrund dieser Nichtteilhabe über den „Scharfblick der Ausgeschlossenen" verfügen (Bourdieu 1997).

14 Arndt u.a. 1992.

Dennoch ist an dieser Stelle gar nicht entscheidend, ob Frauen sich ausgeschlossen fühlen oder nicht. Denn wir bewegen uns nicht auf der Ebene der bewusst geplanten und rationalen Absichten, sondern auf der Ebene von Selbstverständlichkeiten, die die soziale Praxis im wissenschaftlichen Feld ausmachen. So lassen sich vermutlich auch Gegenbeispiele finden, d. h. Frauen, die sich nicht als ausgegrenzt empfinden. Daher kann man sich mit solchen Aussagen nicht aus der Affäre ziehen, auch wenn bei vielen der Ausschluss von Frauen aus der Welt der Wissenschaft auf Zustimmung trifft, schon deshalb, weil er so deutlich sichtbar ist.[15] Maßgeblich ist hier der Sachverhalt, dass es viele wissenschaftliche Persönlichkeiten gibt, und es sich dabei überwiegend um Männer handelt. Was also bleibt auf der Strecke, wenn man jenes zumindest unter Frauen weit verbreitete Einverständnis, dass Frauen ausgegrenzt sind, in Anspruch nimmt? Wenn man sich nicht mit der Erkenntnis des Ausschlusses begnügen will, muss man die Frage stellten, wie funktioniert der Ausschluss? Anders gesagt: Die sozialen Spiele müssen gemäß einem Prinzip funktionieren, das Frauen und ihre wissenschaftliche Arbeit ausschließt.

6. Prinzip der gleichen Ehre?

Jetzt könnte ich versuchen, mich doch noch aus der Affäre zu ziehen, indem ich mich auf Bourdieu beziehe, der ein grundlegendes Prinzip ausweist, das jenen Spielen zugrunde liegt, die für die soziale Existenz als konstitutiv gehalten werden. Doch ich sage es vorweg, dieses Prinzip führt nicht weiter. Bourdieu identifiziert als das fundamentale Gesetz aller ernsten Spiele das „Prinzip der gleichen Ehre" (Bourdieu 1997, S. 204), wofür natürlich einiges spricht. „Wirkliche Ehre machen kann nur die Anerkennung, die von einem Mann (im Gegensatz zu einer Frau) gezollt wird" (Bourdieu 1997, S. 204).

Bourdieu analysiert an dieser Stelle abermals nicht, wie es kommt, dass Frauen aus den ernsten Spielen ausgeschlossen sind. Er sieht lediglich das Resultat, nämlich dass Frauen ausgeschlossen sind. Mir geht es aber um den Prozess, der zu dem Resultat führt, das Bourdieu konstatiert. Und ich bezweifle, dass das Prinzip der männlichen Ehre der angemessene Ansatzpunkt ist, um den Prozess des Ausschlusses von Frauen aus den ernsten Spielen zu erklären. Mir geht es darum, jene Elemente zu identifizieren, die in der Welt der Wissenschaft als „männlich" gelten und Männern zugedacht und zugeschrieben werden und sie zu Mitspielern machen.[16] Denn die wissenschaftliche Persönlichkeit, darauf

---

15   Der Frauenanteil innerhalb der deutschen Professorenlandschaft lag 1996 bei den C2- bis C4-Professuren bei 8,5%. Die Zahl der Soziologie-Professorinnen in Deutschland lag 1997 bei 14,4% (vgl. Lucke 1998, 1999).

16   Bei dieser „Männlichkeit" geht es mir nicht darum, eine substantialistische oder ontologische Zuschreibung vorzunehmen, sondern es geht um Konstruktionsarbeit, die geleistet wird und dazu führt, dass wissenschaftliche Persönlichkeiten vorwiegend Männer sind.

weist Theresa Wobbe hin (1995), hat eine Geschichte, die keinen Zweifel daran lässt, dass Wissenschaft und Männlichkeit eine Allianz eingegangen sind. So ist mit dem Prinzip der Ehre noch lange nicht identifiziert, was als männlich in der Welt der Wissenschaft verhandelt und vorgestellt wird. Daher ist danach zu fragen, was Männern zugeschrieben wird und sie zu wissenschaftlichen Persönlichkeiten macht. Um hier einen Schritt weiterzukommen, muss man danach fragen, welche stillschweigenden Voraussetzungen erfüllt werden müssen, um an diesen Spielen teilzunehmen und was an der wissenschaftlichen Persönlichkeit als männlich entworfen und vorgestellt wird. Was wird hierbei dem einen Geschlecht zugedacht und vom anderen abgespalten?

In den von mir geführten Interviews werden wissenschaftliche Persönlichkeiten entworfen als Schöpfer, Produzenten, als Erfinder und Entwickler von Wissenschaft und somit unterschieden von all jenen, denen zugeschrieben wird, nicht schöpferisch zu sein (vgl. Engler 2001). Diese schöpferische Kraft ist Männersache. Sie hat allerdings nicht in den Tiefen eines Subjektes, in den Hirnen von Köpfen ihren letzten Grund, sondern sie wird in einem sozialen Spiel geschaffen und zugewiesen. Man braucht sich jetzt nur noch in Erinnerung zu rufen, wie Subjekte vorgestellt werden, die nicht mit dieser schöpferischen Kraft und der im Schöpferischen begründeten Einmaligkeit und Originalität gesehen werden, dann ist man bei den Frauen, die zwar wissenschaftlich arbeiten (und fleißig sind), denen aber etwas Eigenes nicht zugeschrieben wird.

Bei diesem Eigenen und Schöpferischen handelt es sich um das, was immer auch die in sozialen Spielen durch Zuweisung und Zuschreibung hergestellte wissenschaftliche Persönlichkeit ausmacht. Eigenes, Originelles, Neues, Schöpferisches, welche Bezeichnung auch immer gewählt wird, diese Zuweisung und Zuschreibung ist wohl Voraussetzung als auch Folge von jenen Prozessen, in denen es um die Größe der wissenschaftlichen Persönlichkeit geht. Es ist das, was Männern ihren Mitspielern zuweisen und was als männlich bezeichnet werden kann. Mit der Zuschreibung von Schöpferischem, Eigenem, Originellem etc. werden die Persönlichkeiten entworfen, die Wissenschaft produzieren, werden kluge Köpfe und Genies gemacht. Von diesem Spiel sind Frauen ausgeschlossen, was keinesfalls heißt, dass sie keine Wissenschaft betreiben, sondern vielmehr, dass sie nicht als Produzentinnen von Neuem, Eigenem, Originellem und Innovativem wahrgenommen werden und damit auch an jenem Spiel nicht teilnehmen können, in dem es um die Bestimmung der Größe der wissenschaftlichen Persönlichkeit geht.

Als ein Beispiel hierfür kann man Barbara McClintock anführen, die für ihre Beobachtung der „springenden Gene" 36 Jahre nach der Entdeckung den Nobelpreis für Medizin und Physiologie erhielt. Sie leistete einen wirklich eigenständigen Beitrag zur Wissenschaft. Allerdings bezieht sich dieses Eigene nicht auf das soziale Spiel, in dem es um die Positionierung in Relation zu anderen Spielern geht, sondern auf ihre wissenschaftliche Arbeit. Dieser eigenständige Beitrag hat sie nicht zu einer „großen Persönlichkeit" gemacht, sondern in die Isolation getrieben. Sie definierte sich durch ihre Arbeit und nicht in Relation zu ihren Kollegen.

All das heißt aber auch, dass der Ausschluss nicht einfach über das Geschlecht „weiblich" stattfindet, sondern darüber, dass hier Zuschreibungen von Neuem, Eigenem, Originellem an Wissenschaftlerinnen ausbleibt. Somit werden auch Unterschiede zwischen den Frauen und Männern im wissenschaftlichen Feld hergestellt und wirksam. Denn es ist diese wissenschaftliche Persönlichkeit, die in Berufungsverhandlungen neben der wissenschaftlichen Arbeit ins Feld geführt wird und oftmals mehr zählt als die wissenschaftliche Arbeit.

7. Entzauberung der wissenschaftlichen Persönlichkeit

Eingangs habe ich formuliert, dass es für uns selbstverständlich ist, dass Wissenschaft von Persönlichkeiten gemacht wird und hinzugefügt, dass es sich dabei überwiegend um Männer handelt. Und ich habe darauf hingewiesen, dass neben der wissenschaftlichen Arbeit immer auch noch andere Dinge zählen, die es ans Licht zu bringen gilt. Hierbei habe ich betont, dass es mir wichtig ist, nicht von den Einzelnen auszugehen und diesen Merkmale zuzuschreiben, die ihre Besonderheiten begründen, sondern dass hier ein Blickwechsel von den Einzelnen zum sozialen Feld vorzunehmen ist, um zu analysieren, wie soziale Dinge zustande kommen.

Neben dem Sachverhalt, dass nicht stillschweigend vorausgesetzt werden kann, dass Wissenschaft von Persönlichkeiten gemacht wird, habe ich als heuristischen Ort der Konstruktion von wissenschaftlichen Persönlichkeiten soziale Spiele ausgewiesen, die im wissenschaftlichen Feld in spezifischer Weise erfolgen. Weiter habe ich argumentiert, dass die Größe der wissenschaftliche Persönlichkeit und somit kluge Köpfe und Genies nicht in „Einsamkeit und Freiheit", sondern durch Anerkennungs- und Zuschreibungsprozesse in sozialen Spielen hervorgebracht werden, von denen Frauen ausgeschlossen werden, da ihnen die schöpferische Kraft und somit jenes Element, das letztlich dem Genialischen eigen ist, nicht attestiert wird. In diesen Spielen wird die Größe der wissenschaftlichen Persönlichkeit ausgehandelt, und somit wird hier sichtbar, was über die wissenschaftliche Arbeit hinaus wichtig ist, nämlich Anerkennungs- und Zuschreibungsprozesse von Eigenem, Originellem, neuen Ideen etc. Man versteht nun, weshalb Männern etwas anderes attestiert wird als Frauen. Darüber hinaus versteht man, *wie dieses Andere zustande kommt*, nämlich dadurch, dass Männer in einem sozialen Spiel gefangen sind (ob sie wollen oder nicht), in dem die Größe der Persönlichkeit ausgehandelt wird und Frauen von diesem Spiel ausgeschlossen sind.

Welche Konsequenzen folgen daraus? Wenn meine Analyse plausibel ist, dann bedeutet dies, dass die Konstruktion der wissenschaftliche Persönlichkeit ein in der Welt der Wissenschaft produzierter und existierender sozialer Sachverhalt ist, der Frauen von hohen wissenschaftlichen Positionen verdrängt. Dieser Prozess der Verdrängung ist nicht als bewusste, absichtsvoll geplante Handlung zu verstehen, sondern in diesem Prozess findet das statt, was man als „symbolische Gewalt" bezeichnen kann. Die „symbolische Gewalt" bedient sich der stillschweigenden Komplizenschaft aller Beteiligten, derer, die sie erleiden, und meist auch derer, die sie ausüben, und zwar in dem Maße, „in dem beide Seiten sich dessen *nicht* bewusst sind, dass sie sie ausüben oder erleiden". Daher sieht Bourdieu die „Aufgabe der Soziologie wie aller Wissenschaften" darin, „Verborgenes zu enthüllen". Die Soziologie „kann daher dazu beitragen, die symbolische Gewalt innerhalb der sozialen Beziehungen zu verringern" (Bourdieu 1998b, S. 21-22.). Die symbolische Gewalt anhand der Konstruktion der wissenschaftlichen Persönlichkeit aufzuzeigen, ist daher meines Erachtens schon eine ganze Menge. Das aber heißt, die Entzauberung der Konstruktion der wissenschaftlichen Persönlichkeit erfolgt, um zu zeigen, dass die Sozialwelt dieses Konstrukt hervorgebracht hat. Und was in der Sozialwelt hervorgebracht wurde, kann auch in dieser wieder verändert oder gar abgeschafft werden. Und dass die sozialen Spiele hier mit wissenschaftlichem Instrumentarium unter die Lupe genommen, und vergeschlechtlichte Mechanismen des wissenschaftlichen Feldes aufgezeigt wurden, zeigt, dass diese Welt der Wissenschaft im Wandel begriffen ist, auch wenn dieser Wandel nur langsam voranschreitet.

Ein letzter Satz: Die Hirnforschung hat auch im Windungsreichtum keine Unterschiede zwischen gewöhnlichen Menschen und klugen Köpfen und Genies entdecken können.

Literatur:

Arendt, Hannah 1996: Ich will verstehen. Selbstauskünfte zu Leben und Werk. Hg. v. Ursula Ludz. München.

Arndt, Marlies u.a. (Hg.) 1993: Ausgegrenzt und mittendrin – Frauen in der Wissenschaft. Berlin.

Bourdieu 1998b: Über das Fernsehen. Frankfurt/Main.

Bourdieu, Pierre 1982: Die feinen Unterschiede. Frankfurt/Main.

Bourdieu, Pierre 1990: Die biographische Illusion. In: BIOS – Zeitschrift für Biographieforschung und Oral History 3. S. 75-81.

Bourdieu, Pierre 1997: Die männliche Herrschaft. In: Dölling, Irene/Krais, Beate (Hg.): Ein alltägliches Spiel. Geschlechterkonstruktion in der sozialen Praxis. Frankfurt/Main. S. 153-217.

Bourdieu, Pierre 1998a: Praktische Vernunft. Zur Theorie des Handelns. Frankfurt/Main.

Bourdieu, Pierre/Loïc J.D. Wacquant 1996: Reflexive Anthropologie. Frankfurt/Main.

Di Trocchio, Frederico 1994: Der große Schwindel. Betrug und Fälschung in der Wissenschaft. Frankfurt/Main, New York.

Dölling, Irene/Krais, Beate (Hg.) 1997: Ein alltägliches Spiel. Geschlechterkonstruktion in der sozialen Praxis. Frankfurt/Main.

Engler, Steffani 2000: Zum Selbstverständnis von Professoren und der illusio des wissenschaftlichen Feldes. In: Krais, Beate (Hg.): Wissenschaftskultur und Geschlechterordnung. Über die verborgenen Mechanismen männlicher Dominanz in der akademischen Welt. Frankfurt/Main. S. 121-152.

Engler, Steffani 2001: »In Einsamkeit und Freiheit«? Zur Konstruktion der wissenschaftlichen Persönlichkeit auf dem Weg zur Professur. Konstanz.

Engler, Steffani/Zimmermann, Karin 2002: Das soziologische Denken Pierre Bourdieus – Reflexivität in kritischer Absicht. In: Bittlingmayer, Uwe H./Kastner, Jens, Rademacher, Claudia (Hg.): Theorie als Kampf? Zur Politischen Soziologie Pierre Bourdieus. Opladen (im Druck).

Felt, Ulrike/Nowotny, Helga/Taschwer, Klaus 1995: Wissenschaftsforschung. Eine Einführung. Frankfurt/Main.

Fox Keller, Evelyn 1995: Barbara McClintock. Die Entdeckerin der springenden Gene. Basel, Boston, Berlin.

Hagner, Michael 1999: Kluge Köpfe und geniale Gehirne. Zur Anthropologie des Wissenschaftlers im 19. Jahrhundert. In: Bödeker, Hans Erich/Reill, Peter Hanns/Schlumbohm, Jürgen (Hg.): Wissenschaft als kulturelle Praxis. Göttingen. S. 299-333.

Johler, Jens/Burow, Olaf-Axel 2001: Gottes Gehirn. Roman. Hamburg.

Krais, Beate 2000 (Hg.): Wissenschaftskultur und Geschlechterordnung. Über die verborgenen Mechanismen männlicher Dominanz in der akademischen Welt. Frankfurt/Main.

Lucke, Doris 1998: Grenzen des Fachs – Grenzen des Geschlechts. Durchsetzungschancen von Frauen in der Soziologie. In: Soziologie. Mitteilungsblatt der Deutschen Gesellschaft für Soziologie. H. 4. S. 14-31.

Lucke, Doris 1999: Männer, Frauen und die Soziologie. Zur halbierten Emanzipation einer aufklärerischen Disziplin. In: Soziologie. Mitteilungsblatt der Deutschen Gesellschaft für Soziologie. H. 2. S. 23-45.

Mayntz, Renate 1996: Mein Weg zur Soziologie: Rekonstruktion eines kontingenten Karrierepfades. In: Fleck, Christian (Hg.): Wege zur Soziologie nach 1945. Biographische Notizen. Opladen. S. 225-235.

Parsons, Talcott 1975: Die Entstehung der Theorie des sozialen Systems: Ein Bericht zur Person. In: Ders./Shils, Edward/Lazarsfeld, Paul F.: Soziologie – autobiographisch. Drei kritische Berichte zur Entwicklung einer Wissenschaft. Stuttgart. S. 1-68.

Rademacher, Claudia 2001: Geschlechterrevolution – rein symbolisch? Judith Butlers Bourdieu- Lektüre und ihr Konzept einer „subversiven Identitätspolitik". In: Rademacher, Claudia/Wiechens, Peter (Hg.): Geschlecht. Ethnizität. Klasse. Zur sozialen Konstruktion von Hierarchie und Differenz. Opladen. S. 31-51.

Richter, Jochen 2000: Rasse, Elite, Pathos.. Eine Chronik zur medizinischen Biographie Lenins und zur Geschichte der Elitegehirnforschung in Dokumenten.

Schmeiser, Martin 1994: Akademischer Hasard. Das Berufsschicksal des Professors und das Schicksal der deutschen Universität. Stuttgart.

Weber, Max 1968 (1919): Wissenschaft als Beruf. In: Gesammelte Aufsätze zur Wissenschaftslehre. Hg. v. Johannes Winckelmann. Tübingen. S. 582-613.

Wobbe, Theresa 1995: Wahlverwandtschaften. Die Soziologie und die Frauen auf dem Weg zur Wissenschaft. Frankfurt/Main.

Zimmermann, Karin 2000: Spiele mit der Macht in der Wissenschaft. Passfähigkeit und Geschlecht als Kriterien für Berufungen. Berlin.

Sozialtheoretische Perspektiven

Soziologie und Kritik
Ein Theorievergleich zum Problem der Politisierung sozialer Ungleichheit
Jörg Potthast

„Der Bericht sagt .... , es gebe zwischen vier und 14 Millionen Arme. Na das hätten wir zur Not auch ohne Bericht von Hand geschätzt ... Aus ihrem Dilemma hätte die Wissenschaftler einzig eine Politik befreien können, die entscheidet, was sie für Armut hält" (Leitartikel im Tagesspiegel am 26.04.01 anlässlich der Veröffentlichung des Ersten Armuts- und Reichtumsberichts der Bundesregierung).

1. Einleitung

Mit dem *Ersten nationalen Armuts- und Reichtumsbericht der Bundesregierung* (BMAS 2001) auf dem Höhepunkt ihrer Institutionalisierung angelangt, wird die Armuts- und Ungleichheitsforschung auf ein Problem aufmerksam gemacht, das wissenschaftsintern seit langem bekannt ist: wenn ihre Aufgabe darin besteht, Armut zu definieren, hat sie versagt. Enttäuscht stellt der Kommentator fest, dass die Armutsforschung offenbar nicht in der Lage ist, eine wissenschaftliche Begründung für die Politisierung von Armut und sozialer Ungleichheit zu liefern. Die Ergebnisse sind nicht so formuliert, dass sich die aktuelle Armutspolitik daran messen ließe.

Die Armuts- und Ungleichheitsforschung hält sich aus solchen Debatten über ihre Praxisbindung bisher weitgehend heraus. Einzig die mit Regelmäßigkeit vorgebrachten Forderungen nach Erhöhung der Verfügbarkeit amtlicher Daten, finanzieller Absicherung und Verstetigung nichtamtlicher Erhebungen sowie Vereinheitlichung von Kategorien der statistischen Erfassung auf internationaler Ebene (z. B. Zapf 2001) thematisieren den „gesellschaftspolitischen Bezug" dieses Forschungszweiges:

„Der gesellschaftspolitische Bezug seiner Arbeit hat zu dem starken Engagement in der empirischen Forschung geführt. In diesem Zusammenhang hat Richard Hauser entscheidend zur Verbesserung der Grundlagen empirischer Sozialforschung beigetragen - beispielsweise im Zuge des Aufbaus und der Weiterentwicklung des Sozioökonomischen Panels, durch das erfolgreiche Bemühen um die Öffnung der amtlichen Statistik sowie durch seine Mitarbeit in zahlreichen Gremien, die mit der sozialwissenschaftlichen Daten-Infrastruktur befasst sind" (Becker/Ott/Rolf 2001: 17).

Richard Hauser ist Koautor des *Ersten nationalen Armutsberichts*, und das Zitat ist der Einleitung zu seinem Jubiläumsband entnommen. Formen politischen Engagements, die über die Bereitstellung von Daten-Infrastrukturen hinausgehen, werden zwar erwähnt, dieser „zweite Tätigkeitsstrang" findet allerdings in den folgenden rund 800 Seiten keine weitere Erwähnung.

> „Gleichermaßen engagiert wirkte und wirkt er [R. Hauser; JP] in der wissenschaftlichen Politikberatung, wobei er theoretische und normative Grundlagen stets klar getrennt herausarbeitet. Dieser Tätigkeitsstrang dokumentiert sich zum einen direkt - durch die Erstellung von Gutachten und die Mitwirkung in Kommissionen –, zum anderen eher indirekt in seinen fortlaufenden Forschungen mit Bezug zu aktuellen Problemkonstellationen, institutionellen Rahmenbedingungen und Reformdiskussionen" (ebd.).

Was hat der Armutsforscher Hauser mit dem Armutspolitik(berat)er Hauser zu tun? Wie vermittelt er zwischen diesen beiden Tätigkeiten, „den beiden soziologischen Hauptaufgaben ..., die vielfach für unvereinbar gehalten werden – zwischen der Aufgabe der wissenschaftlichen Beschreibung und Erklärung und der Aufgabe wissenschaftlicher Kritik" (Kreckel 1992: 25)? Gilt die Bewunderung, die Hauser gezollt wird, nicht vor allem der Kunst, diesen „Brückenschlag" zu vollziehen? Worin besteht diese Kunst? Wie ist es möglich, die deskriptive Darstellung von Ungleichverteilungen mit der Frage nach ihrer Akzeptanz zu verbinden?

Die Auskunft, dass diese Vermittlung eben nur selten gelingt oder wenigen Ausnahmeforschern vorbehalten ist, wäre unbefriedigend. Ich gehe im Folgenden davon aus, dass das Problem des akzeptablen Umgangs mit der „immanenten Praxisbindung" ein *alltägliches* Problem der Armuts- und Ungleichheitsforschung ist (Barlösius/Ludwig-Mayerhofer 2001: 32), das sich auch noch bei Operationen des Kodierens bemerkbar macht (Desrosières/Thévenot 1988). Der vielfach bestätigte Befund, dass Sozialstaat und Sozialwissenschaften historisch in einem Konstitutionszusammenhang stehen (Ewald 1993; Evers/Nowotny 1987; P. Wagner 1990; Desrosières 1993; Zimmermann 1996), hätte mehr Aufmerksamkeit für dieses Problem erregen müssen, blieb aber folgenlos. In dem erwähnten Sammelband problematisiert kein einziger Beitrag, dass der Gegenstand der Armutsforschung zugleich eine verbindliche Kategorie staatlichen Handelns ist. Es finden sich lediglich Überlegungen dazu, dass die Politisierung sozialer Ungleichheit vermehrt der Kontrolle durch die Fachöffentlichkeit ausgesetzt werden müsse (G. Wagner/Wiegard 2001: 770-788). Die Forderung, eine Veröffentlichungspflicht für Gutachten einzuführen (ebd. 783), ist zu unterstützen. Aber wie das eingangs zitierte Beispiel zeigt, wird das Problem der angemessenen Politisierung von Armut und Ungleichheit damit nicht gelöst, sondern eher verschärft.

Im Folgenden mache ich die Frage nach den Regeln der akzeptablen Verbindung von wissenschaftlicher Beschreibung und wissenschaftlicher Kritik

(Kreckel 1992) zum Bezugspunkt für einen Theorievergleich zwischen Bourdieu und Boltanski. In der Gegenüberstellung zweier empirischer Studien, *Das Elend der Welt* (Bourdieu 1997) und *La dénonciation publique* (Boltanski/Darré/Schiltz 1984, Boltanski 1990a: 253-366), werde ich zeigen, dass beide Autoren das praxistheoretische Problem anerkennen – und dann auf höchst unterschiedliche Weise bearbeiten. Dies führt zwar nicht unmittelbar zu einer praxistheoretischen Refundierung der Armuts- und Ungleichheitsforschung, bereichert diesen Forschungszweig aber um zwei methodologische Statements.

Für den Autor von *Sozialer Sinn* muss die standhafte Weigerung der Armuts- und Ungleichheitsforschung die Praxisbindung ihrer Tätigkeit anzuerkennen, wie ein typischer Fall des Problems aussehen, die Logik der Logik zum Maßstab für die Logik der Praxis zu machen (Bourdieu 1987: 157ff.). Um zu verhindern, dass Effekte des wissenschaftlichen Feldes auf die Repräsentation von Armut und Ungleichheit durchschlagen, müsse die Armuts- und Ungleichheitsforschung an den Selbstrepräsentationen der Beforschten ansetzen, um Kategorien der Armut zu entwickeln. Wie Bourdieu diesen Kampf gegen den „Theoretisierungseffekt" (ebd. 157) angeht und ob ihm dabei ein „Brückenschlag zur Kritik" (Kreckel 1992: 25) gelingt, werde ich anhand von *Das Elend der Welt* (EW = Bourdieu 1997), der umfangreichsten und mutmaßlich auflagenstärksten Armutsstudie der letzten Jahre, ausführlich diskutieren.

Während Bourdieu darauf drängt, Ungleichverteilungen auch auf der Ebene von Repräsentationsmacht zu untersuchen, empfiehlt Boltanski der Armuts- und Ungleichheitsforschung, die Vorstellungen von sozialer Gerechtigkeit zu explizieren, die Urteilen über Ungleichverteilungen zugrunde liegen (Boltanski 1990a: 51). Auch er findet es „ ... bemerkenswert, dass schon die klassische Soziologie die Gerechtigkeitsproblematik nur im Horizont von Gleichheit/Ungleichheit aufnimmt, ohne die dahinterstehende Vorstellung von Fairness zu konzeptualisieren, geschweige denn zu problematisieren" (Müller/Wegener 1995: 11).

Der Vergleich zwischen Bourdieu und Boltanski ist auch unter einem allgemeinen theoriehistorischen Gesichtspunkt interessant. Beide Autoren weisen Erklärungen sozialer Ordnung zurück, die unter Berufung auf „verinnerlichte Normen" (Durkheim) oder „Kräfteverhältnisse" (Marx) das Problem der Handlungskoordination immer schon vorentschieden haben (Bourdieu/Passeron 1973: 12; Boltanski 1990a: 70f.).[1] Bourdieu versucht, diese strukturdeterministi-

---

1 Festzuhalten ist aber, dass Bourdieu davon ausgeht, diese klassischen Modelle sozialer Ordnung divergierten schon auf der elementarsten Ebene: „Es genügt, die klassischen Theorien über die Grundlagen der Macht, nämlich die von Marx, Durkheim und Weber, miteinander zu vergleichen, um zu erkennen, daß die Bedingungen, welche die Konstituierung einer jeden von ihnen ermöglichen, die Möglichkeit der Objektkonstruktion ausschließen, welche die anderen vornehmen" (Bourdieu/Passeron 1973: 12). Boltanski hingegen weist auf eine konzeptuelle

schen Erklärungen zu unterlaufen, indem er ein Modell der Kulturanalyse entwickelt, das einem Determinismus der Praktiken verpflichtet ist, wobei Praktiken „als körperlich routinisiert hervorgebrachte Handlungsmuster verstanden werden, die über räumliche, zeitliche und individuelle Grenzen hinweg zu beobachten sind" (Reckwitz 2000: 563). Boltanski hat an diesem Theorieprogramm intensiv mitgearbeitet, um dann einen eigenständigen Versuch der Entkräftung strukturdeterministischer Erklärungen zu unternehmen. Ausgangspunkt dieser Reorientierung ist die Studie *La dénonciation publique* (DP = Boltanski 1990a: 253-366), die auf der Auswertung von 275 bezichtigenden Leserbriefen beruht. Die erste Version dieser Studie erscheint zwar noch in der von Bourdieu herausgegebenen Zeitschrift *Actes de la recherche* (Boltanski/Darré/Schiltz 1984), aber sie weicht bereits von Bourdieus Theorieprogramm ab und markiert die Gabelung, an der sich die Wege Pierre Bourdieus und Luc Boltanskis trennen.[2] Genau diese Ablösung werde ich im Folgenden rekonstruieren und damit zu einem Theorievergleich beitragen, der sich noch in einem rudimentären Stadium befindet.[3] Zunächst werde ich jedoch noch einmal auf den Bezugspunkt dieses

---

Gemeinsamkeit von Autoren wie Marx und Durkheim hin: „Warum Marx *und* Durkheim, Marx mit Durkheim? Man stellt Marx und Durkheim oft einander gegenüber. Ersterer habe auf die konflikthaften, letzterer auf die konsensuellen Aspekte sozialer Ordnung hingewiesen" (Boltanski 1990a: 41, FN4, dt.: JP). Beide soziologischen Klassiker teilen aber, wie Boltanski herausstellt, einen Gesellschaftsbegriff, der auf eine „positivistische Erweiterung des Naturrechts" (ebd.) zurückgeht. Die entscheidende Gemeinsamkeit bestehe in der disziplinpolitsch folgenreichen Strategie, den „gemachten Gesetzen" die „Naturgesetze der Gesellschaft" gegenüberzustellen (ebd.).

2   In den Jahren 1970 bis 1975 haben Bourdieu (geboren 1930) und Boltanski (1940) „täglich zusammengearbeitet" (Dosse 1997: 56). Etliche gemeinsam verfasste Texte dokumentieren diese Zusammenarbeit (Bourdieu/Boltanski 1975c, 1976a, b; Bourdieu/Boltanski/Maldidier 1971; Bourdieu/Boltanski/Saint Martin 1973). Die Liste verlängert sich, wenn die Veröffentlichungen hinzugezählt werden, die nicht mit voller Ko-Autorschaft, sondern „mit" Boltanski entstanden sind (Bourdieu mit Boltanski 1975a, b, d, 1976c). Die letzte gemeinsame Veröffentlichung mit Bourdieu erscheint 1976, die Serie von Boltanskis Veröffentlichungen in *Actes de la Recherche* (Boltanski 1975a, b, 1978, 1979, 1980, 1981) bricht 1984 ab. In der Selbstdarstellung von Bourdieus Programm *An invitation to reflexive sociology* (Bourdieu/Wacquant 1992) endet die Liste der zitierten Beiträge von Boltanski ebenfalls an dieser Stelle. Als *Die feinen Unterschiede* 1979 erscheinen, hatte Boltanski schon begonnen sich umzuorientieren (Dosse 1997: 56). In *Die Führungskräfte* (Boltanski 1990c; frz. 1982) sucht man den Habitusbegriff bereits vergeblich. Über solche Indizien hinaus war die Entwicklung des Theorieprogramms der „Soziologie der Kritik" (Boltanski 1990a, b; Boltanski/Thévenot 1991) im deutschsprachigen Raum allerdings nicht nachzuvollziehen, denn seit der Studie über die Führungskräfte wurde mit wenigen Ausnahme (Boltanski 1987, Boltanski/Chiapello 2000, 2001) kein Text von Boltanski übersetzt. Nach dem Ausscheiden aus Bourdieus Forschungszusammenhang hat Boltanski 1985 die Forschungsgruppe „Groupe de sociologie politique et morale" (GSPM) gegründet und viel mit Laurent Thévenot zusammengearbeitet (Boltanski/Thévenot 1983, 1987, 1989, 1991, 1999, 2000).

3   Zwei Ausnahmen sind hervorzuheben: die Gegenüberstellung von Bourdieu und Boltanski im Rahmen eines Rezensionsaufsatzes zu *De la justification* von Dodier (1993) und der systematisch vergleichende Aufsatz von Bénatouïl (1999).

Theorievergleichs, die Praxisbindung der Armuts- und Ungleichheitsforschung, zurückkommen.

2. Der Kampf um die offizielle Repräsentation

„Wer arbeiten kann, aber nicht will, der kann nicht mit Solidarität rechnen. Es gibt kein Recht auf Faulheit in unserer Gesellschaft!" (Bundeskanzler Gerhard Schröder in der Bild-Zeitung am 06.04.2001).

Gut zwei Wochen bevor das Bundesministerium für Arbeit und Sozialordnung am 25. April 2001 den *Ersten Armuts- und Reichtumsbericht der Bundesregierung* (BMAS 2001) veröffentlichte hatte Bundeskanzler Schröder mit einem Interview in der „Bild"-Zeitung die Faulheitsdebatte angezettelt. Auf den ersten Blick gibt es zwischen dem offen moralisierenden Kanzlerwort und dem Bericht über Armut in Deutschland, für den knapp 40 ausgewiesene Expertinnen und Experten für soziale Ungleichheit verantwortlich zeichnen, keine Gemeinsamkeit. Der Kanzler fällt ein Werturteil ohne deskriptive Festlegung. Er legt nahe, dass es eine wichtige Unterscheidung zwischen „faulen" und „beschäftigungsbereiten" Arbeitslosen gibt, verzichtet aber darauf, Kriterien der Abgrenzung zu benennen (vgl. Schmid/Oschmiansky/Kull 2001). Schröders vage Formulierung wurde sofort als stigmatisierend gebrandmarkt. Sie zog eine Diskussion nach sich, in der abwechselnd die vermeintliche Faulheit der Arbeitslosen und die Autorinnen und Autoren solcher (stigmatisierenden) Äußerungen denunziert wurden. Auf der anderen Seite versucht der Armutsbericht eine Beschreibung zu liefern, die wissenschaftlichen Standards genügt und eine „Versachlichung und Enttabuisierung der Diskussion" (Begleittext) bewirken möchte.

Wer das Metier der Armuts- und Ungleichheitsforschung kennt, weiß um die Naivität der Gegenüberstellung zwischen Remoralisierung von Arbeitslosigkeit hier und wissenschaftsbasierter Versachlichung von Armut dort. Beim Thema Armut ist die Unsicherheit darüber, ob man es mit wissenschaftlich-deskriptiven oder normativen Aussagen zu tun hat, nicht so einfach aufzulösen und führt zu verwirrenden Diskussionen des folgenden Typs: „[I]st Sozialhilfebezug Armut? Ist er nicht gerade das Gegenteil, die Verhinderung jeder Armut?" (Barlösius/Ludwig-Mayerhofer 2001: 11).

Nicht nur Methodenspezialistinnen und -spezialisten haben erkannt, dass die Frage der Definition und Messung von Armut auf eine alles andere als trennscharfe Aufgabenteilung zwischen Politik und politikberatender Wissenschaft verweist. Dass dieses Verhältnis durchaus wandelbar ist, dafür steht nicht zuletzt der Armutsbericht selbst, dessen späte Durchsetzung auf nationaler Ebene als Ergebnis einer zähen Auseinandersetzung angesehen werden muss (Barlösius/Köhler 1999).[4] Ein anderes Beispiel für den Zusammenhang zwischen Sozialwissenschaften und politischer Mobilisierung ist die Karriere des Begriffs der sozialen Ausgrenzung, dessen europaweite Verwendung sich nicht nur einer überraschenden Kompatibilität mit mehreren sozialwissenschaftlichen Theoriesträngen verdankt, sondern maßgeblich auf das beharrliche Engagement der sozialen Bewegung *ATD Quart Monde* zurückgeht (Didier 1996; Frétigné 1999).

Die Einsicht, dass Repräsentationen von Armut nicht neutral sind, sondern *reklamieren, verlangen* und *drängen*,[5] begründet das Projekt einer „politischen Soziologie sozialer Ungleichheit" (Kreckel 1992). Das Studium der Armut soll auf die Analyse der konflikthaften Auseinandersetzungen um die adäquate Repräsentation von Armut ausgedehnt werden (vgl. Barlösius 2001a). Einige Probleme bei der Umsetzung dieses Projektes werden im nächsten Abschnitt anhand der von Bourdieu herausgegebenen Elendsstudie (EW) erläutert.

3. Das Elend der Welt (EW)

EW fängt ganz unvermittelt an. Schon nach zwei Seiten Vorwort und drei Seiten Einleitung beginnt „Narzissenweg", eine Fallstudie über Monsieur und Madame Leblond, die in einer Siedlung in Lothringen wohnen, welche vom Niedergang der Stahlindustrie in den achtziger Jahren hart getroffen wurde.[6] Wie die anderen Fallstudien des Buches besteht diese aus zwei Teilen: einer szenischen Einführung und einem sprachlich geglätteten Interviewtranskript. Das die Einzelteile verbindende Kapitel besteht in einer methodologischen Reflexion, die sich am Ende des Buches befindet. Auf diesen Abschnitt (*Verstehen*, EW 779-822) konzentriert sich die folgende Diskussion.

---

4   Bisher wurde die Armutsberichterstattung in Deutschland von „kleineren" politischen Einheiten, von Kommunen (vgl. Schuleri-Hartje/Potthast 1995), Bundesländern, Gewerkschaften, Wohlfahrtsverbänden und Kirchen getragen.

5   „Sie [die Armutsdefinitionen, JP] nehmen eine Fremdklassifikation vor, mit welcher die Zuweisung einer sozialen Position einher geht, die nicht in das als legitim angesehene Ungleichheitsspektrum gehört. Damit *misst* die Kategorie Armut nicht nur extreme Ungleichheit, wie häufig behauptet wird. Ihre Eigenart besteht vielmehr darin, die Beziehung der Armen zur Gesamtgesellschaft zu charakterisieren, und zwar in einer Weise, die die Zugehörigkeit der Betroffenen als gefährdet, nicht mehr garantiert oder bereits als beendet *wertet*" (Barlösius 2001a: 77). „Das Argumentationsmuster "arm" nutzt just den *auffordernden* Charakter, den der Begriff in unserer Gesellschaft besitzt" (ebd. 91). „Armut ist ein umstrittener Begriff ..., weil die Bezeichnung von Lebensverhältnissen als "arm", gleichgültig auf welchen Indikatoren dieses Urteil basiert, gesellschaftliche Hilfe und Unterstützung *reklamiert* und damit Engagement und Eingriff *verlangt*. Eine Soziologie der Armut, die um Distanzierung und Objektivierung bemüht ist, hat aber die Aufgabe, ein Konzept zu entwickeln ..., das beobachtet und analysiert, dabei aber nicht sogleich zu praktischem Handeln *drängt*" (ebd. 69; alle Hervorhebungen: JP).

6   Das ist ungewöhnlich für einen Autor, der bis zu 40 Seiten darauf verwendet hat, die Bedingungen der Möglichkeit der Objektkonstruktion zu erörtern (vgl. Bourdieu 1984: 11-52).

In der Rezension von EW können zwei Extrempositionen ausgemacht werden: Für die eine Rezensentin steht diese Kollektivstudie in Kontinuität zum Theorie- und Methodenprogramm Bourdieus (Barlösius 1999). Für eine andere Rezensentin bricht EW radikal mit den bisherigen Standards Bourdieuscher Sozialforschung, wie sie seit *Soziologie als Beruf* (Bourdieu/Chamboredon/Passeron 1991, frz. 1968) bekannt sind. Mayer (1995) bemängelt, dass die drei Textebenen, *transkribierte Interviews, kontextualisierende Einleitungen* (wie die Verabredung zum Interview zustande kam; wie, wo und unter welchen Umständen das Interview stattfand) und *knappe übergreifende Statements über strukturelle Ursachen von Armut und Ausgrenzung* völlig unvermittelt nebeneinander stehen. Die Trennung zwischen den Textgenres sei so gründlich, dass der Eindruck entstehe, die Autorinnen und Autoren beabsichtigten die Interviewpassagen vor einem interpretativen Zugriff zu verschonen. Die Antwort auf die Frage nach der Einheit des Gegenstandes und den Regeln seiner Konstruktion falle entsprechend desaströs aus. Es sei nicht einmal zu erfahren, wie die Interviewpartnerinnen und -partner ausgewählt wurden.

Am meisten Anstoß nimmt Mayer daran, wie Bourdieu seine Interviewerfahrungen schildert. Sie misstraut der „Dichte" und „Intensität", die Bourdieu diesen Gesprächen attestiert. Während Bourdieu betont, die Interviewten hätten die seltene und unerwartete Chance gehabt, ohne die zeitlichen Zwänge oder sonstige Zensuren des Alltags zu reden und auf einen kompetenten Zuhörer zu treffen (EW 785ff.), hält es Mayer für unwahrscheinlich, dass die Gesprächssituationen allein von der „Wohltat des Sich-Aussprechens" auf Seiten der Interviewten (EW 792; "le bonheur d'expression") und der „intellektuellen Liebe" (EW 791) des Forschers zu seinem Gegenstand strukturiert wurden. Sehe man genauer hin, falle auf, dass die Interviews deutliche Spuren des Interviewers zeigen. Mayer überführt Bourdieu, seinen Probandinnen und Probanden pausenlos Wertungen zu suggerieren, sich ihnen anzubiedern und auf eine irritierende Weise ihren Jargon zu imitieren. Zudem seien seine „Gespräche" keine „geistigen Übungen" (EW 788; „exercices spirituels"), wenn damit vor allem die Gabe des Zuhörens gemeint sein sollte. Sie seien im Gegenteil zu weiten Teilen auf einen Interviewer zugeschnitten, der kein Problem damit habe, rund ein Drittel der Redezeit für sich zu beanspruchen. Das „offene" Format täusche also: Diese Interviewtexte hätten entgegen Bourdieus Behauptung nichts mit freier und unrezensierter Rede zu tun.

Barlösius' Rezension ist weniger streng. Sie vermutet dort, wo Mayer ein Defizit sieht, eine bewusste Absicht: Die Konzeption des Bandes erkläre sich aus der Ambition, die Pluralität der Perspektiven zu erhalten, die durch generalisierende Vorannahmen gefährdet wäre. Gegen die Einschätzung, EW sei gar kein wissenschaftliches Buch oder falle zumindest aus der Kontinuität von Bourdieus früheren Arbeiten heraus, argumentiert Barlösius: „Die soziologische Konstruktionsarbeit, die Bourdieu nach eigenem Bekunden in ‚La misère du monde' so gering wie möglich halten will, [ist] ... stets im Hintergrund präsent ..." (Barlösius 1999: 26). „[E]ine systematische Wiedergabe des Inhalts [läuft] der Studie grundsätzlich zuwider ..., weil dadurch die ‚Pluralität der Perspektiven' zwingend reduziert würde und eine Gewichtung der Sichtweisen – ein ‚objektivierender Blick' – unumgänglich wäre" (ebd. 19).

Eine Soziologie der Armut müsse daher zweigleisig ansetzen: Analyse des Konflikts um die Repräsentation von Armut einerseits, Untersuchung der Selbstrepräsentationen der von Armut Betroffenen andererseits. „Was ‚arm sein' innerhalb einer sozialen Schicht heißt, kann nur aus dem Selbstverständnis der jeweiligen Gruppe eruiert werden." (Barlösius 2001a: 82) In EW sieht Barlösius dieses Desiderat mustergültig umgesetzt und sie hebt hervor, dass Bourdieu trotzdem nicht in die Falle einer „kulturalistischen Engführung" geraten sei: Die strukturellen Ursachen von Verarmungsprozessen, die den kulturellen Praxisformen vorausgehen, blieben durchaus nicht im Verborgenen (ebd. 85). Die These, dass zwischen sozioökonomischer Lage auf der einen und Denk-, Wahrnehmungs- und Bewertungsschemata auf der anderen Seite eine Homologie besteht, habe Bourdieu also keineswegs aufgegeben. Auch der Armutsstudie liege die vertraute Erklärungsfigur der „Gespaltenheit des Habitus" zugrunde: Wie Bourdieu schon früher am Beispiel der „geprellten Generation" gezeigt hat (Bourdieu 1982: 241ff.), komme es „durch Veränderungen im individuellen Lebenslauf und auf der gesellschaftlichen Ebene durch einen massiven strukturellen Wandel" (ebd. 86) zu Ausgrenzungs- und Deklassierungserfahrungen.

Auch in der methodologischen Schlussfolgerung (EW 779ff.) finden sich deutliche Hinweise dafür, dass EW die Kontinuität des Bourdieuschen Forschungsprogramms bewahrt. Unter anderem findet sich der Appell, „alle Vorabkonstruktionen, alle Vorverständnisse in Frage zu stellen, die ebenso sehr im Interviewer wie im Befragten wohnen und die bewirken, dass die Befragungsbeziehung häufig nur auf der Basis eines Einvernehmens im Unbewussten entsteht" (EW 796). Bourdieu geht davon aus, dass den Mitarbeiterinnen und Mitarbeitern an der Elendsstudie dieser Fehler nicht unterlaufen ist, weil sie die sozialen Regeln des Milieus der Befragten *praktisch* beherrschten (EW 793) und somit in der Lage gewesen seien, „natürliche" Interviewsituation herzustellen.

„Die so konzipierten Interviews waren in unseren Augen auf eine äußerst ‚natürliche' Weise abgelaufen und hatten Aussagen von einer unerwarteten Offenheit hervorgebracht" (EW 794). Als Beleg für die Authentizität der Interviews nennt Bourdieu ein Gespräch, dass er in der U-Bahn mitverfolgt hat – und das genauso abgelaufen sei (ebd.). Die Interviewerinnen und Interviewer des Bandes seien gerade nicht der Illusion erlegen, ihre Anwesenheit neutralisieren zu können. Die Qualität der Interviews sei nicht eine Funktion der Minimierung ihrer Präsenz, sondern der Effekt einer *außergewöhnlichen* Kommunikationssituation.

„Indem der Interviewer mit dem Befragten in eine vollkommen außergewöhnliche Kommunikationssituation eintritt, die von den - vor allem zeitlichen - Zwängen befreit ist, die auf den meisten Austauschbeziehungen des täglichen Lebens beruhen, und indem er ihm Alternativen eröffnet, die ihn dazu bringen oder es ihm erlauben, sein Unbehagen, seine unerfüllten Bedürfnisse und Wünsche zur Sprache zu bringen, die er manchmal erst durch dieses Zur-Sprache-Bringen entdeckt, trägt er dazu bei, die Bedingungen für das Zustandekommen eines außergewöhnlichen Diskurses zu schaffen, der sonst nie hätte gehalten werden können, aber dennoch bereits da war und nur auf günstige Umstände wartete, um sich zur Geltung zu bringen" (EW 791f.).

Ist diese Vermittlungsleistung der Grund für die hervorragenden Verkaufszahlen des Buches (bis 1999 wurden 80.000 Exemplare verkauft)? Auch die kritische Rezensentin räumt ein, dass EW in Frankreich zur „Bibel der Sozialarbeiter" avanciert ist (Mayer 1995: 368). Und dennoch: Gerade angesichts der Akribie, mit der Bourdieu Einzelheiten der sprachlichen Nachbearbeitung der Interviewtranskripte erläutert (EW 797ff.), fällt auf, dass die Autorinnen und Autoren für die ungewohnt „rohe" Präsentation der Interviews eine Begründung schuldig bleiben. Auch aus der Gegenüberstellung mit den Ergebnissen standardisierter Interviewforschung, die unter dem Titel „Verhör" am Ende des Buches als warnendes Gegenbeispiel abgedruckt wurden (EW 803ff.), werden keine Schlüsse gezogen, die die Entscheidung für eine derart „unbearbeitete" Präsentation plausibel machten. Dass es die Armutsforschung nicht voranbringt, Interviews im Verhörstil durchzuführen – darauf wäre man auch so gekommen. Welche der vielen denkbaren Alternativen jedoch aus welchen Gründen nicht gewählt wurde, bleibt im Schatten dieser provokativen Gegenüberstellung implizit. Die Leserinnen und Leser dürfen sich also, sofern sie Sozialforschung betreiben, aber weder Kolonialanthropologen sind („ich bestelle ein, befrage und entlasse") noch mit geschlossenen Fragebögen arbeiten („ich komme, befrage und gehe wieder"), pauschal in ihrer Interviewpraxis bestätigt fühlen: „Ich sondiere, führe ein, zwei Gespräche und gehe wieder".[7]

Wer am Ende des Buches ankommt, hat Dutzende von U-Bahn-Gesprächen „mitgehört", weiß aber nicht, wie diese zusammenhängen.[8] Als Konsequenz zerfällt *das* Elend wieder in viele Einzelschicksale, so dass der Singular im

---

7   "Je convoque, je questionne, je congédie"; „je viens, je questionne, je m'en vais"; „je repère, je mène un ou deux entretiens, et je m'en vais" (Olivier de Sardin 2001: 432f.). Olivier de Sardin charakterisiert mit der letzten Formel treffend die Beziehung, die Bourdieu zu seinen Informanten herstellt. Für eine Reihe der in EW versammelten Beiträge trifft diese Einschätzung aber nicht zu. Die Arbeiten von Michel Pialoux und Stéphane Beaud, die leider nur teilweise in die deutsche Fassung übernommen wurden, beruhen zum Beispiel auf mehrjähriger Feldforschung (EW 321-340; Beaud/Pialoux 1999).

8   Es wäre immerhin interessant gewesen, zu erfahren, nach welchen Kriterien von den 182 transkribierten Interviews rund 50 ausgewählt wurden, aber dem Herausgeber ist dies kein Wort der Erläuterung wert. Ist es da nur konsequent, dass die deutsche Ausgabe kommentarlos (wenn auch „auf Vorschlag der Autoren"; EW 12) um weitere 12 Interviews gekürzt wurde?

Buchtitel befremdlich wirkt. „Das Elend muß sich nackt vorstellen, gewissermaßen im Einzelfall, und darüber eine moralische Empörung hervorrufen, die in einem theoretisch generalisierenden Rahmen nicht vermittelt werden kann" (Boltanski/Chiapello 1999: 620, FN 17; dt.: JP). Der Verzicht auf Generalisierung deutet auf eine unbefriedigende Lösung des praxistheoretischen Problems der Armutsforschung hin. Die Armen kommen zwar ausführlich zu Wort, aber was sie sagen, wird nicht so behandelt, als handelte es sich um Versuche der politischen (Selbst-)Repräsentation von Armut. Im direkten Vergleich mit der Leserbriefstudie ist dieses Defizit flagrant.

4. La dénonciation publique (DP)

Schon beim Überblättern von DP fällt ein Diagramm auf (DP 271), dessen Format aus den *Feinen Unterschieden* her vertraut ist. Der Eindruck bestätigt sich. Boltanskis Leserbriefstudie führt eine „faktorielle Korrespondenzanalyse" durch. Insofern schließt DP auf den ersten Blick sehr viel unmittelbarer an die früheren Arbeiten von Bourdieu an als EW selbst. Boltanski untersucht in der erstmals 1984 veröffentlichten Studie Versuche der Politisierung von Ungerechtigkeit: Unter welchen Bedingungen ist eine *Anschuldigung* im öffentlichen Raum akzeptabel?[9] Unter dieser Fragestellung bearbeitet Boltanski einen Korpus von 275 Leserbriefen, die in den Jahren 1979 bis 1981 bei *Le Monde* eingegangen sind. Er stellt sich dabei die Frage, welche Regeln darüber entscheiden, ob ein bezichtigender Leserbrief als *politisch* wahrgenommen wird und Anlass zu weiteren Recherchen von Seiten der Redaktion gibt[10] – oder ob er von vornherein als Dokument eines *pathologischen* Autors eingestuft und zur Seite gelegt wird. Um dieses *Risiko der Vorauswahl* zu spezifizieren, analysiert Boltanski die Leserbriefe unter dem Gesichtspunkt einer doppelten Konstruktionsleistung: der Konstruktion einer *cause* (eines Politikums) – und eines Kollektivs.

Die Leserbriefe, zwischen zwei und 40 Seiten lang, tragen höchst disparate Anliegen vor, so dass es aussichtslos wäre, sie nach Themen zu ordnen. Ähnlich wie in EW geht es um singuläre Lebenslagen, um Erfahrungen von Not und Ungerechtigkeit, die aber den Kategorien sozialstaatlich zugesicherter Ansprüche nicht entsprechen. Im Unterschied zu Anträgen, die an Behörden gerichtet sind, unterliegen sie einem Auswahlverfahren, dessen Ausgang wesentlich

---

9   „Dénonciation" übersetze ich im folgenden mit „Anschuldigung", „dénonciateur" mit „bezichtigend" oder „Bezichtigender", weil „Denunziation" oder „Denunziant" gegen die Absicht, die Boltanski mit der Operationalisierung dieses Begriffs verfolgt, so klingt, als ginge es um die Beschäftigung mit einer dauerhaft pathologischen Eigenschaft oder die Identifikation einer „querulantischen" Population.

10 Es geht also nicht um den Abdruck von Leserbriefen (*Le Monde* verzichtet auf Leserbrief-Seiten), sondern um eine journalistische Aufarbeitung von Fällen, die eine Veröffentlichung in der Rubrik „société" zur Folge haben kann.

schwerer zu kalkulieren ist. Während die Wahrscheinlichkeit, zum Beispiel einen Antrag auf Sozialhilfe „durchzubekommen", relativ genau berechnet werden kann, ist dies abseits formal geregelter Verfahren im Fall eines Leserbriefes, der das Anliegen einer Person oder eines Kollektivs vorträgt, das (noch) nicht als politische Kategorie anerkannt ist, weitaus schwieriger vorauszusehen.[11] Die Leserbriefe werden mit anderen Worten als Dokumente des Versuchs einer politischen Mobilisierung interpretiert. Um nicht von vornherein aussortiert zu werden, müssen sie eine möglichst skandalöse Angelegenheit vortragen, aber dabei gewissen Auflagen der Darstellung genügen. Im Einzelnen unterscheidet Boltanski die Briefe nach *grafischen Eigenschaften* (Tipp- und Schreibfehler, Qualität des Schriftbildes, Lesbarkeit, Hervorhebungen und Unterstreichungen), nach *stilistischen und rhetorischen Eigenschaften* (Verwendung von Titeln, Briefköpfen und Stempeln; Verwendung juristischer und wissenschaftlicher Argumentationsformen; Drohung mit weiteren Enthüllungen; Geständnis; Neologismen; Indizien für Autozensur; Wiederholungen; stilistische Dissonanzen; chronologische Aufbereitung), nach *den Briefen beigefügten Anlagen und Belegen* (Prozessakten, persönliche Briefe) sowie Grunddaten der *Beschreibung der Affäre* (Dauer, Verhältnis zu anderen Affären, institutionelle Interventionen, symbolische Aktionen, Interventionen namhafter Persönlichkeiten) (DP 263ff.). Anhand dieser Gruppen von äußerlichen Eigenschaften der Leserbriefe lässt sich das Arsenal beschreiben, aus dem die Leserbriefautorinnen und -autoren schöpfen, um „das aktanzielle System" der Anschuldigung zu konstruieren, das Boltanski als eine vierstellige Relation aus Opfer, Angeklagter, Bezichtigender und Richter auffasst und wie folgt in einem Koordinatensystem zur Abbildung bringt:

---

11 Es entspricht der Praxis der redaktionellen Arbeitsteilung bei Le Monde, dass Verlautbarungen etablierter politischer Akteure (Parteien, Gewerkschaften, Verbände) nicht berücksichtigt wurden. Diese Post wird sogleich in die entsprechenden Fachredaktionen weitergeleitet. Ebenfalls unberücksichtigt blieben – in der Redaktionspraxis wie in Boltanskis Auswertung – Briefe, die kein konkretes Opfer benennen (etwa „die Menschheit" oder „die Gesellschaft").

Abb.1: Das System der Akteure (vgl.: Boltanski 1987: 152f.)

"kollektiv"

Bezichtigender eingeschränktes Kollektiv

Bezichtigender umfangreiches Kollektiv

Bezichtigender zweifelhaftes Kollektiv

Opfer Individ., das zum allgem. Anliegen wird

Opfer - Bezichtigender Mitgliedschaft in derselben Interessengemeinschaft

Opfer neugegründetes Kollektiv

Opfer - Bezichtigter unpers. Beziehung

Bezichtigter Kollektiv   1

Bezichtigter autorisierter Vertreter

Bezichtigender autorisiertes Individ.

Opfer - Bezichtigter berufl. Beziehung

Opfer Individ., das zum allgem. Anliegen wird

Beziehungen "persönlich"

Opfer Familien

Bezichtigter beziehung

Opfer Individ., das zum allgem.

"unpersönlich"

Anliegen werden kann

4   Opfer-Bezichtigender berufl. oder freundschaftl. Beziehung   3   2   Opfer unbest. Gruppe

5

6

Opfer - Bezichtigter Nachbarschaftsbeziehung

Opfer Einzelperson

7

Opfer - Bezichtigender keine Beziehung

Bezichtigter identifiziertes Individ.

Opfer - Bezichtigender Familienbeziehung

Opfer - Bezichtigender identische Einzelperson

8

Opfer - Bezichtigter keine Beziehung

9

10

Bezichtigender anonym. Individ.

Bezichtigter unbekannt

"privat"

Legende: Die Zahlen 1-10 bezeichnen die Normalitätsurteile von ganz normal bis absolut unnormal.

Wo Bourdieu in *Die feinen Unterschiede* die Kapitalmenge anzeigt (y-Achse), ist in Boltanskis Koordinatensystem auf einer Skala von „singulär" bis „kollektiv" die Größe der Aktanten abzulesen.[12] a) Die *Größe des Bezichtigenden* reicht von anonymen Individuen über Einzelpersonen, Einzelpersonen als Vertretern einer kleinen Gruppe bis hin zu Vertretern stark institutionalisierter Gruppen. Analog bestimmt sich b) die *Größe des Opfers* (zufälliger Einzelfall, Einzelfall mit „strukturellen" Ursachen, kollektive Personen, große Gruppen), c) die *Größe des Angeklagten* (aufsteigend von: unbekanntes Individuum, singuläres Individuum mit Namen, autorisierter Repräsentant einer Gruppe bis kollektive Person) und d) die *Größe des Richters* (die hier konstant ist: die Redaktion einer nationalen französischen Tageszeitung) (DP 268ff.).

Die x-Achse – in Bourdieus Schema die Verteilung zwischen kulturellem und ökonomischem Kapital – ergibt sich in DP aus der Kodierung der *Nähe zwischen Bezichtigendem und Opfer* (unbekannt, militante Beziehung, professionelle Beziehung, freundschaftliche Beziehung, Mitglieder einer Familie, dieselbe Person) sowie der *Nähe zwischen Opfer und Angeklagtem* (keine Beziehung, unpersönliche Beziehung, professionelle Beziehung, Nachbarn, Familienmitglieder) (DP 270).

Stimmt es, dass diejenigen Fälle, die durch ausnahmslos große Aktanten (y-Achse: „oben") und eine große Distanz zwischen den Beteiligten (x-Achse: „rechts") gekennzeichnet sind, die größten Chancen auf eine Veröffentlichung haben? Boltanski testet diese Hypothese, indem er die Leserbriefe Testpersonen mit der Anweisung vorlegt, spontan die „Normalität" der Autoren einzuschätzen – und sieht sich bestätigt: Die Normalitätsurteile verlaufen in einer Diagonale von links unten („kleine Aktanten", „große Singularität der Beziehungen") nach rechts oben („große Aktanten", „hohe Distanz der Beziehungen"). In der Interpretation dieses Ergebnisses hebt Boltanski zwei Bedingungen für die Akzeptanz einer normalen Anschuldigung hervor: Die erste Bedingung sei erfüllt, wenn die Aktanten ungefähr homologe Positionen auf der Achse singulär/kollektiv besetzen, also dieselbe relative Größe haben. Als nicht normal gilt zum Beispiel, wenn ein Familienvater in einem Leserbrief ein politisches Programm entwickelt, um auf einen Konflikt mit seinen Kindern aufmerksam zu machen.

Dieser Autor hätte zugleich die zweite Bedingung für die Akzeptanz einer Anschuldigung verletzt, welches die größtmögliche Alterität der am System der Anschuldigung Beteiligten verlangt. Der Verdacht der zu großen Nähe bestehe prinzipiell, wenn das Opfer einer Ungerechtigkeit öffentlich zur Anschuldigung

---

12   Boltanski spricht im Anschluss an Latour und Callon (1981) von „Aktanten" variabler Größe, weil auf diese Weise alle Beteiligten mit demselben Begriff bezeichnet werden können – „ob es sich um Einzelpersonen, um etablierte Kollektive oder um Kollektive auf dem Weg zur Etablierung handelt (zum Beispiel ‚die Korsen', ‚die Frauen', usw.), oder auch um Kollektive, die in den Darlegungen auftauchen, deren Existenz aber umstritten ist ..." (DP 266; dt.: JP)

in eigener Sache antrete. Wenn Opfer und Ankläger Mitglieder derselben Familie oder gar identisch sind, liege es nahe, die Alterität in frage zu stellen (bezogen auf die Beziehungen Opfer/Bezichtigender und Opfer/Angeklagter) und statt dessen ein Partikularinteresse zu unterstellen. Diese Strategie der Abwehr einer Anschuldigung bezeichnet Boltanski als „soziologische Reduktion" (DP 285). Um dieser Reduktion keine Anhaltspunkte zu geben, müsse die Darstellung des Konfliktes weitgehend „de-singularisiert" werden. Die Transformationsleistungen, die nötig sind, um eine persönliche Affäre („ein Familienroman") in einen kategorialen Konflikt („eine Gerichtsverhandlung") zu übersetzen, fasst Boltanski unter dem Begriff der „Forminvestition" zusammen (DP 286, 292; vgl. Thévenot 1984).

Zusätzlich zu diesen Forminvestitionen zur Erhöhung von Alterität unternehmen Bezichtigende *Manöver der Vergrößerung*. Sie vergrößern entweder sich selbst, indem sie Titel nennen, Beziehungen zu prominenten Persönlichkeiten erwähnen oder Größen der Geschichte oder Literatur zitieren (Zola: „J'accuse"). Weitere Strategien der Vergrößerung sind stilistischer Art: die Verwendung der ersten Person Plural („wir" statt „ich"), Briefköpfe, Erhöhung der Zahl unterzeichnender Personen (DP 308ff.). Analog sei es möglich, das Opfer zu vergrößern oder es möglichst „exemplarisch" erscheinen zu lassen (DP 306ff.).

Diese Manipulation der Größe sei notwendig, um die Größe der Aktanten an die Dimensionen des Richters anzupassen (DP 298). Sie erfolgen also mit dem Ziel, der Anschuldigung den Charakter von Normalität zu verleihen. Ironischerweise steige nun aber genau durch diese Manöver der Vergrößerung das Risiko, den Normalitätssinn des Publikums zu strapazieren. Sei es, dass die Selbstverdopplungsstrategien der bezichtigenden Person durch die Aufzählung disparater oder bedeutungsloser Titel *lächerlich* wirken. Sei es, dass die Vergrößerung des Opfers nicht nachvollziehbar ist. Die Konstruktion einer erfolgreichen Anschuldigung unterliege ähnlichen Regeln wie die Generalisierung einer soziologischen Fallstudie: Der Übergang vom singulären Fall zu seiner Verallgemeinerung müsse behutsam erfolgen und anhand sehr allgemeiner Kriterien überprüfbar sein. Seien diese Bedingungen nicht erfüllt, komme es zu Unstimmigkeiten, die der Common Sense sofort mit der „pathologisierenden" Reduktion bestrafe. Werde bei Manövern der Vergrößerung das Gebot der Homologie der Aktanten nicht beachtet, werde unweigerlich der Normalitätssinn des Bezichtigenden in Zweifel gezogen (DP 306f.).

Um erfolgreich zu sein, dürfen Anschuldigungen weder der „soziologischen" noch der „pathologisierenden" Reduktion Vorschub leisten, andernfalls endet der Mobilisierungsversuch im Papierkorb. Die These, die DP zur praxistheoretischen Problemstellung der Armuts- und Ungleichheitsforschung beisteuert, lautet: Um Erfahrungen erlittener Ungerechtigkeit zur Sprache zu bringen, um zu einer wirkungsvollen Repräsentation von Armut und Ungleichheit zu gelangen, müssen viele Operationen der *Gleichsetzung*, der *Annäherung* und der *Generalisierung* in konsistenter Weise durchgeführt werden. Dieser Befund wäre nicht weiter überraschend, wenn diese Urteilskompetenz ungleich verteilt wäre, was aber nicht der Fall zu sein scheint: Kurz vor Ende der knapp über 100-seitigen Studie bemerkt Boltanski ein wenig lapidar, die zur Gegenkontrolle durchgeführten Analysen nach sozioprofessionellen Kategorien, Geschlecht, Alter und Wohnort führten zu keinem signifikanten Ergebnis (DP 343). Auch wenn dieser Befund angesichts der Auswahl der Zeitung und der relativ homogenen Zusammensetzung der Jury (DP 265) nur eingeschränkt generalisierungsfähig ist, werde ich ihn im Folgenden auf das praxistheoretische Problem der Armuts- und Ungleichheitsforschung beziehen.

5. Neubestimmungen des Verhältnisses zwischen Politik und Forschung

„[I]n modernen Wohlfahrtsstaaten [ist] das meiste Armutswissen ein professionelles, nach wissenschaftlichen Methoden geschaffenes" (Barlösius 2001a: 77). Etliche historisch-soziologische Arbeiten haben auf den hohen Grad der Verwissenschaftlichung des sozialpolitischen Umgangs mit Armut aufmerksam gemacht. Die Genese des modernen Wohlfahrtsstaates wurde in Verbindung mit der Erfindung eines „Risikomanagements der Armut" gebracht, das eng mit dem Aufstieg sozialwissenschaftlicher Disziplinen zusammenhänge (Ewald 1993; Evers/Nowotny 1987; P.Wagner 1990). Es wurde überzeugend dargelegt, dass insbesondere Instrumente der Sozialstatistik als „Vertrauenstechnologien" (Porter 1995) wirksam waren und eine „Politik der großen Zahl" ermöglicht haben (Desrosières 1993). Aus Perspektive der Wissenschaftsforschung erscheint die „klassische" Verbindung zwischen Armutsforschung und Armutspolitik daher als ein historisch und kulturell höchst voraussetzungsreicher Kompromiss.

Inzwischen wurde jedoch die wissenschaftssoziologische Großthese vorgebracht, derzufolge dieser Modus der Wissensproduktion, der durch eine scharfe Trennung zwischen Grundlagenforschung (politikneutrale Wissenschaft) und angewandter Forschung (Politikberatung) gekennzeichnet war, implodiert ist. Wenn es keinen Sinn mehr macht, zwischen diesen Bereichen zu unterscheiden, wie wäre der neue Modus der Wissensproduktion adäquater zu beschreiben (vgl. Gibbons et al. 1994; Nowotny/Scott/Gibbons 2001)?

Über die eingangs zitierten „Episoden" hinaus lassen sich Anzeichen genug dafür finden, dass in den vergangenen Jahren auch im Bereich der Armutsforschung eine „blackbox" geöffnet wurde, in der das Verhältnis zwischen Sozialwissenschaft und sozialpolitischer Praxis für einige Zeit stabil und selbstverständlich schien. Die Aufmerksamkeit dafür, dass die Sozialwissenschaften längst nicht mehr nur einen unabhängigen Beitrag zur sozialstaatlichen Lösung des Armutsproblems liefern, sondern selbst zum Teil des Problems geworden sind, wächst. Zu einer Neuaushandlung des Verhältnisses zwischen Armutsfor-

schung und Armutspolitik gibt es nur zwei Alternativen: Rückzug der Armutsforschung auf positivistische Ansprüche oder Auflösung der Armutsforschung
in Armutspolitik. Während sich EW und DP der praxistheoretischen Herausforderung angenommen haben, zeigen sich die auf Armuts- und Ungleichheitsforschung spezialisierten Forschungszusammenhänge von der aktuellen Kritik
weitgehend unbeeindruckt.

(1) Kritik an der Abstraktion: „Das alltägliche Verständnis von Armut, das aus
    der unmittelbaren, lebensnahen Anschauung und Erfahrung von Not und E-
    lend erwächst, wird ... einem enormen Abstraktionsprozess unterworfen. ...
    [A]lle sinnlichen Eindrücke von Not und Mangel sind aus diesen [wissen-
    schaftlichen Armutsstudien; JP] weitestgehend getilgt" (Barlösius 2001a:
    75).

(2) Kritik der fehlenden Relationalität des Armutsbegriffs: „Eine Folge der
    abstrahierenden Begriffsarbeit ist, dass der relationale Charakter von Armut
    aus dem Blickfeld rückt ... Armut wird zunehmend substantialistisch aufge-
    fasst, zumeist als Ressourcenmangel, obwohl es sich um ein gesellschaftli-
    ches Verhältnis handelt, welches durch die Beziehung der Nicht-Armen zu
    den Armen ... hergestellt wird ... Die gesellschaftliche Beziehung der Armen
    zur Gesamtgesellschaft, dieses relationale Geschehen, wird in einen distribu-
    tiven Ausdruck übersetzt" (ebd. 75).

(3) Kritik an einer homogenen Gesellschaftskonzeption: „[A]us der Perspektive
    der Gesamtgesellschaft wird der Maßstab für Verarmung festgelegt, der ei-
    nen Common Sense darüber beinhalten soll, was in der Gesellschaft als not-
    wendig gilt, um dieser zuzugehören. Damit wird eine "objektivierende Zent-
    ralperspektive" eingenommen ..., die einen alle Perspektiven zusammenfas-
    senden, absoluten Standpunkt für sich behauptet und diesen damit begrün-
    det, nicht in das Armutsgeschehen verstrickt zu sein" (ebd. 76).

Im nächsten Abschnitt werden die beiden Studien anhand dieser Kriterien ver-
glichen. Es wird sich herausstellen, dass der dritte Kritikpunkt am schwersten
einzulösen ist und von Bourdieu und Boltanski sehr unterschiedlich behandelt
wird. Dies gibt Anlass, die beiden Studien auf begriffsstrategische Festlegungen
hin zu untersuchen, und dabei – im Fall Bourdieu retrospektiv, im Fall Boltanski
prospektiv – den engeren Rahmen des Vergleichs zu verlassen.[13]

---

13 Während Reckwitz (2000) eine Konvergenz praxistheoretischer Forschungsprogramme nach-
    zuweisen versucht, geht es hier um eine Divergenzbehauptung. Reckwitz sieht (und befördert)
    unter dem Titel „Theorie sozialer Praktiken" eine umfassende Tendenz zur Eingemeindung
    von Theoriesträngen sehr unterschiedlicher Herkunft. Das Argument dieses Textes funktioniert
    spiegelverkehrt: Ich sehe mit Blick auf zwei Autoren, die über längere Zeit intensiv zusam-
    mengearbeitet haben, eine Divergenz praxistheoretischer Angebote.

6. Das Elend der Welt und La dénonciation publique als methodologische Statements

Im Anschluss an DP behandelt Boltanski Anschuldigungen als *Modellsituationen* für die Entwicklung eines neuen Modells sozialer Ordnung. Die Beschäftigung mit Situationen der Rechtfertigung, die durch einen Imperativ der Generalisierung gekennzeichnet sind, steht im Zentrum der Folgearbeiten (Boltanski/Thévenot 1991; Boltanski/Chiapello 1999; vgl. Potthast 2001). Anlässlich der Veröffentlichung der zweiten Version der Leserbriefstudie (1990) erklärt Boltanski allerdings, die Frage nach den „Regeln der akzeptablen Anschuldigung" müsse gegenüber der Operationalisierung in dieser Studie noch erheblich überarbeitet werden. Die Schwäche, die es zu überwinden gelte, sei, dass die Stelle des Richters im aktanziellen System als konstant angenommen wurde. Dies impliziere, dass die Größe der übrigen Aktanten immer an der festen Größe des Richters gemessen würde. Von diesem Problem, auf das später durch eine Pluralisierung von Äquivalenzkriterien und Rechtfertigungsordnungen reagiert wird (Boltanski/Thévenot 1991), einmal abgesehen, setzt Boltanski wiederholt an dem Befund an, dass der Erfolg von Anschuldigungen nicht auf eine Ungleichverteilung kulturellen Kapitals zurückgeht, sondern auf die Wirkung eines „Normalitätsfilters", den er immer genauer zu fassen versucht.

Hatte er in einer früheren Arbeit noch argumentiert, intellektueller Habitus sei auf Klassen-Habitus zurückzuführen (Boltanski 1973: 132), ist er seit der Leserbriefstudie weit davon entfernt zu behaupten, es gebe so etwas wie den Habitus des erfolgreichen Denunzianten. Es gehört fortan nicht mehr zu seinen Forschungsinteressen, die Ungleichverteilung von Definitionsmacht zu erklären, und er distanziert sich deutlich von einer Soziologie, die auf die Wirksamkeit langfristiger Dispositionen abstellt (vgl. Dodier 1993). Bourdieus These, dass die habituelle Stabilität von Wahrnehmungs- und Bewertungsmustern für eine Aufrechterhaltung dieser Ungleichverteilung verantwortlich sei, betrachtet er als eine Neuauflage klassischer Religionskritik. Die Einschätzung, dass Bourdieus Soziologie zu einseitig auf die Dekonstruktion von Klassifizierungs- und Deutungsmonopolen ausgerichtet ist, die soziale Ungleichheit verschleierten, ist gerechtfertigt: „Die Soziologie enthüllt die Selbsttäuschung, den kollektiv aufrechterhaltenen ... Verblendungszusammenhang, der in allen Gesellschaften die heiligsten Werte und damit die soziale Existenz fundiert" (Bourdieu 1982b: 32). Boltanski bezeichnet dieses Projekt der Desakralisierung als „kritische Soziologie". In einer Variation auf Bourdieus Wortspiel, Soziologie sei „die Wissenschaft des Glaubens" (*science de la croyance*), die „den Glauben in die Wissenschaft" (*croyance dans la science*) voraussetze (Bourdieu 1982b: 56), gibt er zu bedenken: „So gesehen ist für diese polemische Soziologie alles Glauben, und zwar ‚nur' Glauben, was darauf hinausläuft zu sagen, dass der Glauben nichts ist."[14]

Vor EW hatte Bourdieu nach und nach unterschiedliche Felder der herrschenden Kultur – Bildungssystem, Kunst, Intellektuelle, Wissenschaft – ins Visier genommen (Bourdieu/Passeron 1970; Bourdieu 1984; Bourdieu 1989). Diese Studien wurden als Kampf gegen herrschende Repräsentationen inszeniert, die es zu entlarven galt. Der Soziologieprofessor verstehe die Ausübung seines Berufs als Kampfsport, behauptet ein Dokumentarfilm über Bourdieu (*La sociologie est un sport de combat*, Pierre Carles, Frankreich 2001). Im zähen Kampf gegen die Übermacht des symbolischen Terrorismus (Bourdieu 1982a: 797) hat Bourdieu das methodologische Arsenal der Reflexivität entwickelt, das es ihm erlaubt, die Reaktionen seiner Gegner – wie ein erfahrener Boxkämpfer – zu antizipieren. Die Konstruktion des Gegenstandes begreift er als eine Serie von Kampfhandlungen zur Beseitigung politischer und sozialer Präkonstruktionen. Zu einer Soziologie, die kämpferisches *Studying-Up* betreibt, sieht er lange Zeit keine Alternative, bis er in der Elendsstudie (EW) zum ersten Mal *Studying-Down* betreibt. Aus harter Konfrontation und generalisiertem Verdacht wird eine Erkenntnishaltung der intellektuellen Liebe (siehe oben). Die Frage, ob in EW ein über Jahrzehnte perfektioniertes, an der klassischen Religionskritik geschultes und auf kämpferisches *Studying-Up* gegen „die herrschenden Repräsentationen" ausgelegtes Instrumentarium bewusst sparsam eingesetzt (Barlösius 1999) oder aufgegeben wird (Mayer 1995), kann daher mit sowohl als auch beantwortet werden. EW steht in tragischer Kontinuität zu den früheren, dem Programm der „kritischen Soziologie" verpflichteten Arbeiten. Die Forschungserfahrung ganz anderer Qualität, über die Bourdieu im abschließenden Methodenkapitel berichtet, ist nur dann überraschend, wenn man es wie der Autor gewohnt ist, bei der Konstruktion des Gegenstandes auf erhebliche Widerstände zu stoßen.

Bezogen auf die früheren Arbeiten Bourdieus kritisiert Boltanski den Reflex, Widerstände gegen soziologische Interpretationen in Analogie zur Freudschen Psychoanalyse als Teil des Symptoms zu behandeln und in ihrer sozialen Bedingtheit zu erklären. Er stellt dem die Beobachtung gegenüber, dass sich Akteure im Gegenteil sehr leicht damit tun, Interpretationsfiguren der „kritischen Soziologie" zu übernehmen (Boltanski 1990a: 47). Bestehe die soziologische Interpretation eines Konfliktes darin, ein verstecktes Partikularinteresse nachzuweisen, sei damit zu rechnen, dass diese Erklärung binnen kurzer Zeit als Teil des Konfliktes wieder auftaucht. Daher seien Erklärungen der „kritischen Soziologie" für die Analyse von Konflikten ungeeignet. Statt aufwendige Zusatzerklärungen für den Fall vorzusehen, dass eine soziologische Interpretation

---

14   „Ainsi, pour cette sociologie polémique tout est croyance, mais tout „n'est que" croyance, ce qui est aussi une façon de dire que la croyance n'est rien ..." (Boltanski 1990a: 43).

zurückgewiesen wird, verschreibt sich Boltanski dem Projekt, Regeln der Akzeptabilität von Anschuldigungen zu analysieren – gleichgültig, ob diese von Soziologen oder Laien vorgebracht werden. Die Feststellung, dass Laien in großem Umfang soziologische Erklärungen übernehmen und in ideologiekritischen Wendungen weiterverwenden, sei nicht vereinbar mit der Vorstellung, es gebe eine radikale Diskontinuität zwischen dem, was Personen bewusst wahrnehmen, und der „eigentlichen" Realität der sozialen Welt (ebd. 48).

Aussichtsreicher als eine Soziologie, die ihre Erklärungskraft von dieser Diskontinuität abhängig mache und ein Monopol der Kritik für sich reklamiere, sei eine Soziologie nach dem Vorbild der neueren Wissenschaftsforschung, die dieses Postulat der Asymmetrie zwischen Forschern und Beforschten aufgegeben habe.[15] Für die *kritische Soziologie* Bourdieus sei Sich-Täuschen Bedingung der Möglichkeit sozialer Ordnung, während *die Soziologie der Kritik* Prozesse der Kritik als ein internes Moment sozialer Ordnung begreife und sich darum bemühe, Möglichkeitsbedingungen der Kritik herauszuarbeiten. Boltanski empfiehlt, das Studium der „Illusion als solcher" abzubrechen und die „Anschuldigung als solche" zu untersuchen (DP 39; Boltanski 1990b). Dies entspricht seiner Überzeugung, dass wir nicht in einer Illusionsgesellschaft leben, in der soziale Ordnung auf der aktiven Selbsttäuschung fast aller Mitglieder beruht, sondern in einer „kritischen Gesellschaft" (DP 54). Anhand von DP und EW läst sich illustrieren, dass die Entscheidung entweder für *kritische Soziologie* oder *Soziologie der Kritik* im Hinblick auf die drei oben genannten Kritikpunkte erhebliche Auswirkungen hat.

Abstraktionsniveau

Beide Studien können als Anregungen gelesen werden, von einer Armuts- und Ungleichheitsforschung abzulassen, in der durch ein zu hohes Abstraktionsniveau Erfahrungen der Ausgrenzung und Karrieren der Armut kaum noch anschaulich werden. Beide Studien tragen Material von bemerkenswerter emotionaler Eindrücklichkeit zusammen – mit dem Unterschied, dass sich DP auf Versuche der Generalisierung eigenen oder fremden Leidens konzentriert, während EW Einzelschicksale weitgehend ihrer Partikularität überlässt. In der letzt-

---

15 Boltanski und Latour argumentieren hier sehr ähnlich. Das Projekt der kritischen Soziologie sei dem Modell nach Ausweitung von Religionskritik. Bei dem Versuch, Gegenstände wie Technik oder Wissenschaft zu besetzen, stoße diese Strategie der Expansion jedoch an ihre Grenze. „Once the substitution of the false objects of beliefs with the true objects of society has been effected, there is nothing more to comprehend in religion other than the power of society it so efficiently hides and expresses. So when our colleagues hear that there exist a sub-field dedicated to science and technology, they cannot but imagine that this field has tried to do for materiality and objectivity what has been done first for religion, and later for many other topics such as popular culture, media studies ... Except of course, that such a substitution cannot be accepted so easily about a topic - science, objectivity, universality - which alone is not like all the other objects of study in the social sciences" (Latour 2000:109).

genannten Studie wurden zwar Thesen über strukturelle Ursachen von Armut und Ausgrenzung zwischen den Interviewtranskripten platziert, aber es ist fraglich, ob die Betroffenen darin treffende Generalisierungen ihrer Fälle sehen, ihre Schicksale wiedererkennen und sich davon überzeugen lassen, sich ihre eigene Situation nicht länger als Folge persönlichen Scheiterns vorzuwerfen. Es steht zu befürchten, dass diese Darstellungsstrategie die Effekte hoher Anschaulichkeit mit dem Preis der Singularisierung bezahlt.[16]

Relationalität

EW endet mit einer Kritik der sozialwissenschaftlichen Unterstützung einer Praxis sozialstaatlicher Erfassung, die zu Verhörsituationen führe, aber nicht zum Verständnis der Lage der Ausgegrenzten beitrage. DP widmet sich bezichtigenden Leserbriefen, einem Genre, das unter anderem von Personen gewählt wird, deren Anliegen nicht auf das Format staatlicher Anträge zugeschnitten oder in solchen Verfahren gescheitert sind. Insofern tragen beide Studien dazu bei, den Umgang sozialstaatlicher Instanzen mit Armut und anderen Arten der Ausgrenzung zu dokumentieren.

Zwingt Armutsberichterstattung politisch Verantwortliche zur Rechtfertigung? Kann man davon ausgehen, dass Berichte *kraft ihres Formats* politisches Gewicht bekommen (Barlösius/Köhler 1999) und auf Regierungshandeln einwirken, indem sie Mechanismen der reflexiven Selbstkontrolle anregen (vgl. Beck 1993; Power 1997)? Die Leserbriefstudie akzentuiert die Frage der Relationalität des Armutsgeschehens durch die Konzentration auf das *Format* einer erfolgreichen Anschuldigung. Aus Bourdieus Perspektive muss dies befremdlich erscheinen, denn als Vertreter einer These der additiven Verstärkung von Macht und Definitionsmacht muss das Ergebnis, dass Konventionen der Akzeptabilität von Anschuldigungen nicht einmal in einem Verhältnis „relativer Abhängigkeit" zu „Kräfteverhältnissen" stehen, sein Misstrauen wecken.[17]

---

16 Aus Boltanskis Perspektive büßt EW durch den Verzicht auf bruchlose „Operationen der Vergrößerung" erheblich an kritischem Potenzial ein. Hinzu kommt, dass sich unter den interviewten Personen in nicht genannter Zahl „alte Bekannte" der Interviewerinnen und Interviewer befinden (EW 793), was einen klaren Verstoß gegen die Regel der größtmöglichen Alterität zwischen Opfer und Bezichtigendem darstellt.

17 Dies stände in Widerspruch zu dem Grundaxiom seiner Theorie symbolischer Gewalt: „Jede Macht zu symbolischer Gewalt, d.h. jede Macht, der es gelingt, Bedeutungen durchzusetzen und sie als legitim durchzusetzen, indem sie Kräftebeziehungen verschleiert, die ihrer Kraft zugrunde liegen, fügt diesen Kräfteverhältnissen ihre eigene, d.h. eigentlich symbolische Kraft hinzu ... Wer dieses Axiom zurückweist, das gleichzeitig die relative Autonomie wie die relative Abhängigkeit der symbolischen Verhältnisse gegenüber den Kräfteverhältnissen ausdrückt, würde die Möglichkeit einer soziologischen Wissenschaft leugnen ..." (Bourdieu/Passeron 1973: 12).

Heterogeneität

Kann die Relationalität des Armutsgeschehens nur in Begriffen der *Macht* gefasst werden? Bourdieu hat sich früh darauf festgelegt. „Gewalt" werde von „symbolischer Gewalt" verstärkt, indem Kräfteverhältnisse als solche verschleiert werden. Darin bestehe „*die* Macht *der* Repräsentation" (Bourdieu: 1990: 94ff.). Boltanski wendet sich gegen die Verwendung dieses Erklärungsmodells, das den Rekurs auf Gemeinwohl systematisch auf die gewaltförmige Durchsetzung von Partikularinteressen reduziert. Während es ein wichtiges Element der Anschuldigung sei, die Rechtfertigungen der Gegner zu zerstören und das Gemeinwohl nur auf der eigenen Seite zu sehen, sei für die soziologische Interpretation von Konflikten eine symmetrische Betrachtungsweise geeigneter (Boltanski 1990a: 35).

In der Reinterpretation der Leserbriefstudie schlägt Boltanski vor, Anschuldigungen als ein Aufeinandertreffen heterogener Prinzipien politischer Ordnung zu beschreiben (ebd. 31). Während die Autorin oder der Autor einer Bezichtigung gezwungen sei, so zu tun, als gebe es nur eine Rechtfertigungsordnung (ebd. 33), müsse die soziologische Analyse solcher Konflikte in der Lage sein, Situationsbeschreibungen auf unterschiedliche Konstruktionen von Gemeinwohl hin zu untersuchen. Um diesen Gewinn analytischer Distanz zu erreichen, gelte es, ein Modell der Pluralität von Formen politischer Generalisierung zu entwickeln (ebd. 29).

Mit Rekurs auf das Modell der Rechtfertigungsordnungen, das inzwischen vorliegt (Boltanski/Thévenot 1991), können Auseinandersetzungen um die Repräsentation von Armut und Ungleichheit als Gerechtigkeitsprobleme analysiert werden. Solche Studien wären aussichtsreich, weil sie weder einen eindimensionalen gesellschaftlichen Grundkonsens voraussetzten noch in ideologiekritischer Absicht jede Wirksamkeit von normativen Ordnungen leugneten. Die Hoffnung, auf diesem Weg einer Suspendierung von Werturteilen zu einer Armutsdefinition zu gelangen, die allein durch empirische Gerechtigkeitsforschung gesichert ist, wäre allerdings überzogen.

7. Schluss

Die Autorinnen und Autoren von EW gehen davon aus, dass „die Macht der Repräsentation" ungleich verteilt ist. Am Beispiel der Krise der Banlieue argumentiert Patrick Champagne, dass die Berichterstattung zwar für Aufmerksamkeit gesorgt, durch ihre stigmatisierende Wirkung aber die Lage der Betroffenen deutlich verschlechtert habe (EW 75-92). Die Regeln des journalistischen Feldes – Sensationsbedarf, Konkurrenz um Aktualität – verschärften noch die Ungleichverteilung der Repräsentationsmacht. „[D]ie Produktion des Ereignisses entzieht sich fast gänzlich dem Einflussbereich dieser Bevölkerungsgruppen"

(EW 77). „Die Beherrschten sind kaum in der Lage, die gesellschaftlichen Repräsentationen über sich selbst zu kontrollieren" (EW 78). „Anstatt dass sie selbst zu Wort kommen, wird über sie gesprochen. Und wenn sie zu den Herrschenden sprechen, dann neigen sie dazu, sich eines ausgeborgten Diskurses zu bedienen, nämlich des Diskurses, den die Herrschenden über sie halten" (EW 79).

Vor dem Hintergrund dieses „Teufelskreises" (EW 79) ziehen die Autorinnen und Autoren von EW den armutspolitischen Schluss, dass eine Umverteilung der Definitionsmacht gegen die Logik der Ereignisberichterstattung damit beginnt, „die einfachen Leute über ihren Alltag [zu] befragen" (EW 83). In der Tat gewähren sie den Selbstdarstellungen der Beforschten außerordentlich viel Raum. Diese Zeugnisse der „alltäglichen Misere" werden jedoch nicht einmal ansatzweise als Versuche interpretiert, Definitionsmacht zu erlangen. Die Aufgabe, Beziehungen zwischen diesen Stellungnahmen herzustellen, blieb ausschließlich den soziologischen Autorinnen und Autoren vorbehalten.

Dass diese Arbeitsteilung geeignet ist, um der Misere zum Ausdruck zu verhelfen, dafür steht neben der Analogie der Psychoanalyse („zur Selbstanalyse provozieren und darin unterstützen") (EW 792) eine Metapher, die besondere Aufmerksamkeit verdient: Armutsforscher seien „Geburtshelfer" (EW 796). Das mag bescheiden gemeint sein, schließlich bleibt die Hauptarbeit bei der Mutter. Der Geburtshelfer darf aber an der Freude an der Geburt („bonheur d'expression") (EW 792) teilhaben. Das „wahre Wunder" (ebd.), das die an einem gelungenen Interview Beteiligten erleben, bleibt dank der gewählten Dokumentationsform in einer „dramatischen Intensität und emotionalen Kraft" (EW 799) erhalten, denen die Leserinnen und Lesern nur staunend und fassungslos – also ohne Begriffe – begegnen können. Armutsforscher als Geburtshelfer holen selbstverständlich nur heraus, „was schon da war" (EW 792). Dafür bürgt die Evidenz einer „vollkommen außergewöhnlichen Kommunikationssituation" (EW 791).

Die Leserbriefstudie ist genau in diesem Punkt überzeugender. Es käme tatsächlich auf einen Versuch an, die Interviewtranskripte nicht roh zu belassen, sondern im Sinne Boltanskis aufmerksam auf Phänomene der „Kritik im Alltag" hin zu re-interpretieren, für die er in DP aufmerksam geworden ist.

Die Entdeckung, dass Situationen der Kritik in einer „kritischen Gesellschaft" alltäglich sind, bringt Boltanski zu einer originellen Reformulierung des Problems der Verbindung zwischen wissenschaftlicher Beschreibung und wissenschaftlicher Kritik. Er bricht mit der Vorstellung, dass dieses Problem nur die Wissenschaft betrifft. Den Exklusivitätsanspruch aufzugeben, dass nur die Wissenschaft „fundiert" kritisieren kann, sei die Voraussetzung dafür, die Regeln dieser Fundierung empirisch zu erforschen.

Da die Normalitätsgrammatik, auf deren Beherrschung es in „kritischen Situationen" ankommt, nicht im Sinne der Sozialstrukturanalyse „verteilt" ist, kann die Armuts- und Ungleichheitsforschung nur indirekt von den Arbeiten

Boltanskis profitieren. Wenn sie kritische Absichten verfolgt, könnte sie dazu übergehen, eine Mindestforderung zu erfüllen, die für alle „normalen Anschuldigungen" gilt und darin besteht, die Vorstellungen sozialer Gerechtigkeit zu explizieren, die Urteilen über Ungleichverteilungen zu Grunde liegen. Weiterhin läge es im Interesse einer Politisierung sozialer Ungleichheit, nach dem Vorbild von DP gezielt Fallstudien über Phänomene der Querulanz zu unternehmen, um die Aufmerksamkeit der Forschung auf Formen der Ausgrenzung und Versuche der Mobilisierung zu lenken, für die es (noch) keine anerkannten politischen Kategorien gibt. Wahrscheinlich unterschätzen die Sozialwissenschaften das Phänomen der Querulanz. Vielleicht glauben sie es einfach nicht, dass Akte der Denunziation, für sich genommen, völlig normal und alltäglich sind.[18]

Literatur

Barlösius, E., 1999: "Das Elend der Welt". Bourdieus Modell für die "Pluralität der Perspektiven" und seine Gegenwartsdiagnose über die "neoliberale Invasion". Bios 12: 3-27.

Barlösius, E., 2001a: Das gesellschaftliche Verhältnis der Armen – Überlegungen zu einer theoretischen Konzeption einer Soziologie der Armut. S. 69-94 in: E. Barlösius/W. Ludwig-Mayerhofer (Hrsg.), Die Armut der Gesellschaft. Opladen, Leske+Budrich.

Barlösius, E., 2001b: Die Macht der Repräsentation. S. 179-202 in: E. Barlösius, H.-P. Müller/S. Sigmund (Hrsg.), Gesellschaftsbilder im Umbruch. Soziologische Perspektiven in Deutschland. Opladen, Leske+Budrich.

Barlösius, E./Köhler, B.M., 1999: Öffentlich Bericht erstatten - Repräsentationen gesellschaftlich umkämpfter Sachverhalte. Berliner Journal für Soziologie 4: 549-565.

Barlösius, E./Ludwig-Mayerhofer, W., 2001: Die Armut der Gesellschaft. S. 11-67 in: E. Barlösius/W. Ludwig-Mayerhofer (Hrsg.), Die Armut der Gesellschaft. Opladen, Leske+Budrich.

Beaud, S./Pialoux, M., 1999: Retour sur la condition ourvrière. Enquête aux usines Peugeot à Sochaux-Montbéliard. Paris, Fayard.

Beck, U., 1993: Die Erfindung des Politischen. Frankfurt/Main, Suhrkamp.

Becker, I./Ott, N./Rolf, G. (Hrsg.), 2001: Soziale Sicherung in einer dynamischen Gesellschaft. Festschrift für Richard Hauser zum 65. Geburtstag. Frankfurt/Main, Campus.

Bénatouïl, T., 1999: Faire de la sociologie. Critique et pragmatique en sociologie. Quelques principes de lecture. Annales histoires, sciences sociales 54: 281-317.

BMAS, 2001: Lebenslagen in Deutschland. Der erste Armuts- und Reichtumsbericht der Bundesregierung.

Boltanski, L., 1973: Erving Goffman et le temps du soupçon. Social science information 12: 127-147.

Boltanski, L., 1975a: La constitution du champ de la bande dessinée. Actes de la recherche en sciences sociales 1: 37-59.

---

18   „La dénonciation n'a, en elle-même, rien d'anormal" (DP 280).

Boltanski, L., 1975b: Les usages sociaux de l'automobile: concurrence pour l'espace et accidents. Actes de la recherche en sciences sociales 2: 25-49.

Boltanski, L., 1978: Les cadres autodidactes. Actes de la recherche en sciences sociales 22: 3-23.

Boltanski, L., 1979: Taxinomies sociales et luttes de classes. La mobilisation de «la classe moyenne» et l'invention des «cadres». Actes de la recherche en sciences sociales 29: 75-105.

Boltanski, L., 1980: L'université, les entreprises et la multiplication des salariés bourgeois (1960-1975). Actes de la recherche en sciences sociales 34: 17-44.

Boltanski, L., 1981: America, America. Le plan Marshall et l'importation du management. Actes de la recherche en sciences sociales 38: 19-41.

Boltanski, L., 1987: Bezichtigung und Selbstdarstellung: Die Kunst, ein normales Opfer zu sein. S. 149-169 in: A. Hahn/V. Kapp (Hrsg.), Selbstthematisierung und Selbstzeugnis: Bekenntnis und Geständnis. Frankfurt/Main, Suhrkamp.

Boltanski, L., 1990a: L'amour et la justice comme compétences. Paris, Métalié.

Boltanski, L., 1990b: Sociologie critique et sociologie de la critique. Politix 10/11: 124-134.

Boltanski, L., 1990c (frz. 1982): Die Führungskräfte. Die Entstehung einer sozialen Gruppe. Ffm., Campus.

Boltanski, L., 1993: La souffrance à distance: morale humanitaire, médias et politique. Paris, Métalié.

Boltanski, L./Chiapello, E., 1999: Le nouvel esprit du capitalisme. Paris, Gallimard.

Boltanski, L./Chiapello, E., 2000: Befreiung vom Kapitalismus? Befreiung durch Kapitalismus? Blätter für deutsche und internationale Politik 45: 476-487.

Boltanski, L./Chiapello, E., 2001: Die Rolle der Kritik in der Dynamik des Kapitalismus und der normative Wandel. Berliner Journal für Soziologie 11: 459-478.

Boltanski, L./Darré, Y./Schiltz, M.-A., 1984: La dénonciation. Actes de la recherche en sciences sociales 51: 3-40.

Boltanski, L./Godet, M.-N./Cartron, D., 1995: Messages d'amour sur le téléphone du dimanche. Politix 31: 30-76.

Boltanski, L./Thévenot, L., 1983: Finding one's way in social space: a study based on games. Social science information 22: 631-680.

Boltanski, L./Thévenot, L., 1987: Les économies de la grandeur. Paris, PUF.

Boltanski, L./Thévenot, L. (Hrsg.), 1989: Justesse et justice dans le travail. Paris, PUF.

Boltanski, L./Thévenot, L., 1991: De la justification. Les économies de la grandeur. Paris, Gallimard.

Boltanski, L./Thévenot, L., 1999: The sociology of critical capacity. European Journal of Social Theory 2: 359-377.

Boltanski, L./Thévenot, L., 2000: The reality of moral expectations. A sociology of situated judgement. Philosophical explorations 3: 208-231.

Bourdieu, P., 1972: Esquisse d'une théorie de la pratique. Genf, Droz.

Bourdieu, P., 1982a (frz. 1979): Die feinen Unterschiede. Frankfurt/Main, Suhrkamp.

Bourdieu, P., 1982b: Leçon sur la leçon. Paris, Minuit.

Bourdieu, P., 1984: Homo academicus. Paris, Minuit.

Bourdieu, P., 1987 (frz. 1980): Sozialer Sinn. Kritik der theoretischen Vernunft. Frankfurt/Main, Suhrkamp.

Bourdieu, P., 1989: La noblesse d'état. Grandes écoles et esprit de corps. Paris, Minuit.

Bourdieu, P., 1990 (frz. 1982): Was heißt sprechen? Die Ökonomie des sprachlichen Tausches. Wien, Braumüller.

Bourdieu, P. (Hrsg.), 1993 (dt. 1998): La misère du monde. Paris, Seuil.

Bourdieu, P. mit L. Boltanski, 1975a: La lecture de Marx: quelques remarques critiques à propos de Quelques remarques critiques à propos de «Lire le Capital». Actes de la recherche en sciences sociales 5/6: 65-79.

Bourdieu, P. mit L. Boltanski, 1975b: Le fétichisme de la langue. Actes de la recherche en sciences sociales 4: 2-32.

Bourdieu, P./Boltanski, L., 1975c: Le titre et le poste: rapports entre le système de production et le système de reproduction. Actes de la recherche en sciences sociales 2: 95-107.

Bourdieu, P. mit L. Boltanski, 1975d: L'ontologie politique de Martin Heidegger. Actes de la recherche en sciences sociales 5/6: 109-156.

Bourdieu, P./Boltanski, L., 1976a: La production de l'idéologie dominante. Actes de la recherche en sciences sociales 8/9: 4-73.

Bourdieu, P./Boltanski, L., 1976b: La science royale et la fatalisme du probable. Actes de la recherche en sciences sociales 8-9: 39-55.

Bourdieu, P. mit L. Boltanski, 1976c: Le sens pratique. Actes de la recherche en sciences sociales 7: 43-86.

Bourdieu, P./Boltanski, L./Maldidier, P., 1971: La défense du corps. Information sur les sciences sociales 10: 45-86.

Bourdieu, P./Passeron, J.-C., 1970: La reproduction. Paris, Minuit.

Bourdieu, P./Passeron, J.-C., 1973: Grundlagen einer Theorie der symbolischen Gewalt. Frankfurt/Main., Suhrkamp.

Bourdieu, P./Boltanski, L./Saint Martin, M., 1973: Les stratégies de reconversion. Les classes sociales et le système d'enseignement. Information sur les sciences sociales 12: 61-113.

Bourdieu, P./Chamboredon, J.-C./Passeron, J.-C., 1991 (frz. 1968): Soziologie als Beruf. Wissenschaftstheoretische Voraussetzungen soziologischer Erkenntnis. Berlin, De Gruyter.

Bourdieu, P./Wacquant, L., 1992: An invitation to reflexive sociology. Chicago, UP.

Callon, M./Latour, B., 1981: Unscrewing the big Leviathan: how actors macro-structure reality and how sociologists help them to do so. S. 277-303 in: K. Knorr-Cetina/A. V. Cicourel (Hrsg.), Advances in social theory and methodology. London, Routledge.

Desrosières, A., 1993: La politique des grands nombres. Histoire de la raison statistique. Paris, Découverte.

Desrosières, A./Thévenot, L., 1988: Les catégories socioprofessionelles. Paris, Découverte.

Didier, E., 1996: De l'"exclusion" à l'exclusion. Politix 34: 5-27.

Dodier, N., 1993: Review article: Action as a combination of "common worlds". Sociological review 41: 556-571.

Dosse, F., 1997: L'empire du sens. L'humanisation des sciences humaines. Paris, Découverte.

Evers, A./Nowotny, H., 1987: Über den Umgang mit Unsicherheit. Frankfurt/Main, Suhrkamp.

Ewald, F., 1993 (frz. 1986): Der Vorsorgestaat. Frankfurt/Main, Suhrkamp.

Frétigné, C., 1999: Sociologie de l'exclusion. Paris, Harmattan.

Gibbons, M./Limoges, C./Nowotny, H./Schwartzmann, S./Scott, P./Trow, M., 1994: The new production of knowledge. London, Sage.

Kreckel, R., 1992: Politische Soziologie der sozialen Ungleichheit. Frankfurt/Main, Campus.

Latour, B., 2000: When things strike back: a possible contribution of "science studies" to the social sciences. British Journal of Sociology 51: 107-123.

Lemieux, C., 2000: Mauvaise presse. Paris, Métalié.

Mayer, N., 1995: L'entretien selon Pierre Bourdieu. Revue française de sociologie 36: 355-370.

Müller, H.-P./Wegener, B., 1995: Die Soziologie vor der Gerechtigkeit. Konturen einer soziologischen Gerechtigkeitsforschung. S. 7-49 in: H.-P. Müller/B. Wegener (Hrsg.), Soziale Ungleichheit und soziale Gerechtigkeit. Opladen, Leske+Budrich.

Nowotny, H./Scott, P./Gibbons, M., 2001: Re-Thinking science. Knowledge and the public in an age of uncertainty. Cambridge, Polity.

Olivier de Sardin, J.-P., 2000: Le "je" méthodologique. Implication et explicitation dans l'enquête de terrain. Revue française de sociologie 41: 417-445.

Porter, T. M., 1995: Trust in numbers: The pursuit of objectivity in science and public life. Princeton, UP.

Potthast, J., 2001: Review Essay: Der Kapitalismus ist kritisierbar. Le nouvel esprit du capitalisme und das Forschungsprogramm der Soziologie der Kritik. Berliner Journal für Soziologie 11: 551-562.

Power, M., 1997: From risk society to audit society. Soziale Systeme 3: 3-21.

Reckwitz, A., 2000: Die Transformation der Kulturtheorien. Weilerswist, Velbrück.

Schmid, G./Oschmiansky, F./Kull, S., 2001: An der Debatte um Arbeitslose ist was faul. Frankfurter Rundschau, 9.10.01 (Dokumentation, S.17).

Schuleri-Hartje, U.-K./Potthast, J., 1995: Neue Armut - Handlungsansätze der Kommunen. DIFU-Materialien, 95-3. Berlin, Deutsches Institut für Urbanistik.

Thévenot, L., 1984: Rules and implements: investment in forms. Social science information 23: 1-45.

Wagner, G./Wiegard, W., 2001: Volkswirtschaftliche Forschung und Politikberatung. S. 770-788 in: I.Becker/N.Ott/G.Rolf (Hrsg.), Soziale Sicherung in einer dynamischen Gesellschaft. Festschrift für Richard Hauser zum 65. Geburtstag. Frankfurt/Main, Campus.

Wagner, P., 1990: Sozialwissenschaften und Staat. Frankreich, Italien, Deutschland 1870-1980. Frankfurt/Main, Campus.

Zapf, W., 2001: Die Wohlfahrtssurveys 1978-1998 und danach. S. 301-323 in: I.Becker/N.Ott/G.Rolf (Hrsg.), Soziale Sicherung in einer dynamischen Gesellschaft. Festschrift für Richard Hauser zum 65. Geburtstag. Frankfurt/Main, Campus.

Zimmermann, B., 1996: La constitution du chômage en Allemagne. Mise en forme d'une catégorie nationale des politiques publiques (1871-1927), Thèse de Doctorat de l'Institut d'Etudes Politiques de Paris.

Netzwerke als Kapital
Zur unterschätzten Bedeutung des sozialen Kapitals für die gesellschaftliche Reproduktion
Steffen Albrecht

1. Problemstellung

Die Sozialtheorie Pierre Bourdieus wird in der Rezeption häufig als Theorie sozialer Ungleichheit betrachtet. Sie ist vor allem im Bereich der Sozialstrukturanalyse ausgesprochen fruchtbar aufgenommen worden. Als umfassende Theorie des Sozialen, als welche sie von Bourdieu durchaus gemeint ist, wird sie jedoch viel seltener wahrgenommen.

Dem entsprechend kommt der so genannten Kapitaltheorie eine zentrale Rolle zu. Bereits in frühen Rezensionen wird eine solche im Werk identifiziert (vgl. DiMaggio 1979; Honneth 1984; Müller 1986), und bis in heutige Lehrbücher der Soziologie hinein wird sie als elementarer Theoriebaustein behandelt (vgl. Bohn/Hahn 1999). Der Begriff „Kapitaltheorie" meint dabei die Entwicklung eines spezifischen Konzeptes von „Kapital" als grundlegendes Element sozialer Strukturen. In lockerer, dabei dennoch die Denktradition wahrender Form lehnt sich Bourdieu an die Marxsche Terminologie an, um einen für die „praxeologische" Sozialtheorie zentralen Begriff zu etablieren. Dieser soll als kultur- und feldübergreifende Kategorie dazu dienen, soziale Praktiken vergleichend auf ihre gemeinsamen bzw. unterschiedlichen Regelmäßigkeiten hin zu analysieren.[1]

Überraschenderweise bleibt jedoch ein Bereich der Kapitaltheorie unterentwickelt: Der Begriff des „sozialen Kapitals" wird kaum aufgegriffen, er wird nur selten in empirischen Studien verwendet und in der Entwicklung der Theorie nicht fortgeführt – im Gegensatz etwa zum Begriff des „kulturellen Kapitals", der seit seiner Einführung ebenso vielfache Anwendungen wie Umwandlungen und Weiterentwicklungen erlebte.

Diese Feststellung betrifft sowohl Bourdieus eigene Arbeiten als auch die Rezeption. Abgesehen von einem Schwerpunktthema in der Zeitschrift „Actes de la Recherche en Sciences Sociales" (in der es allerdings nur zu „notes provi-

---

1   Zu den zentralen Schriften der Kapitaltheorie zählen Bourdieu 1976; 1982; 1983 sowie 1985.

soires" reichte – s. Bourdieu 1980) hat Bourdieu das Sozialkapital in den reiferen Jahren der Theorieentwicklung gegenüber den anderen Kapitalarten vergleichsweise stiefmütterlich behandelt.[2] In seinen empirischen Studien, die immer wieder den Anstoß für die theoretischen Entwicklungen gegeben haben, wird das soziale Kapital entweder mit sozialer Herkunft gleichgesetzt (Bourdieu 1982: 209) oder nur einseitig als Gruppenzugehörigkeit interpretiert und entsprechend operationalisiert (Bourdieu 1988: 307ff.). In der Rezeption wird es zwar häufig in exegetisch orientierten Schriften als Teil der Kapitaltheorie mitbehandelt (Müller 1986; Kreckel 1983), doch eine Weiterführung bzw. empirische Anwendung des Konzeptes findet sich kaum.[3]

In neuerer Zeit wurde auf die Vernachlässigung der dritten Kapitalsorte von einigen Autoren hingewiesen. So merkt Trezzini (1998: 536) an, das soziale Kapital sei von den drei Sorten „bisher theoretisch und empirisch am wenigsten elaboriert". Ähnlich sieht dies auch Erickson (1996: 218), die zu den Ergebnissen der „Feinen Unterschiede" bemerkt: „One theoretical problem with this two-capital model is neglect of a crucial *third* form of capital: ‚social capital'". Und auch Dangschat (1998: 60) vermisst eine eingehendere Behandlung dieses Aspektes: „Jenseits der Typologie verwendet Bourdieu diese Dimension [das soziale Kapital; St.A.] weder in seinem Struktur-Habitus-Praxis-Konzept, noch hat sie eine Bedeutung innerhalb des Konzeptes des sozialen Raumes". Doch liefern diese Autoren noch keine eigenen Beiträge, dem Mangel abzuhelfen.

Aus einer ganz anderen Richtung der Soziologie kommt dagegen ein gesteigertes und noch immer wachsendes Interesse für das Konzept des sozialen Kapitals. Forscher, die sich mit der Analyse sozialer Netzwerke beschäftigen, haben – auf der Suche nach einer Überwindung des lange Zeit bestehenden „theory gap" der Netzwerkstudien (vgl. Granovetter 1979; Emirbayer/Goodwin 1994; Emirbayer 1997) – das Konzept des „sozialen Kapitals" begierig aufgenommen und in verschiedene Richtungen weiterentwickelt (vgl. Lin et al. 2001). Dabei fällt allerdings auf, dass auf Bourdieus Theorie nur selten Bezug genommen wird. Meist bildet der Sozialkapital-Begriff von James Coleman die Grundlage der Arbeiten (vgl. Paxton 1999), wenn der Begriff nicht allein metaphorisch als Platzhalter für soziale Beziehungen benutzt wird.

Dieses Interesse der Netzwerkanalyse lenkt den Blick besonders auf einen Aspekt des sozialen Kapitals: Die Bedeutung interpersoneller Beziehungen –

---

2 Zum Vergleich: dem kulturellen Kapital widmet sich ein vor kurzem erschienener Band (Bourdieu 2001a) nebst zahlreichen Einzelaufsätzen, das ökonomische Kapital wird in neueren Schriften speziell berücksichtigt (Bourdieu 1998; 2000).

3 Ausnahmen hiervon sind z.B. Müller (1992), der sich vergleichsweise ausführlich mit dem sozialen Kapital beschäftigt, Dangschat (1998), der speziell das Sozialkapital für seinen Ansatz einer Theorie sozialer Ungleichheit fruchtbar zu machen versucht, sowie Dederichs (1999), die Bourdieus Konzept neben anderen im Kontext einer Sozialtheorie der Emotionen diskutiert.

wie sie für soziale Netzwerke konstitutiv sind – für die Praktiken von Akteuren. Sowohl auf theoretischer wie empirischer Ebene wird diesem Aspekt große Bedeutung zugemessen. So stellt Weyer (1997: 53) fest, dass Beziehungen in Form von Unternehmensnetzwerken, Innovationsnetzwerken, Politiknetzwerken, Techniknetzwerken, Forschungsnetzwerken und Kommunikationsnetzwerken soziologisch interessant werden. Ebenfalls beeindruckend ist die Liste empirischer Forschungsergebnisse, die Lin (vgl. 1999: 474) als Beleg für die Erklärungskraft von Netzwerken anführt.

Mit Blick auf diese Aktualität des Netzwerkbegriffs – auch in Bezug auf Theorien sozialer Ungleichheit (man denke an die „Individualisierungsthese") – erscheint es lohnenswert, dem Konzept des sozialen Kapitals auf der Basis des Bourdieuschen Ansatzes weiter nachzugehen. Es soll auf theoretischer Ebene untersucht werden, wie das Konzept ausformuliert werden kann, bevor auf empirischer Ebene überprüft wird, welcher Stellenwert dem sozialen Kapital zukommt, d.h. welche Rolle interpersonelle Beziehungen im Vergleich zu anderen Kapitalsorten für die gesellschaftliche Reproduktion in sozialen Feldern spielen.

Im Folgenden wird zunächst dargestellt, wie sich Bourdieus Konzept des sozialen Kapitals genauer fassen lässt und welche Rolle Netzwerken darin zukommt. Im dritten Abschnitt wird mit Hilfe von Netzwerkanalyse und Korrespondenzanalyse am Beispiel des literarischen Feldes empirisch untersucht, wie sich das soziale Kapital in einem Feld bemerkbar macht. Im abschließenden Teil wird diskutiert, wie die dabei erzielten Ergebnisse zu bewerten sind.

2. Soziales Kapital in der Theorie

Als Ausgangspunkt der Überlegungen lässt sich formulieren, dass Bourdieu mit seiner Sozialtheorie zwar ein anspruchsvolles und komplexes Konzept des sozialen Kapitals bereitstellt, dieses jedoch nicht ausreichend expliziert. Hier soll daher versucht werden zu verdeutlichen, auf welche empirischen Phänomene sich das Konzept bezieht und welche erklärenden Faktoren es für deren soziologische Untersuchung bereitstellt.

2.1 Sozialkapital als empirisches Phänomen

Welche empirischen Phänomene mit dem Begriff bezeichnet werden, lässt sich zunächst am Beispiel einer der empirischen Untersuchungen Bourdieus verdeutlichen, in denen das Konzept des sozialen Kapitals als Analyseinstrument verwendet wird.[4] In „Homo academicus" (Bourdieu 1988) untersucht Bourdieu das

---

4 Weitere Studien, die für die Entwicklung des Begriffs wesentlich waren, sind die zwei ethnologisch-soziologischen Untersuchungen über das Heiratverhalten in Algerien (Bourdieu 1976: 66-136) bzw. in Frankreich (in der Region Béarn, Bourdieu 1987: 264-287) sowie eine soziologische

akademische Feld der Pariser Universitätslandschaft. In diesem Feld der Wissenschaft kommen hauptsächlich zwei Differenzierungsprinzipien zum Tragen: zum einen die Orientierung am wissenschaftlichen Kapital, einer Variante des kulturellen Kapitals. Wissenschaftliches Kapital zeigt sich z.B. durch hohes Renommee in der Forschung sowie in der Häufigkeit von Zitierungen und Übersetzungen. Das zweite Differenzierungsprinzip ist das „universitäre Kapital". Dabei handelt es sich nun um eine spezifische Ausprägung des sozialen Kapitals: Es besteht im Verfügen über einflussreiche Beziehungen im Machtgefüge der Universitäten und äußert sich etwa in der Besetzung wichtiger Positionen in Ausschüssen, in Entscheidungsgremien der Akademien oder in einer großen Zahl von Doktoranden.

Soziale Beziehungen zu Akteuren mit hohem universitären Kapital stellen eine eigenständige Ressource dar, indem sie z.B. beim Einstieg in akademische Positionen hilfreich sein können (vgl. Preisendörfer/Voss 1988). Als Kapital wirksam werden die Beziehungen jedoch erst, wenn sich an ihnen soziale Praxis orientiert und sie zu sozialen Verhältnissen führen, die durch die kontinuierlich differenzielle Verteilung dieser Ressourcen gekennzeichnet sind.

Auch wenn sich kein eigenständiges Feld des universitären Kapitals formiert, so zeigt Bourdieu in seiner Studie doch, wie sich im akademischen Feld Institutionen bilden, die eine Akkumulierung des universitären Kapitals fördern. Zum Beispiel erfüllen bestimmte Gremien nicht nur die Funktion, Entscheidungen zu treffen, sondern darüber hinaus auch die, eine Gruppe von Akademikern auszuzeichnen als Machtträger der Universität, was diesen zu breiter Anerkennung verhilft und ihnen den Zugang zu anderen Ressourcen sichert. Neben der eigentlich wissenschaftlichen Logik wird so ein zweites Strukturierungsprinzip der Wissenschaft etabliert, das letztlich darauf beruht, die richtigen Leute in den richtigen Positionen zu kennen.

Vor dem Hintergrund dieses Beispiels lässt sich zunächst bestimmen, auf welche Phänomenbereiche sich der Begriff des sozialen Kapitals bezieht. Beim sozialen Kapital geht es immer um soziale Beziehungen, über die einzelne Akteure verfügen. Das können z.B. Freundschaftsbeziehungen sein, Vertrauensverhältnisse, Zugehörigkeit zu bestimmten Gruppen, geschäftliche Verbindungen etc. Im akademischen Feld etwa ist neben den oben erwähnten Formen auch an Kontakte in die Wirtschaft oder zu den entsprechend entscheidungsbefugten Mitarbeitern in der Universitätsverwaltung zu denken. Dabei gehen Akteure längerfristige Bindungen ein, die immer wieder durch neue Interaktionen in ihrem Bestand bestätigt werden müssen.

über den Zusammenhang von Ausbildung und Berufschancen bei französischen Jugendlichen (Bourdieu et al. 1981: 23-87).

Eine große Zahl solcher Beziehungen allein bildet jedoch noch keinen Kapitalstock, wenn sie nicht die richtige qualitative Ausprägung besitzen: Erst Beziehungen zu entsprechend gut ausgestatteten bzw. hoch bewerteten Akteuren bedeuten für den darin eingebundenen auch ein soziales Kapital.[5] Die Referenz auf ein spezifisches Feld macht dabei deutlich, dass relevant ist, welche feldspezifisch wichtigen Ressourcen der jeweilige Akteur zur Verfügung stellen kann. Solche Ressourcen können zum Beispiel Informationen sein, die an einen Partner weitergegeben werden (vgl. Burt 1992: 13ff.), oder auch Hilfestellungen, Vergabe von Vertrauen etc. (vgl. Portes/Sensenbrenner 1993: 1332).

Da der Zugang zu diesen Ressourcen individuell gewährt wird, kann das soziale Kapital im Verborgenen wirken: Beispiele wie politische Vetternwirtschaften oder die organisierte Kriminalität zeigen, dass stabile Organisationsformen auf sozialem Kapital basieren können. Soziales Kapital wird aber auch öffentlich sichtbar gemacht und regelrecht zelebriert. Die so genannten gesellschaftlichen Anlässe bieten dafür vielfältige Gelegenheiten und können als Beispiele dienen. In diesem Fall wird soziales Kapital weitgehend symbolisch wirksam, d.h. es müssen nicht mehr faktisch Ressourcen ausgetauscht werden, sondern die Beziehung steht für sich und kann aufgrund der mit ihr verbundenen Potenzialität bereits als Kapital wirksam werden. Dieses Phänomen ist als „Club-Effekt" bekannt: Die Mitgliedschaft z.B. in einem Golfclub kann den jeweiligen Akteur regelrecht auszeichnen und dazu führen, dass ihm z.B. bestimmte Privilegien eingeräumt werden – unabhängig davon, ob er über die mit der Mitgliedschaft assoziierten Merkmale verfügt oder nicht.

2.2 Theoretische Bestimmung des sozialen Kapitals

Die hier angesprochenen Phänomene sind nicht nur weitläufig bekannt, im Volksmund existiert mit dem Ausspruch, jemand habe „Beziehungen", sogar eine Beschreibung dafür, die als proto-soziologische Fassung des Phänomens angesehen werden kann. Dass Freundschaften auch einen (mehr oder weniger metaphorisch verstandenen) materiellen Wert haben können, ist seit längerer

---

5   Bourdieu formuliert diesen Zusammenhang bei der Untersuchung der Klassenunterschiede zwischen „herrschender Klasse" und „Mittelklasse": „Für den Kleinbürger bieten Familien- und Freundschaftsbande keine Zuflucht mehr gegen Unglück und Not, Einsamkeit und Elend, und auch kein Netz von Unterstützung und Schutz, von dem man notfalls Hilfe, ein Darlehen oder einen Posten erhoffen darf; sie sind noch nicht das, was man anderswo 'Beziehungen' nennt, d.h. ein zur Verwertung des eigenen ökonomischen und kulturellen Kapitals unerlässliches soziales Kapital" (Bourdieu 1982: 529). Die Beziehungen selbst ließen sich daher auch als „Form" des sozialen Kapitals bezeichnen, die erst noch mit der „Substanz" der Ressourcen gefüllt sein muss, um ein Kapital darzustellen. Damit ist auch der von Kritikern häufig betonte negative Aspekt des sozialen Kapitals konzeptuell abgedeckt, d.h. dass u.U. das Verfügen über ein großes Beziehungsnetzwerk eher als Restriktion denn als Ressource zu betrachten ist (vgl. Woolcock 1998).

Zeit bekannt,[6] ebenso dass Akteure ihr Beziehungsnetzwerk mit Blick auf diesen Wert strategisch pflegen. Wir müssen uns daher fragen lassen, worin der Gewinn eines eigenen sozialtheoretischen Begriffs des „Sozialkapitals" liegt.

Zunächst einmal reformuliert der Begriff tatsächlich das bekannte Phänomen der Wirksamkeit von „Beziehungen". Allerdings erlaubt er, dies auf einem theoretisch hoch abstrakten Niveau zu tun. Dabei treten bestimmte Merkmale hervor, die analytisch die für gesellschaftliche Reproduktion relevanten Eigenschaften beschreiben und ihre Wirksamkeit zu erklären erlauben. Auch die begriffliche Einordnung in eine übergreifende Theorie eröffnet auf Grund der durch die Theorie definierten Bezüge erklärende Einsichten. Diese Bezüge sind im Fall des sozialen Kapitals z.B. die Charakterisierung als Kapital sowie die Betonung der Transformationsbedingungen der Kapitalsorten (Bourdieu 1983: 195ff.).

Sozialtheoretisch finden die oben genannten Phänomene ihren Niederschlag bei Bourdieu in expliziten Definitionen des sozialen Kapitals:

> „Das Sozialkapital ist die Gesamtheit der aktuellen und potentiellen Ressourcen, die mit dem Besitz eines dauerhaften Netzes von mehr oder weniger institutionalisierten *Beziehungen* gegenseitigen Kennens oder Anerkennens verbunden sind; oder, anders ausgedrückt, es handelt sich dabei um Ressourcen, die auf der *Zugehörigkeit zu einer Gruppe* beruhen" (Bourdieu 1983: 190f., Hervorh. im Orig.).

Ganz ähnlich ist auch eine Charakterisierung an anderer Stelle gefasst:

> „Das soziale Kapital ist die Summe der aktuellen oder virtuellen Ressourcen, die einem Individuum oder einer Gruppe aufgrund der Tatsache zukommen, dass sie über ein dauerhaftes Netz von Beziehungen einer – mehr oder weniger institutionalisierten - wechselseitigen Kenntnis oder Anerkenntnis verfügen; es ist also die Summe allen Kapitals und aller Macht, die über ein solches Netz mobilisierbar sind" (Bourdieu/Wacquant 1996: 151f.).

Das mit diesen Definitionen formulierte Konzept wird im Folgenden ausgeführt in Bezug auf seine charakteristischen Merkmale, seine Wirkungsweise und seine Bedeutung für gesellschaftliche Reproduktion.

Die Definitionen des sozialen Kapitals heben als Besonderheit seine *überindividuelle* Natur hervor, die bereits an den empirischen Beispielen deutlich wurde. Innerhalb der drei grundlegenden Kapitalsorten lässt es sich durch dieses Merkmal sowohl von kulturellem als auch ökonomischem Kapital abgrenzen, die beide individuell akkumuliert werden können. Das soziale Kapital dagegen unterliegt in stärkerem Maße dem Einfluss anderer Akteure, was den Zugriff

---

6   Bereits in den Apokryphen findet sich der Vers: „Ein treuer Freund ist ein starker Schutz: Wer ihn gefunden hat, hat einen Schatz gefunden" (Apokryphen, Sirach 6, Vers 14 u. 15, „Von wahrer und falscher Freundschaft"). Und eine Beschreibung mit eigentlich ökonomischen Begriffen findet sich in den „Considérations sur les mœurs de ce siècle" (1751) von Charles-Pinot Duclos in einem eigenen Kapitel unter dem Begriff des „crédit" (vgl. den Hinweis bei Luhmann 1984: 615 Fn 38).

darauf einschränkt. Diese überindividuelle Verankerung lässt sich auch als *relationaler* Charakter bezeichnen, da sich das Kapital in der Beziehung eines Akteurs zu anderen Akteuren verorten lässt.[7]

Ein Unterschied in der Formulierung der beiden Definitionen von Sozialkapital macht eine Binnendifferenzierung des Begriffs deutlich. In der ersten ist die Rede von der „Zugehörigkeit zu einer Gruppe", in der zweiten steht ein „Netz von Beziehungen" im Mittelpunkt. Damit lassen sich zwei grundlegende Typen von interpersonellen Beziehungen unterscheiden, auf denen soziales Kapital beruhen kann.

Die Zugehörigkeit zu einer Gruppe bezeichnet eine aggregierte Ebene des sozialen Kapitals, wie sie bereits mit dem Phänomen des „Club-Effekts" angesprochen wurde. Einzelne Akteure können an Ressourcen teilhaben, die andere Mitglieder der Gruppe zur Verfügung stellen, und sie profitieren symbolisch von der Zugehörigkeit, indem sich die Anerkennung, die der Gruppe zuteil wird, auf die individuellen Akteure überträgt. In beiden Fällen machen sich Rollendifferenzierungen in Form unterschiedlicher Teilhabe am sozialen Kapital bemerkbar: So kommt Repräsentanten der Gruppe mehr Gruppen-Sozialkapital zu als anderen Mitgliedern.

Die Einbindung eines Akteurs in ein Netzwerk von Beziehungen bezeichnet dagegen eine eher individuelle Ebene des sozialen Kapitals. Ein Akteur profitiert unmittelbar von seinen Bekanntschaften, Freundschaften etc. über Ressourcen, die ihm von diesen zur Verfügung gestellt werden, oder wiederum symbolisch: So kann er sich Netzwerk-Sozialkapital z.B. als Referenz aneignen oder von der Größe seines Beziehungs-Netzwerks profitieren.

In Bourdieus Werk steht meist das in Gruppen generierte Sozialkapital im Vordergrund (vgl. z.B. Bourdieu 1982: 214ff.; 1988: 149 sowie 313ff.), der Netzwerk-Aspekt bleibt weitgehend unberücksichtigt. Dies mag vor dem werksgeschichtlichen Hintergrund der Erforschung vorindustrieller Gesellschaften nachvollziehbar sein, bei der Betrachtung moderner Gesellschaften erscheint die Vernachlässigung dieses Aspektes aber ungerechtfertigt. Denn in der heutigen Zeit sind Lebenschancen zunehmend individuell verteilt, die Gruppe als Form der Sozialität verliert im Zuge der Individualisierung an Bedeutung (vgl. Beck 1983).

Relationaler Charakter und die Verankerung in entweder Gruppen- oder individuellen Beziehungen sind eher grobe Bestimmungen des sozialen Kapitals. In Ergänzung zu Bourdieus Definitionen lässt sich der Begriff genauer bestimmen durch eine Betrachtung dessen, was innerhalb der Beziehungen geschieht.

---

7   Vgl. Kreckel (1982: 631), der im Zusammenhang mit dem sozialen Kapital von „relationaler" Ungleichheit gegenüber „distributiver" Ungleichheit spricht.

Dabei stehen im Folgenden die von Bourdieu vernachlässigten individuellen Beziehungen im Vordergrund.

Interpersonelle Beziehungen werden zu sozialem Kapital, wenn sich aus ihnen Verpflichtungen ergeben, auf die die beteiligten Akteure bei Bedarf zurückgreifen können. Die Verpflichtungen entstehen dabei aus einer Abfolge von Interaktionen, von wechselseitigen sozialen Tauschhandlungen, die wiederum zur Fortführung des Tausches motivieren. Während im ökonomischen Tausch die zurückgegebenen Güter den gleichen Wert wie die erhaltenen haben müssen, lässt sich der mit sozialem Kapital verbundene Austausch am besten mit der Logik des Gabentauschs beschreiben: Zwar existiert auch hier die „Norm der Reziprozität" (vgl. Gouldner 1984: 97), doch gerade die Unmöglichkeit einer *exakten* Rückzahlung und damit einer Entlastung von der Schuld bewirkt, dass die sozialen Beziehungen auf Dauer gestellt werden und soziales Kapital akkumuliert werden kann:

> „Der scheinbar gewöhnlichste, ja routinemäßigste Gabentausch des Alltags nach dem Motto: ‚kleine Geschenke erhalten die Freundschaft' setzt Improvisation und folglich permanente Ungewissheit voraus, worin, wie es heißt, sein ganzer *Reiz* und damit seine *soziale Wirksamkeit* besteht." (Bourdieu 1987: 181, Hervorh. im Original).

Der Austausch erzeugt latente Verpflichtungen, deren Zeitdauer ebenso wenig spezifiziert ist wie ihr Wert. Er umfasst materielle Aspekte ebenso wie immaterielle. Beide Faktoren, Zeit und Wert, machen die Qualität der Beziehung aus. Die Gesetzmäßigkeiten dieser Form von sozialem Austausch ergeben sich jeweils neu aus den im Wechselspiel zwischen den Akteuren gewählten Verhaltensweisen.[8] Auf diese Weise bildet sich aus der sozialen Praxis – den kontinuierlichen sozialen Tauschprozessen – mit dem sozialen Kapital ein Moment aus, das von den Akteuren in ihre Praxis eingebunden wird und die weiteren Praktiken strukturiert.

Diese Wirkungsweise wird den Akteuren nicht notwendigerweise bewusst. Sie können ihre Tauschprozesse auch nur bedingt instrumentell zur Akkumulation von sozialem Kapital einsetzen. Denn eine soziale Beziehung, die zu einem bestimmten Zweck eingegangen wurde, ist durch eben diesen Zweck bedingt. Daher kann nicht in gleichem Maße auf sie zurückgegriffen werden wie auf eine Beziehung, die im subjektiven Empfinden der Partner zu keinem anderen als

---

8   Ein solches Tauschverhalten wird von den Akteuren nicht notwendigerweise aus freiem und bewussten Entschluss vollzogen. Nicht für alle Dinge oder Handlungen, die ausgetauscht werden, lässt sich ein einheitlicher Wertmaßstab zur Bestimmung eines Preises finden. Ebenso stellt die (soziale wie natürliche) Umwelt die Akteure vor Anforderungen, die sich nicht von einem einzelnen allein bewältigen lassen. Beides führt dazu, dass durch soziale Praxis auch in soziales Kapital investiert wird und sich so ein „Stock" von auf unspezifischen Verpflichtungen beruhenden Beziehungen bildet, der bei Bedarf in Anspruch genommen werden kann.

dem intrinsischen Zweck eingegangen wurde (wie z.B. Freundschaftsbeziehungen). Die Verpflichtungen, auf denen das soziale Kapital beruht, sind daher langfristige, unbedingte Verpflichtungen, die interpersonellen Beziehungen wie Freundschaften zugrunde liegen. Mit Luhmann lässt sich die Akkumulation von sozialem Kapital auch als „riskante Vorleistung" (Luhmann 1989: 23) bezeichnen, da die Beziehungen aufrechterhalten werden, obwohl man nie genau weiß, ob die Reziprozität des Tausches eines Tages hergestellt wird. Die Notwendigkeit der Zwecklosigkeit von Beziehungen und die Ungewissheit des Ertrages setzen der intentionalen Akkumulation von sozialem Kapital enge Grenzen.

Soziales Kapital, so lassen sich die Merkmale zusammenfassen, stellt also neben dem kulturellen und ökonomischen Kapital einen dritten Faktor dar, der die soziale Praxis strukturiert. Es unterscheidet sich von den anderen beiden Kapitalien im Wesentlichen durch seinen relationalen Charakter, also die Verankerung in interpersonellen Beziehungen. Die Beziehungen bilden die Grundlage für wechselseitige Verpflichtungen der Akteure untereinander, die materiell (durch Hilfestellungen oder Informationsvergabe) ebenso wie symbolisch (durch Anerkennung oder Vertrauen) wirksam werden können. Sie bleiben dabei aber immer latent und lassen sich nicht – wie das ökonomische Kapital – in Kalkulationen einbeziehen. Gerade auf Grund der Unberechenbarkeit orientiert sich die soziale Praxis an der Auf-Dauer-Stellung von sozialen Tauschprozessen, also an der Etablierung von sozialen Beziehungen. Diese Beziehungen gewinnen im Lauf der Zeit eine eigene Qualität, die z.B. auf Vertrauen oder Emotionen beruhen kann. Sind die Beziehungen einmal etabliert, können sie als soziales Kapital wiederum auf die Praxis zurückwirken.

Es lassen sich zwei Typen des sozialen Kapitals unterscheiden: Beim durch Netzwerke generierten Sozialkapital bestehen die Beziehungen auf individueller Ebene zwischen einzelnen Akteuren, es hängt von deren kontinuierlicher Beziehungsarbeit ab. Das in Gruppen generierte Sozialkapital entsteht dagegen auf einer aggregierten Ebene. Der einzelne Akteur verfügt über Kapital auf Grund seiner Zugehörigkeit zur Gruppe, relativ unabhängig von den anderen einzelnen Akteuren.

2.3 Die „Logik" des sozialen Kapitals

Durch den latenten Charakter der Verpflichtungen und die Unmöglichkeit, einen Wert für diese anzugeben, bildet das soziale Kapital eine spezifische Handlungslogik aus, die sich grundlegend vom ökonomischen Kalkül unterscheidet. Es fällt sogar schwer, überhaupt von einer Handlungs*logik* zu sprechen, dies ist im Sinne einer „Logik der Praxis" (Bourdieu 1987) zu verstehen. Die Frage nach der Logik des sozialen Kapitals markiert den zentralen Unterschied zwischen Bourdieus Konzept des sozialen Kapitals und dem Konzept der Rational

Choice-Theorie, das ähnlich gefasst ist, auf diese Frage jedoch eine andere Antwort gibt.

James Coleman etwa definiert soziales Kapital sehr weit als eine „Vielzahl von Gebilden", für die zwei Merkmale gelten: „Sie alle bestehen nämlich aus irgendeinem Aspekt einer Sozialstruktur, und sie begünstigen bestimmte Handlungen von Individuen, die sich innerhalb der Struktur befinden" (Coleman 1991: 392). Er betont also wie Bourdieu den relationalen Charakter, den Einfluss der sozialen (Beziehungs-)Strukturen auf die Akteure. Dabei nimmt Coleman – und in seiner Folge andere Vertreter der Rational Choice-Theorie – jedoch an, dass sich die Wirkung des sozialen Kapitals durch rationales Kalkül beschreiben lässt[9] und dass individuelle Akteure intentional nach der Vermehrung des sozialen Kapitals streben (vgl. z. B. Esser 2000: 241). Colemans Intention bei der Einführung des Konzeptes des sozialen Kapitals ist, bestimmte Eigenschaften der sozialen Organisation zwischen mehreren Akteuren (z.B. die Entstehung von Vertrauen, Normen, Gruppenbildung etc.) berücksichtigen zu können, ohne dabei die Annahme einer individuellen Nutzenkalkulation der Akteure aufzugeben (vgl. Coleman 1988: 97).

Insbesondere zwei Punkte erscheinen an diesem Konzept aus Sicht des bisher erreichten Verständnisses als problematisch: die Koppelung an eine Funktion und die Annahme eines rationalen Kalküls. Funktional ist das Konzept von Coleman insofern definiert, als er alle Eigenschaften eines sozialen Systems als soziales Kapital auffasst, sofern ein Akteur aus ihnen einen Nutzen ziehen kann. Diese funktionale Definition macht es jedoch unmöglich, soziales Kapital unabhängig von ganz bestimmten Anwendungszwecken zu beschreiben.

Des Weiteren erscheint die Annahme einer Kosten-Nutzen-Kalkulierbarkeit gerade des sozialen Kapitals aus den bereits erörterten Gründen als wenig plausibel. Die Vertreter der Rational Choice-Theorie unterliegen offenbar dem Charme der Analogie des Kapital-Begriffs, ohne ihn allgemeiner als Handlungsprinzip zu verstehen, wie Bourdieu es tut (vgl. Kieserling 2000: 371). „Investitionen", wenn man sie als intentionale Akte begreift, unterliegen beim sozialen Kapital extrem weiten Zeitspannen, und Gewinne sind aus einer Reihe von Gründen in hohem Maße mit Ungewissheit belastet (vgl. Müller 1992: 271). Schon die Bestimmung des „Wertes" einer Gabe bzw. der daran anschließenden Verpflichtung lässt sich weder von Außenstehenden noch von den involvierten Akteuren selbst beurteilen. Die Aufrechterhaltung von Beziehungen lässt sich daher besser durch eine Logik der Praxis erklären denn durch ein auf Gewinn-Maximierung ausgerichtetes Kalkül.

---

9   „If we begin with a theory of rational action, in which each actor has control over certain re-
     sources and interests in certain resources and events, then social capital constitutes a particular
     kind of resource available to an actor" (Coleman 1988: 98).

Aufgrund dieser beiden Kritikpunkte erscheint Bourdieus Konzept des sozialen Kapitals im Vergleich als theoretisch klarer ausgearbeitet und empirisch zumindest potenziell fruchtbarer.[10] Positiv hervorzuheben am Konzept der Rational Choice-Theorie ist allerdings, dass gerade die überspitzte Annahme des gezielten, am eigenen Nutzen orientierten Aufbaus eines Beziehungsnetzwerkes überhaupt den Nutzen von Beziehungen deutlich und damit konzeptionell erfassbar macht. Denn die Wirksamkeit der Beziehungen als Kapital wird in der sozialen Praxis kaum sichtbar, da Beziehungen stets nur als Beiprodukt von sozialen Handlungen erscheinen. Der Fokus auf das damit verbundene Kalkül wird zwar dem sozialen Kapital nicht gerecht, macht diesen Aspekt aber besonders deutlich.

2.4 Sozialkapital und gesellschaftliche Reproduktion

Das Bourdieusche Konzept des sozialen Kapitals unterscheidet sich von der Rational Choice-Theorie darüber hinaus in Bezug auf die Berücksichtigung der Makro-Ebene des Sozialen. Bourdieu fasst diese Ebene nicht als Auswirkungen aggregierter Handlungen von Individuen auf, sondern widmet ihr besondere Aufmerksamkeit. So sind Beziehungen zwischen Akteuren weniger deshalb interessant, weil Akteure sich wechselseitig Ressourcen zur Verfügung stellen, sondern aufgrund ihres Charakters als Kapital, d.h. aufgrund ihrer Fähigkeit, auf die soziale Praxis einzuwirken, sprich bestimmte Handlungsweisen zu ermöglichen, zu erleichtern oder einzuschränken und damit die gesellschaftliche Reproduktion zu beeinflussen.[11]

Was macht das soziale Kapital nun zu einem Kapital? Das einleitend angeführte Beispiel des akademischen Feldes hat bereits verdeutlicht, dass Beziehungen dann zu einem Kapital werden, wenn sie in einem Feld zu Strukturen führen, an denen sich wiederum die soziale Praxis orientiert und so die Strukturen bestätigt. Bourdieu führt Kapital als allgemeinen Begriff ein, um zu erklären, wie gesellschaftliche Strukturen und Praktiken über die Zeit hinweg Bestand haben. Der Zusammenhang zwischen sozialen Strukturen und Praxis lässt sich schematisch wie folgt darstellen (in Anlehnung an Bourdieu 1982: 175):

Abb. 1: Soziale Praxis nach Bourdieu

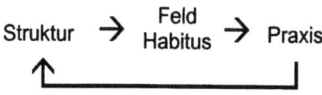

---

10 Vgl. Portes, der in einem Vergleich der unterschiedlichen Konzepte Bourdieus als „the most theoretically refined among those that introduced the term in contemporary sociological discourse" bezeichnet (Portes 1998: 3).

11 Uzzi hat dafür den Begriff „network effect" geprägt (Uzzi 1996).

Diese Formel verdeutlicht, dass das Kapital weniger sui generis interessant erscheint, sondern vor allem in seiner Funktion als strukturbildende Kraft jeder sozialen Praxis, und damit als eine Art „Erbgut" der gesellschaftlichen Reproduktion. Denn als Strukturierungsprinzip prägt das Kapital die individuelle und die gesellschaftliche Ebene des Sozialen, Habitus und Feld. So bestimmt das Verhältnis der spezifischen Kapitalsorten zueinander die Struktur der unterschiedlichen Felder: Meist ist es die Konkurrenz zwischen zwei Handlungsprinzipien, die die Akteure zum Engagement in einem der Felder motiviert (z.B. ökonomisches Interesse vs. reiner Kultur im intellektuellen Feld). Durch die Transformationsmöglichkeiten der Kapitalien untereinander und ihre Bedingungen wird die Dynamik der Praxis in den sozialen Feldern noch verstärkt.

Die Prägung durch unterschiedliche Handlungsprinzipien im Laufe der persönlichen Entwicklung und das aktuelle Engagement in einem Feld bestimmen auf individueller Ebene die Struktur des Habitus eines Akteurs: Dieser entwickelt ein besonderes Gespür für den Erwerb bestimmter Kapitalsorten, den Bourdieu für das soziale Kapital als „'Riecher' für 'Beziehungen'" (Bourdieu 1982: 189) oder auch als „Beziehungstalent" (Bourdieu 1983: 193) bezeichnet. Das Verhältnis der Strukturen des Feldes zu der Ausprägung des individuellen Habitus bestimmt schließlich über die jeweilige Position des Akteurs in einem Feld.

Soziales Kapital prägt als eine Form des Kapitals die Struktur von Feld und Habitus mit. Für die Frage nach der Bedeutung des sozialen Kapitals für gesellschaftliche Reproduktion in heutigen, modernen Gesellschaften ist daher zu fragen nach dem Verhältnis der Kapitalsorten in einem Feld, nach ihrer relativen Wirksamkeit für die Orientierung von Handlungen. Für das soziale Kapital lässt sich die Frage folgendermaßen formulieren: Welches Gewicht kommt dem sozialen Kapital für die Bestimmung der Position eines Akteurs im sozialen Feld zu? Dieser Frage soll im Folgenden empirisch anhand eines Fallbeispiels aus dem literarischen Feld nachgegangen werden.

3. Soziales Kapital im literarischen Feld

3.1 Das literarische Feld Kölner Schriftsteller als Fallbeispiel

Das literarische Feld stellt das Unterfeld des künstlerischen Feldes dar, in dem sich das Streben nach künstlerischem Ausdruck auf die Literatur konzentriert. Akteure im literarischen Feld sind Schriftsteller, Verleger, Kritiker, Journalisten, nicht zuletzt ist in gewissem Sinn auch das Publikum dazu zu zählen. Bourdieu hat sich bereits in mehreren Studien speziell mit dem literarischen Feld befasst, deren wichtigste zuletzt in dem Band „Les règles de l'art" gesammelt veröffentlicht wurden (dt.: Bourdieu 2001b). Diese Studien sind jedoch weitgehend historisch angelegt, d.h. Bourdieu versucht, die Struktur des Feldes aus den vorliegenden historischen Angaben zu rekonstruieren. Nur in einer Studie widmet sich Bourdieu auch auf aktueller empirischer Grundlage diesen Strukturen, allerdings nur für den Teilbereich der Verleger (Bourdieu 1999).

Auch in der hier vorgestellten Untersuchung geht es nur um einen Teilbereich des literarischen Feldes. Die Untersuchung re-analysiert eine 1985 durchgeführte Befragung von Schriftstellern in der Stadt Köln.[12] Als „Schriftsteller" wurden dabei alle Autoren berücksichtigt, die seit 1970 mindestens einen fiktionalen Text veröffentlicht hatten. Streng genommen wird also nur das Feld Kölner Schriftsteller untersucht. Da es sich jedoch bei Schriftstellern um die wohl wichtigste Gruppe des literarischen Feldes handelt und bei der Stadt Köln um eins der kulturellen Zentren Deutschlands, kann diese Beschränkung für eine Fallstudie des literarischen Feldes akzeptiert werden.

Für die Wahl gerade des literarischen Feldes zur Untersuchung der Bedeutung des sozialen Kapitals spricht neben forschungspragmatischen Erwägungen vor allem ein Grund: Das literarische Feld stellt sich – folgt man den Beschreibungen der involvierten Akteure – dar als ein Feld, in dem es vor allem um *individuelle* Fähigkeiten geht. Originalität der Themen ebenso wie der formalen Ausdrucksmittel, Kreativität und „Sprachgefühl"[13] als Kriterien für literarische Qualität erscheinen im Wesentlichen als Äußerungen des kulturellen Kapitals, eines individuellen intellektuellen Vermögens. Daher lässt sich am Beispiel des literarischen Feldes besonders kritisch überprüfen, welchen Einfluss die *interpersonellen Beziehungen* auf die Positionen der Akteure haben: Wenn sich hier ein Einfluss feststellen lässt, so kann man annehmen, dass ein solcher auch in anderen Feldern wirksam ist.

3.2 Beschreibung des Datensatzes und der Methode

Die Daten der vorliegenden Studie wurden von den Primärforschern durch eine Befragung aller Kölner Schriftsteller erhoben. Von 138 der 227 identifizierten Schriftsteller konnten Daten mit zufriedenstellender Qualität erhoben werden, eine Verzerrung durch Ausfälle schließen die Primärforscher aus. In der Umfrage wurden zum einen individuelle Merkmale wie das literarische Schaffen, Einstellungen zur Literatur sowie soziodemographische Merkmale erhoben. Zum anderen wurden die Beziehungen zwischen den Autoren in vier Dimensio-

---

12 Jürgen Gerhards und Helmut Anheier führten diese Studie unter dem Titel „Künstler und Gesellschaft" durch. Die Ergebnisse wurden erstmals 1987 veröffentlicht (Gerhards/Anheier 1987). Weitere Veröffentlichungen, denen Details zur Methode entnommen werden können, sind: Gerhards/Anheier 1989; 1997; Anheier/Gerhards 1991a; 1991b; Anheier/Gerhards/Romo 1995. Für die Bereitstellung der Daten für eine Sekundäranalyse möchte ich Helmut Anheier und Jürgen Gerhards danken.

13 So ein Lektor des Rowohlt Verlages zur Frage, was einen guten Autor ausmacht - vgl. Vaihinger 1999: 5.

nen erhoben: *Kenntnis* der anderen Autoren des Samples, *Freundschaft* zu diesen, wechselseitige *Unterstützung* (z.b. Austausch von Manuskripten) und Bereitschaft zu *Einladungen*. Diese Daten ergeben vier Beziehungsnetzwerke.

Zunächst soll anhand dieser Daten der Feldcharakter der befragten Gruppe überprüft werden und damit die Angemessenheit der Wahl dieses Datensatzes für die Fragestellung. Wie Bourdieu in einer historischen Analyse der Ausbildung der Autonomie des künstlerischen Feldes zeigt, besteht unter autonomen Intellektuellen verbreitet die „Absicht, nur den idealen Leser anzuerkennen, der ein *alter ego*, d.h. gleichfalls ein Intellektueller ist" (Bourdieu 1970: 83, Hervorh. im Orig.). Anhand der Kenntnis des Werkes der anderen, gemessen als erste Dimension des Netzwerks, lässt sich somit überprüfen, inwieweit sich die Autoren als gemeinsam in ein Feld involviert ansehen lassen.

Die Daten unterstützen diese Annahme: Unter den Autoren gibt es nur 16 (11,5%), die allen anderen unbekannt sind. Im Mittel ist ein Autor bei 13,1 anderen Autoren bekannt. Dies spricht für eine beträchtliche kognitive Vernetzung zwischen den Akteuren und kann als Indiz für den Feldcharakter der befragten Gruppe Kölner Schriftsteller angesehen werden.

Als Methode wurde hier – analog zu Bourdieus Vorgehen bei einer Feldanalyse – das Verfahren der Korrespondenzanalyse gewählt. Die Korrespondenzanalyse erlaubt es, die Relationen zwischen unterschiedlichen Merkmalen, die zur Strukturierung eines sozialen Feldes beitragen können, simultan zu untersuchen und die jeweilige Bedeutung der einzelnen Merkmale für die Strukturierung zu messen. Das räumliche Modell, das sich aus dem Ergebnis einer Korrespondenzanalyse erstellen lässt, verdeutlicht die Zusammenhänge zwischen den Strukturierungsfaktoren. Die Frage nach der Bedeutung des sozialen Kapitals im literarischen Feld stellt sich somit als Frage nach dem Gewicht der entsprechenden – durch geeignete Operationalisierung erfassten – Merkmale im mehrdimensionalen Modell.

Während sich die Anwendung der Korrespondenzanalyse weitgehend an Bourdieus Studie zum akademischen Feld orientiert, wurden speziell zum sozialen Kapital mehrere Variablen in die Analyse aufgenommen: zum Einen die Mitgliedschaft in formellen und informellen Vereinigungen, z.B. dem „Verband der Schriftsteller" bzw. literarischen Zirkeln. Diese Merkmale repräsentieren den *Gruppenaspekt* des sozialen Kapitals, wie er in der Literatur bisher meist untersucht wurde. Zum Anderen wurde auf die Daten zu den interpersonellen Netzwerken der Schriftsteller zurückgegriffen. Mittels einer speziellen Operationalisierung[14] wurde aus den Daten zu Freundschafts- und Unterstützungs-Beziehungen – als den beiden für soziales Kapital relevanten Dimensionen – ein

---

14 Die gewählte Operationalisierung basiert auf dem mathematischen Modell des Status-Index nach Hubbell (1965). Sie wurde an anderer Stelle ausführlicher dargestellt (Albrecht 2000).

Index gewonnen, der den *Netzwerkaspekt* des sozialen Kapitals widerspiegelt. Dabei folgt die Operationalisierung eng dem theoretischen Konzept: Nicht nur die Zahl und Struktur der Beziehungen finden Berücksichtigung, sondern auch die Ressourcen, die über diese Beziehungen bereitgestellt werden. Ein Akteur besitzt demnach hohes Sozialkapital, wenn er über Beziehungen zu Akteuren verfügt, die selbst über viel Kapital verfügen.

Neben dem sozialen Kapital in diesen unterschiedlichen Formen gingen auch Indikatoren für das ökonomische und das kulturelle Kapital in die Untersuchung ein. Ersteres wurde durch die Höhe des Einkommens gemessen, letzteres – in einer für das literarische Feld spezifischen Form – daran, ob der Betreffende ein literatur- oder sprachwissenschaftliches Studium absolviert hat.[15] Als soziodemographische Merkmale wurden Alter, Dauer der Zugehörigkeit zum Feld sowie Geschlecht in die Analyse einbezogen.[16]

Das hier gewählte Vorgehen unterscheidet sich von den bisher mit dem Datensatz durchgeführten Analysen. Auch die Primärforscher haben zwar den sozialen Raum des literarischen Feldes konstruiert, allerdings zunächst nicht mit Hilfe der Korrespondenzanalyse, sondern mit einer netzwerkanalytischen Methode, der Blockmodellanalyse. Erst in einem zweiten Schritt wurden die unterschiedlichen Blöcke mit einer Korrespondenzanalyse inhaltlich interpretiert.[17] Der Netzwerkaspekt des Sozialkapitals musste dabei unberücksichtigt bleiben, da bereits die Blockstruktur aus den Netzwerkdaten berechnet wurde (Anheier/Gerhards/Romo 1995: 883f.).

3.3 Die Struktur des literarischen Feldes

Die Ergebnisse der Korrespondenzanalyse sind zusammengefasst in der unten stehenden Tabelle. Die Unterschiede zwischen den Merkmalen der 138 Autoren lassen sich demnach im Wesentlichen durch ein räumliches Modell mit drei

---

15 Zur Bedeutung eines solchen Studiums als Voraussetzung für die Produktion anerkannter Literatur vgl. Gerhards/Anheier 1997: 135.

16 Weitere Merkmale sind die Genre-Spezialisierung der Autoren, politisches Engagement, Ehrungen durch literarische Auszeichnungen (Preise, Stipendium, Mitgliedschaft im PEN), Aufwand der literarischen Tätigkeit, Fremdbestimmtheit des Schreibens, die Lektüre von literarischen Zeitschriften oder Feuilletons, Zahl der veröffentlichten Bücher sowie die Zugehörigkeit zu einem bestimmten Verleger. Diese Variablen stellen relevante Merkmale der schriftstellerischen Tätigkeit dar, so dass davon ausgegangen werden kann, dass sie einen Einfluss auf die Struktur haben. Darüber hinaus flossen illustrative Variablen ein. Diese werden bei der Berechnung der Strukturfaktoren nicht berücksichtigt, erleichtern durch ihre Platzierung im Raum jedoch die Interpretation des Modells.

17 Allerdings eine Analyse der Korrespondenzen zwischen den einzelnen Blöcken und verschiedenen Variablen („einfache Korrespondenzanalyse" – vgl. Greenacre 1994: 143ff.), und nicht, wie bei Bourdieu und in der vorliegenden Untersuchung, zwischen den Individuen und den verschiedenen Variablen („multiple Korrespondenzanalyse").

Achsen wiedergeben. Zusammengenommen repräsentieren diese 79,6% der in
den Daten enthaltenen Information.

Abb. 2: Struktur des literarischen Feldes, vereinfachte Darstellung der Dimensionen 1 & 2

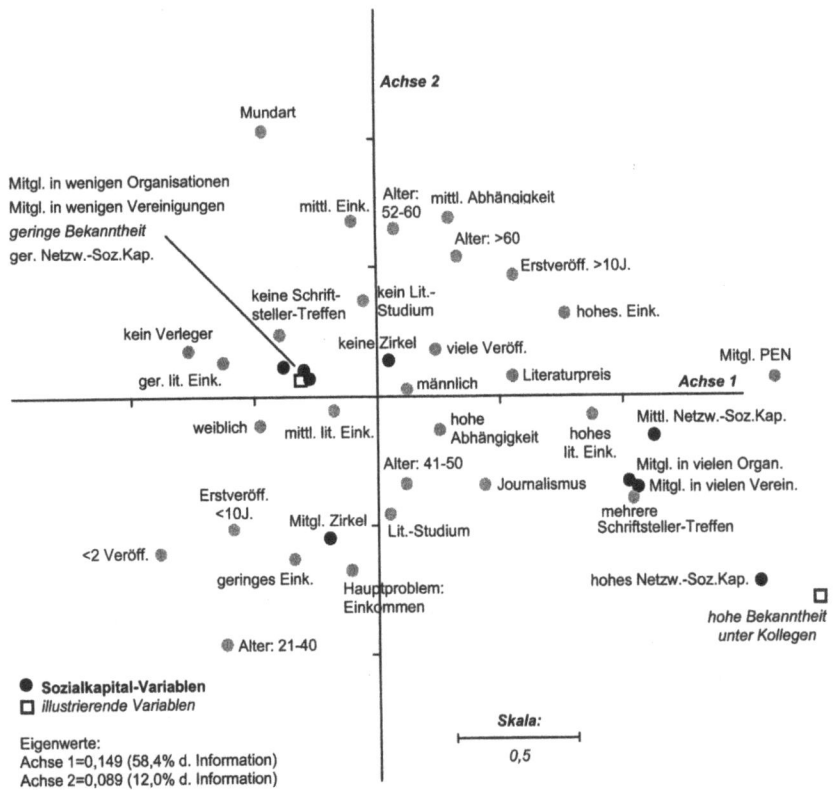

Die erste Achse repräsentiert über die Hälfte der Unterschiede und bestimmt
damit die Struktur des Feldes am stärksten. Sie lässt sich als Achse des „literarischen" Kapitals bezeichnen: Die höchsten Beiträge zu dieser Achse liefern die
Merkmale „Mitgliedschaft im PEN-Club", „Mitgliedschaft in vielen Schriftstel-
ler-Vereinigungen" sowie „Teilnahme an mehreren Schriftsteller-Treffen".
Auch der Anteil der literarischen Tätigkeit sowie die Zahl der veröffentlichten
Bücher bestimmen diese Achse. Somit stehen sich auf ihr zwei Arten von
Schriftstellern gegenüber: Zum linken Pol hin finden sich tendenziell eher Neu-
linge und erfolglose Schriftsteller, auf der rechten Seite dagegen solche Auto-

ren, die schon lange Schriftsteller und bereits anerkannt sind und die primär von der literarischen Arbeit leben. Die erste Achse repräsentiert den Grad der Etablierung und Anerkennung, sprich ein spezifisch literarisches Kapital, das die Akteure ansammeln konnten, und stellt das hauptsächlich wirksame Differenzierungsprinzip des literarischen Feldes dar. Wie an Tabelle 1 ablesbar, trägt das soziale Kapital – insbesondere auch das Netzwerk-Sozialkapital – deutlich zur Ausprägung dieses Differenzierungsprinzips bei. Bevor dieses Ergebnis genauer betrachtet wird, sollen zunächst die weiteren Achsen bestimmt werden.

Die Achsen 2 und 3 spiegeln gegenüber der ersten Achsen die „feineren Unterschiede" im literarischen Feld wider. Auf der zweiten Achse stehen am einen Pol Merkmale wie „junges Alter", „niedriges Einkommen" und „Sprach- / Literaturwissenschaftliches Studium" dem anderen Pol gegenüber, der durch ein „Alter zwischen 52 und 60 Jahren", „mittleres Einkommen" und das „Schreiben von Mundartliteratur" bestimmt wird. Neben den feldspezifischen Merkmalen spielen somit vor allem ökonomisches und kulturelles Kapital eine Rolle. Diese Achse lässt sich grob gesagt als Differenzierung zwischen Kunst und Kommerz interpretieren, d.h. sie unterscheidet zwischen Autoren mit hohem kulturellen Kapital und geringem ökonomischen Erfolg auf der einen Seite, und solchen mit gesichertem Einkommen, die aber wenig Zeit für die literarische Tätigkeit aufbringen.

Dieses Ergebnis entspricht auch der Feldstruktur, die Bourdieu in der historischen Analyse annimmt: Er geht von einer Differenzierung zwischen einer tendenziell ökonomischen und einer tendenziell kulturellen Ausrichtung der Autoren aus (vgl. die Abbildung bei Bourdieu 1997: 48). Allerdings weicht das vorliegende Ergebnis in einem Punkt von Bourdieus Annahmen ab: Die Journalisten finden sich nicht am ökonomischen Pol des literarischen Feldes in einem Bereich mit geringer Anerkennung. Sie sind hier eher auf der Seite des kulturellen Pols platziert. Erst die dritte Achse erlaubt eine genauere Differenzierung ihrer Position.

Für das Gesamtmodell hat diese dritte Achse die geringste Erklärungskraft. Sie wird inhaltlich bestimmt durch Merkmale wie „Spezialisierung auf Journalismus", „hoher Anteil von Auftragsarbeiten" auf der einen Seite sowie „kein Verleger" und „Mitglied in vielen schriftstellerischen Vereinigungen" auf der anderen Seite. Sie unterscheidet damit Journalisten und andere abhängig schriftstellerisch Tätige von hochgradig organisierten Autoren (an diesem Pol finden sich auch überdurchschnittlich viele Autorinnen) und differenziert das literarische Feld nach der Autonomie, die mit dem Autorendasein verbunden ist. Dass die Freiheit der Kunst eine zweischneidige Sache ist, zeigt sich daran, dass am Pol der unabhängigen Autoren auch das Merkmal „kein Verleger" zu finden ist.

Tab. 1: Haupt-Ergebnisse der Korrespondenzanalyse

	Achse 1	Achse 2	Achse 3
Trägheit (Eigenwert)	0,149	0,089	0,082
Anteil an der Gesamtträgheit	9,94%	5,91%	5,49%
Informationsanteil	58,4%	12,0%	9,2%
Merkmale u. Beiträge zur Trägheit der Achsen:	PEN-Mitgliedschaft 0,08	*Alter: 21-40 J.* 0,09	Journalismus 0,074
(die kursiv gedruckten Merkmale liegen jeweils am negativen Pol der Achse, alle anderen Merkmale am positiven Pol)	Mitgl. in vielen Vereinig. 0,077	Mundart-Schriftst. 0,071	*weibl. Geschlecht 0,061*
	Mehrere Schriftst.-Treffen 0,06	*geringes Einkommen 0,07*	*kein Verleger 0,061*
	mittl. Netzwerk-Soz.kapital 0,052	*Erstveröffentlichung <10J. 0,054*	hohe Abhängigkeit 0,055
	<2 Veröffentlichungen 0,047	Erstveröffentlichung >10J. 0,051	Mitglied in lit. Zirkel 0,045
	Erstveröffentlichung <10J. 0,044	mittleres Einkommen 0,051	*Mitgl. in vielen Vereinig. 0,045*
	viele lit. Arbeitsstunden 0,041	Alter: 52-60 J. 0,043	*1 Schriftsteller-Treffen 0,043*
	Erstveröffentlichung >10 J. 0,041	*Hauptproblem: Einkommen 0,042*	
	Hohes lit. Einkommen 0,04	*Literatur-Studium 0,04*	
		wenige lit. Arbeitsstunden 0,04	

Das literarische Feld, so lässt sich zusammenfassen, differenziert sich wesentlich nach drei Prinzipien. Die *erste Dimension* entfaltet sich entlang der *Anerkennung und Legitimität*, die dem Autor zukommen, sie repräsentiert das genuin literarische Kapital als eine Kapitalart, die im literarischen Feld erworben und vermehrt wurde. Die *zweite Dimension* ist durch den *Gegensatz zwischen Orientierung an Kriterien der Hochkultur und der Orientierung an der Nachfrage des Marktes* gekennzeichnet. Sie unterscheidet weniger zwischen den Positionen der Hierarchie des gesamten Feldes, als vielmehr zwischen den Positionen, die entweder Erfolg bei einem breiten Publikum suchen (und dabei auf literarische Ansprüche verzichten) oder Erfolg bei einem eingeschränkten Publikum suchen, dessen Anerkennung nur nach den von Kritikern und anderen Kulturschaffenden etablierten Kriterien literarischer Qualität gewonnen werden kann (was meist den Verzicht auf hohe Verkaufszahlen bedeutet). Die dritte Achse schließlich kennzeichnet die *Produktionsform* mit den Polen der abhängig beschäftigten

Kulturproduzenten (z.B. als Journalisten tätige Schriftsteller) und den frei und selbstbestimmt schriftstellerisch Tätigen. Diese empirisch am Beispiel von Schriftstellern vorgefundene Struktur bestätigt im Wesentlichen – mit kleinen Abweichungen – die von Bourdieu in historischer Analyse angenommene Struktur des literarischen Feldes.

3.4 Die Bedeutung des sozialen Kapitals

Allgemein lässt sich sagen, dass die Struktur des Feldes der Kölner Schriftsteller in einem hohen Maß durch Unterschiede im sozialen Kapital geprägt ist. Die einzelnen Formen dieser Kapitalart haben jedoch nicht den selben Effekt. Eine Gruppe von Merkmalen ist hauptsächlich mit der ersten Achse verbunden: „Mittleres Netzwerk-Sozialkapital" und „Mitgliedschaft in vielen Organisationen" liegen entlang dieser Dimension auf der rechten Seite der Diagramme, auch „Mitgliedschaft in Schriftstellervereinigungen" ist hauptsächlich in dieser Richtung platziert, allerdings auch durch die dritte Achse des Modells bestimmt. Das heißt, dass diese Merkmale vor allem mit einem hohen literarischen Rang korrelieren, der tendenziell eher kulturell definiert ist als ökonomisch.

Eine besondere Rolle spielt das Merkmal „hohes Netzwerk-Sozialkapital", da es auf allen drei Achsen weit vom Mittelpunkt entfernt ist. Autoren, die über einen sehr hohen Grad dieser Kapitalart verfügen, besitzen einen überdurchschnittlich hohen literarischen Rang, sind stärker an Kriterien kultureller Legitimität orientiert als an ökonomischem Erfolg und sind nicht in hohem Grade durch Auftragsarbeiten gebunden.[18] Nach Bourdieus Theorie des literarischen Feldes verfügen diese Positionen über „charismatische Weihe" (vgl. Bourdieu 1997: 104): Sie werden primär von einem kleinen Kreis solcher Akteure anerkannt und ausgezeichnet, die sich an den genuin künstlerischen Maßstäben orientieren und selbst so viel Prestige besitzen, dass ihre Anerkennung einer Auszeichnung gleichkommt.

Das informelle soziale Kapital, das auf der Mitgliedschaft in literarischen Zirkeln beruht, weist eine ganz andere Charakteristik auf. Es hängt nicht mit der ersten Achse zusammen, verteilt sich aber deutlich entlang der zweiten und dritten Achse. Vor allem solche Autoren, die eher dem kulturellen Pol des literarischen Feldes nahe stehen und die dabei eher abhängig sind in ihrem literarischen Schaffen, zeichnen sich durch Mitgliedschaft in informellen Gruppen aus. Dieses Merkmal hängt jedoch nur zu einem Teil mit journalistischer Tätigkeit zusammen, da beide Merkmale durch den Grad der Anerkennung unterschieden

---

18 Die extreme Position des Merkmals am jeweiligen äußeren Rand ist dabei bedingt durch die Kodierung (in dieser Kategorie sind nur die 6 Akteure mit dem allerhöchsten Sozialkapital versammelt). Bei etwas anderer Kodierung ergibt sich jedoch die gleiche Richtung des Zusammenhangs, die der Interpretation im Text entspricht, nur der Ausschlag verschiebt sich etwas in Richtung Mittelpunkt des Diagramms.

werden. Journalistische Tätigkeit hängt, entsprechend der Anordnung auf der rechten Seite der ersten Achse, eher mit Anerkennung im Feld zusammen, wohingegen die Zugehörigkeit zu literarischen Zirkeln den eher peripheren Positionen der linken Seite des literarischen Feldes entspricht.[19]

Diese Ergebnisse deuten darauf hin, dass neben dem Gruppen- und dem Netzwerk-Aspekt eine weitere Unterscheidung für das soziale Kapital von Bedeutung ist, die zwischen formeller und informeller Ausprägung. Formelles Sozialkapital bedeutet im literarischen Feld die Mitgliedschaft in schriftstellerischen Organisationen (z.b. Berufsverband) sowie persönliche, beruflich geprägte Kontakte zu anderen Schriftstellern (z.b. Netzwerk-Sozialkapital). Damit verbunden sind gegenseitige Hilfestellung sowie hohe Bekanntheit und Anerkennung.

Informelles Sozialkapital ist spezifisch für die kulturelle Orientierung beim literarischen Schaffen. Es besteht im literarischen Feld in der Zugehörigkeit zu locker verbundenen Literatur-Zirkeln (hier nicht berücksichtigt, aber auch denkbar, sind informelle Kontakte auf individueller Ebene). Diese Form bedeutet jedoch nicht Erfolg oder Anerkennung, sondern eher die Suche nach Gemeinsamkeit mit Gleichgesinnten. Als Merkmal kommt diese Kapitalform eher jungen, nicht etablierten Autoren zu, die gleichzeitig meist professionell als Schriftsteller tätig sind.

Während beide Kapitalarten bezüglich der Unterscheidung kulturell versus ökonomisch orientiert zum kulturellen Pol des Feldes tendieren, stehen sie sich in Bezug auf die erste und dritte Dimension des Feldes fast diametral gegenüber. Durch Auftragsarbeiten gebundene, gering etablierte Autoren finden eher Zugang zu informellen Zirkeln, dagegen pflegen etablierte freie Schriftsteller ihr soziales Kapital in formellen Organisationen und persönlichen Netzwerken.

Die eingangs dieser empirischen Untersuchung formulierte Fragestellung lässt sich damit beantworten: Soziales Kapital steht in hohem Maße mit der Anerkennung und dem Erfolg eines Autors im literarischen Feld in Zusammenhang. Gewichtige Freundschafts- und Hilfestellungsnetzwerke sind ein wesentliches Merkmal von etablierten Positionen mit hohem Prestige. Das formelle Sozialkapital ist – gemeinsam mit dem ökonomischen – diejenige grundlegende Kapitalart, die die Erfolgsdimension als wesentliches Unterscheidungsprinzip des Feldes bestimmt. Dabei tendieren die Akteure mit viel sozialem Kapital eher zur literarisch definierten Seite des Erfolgs, also zum kulturellen Pol des Feldes, als zum ökonomischen.

Diese Ergebnisse machen deutlich, dass die innerhalb des literarischen Feldes verbreitete Darstellung des Autors als selbstbezogenes, nur dem künstleri-

---

19 Dabei ist zu beachten, dass gemäß der Angaben der Primärforscher ein nicht unerheblicher Teil der Zirkel dem Zweck der „Pflege Kölnischer Kultur" dienen (Gerhards/Anheier 1987: 391).

schen Ausdruck verpflichtetes Subjekt[20] eine Illusion, eine Verschleierung der tatsächlichen Bedeutung von sozialen Kontakten und der Beziehungsarbeit im Feld ist. Die Eingebundenheit in soziale Netzwerke und Gruppen, die durch Freundschaftsbeziehungen und wechselseitige Unterstützung gekennzeichnet sind, hängt in starkem Maße mit den in der Hierarchie des Feldes hoch angesehenen Positionen zusammen. Akteure, die nicht in diese Netzwerke unter Kollegen eingebunden sind, nehmen periphere Positionen im Feld ein.

Interessanterweise ist gerade die Form von Beziehungsarbeit, die weithin mit dem literarischen Feld assoziiert wird und der gemeinhin ein großer Einfluss auf die schriftstellerische Laufbahn zugesprochen wird – die Zugehörigkeit zu Literatur-Zirkeln –, nahezu ohne Bezug zum literarischen Erfolg. Dies kann als symptomatisch für den Verschleierungseffekt des sozialen Kapitals angesehen werden. Soziale Beziehungen – die Weitergabe von Informationen, Unterstützung im Produktionsprozess wie auch die wechselseitige Anerkennung und Vergabe von Empfehlungen – wirken weitgehend unsichtbar und werden daher eher als Nebeneffekt denn als Faktor des schriftstellerischen Erfolgs angesehen.

4. Zusammenfassung und Ausblick

Indem die Ergebnisse der empirischen Analyse der Struktur des Feldes Kölner Schriftsteller diese Differenz zwischen den Selbstbeschreibungen des literarischen Feldes und den in ihm tatsächlich wirksamen Kräften deutlich machen, gehen sie einen Schritt über Bourdieus eigene Analysen hinaus. Dessen Vernachlässigung des Sozialkapitals erweist sich als ungerechtfertigt, da bei entsprechender empirischer Operationalisierung deutlich wird, dass in modernen Gesellschaften interpersonelle Beziehungen und auch die Zugehörigkeit zu Gruppen soziale Ungleichheiten mit bedingen.

Wie die theoretische Diskussion des Sozialkapital-Konzeptes gezeigt hat, liegt das Problem dabei weniger auf der Ebene der Sozialtheorie Bourdieus. Im begrifflichen Instrumentarium der Kapitaltheorie sind grundlegende Unterscheidungen angelegt, die für die Konzeptualisierung des sozialen Kapitals benötigt werden. Allerdings sind sie in Bezug auf diese Kapitalsorte nicht ausreichend ausgearbeitet. Insbesondere die in der Definition angelegte Differenz zwischen einem Gruppen- und einem Netzwerk-Aspekt wird von Bourdieu nicht durchgehalten, da der Begriff des Sozialkapitals einseitig zugunsten der ausschließlichen Betrachtung von Gruppenzugehörigkeiten ausgelegt wird.

---

20 So beinahe paradigmatisch Gottfried Benn: „Der Kunstträger ist statistisch asozial, weiß kaum etwas von vor ihm und nach ihm, lebt nur in seinem inneren Material, für das sammelt er Eindrücke in sich hinein, das heißt, zieht es nach innen, bis es sein Material berührt, unruhig macht, zur Entladung treibt" (G. Benn: „Soll die Dichtung das Leben bessern?", zitiert nach: Ders.: Essays, Reden, Vorträge. Ges. Werke in 4 Bd., Bd. 1, Wiesbaden: Limes 1959, S. 587).

Diese Ungenauigkeit wirkt sich auf die empirischen Analysen aus (sowie auf die Diskussion in der Rezeption). Hier wird die Bedeutung des sozialen Kapitals als gering eingeschätzt, es wird vor allem mit der Funktionsweise vormoderner Gesellschaften in Verbindung gebracht. Die Bedeutung persönlicher Netzwerke auf der Basis interpersoneller Beziehungen nimmt Bourdieu kaum zur Kenntnis, obwohl sie unter anderem durch Ergebnisse netzwerkanalytischer Studien belegt und in neuerer Zeit mit Blick auf Strukturveränderungen der Gesellschaft betont wird.

In dieser Untersuchung wurden dagegen beide Formen des sozialen Kapitals berücksichtigt, indem für den von Bourdieu vernachlässigten Aspekt individueller Netzwerke ein spezieller Indikator verwendet wurde. Es konnte gezeigt werden, dass soziales Kapital für die Strukturierung und Reproduktion im literarischen Feld der Stadt Köln, also innerhalb zeitgenössischer Gesellschaft, von Bedeutung ist. Dabei lässt sich ein deutlicher Zusammenhang von formellen sozialen Kontakten – sowohl interpersoneller Art (Freundschaften, Hilfe und Zusammenarbeit) als auch institutionalisierter Art (in Organisationen wie dem Schriftsteller-Verband) – und literarischem Erfolg feststellen. Informelle Zusammenschlüsse wie literarische Zirkel spielen dagegen nur für die Binnendifferenzierung des literarischen Feldes (die „feineren Unterschiede") eine Rolle.

Für das Konzept des sozialen Kapitals bedeutet das, dass neben der Unterscheidung zwischen einem Netzwerk- und einem Gruppenaspekt auch der Grad der Formalisierung der Beziehungen eine Rolle spielt. Zumindest innerhalb des durch Gruppenzugehörigkeit generierten Sozialkapitals ergeben sich entlang der Dimension formell – informell zwei ganz unterschiedliche Typen des sozialen Kapitals, die entsprechend auch unterschiedliche Bedeutung für die Akteure im Feld haben. Bei Untersuchungen des Sozialkapitals sollten daher beide Differenzierungen (Netzwerk-/Gruppenaspekt sowie formell/informell) berücksichtigt werden .

Bei dieser Zusammenfassung wird allerdings auch deutlich, dass noch viele Fragen offen bleiben, die im Rahmen dieses Beitrags nicht beantwortet werden können. Interessant erscheint etwa die Frage nach dem kausalen Zusammenhang des sozialen Kapitals mit dem literarischen Erfolg. Die hier verwendete Korrespondenzanalyse zeigt nur ungerichtete Zusammenhänge auf. Es lässt sich nicht beurteilen, ob schriftstellerischer Erfolg eine Folge hohen Sozialkapitals ist oder ob er die Bekanntschaft zu bedeutenden Akteuren im Feld erst nach sich zieht. Die theoretische Diskussion zur Wirkung des sozialen Kapitals, die die Nähe zum symbolischen Kapital (sprich Anerkennung) betont (Bourdieu 1983: 191), legt die Annahme einer wechselseitigen Verstärkung von sozialem Kapital und literarischem Erfolg nahe. Eine empirische Bestätigung dieser Hypothese ließe sich jedoch nur durch eine genaue Analyse des zeitlich-dynamischen Zusammenhangs der beiden Merkmale finden, die hier aufgrund der begrenzten Datenlage nicht durchgeführt werden kann.

Ebenfalls offen bleiben müssen Fragen nach dem Zusammenhang zwischen den Stellungen im Feld und den Stellungnahmen der Akteure sowie deren Habitus. Aufgrund der Verwendung bereits vorliegender Daten in anonymisierter Form sind keine Rückschlüsse auf weitere Merkmale der Autoren (z.B. ihre Werke) möglich, wie sie zur Beantwortung dieser Fragen nötig wären. Gerade die habituelle Dimension des sozialen Kapitals erscheint besonders interessant, da hier von Seiten Bourdieus noch wenige Ergebnisse vorliegen. Die Untersuchung dieser Frage sowie der für das soziale Kapital relevanten Institutionen der Feldebene muss allerdings zukünftigen Studien vorbehalten bleiben.

Eine Untersuchung z.B. der Selbstbeschreibungen der Akteure des literarischen Feldes könnte deutlicher machen, mit Hilfe welcher Mechanismen das soziale Kapital entsteht und seine Wirkung entfaltet. Die hier durchgeführte Analyse hat jedoch gezeigt, *dass* das soziale Kapital eine große Bedeutung für die Strukturierung des Feldes hat, und hat damit deutlich gemacht, welche Verkennungseffekte in den Selbstbeschreibungen der Akteure in diesem Feld hervorgebracht werden.

Literatur

Albrecht, S., 2000: Soziales Kapital – ein netzwerkanalytischer Operationalisierungsvorschlag. Vortrag auf dem 30. Kongress der Deutschen Gesellschaft für Soziologie, Sektion „Methoden der empirischen Sozialforschung", Köln, 28. September 2000

Anheier, H.K./Gerhards, J., 1991a: Literary myths and social structure. Social Forces 69: 811-830

Anheier, H.K./Gerhards, J., 1991b: The acknowledgement of literary influence: a structural analysis of a German literary network. Sociological Forum 6: 137-156

Anheier, H.K./Gerhards, J./Romo, F.P., 1995: Forms of capital and social structure in cultural fields: Examining Bourdieu's social topography. American Journal of Sociology 100: 859-903

Beck, U., 1983: Jenseits von Klasse und Stand? Soziale Ungleichheiten, gesellschaftliche Individualisierungsprozesse und die Entstehung neuer sozialer Formationen und Identitäten. S. 35-74 in: R. Kreckel (Hrsg.), Soziale Ungleichheiten (Soziale Welt, Sonderband 2). Göttingen: Schwartz

Bohn, C./Hahn, A., 1999: Pierre Bourdieu. S. 252-271 in: D. Käsler (Hrsg.), Klassiker der Soziologie. Bd. 2: Von Talcott Parsons bis Pierre Bourdieu. München: Beck

Bourdieu, P., 1970: Zur Soziologie der symbolischen Formen. Frankfurt am Main: Suhrkamp

Bourdieu, P., 1976: Entwurf einer Theorie der Praxis auf der ethnologischen Grundlage der kabylischen Gesellschaft. Frankfurt am Main: Suhrkamp

Bourdieu, P., 1980 : Le capital social. Actes de la recherche en sciences sociales 31 : 2-3

Bourdieu, P., 1982: Die Feinen Unterschiede. Kritik der gesellschaftlichen Urteilskraft. Frankfurt am Main: Suhrkamp

Bourdieu, P., 1983: Ökonomisches Kapital, kulturelles Kapital, soziales Kapital. S. 183-198 in: R. Kreckel (Hrsg.), Soziale Ungleichheiten (Soziale Welt, Sonderband 2). Göttingen: Schwartz

Bourdieu, P., 1985: Sozialer Raum und „Klassen". Leçon sur la leçon. Zwei Vorlesungen. Frankfurt am Main: Suhrkamp

Bourdieu, P., 1987: Sozialer Sinn. Kritik der theoretischen Vernunft. Frankfurt am Main: Suhrkamp

Bourdieu, P., 1988: Homo academicus. Frankfurt am Main: Suhrkamp

Bourdieu, P., 1997: Das literarische Feld. S. 33-147 in: L. Pinto/F. Schultheis (Hrsg.), Streifzüge durchs literarische Feld. Konstanz: Universitätsverlag

Bourdieu, P., 1998: Das ökonomische Feld. S. 162-204 in: Bourdieu, P. u.a., Der Einzige und sein Eigenheim. Schriften zu Politik und Kultur 3. Hamburg: VSA-Verlag

Bourdieu, P., 1999: Une révolution conservatrice dans l'édition. Actes de la recherche en sciences sociales 126/127: 3-28

Bourdieu, P., 2000: Les structures sociales de l'économie. Paris: Éd. du Seuil

Bourdieu, P., 2001a: Wie die Kultur zum Bauern kommt. Über Bildung, Klassen und Erziehung. Schriften zu Politik und Kultur 4. Hamburg: VSA-Verlag

Bourdieu, P., 2001b: Die Regeln der Kunst. Genese und Struktur des literarischen Feldes. Frankfurt am Main: Suhrkamp

Bourdieu, P./Boltanski, L./Saint Martin, M. de/Maldidier, P., 1981: Titel und Stelle. Über die Reproduktion sozialer Macht. Frankfurt am Main: Europäische Verlagsanstalt

Bourdieu, P./Wacquant, L., 1996: Reflexive Anthropologie. Frankfurt am Main: Suhrkamp

Burt, R.S., 1992: Structural holes. The social structure of competition. Cambridge; London: Harvard University Press

Coleman, J.S., 1988: Social capital in the creation of human capital. American Journal of Sociology 94 (Supplement): S95-S120

Coleman, J.S., 1991: Grundlagen der Sozialtheorie. Bd. 1: Handlungen und Handlungssysteme. München: Oldenbourg

Dangschat, J.S., 1998: Klassenstrukturen im Nach-Fordismus. S. 49-87 in: P.A. Berger/M. Vester (Hrsg.), Alte Ungleichheiten, neue Spaltungen. Opladen: Leske und Budrich

Dederichs, A.M., 1999: Das soziale Kapital in der Leistungsgesellschaft. Emotionen und Moralität in „Vetternwirtschaften". Münster u.a.: Waxmann

DiMaggio, P., 1979: Review essay: On Pierre Bourdieu. American Journal of Sociology 84: 1460-1474

Emirbayer, M., 1997: Manifesto for a relational sociology. American Journal of Sociology 103: 281-317

Emirbayer, M./Goodwin, J., 1994: Network analysis, culture, and the problem of agency. American Journal of Sociology 99: 1411-1454

Erickson, B.H., 1996: Culture, class, and connections. American Journal of Sociology 102: 217-251

Esser, H., 2000: Soziologie. Spezielle Grundlagen. Bd. 4: Opportunitäten und Restriktionen. Frankfurt am Main; New York: Campus

Gerhards, J./Anheier, H.K., 1987: Zur Sozialposition und Netzwerkstruktur von Schriftstellern. Zeitschrift für Soziologie 16: 385-394

Gerhards, J./Anheier, H.K., 1989: The literary field: An empirical investigation of Bourdieu's sociology of art. International Sociology 4: 131-146

Gerhards, J./Anheier, H.K., 1997: Das literarische Kräftefeld als ausdifferenziertes und intern stratifiziertes System. S. 125-141 in: J. Gerhards (Hrsg.), Soziologie der Kunst. Produzenten, Vermittler und Rezipienten. Opladen: Westdeutscher Verlag

Gouldner, A.W., 1984: Reziprozität und Autonomie. Ausgewählte Aufsätze. Frankfurt am Main: Suhrkamp

Granovetter, M.S., 1979: The theory-gap in social network analysis. S. 501-518 in: P.W. Holland/S. Leinhardt (Hrsg.), Perspectives on social network research. New York u.a.: Academic Press

Greenacre, M., 1994: Multiple and joint correspondence analysis. S. 141-161 in: M. Greenacre/J. Blasius (Hrsg.), Correspondence analysis in the social sciences. Recent developments and applications. London u.a.: Academic Press

Honneth, A., 1984: Die zerrissene Welt der symbolischen Formen. Zum kultursoziologischen Werk Pierre Bourdieus. Kölner Zeitschrift für Soziologie und Sozialpsychologie 36: 147-164

Hubbell, C.H., 1965: An input-output approach to clique identification. Sociometry 28: 377-399

Kieserling, A., 2000: Zwischen Wirtschaft und Kultur. Zum siebzigsten Geburtstag von Pierre Bourdieu. Soziale Systeme 6: 369-387

Kreckel, R., 1982: Class, status and power? Begriffliche Grundlagen für eine politische Soziologie der sozialen Ungleichheit. Kölner Zeitschrift für Soziologie und Sozialpsychologie 34: 617-648

Kreckel, R., 1983: Theorien sozialer Ungleichheit im Übergang. S. 3-12 in: Ders. (Hrsg.), Soziale Ungleichheiten (Soziale Welt, Sonderband 2). Göttingen: Schwartz

Lin, N., 1999: Social networks and status attainment. Annual Review of Sociology 25: 467-487

Lin, N./Cook, K./Burt, R.S. (Hrsg.), 2001: Social Capital. Theory and Research. New York: de Gruyter

Luhmann, N., 1984: Soziale Systeme. Grundriß einer allgemeinen Theorie. Frankfurt am Main: Suhrkamp

Luhmann, N., 1989: Vertrauen. Ein Mechanismus zur Reduktion sozialer Komplexität. 3. Aufl., Stuttgart: Enke

Müller, H.-P., 1986: Kultur, Geschmack und Distinktion. Grundzüge der Kultursoziologie Pierre Bourdieus. S. 162-190 in: F. Neidhard/M.R. Lepsius/J. Weiss (Hrsg.), Kultur und Gesellschaft (Kölner Zeitschrift für Soziologie und Sozialpsychologie, Sonderheft 27). Opladen: Westdeutscher Verlag

Müller, H.-P., 1992: Sozialstruktur und Lebensstile. Der neuere theoretische Diskurs über soziale Ungleichheit. Frankfurt am Main: Suhrkamp

Paxton, P., 1999: Is social capital declining in the United States? A multiple indicator assessment. American Journal of Sociology 105: 88-127

Portes, A., 1998: Social capital: Its origins and applications in modern sociology. Annual Review of Sociology 24: 1-24

Portes, A./Sensenbrenner, J., 1993: Embeddedness and immigration: Notes on the social determinants of economic action. American Journal of Sociology 98: 1320-1350

Preisendörfer, P./Voss, T., 1988: Arbeitsmarkt und soziale Netzwerke. Die Bedeutung sozialer Kontakte beim Zugang zu Arbeitsplätzen. Soziale Welt 39: 104-119

Trezzini, B., 1998: Theoretische Aspekte der sozialwissenschaftlichen Netzwerkanalyse. Schweizerische Zeitschrift für Soziologie 24: 511-544

Uzzi, B., 1996: The Sources and Consequences of Embeddedness for the Economic Performance of Organizations: The Network Effect. American Sociological Review 61: 674-698

Vaihinger, D., 1999: Können Sie schreiben? Die Zeit, Nr. 40, vom 30.9.1999

Weyer, J., 1997: Weder Ordnung noch Chaos. Die Theorie sozialer Netzwerke zwischen Institutionalismus und Selbstorganisationstheorie. S. 53-99 in J. Weyer/U. Kirchner/L. Riedl/J.F.K. Schmidt, Technik, die Gesellschaft schafft. Soziale Netzwerke als Ort der Technikgenese. Berlin: Edition Sigma

Woolcock, M., 1998: Social capital and economic development: Toward a theoretical synthesis and policy framework. Theory and Society 27: 151-208

Die Kreativität der Praxis
Überlegungen zum Wandel von Habitusformationen
Jörg Ebrecht

Ganz allgemein wird sozialer Wandel in der Soziologie als strukturelle Veränderung eines sozialen Systems bezeichnet und wahlweise als Modernisierung,
Entwicklung, Evolution oder Transformation konzipiert (vgl. Schelkle 2000).
Das Erkenntnisinteresse konzentriert sich dabei auf die zeitlichen Veränderungen folgender Variablen: die aggregierten Attribute einer Population (Alters-,
Einkommens, Berufsverteilungen), die Verhaltensraten einer Population (Wäh-
lerverhalten, Religionszugehörigkeit), die Sozialstruktur (verstanden als Interak-
tionsmuster zwischen Akteuren) und die kulturellen Muster (vgl. Smelser 1995).
Nachdem sich die wandlungstheoretischen Entwürfe der Soziologie lange Zeit
an der von Parsons als Differenzierungs- und Evolutionstheorie angelegten
allgemeinen Sozialtheorie orientiert haben, setzten sich in der Folge vor allem
drei Versuche einer Überwindung des parsonianischen Paradigmas sozialen
Wandels durch: erstens eine gegenüber der voluntaristischen Handlungstheorie
Parsons' bessere Mikrofundierung der für die Makroebene diagnostizierten
Wandlungsprozesse, zweitens die damit verbundene Konzentration auf die konkreten Lebenslagen und -formen der Akteure im Rahmen einer verstehenden,
historischen Soziologie sowie drittens die Aufgabe der Suche nach allgemeinen
Entwicklungsgesetzen (evolutionären Universalien) sowie der damit verbundene
Verzicht auf Prognosen und die Bereitstellung von Planungswissen[1].

Grundlegend für Kulturtheorien der unterschiedlichsten Provenienz ist die
Annahme, dass sich kollektive Verhaltensweisen nur im Zuge einer Rekonstruktion von Sinnmustern angemessen und informativ erklären lassen. Den als symbolische Ordnungen verstandenen Sinnmustern, auf deren Grundlage regelmäßige Praktiken vollzogen werden können, wird dabei in der Regel eine zweifa-
che Wirkung zugeschrieben: Auf der einen Seite ermöglichen sie bestimmte
Verhaltensformen, auf der anderen Seite schließen sie andere, alternative Verhaltensformen als unmöglich aus. Als kultureller Wandel oder kulturelle Dyna-

---

1   Vgl. Müller / Schmid 1995: 26ff.

mik lassen sich demnach jene Prozesse bezeichnen, in denen sich die beobachtbaren kollektiven Verhaltensweisen und die, im Rahmen einer kulturtheoretischen Erklärung zu rekonstruierenden, kognitiv-symbolischen Ordnungen verändern. Diese Transformationsprozesse lassen sich von einem Prozess der kulturellen Reproduktion unterscheiden, in dem die Wissensordnungen konstant und
stabil bleiben. Eine der am häufigsten formulierten Kritiken an der Sozialtheorie
Bourdieus bezieht sich nun genau auf dieses Problem: die Erklärung kulturellen
Wandels.[2] Bourdieu, so die Kritiker, überbetont die Stabilität kultureller Muster
schon auf grundbegrifflicher Ebene und kann in der Folge nur deren Reproduktion erklären. Das Zusammenspiel von inkorporierter Geschichte (Habitus) und
objektivierter Geschichte (soziale Felder) erscheint trotz eines stetigen mit symbolischen Mitteln geführten Kampfes um soziale Positionen in seinen Arbeiten
als wenig dynamisch. Das im Zentrum der Kritik stehende Habituskonzept
Bourdieus soll im Folgenden unter der Fragestellung diskutiert werden, ob und
inwieweit es Prozesse der kulturellen Reproduktion und Stabilität überakzentu-
iert und welche Annahmen dabei eine systematische Erklärung kultureller
Transformationsprozesse behindern. Hierzu werden zunächst die grundlegenden
Probleme einer kulturtheoretischen Erklärung sozialen Wandels im Anschluss
an Margaret Archer beschrieben (I), auf die anschließend das Habituskonzept
von Bourdieu bezogen wird (II). Die theoretischen Ausführungen werden dann
durch einige empirische Beispiele aus dem Oeuvre Bourdieus ergänzt und ver-
tieft (III), bevor ein Fazit gezogen und für eine Modifikation des Habituskonzeptes plädiert wird (IV).

I. Der Mythos der kulturellen Integration

Archer bezeichnet die Probleme bisheriger Kulturtheorien hinsichtlich der Erklärung sozialen Wandels als einen „Mythos der kulturellen Integration"[3]. Jenen
Kulturtheorien, die diesem Mythos folgen, liegen, so argumentiert Archer, verschiedene Formen eines Reduktionismus zugrunde. Das Verhältnis zwischen
Kultur und Handeln, zwischen der Ebene des kulturellen Systems und der Ebene
der soziokulturellen Interaktion wird dabei entweder nach einer der beiden Seiten hin aufgelöst oder aber es verschwindet mit der Annahme einer wechselseitigen Konstituierung. Die Defizite einer Reduktion ‚von oben nach unten'
(downward conflation) werden von Archer an zwei Sozialtheorien demonstriert:
Der klassische Strukturalismus von Levy Strauss konzipiert die den Akteuren
unbewusst bleibenden Strukturen bekanntlich als symbolische Codes und
Schemata. Den mental verankerten Codes (etwa der Reziprozität von Tauschhandlungen oder dem Denken in Dichotomien) kommt im strukturalistischen

---

Erklärungsmodell ein überhistorischer Status zu. Den Varianzen und den Transformationsprozessen auf der Ebene des beobachtbaren Verhaltens liegen invariante Schemata zugrunde, die quasi unendlich, nur in unterschiedlichen Erscheinungsformen reproduziert werden. Einen ähnlich gelagerten Reduktionismus attestiert Archer dem strukturfunktionalistischen Erklärungsmodell Parsons, in dem das als kultureller Konsensus gedachte Wertsystem vermittels internalisierter symbolischer Orientierungen das Verhalten einer Gruppe von Akteuren dirigiert. Aufgrund der Annahme einer hohen Homogenität des kulturellen Systems bleibt das Entstehen neuer Werte weitgehend ungeklärt, ebenso wie Phänomene einer kulturellen Dynamik. Eine zweite, gewissermaßen umgekehrte Form des Reduktionismus (upward conflation), die ebenfalls den Mythos der kulturellen Integration befördert, betreiben laut Archer jene Sozialtheorien, in denen dem soziokulturellen System mehr oder weniger die Regentschaft über die Ebene Kultur zugeschrieben wird. Exemplarisch gilt dies für das Ideologiekonzept von Marx und Engels sowie die Vorstellung einer Hegemonialkultur bei Gramsci. Eine dritte Form von Reduktionismus (central conflation) sieht Archer schließlich bei den Kulturtheorien am Werk, in denen der Zusammenhang von Kultur und Verhalten als ein wechselseitiges Konstitutionsverhältnis konzipiert wird. Diesem Erklärungsmuster folgen, so Archer, sowohl Zygmunt Bauman mit seiner Konzeptualisierung von Kultur als Praxis als auch Anthony Giddens mit seinem dualistischen Modell der Kultur. Die in diesen Ansätzen vertretene Figur einer wechselseitigen Konstitution von Kultur und Praxis verhindert jedoch, so Archers Argumentation, eine systematische Thematisierung der spezifischen Faktoren, die zu einer Erklärung kulturellen Wandels herangezogen werden müssten. Beide Theorien können die Bedingungen kulturellen Wandels nicht spezifizieren und schwanken stattdessen beständig zwischen einer den Akteuren zugeschriebenen Hyperaktivität auf der einen und der Annahme einer relativ rigiden Kohärenz des kulturellen Systems auf der anderen Seite. Bei Giddens scheint die Möglichkeit kultureller Transformationsprozesse in jeder Handlung gegeben, wobei die Frage ihrer Realisierung an die spezifische historische Konstellation adressiert wird[4], während Bauman den Akteuren ein nicht weiter begründetes A priori an transformatorischer Freiheit zuschreibt[5]. Letztlich kann zwischen Prozessen der kulturellen Reproduktion und Prozessen kulturellen Wandels nicht trennscharf unterschieden werden. Unabhängig davon, ob man Archers Lesart insbesondere der sogenannten central-conflation Ansätze von Bauman und Giddens folgen will oder nicht, lassen sich aus ihrer Kritik zwei

---

4   Vgl. Giddens 1995: 300.
5   Vgl. Bauman 1995: 130f.

grundsätzliche Probleme ableiten, denen sich eine Erklärung kulturellen Wandels stellen muss[6]:

Auf der Mikroebene liegt das Problem in der Annahme, dass die mental verankerten kulturellen Muster den Korridor des möglichen Verhaltens der Akteure festlegen.[7] Das Modell des schemageleitenden Handelns, das von Bourdieu zumindest im Rahmen seiner Habitustheorie vertreten wird, wird von Hans Lenk auf die Formel gebracht, dass „alles Erkennen und Handeln schon durch Schemainterpretationen geprägt, strukturiert (ist)" (Lenk 1995: 46). In dieser Deutlichkeit formuliert, drängt sich sofort die Frage auf, wie der Kreislauf einer repetetiven Anwendung der vorhandenen Schemata durchbrochen werden kann. Wenn alles Wahrnehmen, Denken und Handeln aus der Anwendung von kognitiv-symbolischen Schematisierungen resultiert, dann ist die Etablierung neuer Schemata nicht nur unwahrscheinlich, sondern beinahe ausgeschlossen, da alle Erfahrungen, auch und gerade die irritierenden, immer schon auf der Basis vorhandener Dispositionen rezipiert werden. Den Akteuren, so hat es den Anschein, bleibt gar keine andere Möglichkeit, als die Welt vor dem Hintergrund dieser Unterscheidungsschemata zu interpretieren und dementsprechende Praktiken zu vollziehen. Hinsichtlich des Problems kulturellen Wandels lässt sich demnach festhalten, dass das Modell des schemageleiteten Handelns sich vornehmlich zur Erklärung von Prozessen der kulturellen Reproduktion eignet.

Das zweite Problem liegt ganz offensichtlich auf der Makroebene in der Vorstellung einer kohärenten und konsistenten Ordnung eines kulturellen Unterscheidungssystems. Der Kernpunkt der Kritik Archers besagt, dass in dem Maß, in dem die Elemente einer Kultur, also die unterschiedlichen kognitiv-symbolischen Schemata, sich widerspruchsfrei in eine Wissensordnung integrieren lassen, ihre quasi automatische Reproduktion hochwahrscheinlich wird. Wenn also in einem kulturtheoretischen Erklärungsmodell schon auf der grundbegrifflichen Ebene davon ausgegangen wird, dass die inkorporierten Dispositionen eines Akteurs oder einer Gruppe von Akteuren homogen und kohärent strukturiert sind, dann muss nicht nur der Prozess der kulturellen Reproduktion als Normalfall erscheinen, sondern dann ergibt sich aus dieser Vorannahme ein systematisches Erklärungsdefizit in Bezug auf Prozesse kulturellen Wandels.

---

6   Andreas Reckwitz nennt neben der Schemaabhängigkeit und dem impliziten Homogenitätsmodell der Kultur noch das „Routinemodell des Handelns" als drittes Element einer systematischen Überbetonung kultureller Stabilität (vgl. Reckwitz 2000: 619).

7   Dieses erste Grundproblem wird von Archer in ihrer Kritik des Strukturalismus nur am Rande angedeutet (vgl. Archer 1996: 42).

II. Praktiken auf der Grundlage habitualisierter Schemata

Bourdieus Sozialtheorie, seine Theorie der Praxis, ist eine Kulturtheorie, in deren Zentrum die Habitustheorie steht. Damit stellt sich die Frage, ob und in welcher Form Bourdieus Konzept des Zusammenhanges zwischen inkorporierten Dispositionen und Praktiken im Sinne von Verhaltensregelmäßigkeiten die genannten Grundprobleme einer Erklärung kulturellen Wandels fortführt. Die nachfolgende Rekonstruktion des Bourdieuschen Habituskonzeptes soll zunächst zeigen, ob und wie sich das Modell des schemageleitenden Handelns für Variationen öffnen lässt.

Gemäß der Habitustheorie Bourdieus sind Akteure bekanntlich mit kognitiven Schemata ausgestattet, deren Anwendung in den unterschiedlichen sozialen Feldern bestimmte regelmäßige Verhaltensweisen, sprich Praktiken hervorbringt. Die Erklärung von gleichförmigen Praktiken, von Handlungsmustern und -regelmäßigkeiten soll über die Rekonstruktion der kulturellen Sinnsysteme, die Schemata eines Habitus geleistet werden. Bourdieu definiert den Habitus als „System der organischen oder mentalen Dispositionen und der unbewussten Denk-, Wahrnehmungs- und Handlungsschemata" (Bourdieu 1968: 40). Die Schemata sind im Körper und im Geist eines Akteurs oder einer Gruppe von Akteuren verankert und haben eine kollektiven Charakter, d. h. sie gehen der subjektiven Erfahrung voraus und wirken demnach unabhängig von Ideen, Intentionen und Überzeugungen. Beim Habitus handelt es sich somit um ein unbewusstes System von Unterscheidungen, das als Klassifikations- und Erzeugungsprinzip von Praktiken fungiert und somit den Akteuren in unterschiedlichen Situationen den routinisierten Vollzug von Praktiken ermöglicht. Indem die inkorporierten Schemata entsprechend dispositionierten Akteuren bestimmte Verhaltensweisen ermöglichen, schließen sie andere, alternative Verhaltensformen aus. Bis zu diesem Punkt, so könnte man sagen, befindet sich Bourdieu durchaus noch auf dem Terrain des klassischen Strukturalismus. Im Gegensatz zu Levy-Strauss betont Bourdieu nun aber die grundlegende historische Kontingenz der habituellen Schemata. Zudem setzen sich in Bourdieus Verständnis die kognitiv-symbolischen Sinnsysteme, bei denen es sich, worauf er immer wieder hinweist, um Konstruktionen eines in der Praxis des wissenschaftlichen Feldes situierten Beobachters handelt, nicht unvermittelt in die entsprechenden Praktiken um[8]. In einem solchen Erklärungsmodell, in dem sich, wie Bourdieu schreibt, ein spezifischer „scholastischer Habitus" zum Ausdruck bringt (vgl. Bourdieu 2001: 64ff.), wird der Sozialwelt ein intellektualistisch verzerrtes Modell übergestülpt, mit dem die Perspektive der handelnden Akteure ausgeblendet wird. Eine informative und angemessene Rekonstruktion der Logik der

---

8 Zum Verhältnis zwischen dem Strukturalismus Levy-Strauss' und der Praxistheorie Bourdieus vgl. Reckwitz 2000: 319ff.

Praxis, so Bourdieu, kann aber nur gelingen, indem die subjektive Perspektive praktisch engagierter Akteure systematisch in die Erklärung einbezogen wird (Bourdieu 2001: 177ff.). In seinem Konzept des praktischen Verstehens und des praktischen Sinns, mit dem der Strukturalismus gewissermaßen einer ‚interpretativen Wende' unterzogen wird, kommt den habituellen Schemata somit der Status eines Sinnhorizontes zu, der sich mit den sogenannten lebensweltlichen Wissensvorräten bei Alfred Schütz vergleichen lässt. Während aber in dessen mundaner Sozialphänomenologie die subjektive Perspektive zum Ausgangspunkt der Analyse erklärt wird[9], beharrt Bourdieu auf dem übersubjektiven, kollektiven Charakter der Sinnmuster. Die Schemata des Habitus sind kollektiv, d. h. sie übersteigen das Bewusstsein der Akteure, müssen von diesen aber in konkreten Handlungssituationen, unter einem konkreten Handlungsdruck praktisch angewendet werden. Der routinisierte Gebrauch der Unterscheidungsschemata wird dabei durch einen spezifischen sozialen Sinn gewährleistet: Die Akteure sind mit einem Wissen ausgestattet, das es ihnen nicht nur ermöglicht, eine gegebene Handlungssituation zu dekodieren, sie vor dem Hintergrund ihres inkorporierten Wissens zu interpretieren, sondern auch der Situation angemessene und entsprechende Praktiken zu vollziehen (vgl. Bourdieu 1993: 97 - 121). Gleichförmige Praktiken stellen sich aus der Perspektive Bourdieus demnach nicht als bloßes Exekutieren von überzeitlichen Handlungsmustern auf der Basis kultureller Codes dar, sondern resultieren vielmehr aus den intentionalen Verstehensleistungen der Akteure in konkreten Situationen. Mit dem Kernstück seiner Theorie der Praxis, einem Habitusmodell, in dem objektivierbare, kollektive Schemata von Akteuren situativ angewendet werden, distanziert sich Bourdieu demnach vom Strukturalismus und dessen Hypostasierung objektiver Verhältnisse außerhalb der individuellen und kollektiven Geschichte, ohne dabei in einen Subjektivismus des bindungs- und wurzellosen Subjekts zurückzufallen, dessen Schwäche bekanntlich in einem Erklärungsnotstand bezüglich der objektivierten und einverleibten Strukturen besteht.

> „Da der Habitus eine unbegrenzte (kontrollierte) Freiheit Hervorbringungen – Gedanken, Wahrnehmungen, Äußerungen, Handlungen – zu erzeugen, die stets in den historischen und sozialen Grenzen seiner eigenen Erzeugung liegen, steht die konditionierte und bedingte Freiheit, die er bietet, der unvorhergesehen Neuschöpfung ebenso fern wie der simplen mechanischen Reproduktion ursprünglicher Ordnungen." (Bourdieu 1993: 103)

Die von Bourdieu vorgenommene Reformulierung der phänomenologisch-hermeneutischen Theorien von Husserl und Schütz ist im Zusammenhang der Erklärung kulturellen Wandels von zentraler Bedeutung. Da die kollektiven Schemata des Habitus von den Akteuren zur subjektiven Sinnzuschreibung

---

9   Schütz bezeichnet bekanntlich die ‚eigenständigen' subjektiven Erfahrungen als den Ursprung der gesellschaftlichen Wissensvorräte (vgl. Schütz 1988: 314ff.).

herangezogen und durch das ‚Nadelöhr' des praktischen Verstehens im Rahmen einer konkreten Handlungssituation gefädelt werden müssen, erscheint die quasi mechanische Repetition von Handlungsmustern als ein unwahrscheinlicher Grenzfall. Man denke nur an den von Bourdieu in den ‚Feinen Unterschieden' analysierten Habitus der Oberschicht und dessen Unterscheidung von Form und Substanz: Die Klassifizierung von Konsumobjekten, Handlungssituationen und Praktiken anderer Akteure sowie der Vollzug entsprechender eigener Handlungen gemäß dieser Unterscheidung geschieht eben nicht automatisch und ‚ferngesteuert', sondern muss von den Akteuren in den konkreten Situationen des Alltags immer wieder neu geleistet werden. Auch wenn man unter bestimmten Voraussetzungen davon ausgehen kann, dass ein Teil dieser wörtlich zu nehmenden Dekodierungsarbeit routinisiert erledigt wird, sind die Unsicherheiten und Schwierigkeiten der tagtäglich zu vollziehenden intentionalen Verstehensakte doch offensichtlich: Ist jenes Objekt nun bloß nützlich oder doch eher originell? Ist jenes Verhalten formvollendet oder bloß freimütig? Wo beginnt das Ungebührliche allzu freien Benehmens?

Mit dem Konzept des praktischen Verstehens, so könnte man argumentieren, rücken zwangsläufig jene Fälle in den Blick, in denen eine Anwendung der Schemata eines Habitus problematisch wird: erstens, eine mehrdeutige Handlungssituation, die von Akteuren anhand unterschiedlicher Schemata verstanden werden könnte und in der sie sich folglich mit dem Problem einer Auswahl aus ihrem begrenzten Repertoire an Schemata konfrontiert sehen, sowie zweitens eine Situation, die von den Akteuren vor dem Hintergrund ihrer vorhandenen habituellen Dispositionen gar nicht verstanden werden kann, weil ihnen die entsprechenden Schemata zur Interpretation fehlen, die Handlungssituation ihnen gewissermaßen so fremd ist, dass sie außerstande sind entsprechende Handlungen zu vollziehen.[10] In den beiden genannten Fällen, in denen Dispositionsschemata zur Auswahl stehen oder gar nicht vorhanden sind, ist ein routinisierter Vollzug von Praktiken im Sinne einer selbstverständlichen Wiederholung von Handlungsmustern unwahrscheinlich. In dem Maße, in dem Situationsinterpretationen und Praktiken ihren Routinecharakter verlieren und aus der Perspektive der Akteure zunehmend problematisch erscheinen, erscheint der Kreislauf der kulturellen Reproduktion zwar noch nicht durchbrochen, aber zumindest durch eine grundsätzliche Instabilität gekennzeichnet.

---

[10] Für Handlungssituationen, die sich den Akteuren als problematisch präsentieren, wären die Anschlussmöglichkeiten einer pragmatischen ‚Theorie situierter Kreativität' zu überprüfen, wie sie von Hans Joas (1992) vorgeschlagen wird.

III. Zum Wandel und zur Beharrlichkeit von Habitusformationen

Indem Bourdieu betont, dass es sich bei den für den Habitus konstitutiven Kognitions- und Motivationsstrukturen um ein System vorreflexiver körperlicher Schemata handelt, welches das potenzielle Handlungsrepertoire eines Akteurs oder einer Gruppe von Akteuren maßgeblich mitbestimmt, scheint sich das Erklärungsproblem kulturellen Wandels auf die Ebene der objektiven Strukturen zu verschieben.[11] Die Frage, ob und inwieweit sich die Transformation von Habitusformationen ausschließlich auf dynamische Prozesse und Veränderungen im sozialen Raum sowie in den sozialen Feldern zurückführen lässt, soll im folgenden Abschnitt anhand einiger exemplarischer Handlungskonstellationen diskutiert werden. Hinsichtlich der situativen Angemessenheit habitueller Dispositionen lassen sich zunächst zwei Extremvarianten unterscheiden:

Die erste Extremvariante des Verhältnisses von Habitus und Handlungssituation ist durch die vollständige Kongruenz der inkorporierten und objektivierten Sinnstrukturen gekennzeichnet:

> „Diese vollkommene Koinzidenz zwischen praktischen Schemata ist aber einzig dann möglich, wenn die auf die Welt applizierten Schemata Produkte ebender Welt sind, auf die sie appliziert werden, das heißt in der Alltagserfahrung: der vertrauten Welt (im Gegensatz zu fremden oder exotischen Welten). (Bourdieu 2001: 188f.)

Diese Konstellation stellt jedoch, worauf Bourdieu selbst hinweist, zumindest in der Empirie eine in hohem Maße voraussetzungsvolle Ausnahmesituation dar: Sie ist nämlich nur in jenen Fällen gegeben, in denen die aktuellen Anwendungsbedingungen des Habitus mit seinen vergangenen Entstehungsbedingungen zusammenfallen, wenn die inkorporierte Geschichte und die objektivierte Geschichte synchron verlaufen und in einer Handlungssituation koinzidieren. Nur dann bewegen sich die Akteure, wie Bourdieu im Anschluss an Leibnitz schreibt, wie Automaten (vgl. Bourdieu 1987: 740).

Die gewissermaßen entgegengesetzte zweite Extremvariante wäre nun jene Konstellation, in der die inkorporierten Schemata von den Akteuren überhaupt nicht oder nur unzureichend zur Dekodierung der Situation herangezogen werden können. Dies wäre dann der Fall, wenn ein etablierter Habitus mit den Erfordernissen eines neuen, ihm gewissermaßen fremden sozialen Feld konfrontiert wird. Ein Beispiel für eine solche Konstellation findet sich in den in ‚Das Elend der Welt' zusammengetragenen Lebengeschichten von unten: Unter dem bezeichnenden Titel ‚Das Ende einer Ära' (Bourdieu 1997: 369) resümiert dort ein vormals aktiver Gewerkschafter, der nach seiner ungewollten Frühpensionierung jegliches politisches und soziales Engagement abbricht und in eine Art

---

11 So auch Ansgar Weymann (vgl. 1998: 53ff.), der sich bei seiner Rekonstruktion der Bourdieuschen Theorie unter dem Gesichtspunkt sozialen Wandels ausschließlich auf die Strukturen des sozialen Raumes bezieht.

Agonie verfällt, seine Verlusterfahrungen in der Aussage: „Vielleicht habe ich mich verändert, oder die Welt hat sich verändert, oder ich habe es nicht mitgekriegt, wie sich die Dinge verändert haben, ich weiß nicht, aber auf jeden Fall fühle ich mich ein bisschen verloren" (ebd.: 371). In mehreren Jahrzehnten einer sich in den Grundzügen kaum verändernden Erwerbsarbeit und einem genauso stabilen, darauf abgestimmten privaten Alltagsleben, hat sich offensichtlich ein Habitus formiert, der zwar ausgezeichnet an die vormaligen objektiven Lebensumstände angepasst war, dessen spezifische Dispositionen in einem veränderten Kontext allerdings zu versagen scheinen. Dem Akteur stehen offensichtlich keine alternativen Deutungsmuster zur Verfügung, anhand derer er in der Lage wäre, die veränderte Situation angemessen zu begreifen. Und weil in der neuen Handlungsumwelt auf der Basis des etablierten Dispositionssystems keine sinnvollen Bedeutungszuschreibungen möglich sind, erscheinen die Akteure sich selbst und dem Beobachter als handlungsunfähig und befinden sich eher in einem Zustand der Agonie und der Ohnmacht, als dass sie die Rolle von kulturellen Innovatoren übernehmen könnten. Überspitzt formuliert: Das Dispositionssystem ist und bleibt das alte und ermöglicht den Akteuren im Kontext anomisch empfundener objektiver Bedingungen kaum mehr als resignativ-passive Praktiken der Hilflosigkeit.

Die beschriebenen Extremvarianten verdeutlichen, dass eine systematische Erklärung kulturellen Wandels habituelle Transformationsprozesse nicht nur als sukzessive Anpassung der inkorporierten Wissensordnungen an eine externe Umwelt begreifen kann. Sie muss darüber hinaus die habituellen Bedingungen objektivieren, also eine Konstellation auf der Ebene des Habitus spezifizieren, unter denen eine solche Transformation überhaupt möglich sowie wahrscheinlich wäre. Einen in diese Richtung weisenden Erklärungsversuch kulturellen Wandels unternimmt Bourdieu im Anschluss an eine kunsthistorische Studie Panofskys (vgl. Bourdieu 1974: 149ff.). Ausgangspunkt seiner Überlegungen ist die Frage, ob sich im Rahmen seines, in diesem Text in enger Anlehnung an Chomskys Modell einer generativen Grammatik formulierten Habituskonzeptes nur der Vollendungsprozess einer kunstgeschichtlichen Epoche erklären lässt (ebd.: 155). Vollendung meint hier einen Prozess, in dem die habituell bereit gestellten Möglichkeiten in immer feineren Verästelungen quasi bis zu ihrer Erschöpfung vorangetrieben werden, ohne jedoch, dass die habituellen Schemata, die Grammatik selbst, sich dabei wandelt. Die so hervorgebrachten Praktiken können zwar vielfältig sein und sich unterscheiden, verbleiben aber innerhalb des durch die Sinngrenzen des Habitus abgesteckten Terrains. „Wie aber", fragt Bourdieu, „steht es in Zeiten des Überganges und der Krise, in denen sich eine neue, generative Grammatik herausbildet?" (ebd.:155). Anstatt nun auf das Erklärungsmuster des ‚schöpferischen Genies' zu rekurrieren, in dem das Neue vermittels einer Eingebung des Künstlers quasi aus dem Nichts hervorgebracht wird, empfiehlt Bourdieu an dieser Stelle, sich der inkorporierten Geschichte der Personen zuwenden, in deren Werken sich eine Überwindung etablierter Formen beobachten lässt, d. h. im Rahmen einer systematischen Rekonstruktion der Biographie die habituellen Bedingungen der Möglichkeit einer kreativen Neuschöpfung aufzudecken (vgl. ebd.: 155f.). Bezüglich der Geschichte jenes Abtes Suger etwa, dessen künstlerische Werke bis dahin unbekannte prätentiöse und pompöse Stilelemente aufweisen, zeigt Bourdieu, dass dieser seine Primärsozialisation in der Unterschicht als Kind armer Leute erfahren hat, als Jugendlicher dann aber zunehmend unter die Fittiche der Kirche gerät und eine entsprechende theologische und technische Ausbildung durchläuft, was zur Verbesserung seiner sozialen Position führt (vgl. ebd. S. 156f.). Die von Suger geleistete Überbietung der gotisch-scholastischen Kunst und die ihr zugrunde liegende Wissensordnung resultieren demnach, so könnte man Bourdieus Argumentation zusammenfassen, aus der Spannung zwischen dem in Kindheit und früher Jugend einverleibten Unterschichthabitus und dem in anschließender jahrelanger Ausbildung und beruflicher Tätigkeit erworbenen Dispositionssystem eines Klerikers (vgl. ebd. 157). Die ‚neue Kunst' verdankt sich demnach einer innovativen Kombination zweier alter Habitusformationen: Das in der Primärsozialisation erworbene Unterscheidungssystem kreuzt sich mit dem Unterscheidungssystem des späteren Berufsmilieus. Notwendige Bedingung der Möglichkeit dieses kulturellen Transformationsprozess ist hier nicht nur die zeitliche Streckung des Milieuwechsels, die den Übergang zwischen den unterschiedlichen, mit Schütz gesprochen: Sinnprovinzen gewissermaßen entschärft, sondern vor allem eine spezifische Konstellation zweier Schemata *innerhalb* des inkoporierten Dispositionssystems eines Akteurs.

Eine weitere und systematischere Darstellung einer Konstellation sich überschneidender Wissensordnungen findet sich schließlich in Bourdieus Analyse des kulturellen Konsums der französischen Gesellschaft zu Beginn der achtziger Jahre, in der er am Beispiel des sogenannten neuen Kleinbürgertums die Entstehung eines neuen Habitus aus dem Verhältnis zweier bereits existierender Habitusformationen demonstriert (vgl. Bourdieu 1987: 561ff.). Der historisch neuartige Habitus dieser neuen Mittelschicht, der sich in entsprechenden Geschmacksurteilen eines spezifischen Lebensstiles äußert, wird von Bourdieu auf die Formel einer Pflicht zum Genuss gebracht, d. h. der typische Lebensstil dieser sozialen Klasse organisiert sich auf der Basis eines auf Steigerung und Verfeinerung des persönlichen Wohlbefindens gerichteten Hedonismus, der mit einem übereifrig beriebenem Ethos verknüpft ist (vgl. ebd.: 568).

Die Entstehung dieses neuartigen Dispositionssystems ließe sich nun folgendermaßen erklären[12]: Da die Mitglieder des neuen Kleinbürgertums überwiegend aus bourgeoisen Haushalten stammen, kann man annehmen, dass sie sich in ihrer Kindheit die Selbstsicherheit und die familiären kulturellen Kompe-

---

12   Diese Interpretation findet sich auch bei Reckwitz 2000: 341ff.

tenzen der Oberschicht einverleibt haben. In der Folge jedoch wechseln viele dieser ‚Kinder aus gutem Hause' aufgrund fehlenden Bildungskapitals in die neuen, aber typisch mittelständischen Berufe des klassischen Kleinbürgertums.[13] Der typische Habitus des kleinbürgerlichen Mittelstandes ist nun gekennzeichnet durch eine eifrig und mit Strenge betriebene Abgrenzung in Richtung der Unterschicht. Die beiden nacheinander inkorporierten Dispositionssysteme der Oberschicht und des alten Kleinbürgertums verbinden sich in der Folge zum neuen Habitus einer neuen sozialen Klasse: Die Moral der Pflicht, die sich auf den Gegensatz von Vergnügen und Gutem stützt, transformiert sich zu einer Pflicht zum Genuss, einer Moral, die den Genuss nicht nur erlaubt, sondern vorschreibt. Dieser neue Habitus ermöglicht den Akteuren routinisierte Sinnzuschreibungen vor dem Hintergrund neuartiger Schemata sowie den Vollzug entsprechender neuartiger Praktiken.[14]

IV. Das kreative Potential heterogener Dispositionen

Aus den beschriebenen empirischen Fallstudien ergeben sich m. E. einige Konsequenzen für die eingangs genannten Grundprobleme einer Erklärung kulturellen Wandels: für das auf der Mikroebene zu situierende Problem des kulturgeleiteten Handelns sowie für das Makroproblem einer konsistenten, homogenen Ordnung der Kultur. Zunächst lässt sich festhalten, dass Bourdieu in Abgrenzung zur Vorstellung einer mechanistischen Redundanz der habituellen Schemata die praktischen Bedingungen der situativen Anwendung der habituellen Schemata hervorhebt:

> „Dass die vom Habitus ohne Berechnung noch Vorsatz hervorgebrachten Reaktionen meist angemessen, kohärent und unmittelbar verständlich erscheinen, darf nicht dazu führen, aus ihm eine Art unfehlbaren Instinkt zu machen, der jederzeit allen Lagen auf wundersame Weise angepasste Reaktionen zu erzeugen vermag. Die den objektiven Bedingungen vorgreifende Angepasstheit des Habitus ist ein Sonderfall, der (in den uns vertrauten Universen) zwar besonders häufig auftritt, den man aber nicht verallgemeinern sollte (Bourdieu 2001: 204).

Die Akteure müssen demnach in immer neuen Situationen eine Form von ‚Dekodierungsarbeit' leisten, sprich Sinnzuschreibungen auf der Basis der inkorporierten Unterscheidungssysteme vollziehen. Unter dem Handlungsdruck der

---

13 Eine wichtige Rolle sieht Bourdieu in diesem Zusammenhang im akkumulierten (ererbten) kulturellen Kapital der Akteure. Dies ermöglicht es ihnen, zu bluffen und „sich in schwierigen Situationen zurechtzufinden, in denen die normalen Orientierungsmittel fehlen" (ebd.:568).

14 Von Bourdieu selbst wird dieser Aspekt nur angedeutet, aber nicht weiter systematisiert: „(D)ie Angehörigen der medizinisch-sozialen Dienstleitungsberufe (neigen) zu widersprüchlichen Präferenzen, in denen, so scheint es, (je nach Herkunft unterschiedlichen) Antagonismen zwischen den Werten des Ausgangsmilieus und denen des jetzigen Berufsmilieus zum Ausdruck kommt." (Bourdieu, 1987: 564).

Praxis kommt es dabei nicht nur zu Fehlinterpretationen und Missverständnissen – den Interpretationsprozess kennzeichnet vielmehr eine prinzipielle Unschärfe und Unsicherheit (vgl. ebd. 104, 105). Für eine systematische Erklärung der Transformation kultureller Muster reicht es aber offensichtlich nicht aus darauf hinzuweisen, dass die Reproduktion von Handlungsroutinen in hohem Maß vorraussetzungsreich und damit prinzipiell störanfällig ist. Eine weitere Bedingung der Möglichkeit kulturellen Wandels, so legen es zumindest die ausgeführten empirischen Beispiele nahe, markiert eine Konstellation sich überschneidender, miteinander konkurrierender habitualisierter Schemata.[15] Nur dann, wenn die Akteure über Schematisierungsalternativen verfügen, ist die Möglichkeit einer innovativen Neuschöpfung gegeben. Die Schemata, die im Verlauf einer kontinuierlichen Handlungspraxis miteinander kombiniert werden, können dabei durchaus unterschiedlichen Handlungszusammenhängen (sozialen Feldern) entnommen werden. Bourdieus Habitustheorie weist diesbezüglich aber eine grundsätzliche Schwierigkeit auf: Tendenziell scheint Bourdieu nämlich davon auszugehen, dass sich einem Akteur oder einem Kollektiv von Akteuren ein zwar vielschichtiges, aber letztlich kohärentes Dispositionssystem zuordnen lässt, das sie in die Lage versetzt, die Praktiken eines ganzen Lebensstils hervorzubringen. Die Akteure bringen in den unterschiedlichen sozialen Feldern, in denen sie sich bewegen, zwar höchst unterschiedliche Praktiken hervor, denen aber – zumindest im Normalfall – ein Habitus, ein einheitliches Dispositionssystem zu Grunde liegen soll. Vor dem Hintergrund der gravierenden Strukturdifferenzen zwischen den unterschiedlichen sozialen Feldern muss die Annahme, dass diese sich in eine stabile und kohärente Habitusformation integrieren lassen, aber höchst zweifelhaft erscheinen.[16] Die Akteure der (westlichen) Gegenwartsgesellschaft sind zumindest tendenziell, wie Roland Hitzler schreibt, „in eine Vielzahl von selbst hergestellten Beziehungen verstrickt und mit unterschiedlichen Milieus konfrontiert und (müssen, J.E) folglich ständig mit vielfältigen, nicht aufeinander abgestimmten Deutungs- und Handlungsschemata umgehen" (Hitzler 1999: 237). Bourdieu aber ignoriert die Befunde der sogenannten Individualisierungstheorie und geht stattdessen davon aus, dass die von ihm hypostasierte habituelle Harmonie dazu neigt, sich selbst zu stabilisieren und zu reproduzieren:

> „Das besondere Gewicht der ursprünglichen Erfahrungen ergibt sich (...) im wesentlichen daraus, dass der Habitus seine eigene Konstantheit und seine eigene Abwehr von Veränderungen durch die Auswahl zu gewährleisten sucht, die er unter neuen Informationen trifft, indem er z. B. Informationen, die die akkumulierte Information in Frage stellen könnten, verwirft, wenn er zufällig auf sie stößt oder ihnen nicht ausweichen kann." (Bourdieu 1993: 114f.)

---

15 Vgl. hierzu das Modell kultureller Interferenzen in Reckwitz 2000: 629ff..

16 Vgl. auch die Argumentation von Cornelia Bohn (1991), insbesondere Kapitel 4.3.

Mit der „Kohärenzhypothese" (Miller 1989: 202) hinsichtlich der Schemata des Habitus, die von Bourdieu an manchen Stellen biologistisch vertreten wird, wird der von Archer beschriebene Mythos der kulturellen Integration befördert.[17] Um die Erklärung der in den empirischen Beispielen beschriebenen kulturellen Transformationsprozesse auf der grundbegrifflichen Ebene nicht unnötig zu erschweren, scheint es deshalb geboten, das Habituskonzept Bourdieus zu modifizieren. An die Stelle eines Subjektkonzeptes, in dem Akteure als Träger eines kohärenten Dispositionssystems fungieren, könnte ein Modell treten, in dem Akteure als Träger unterschiedlicher Wissensordnungen fungieren. In einem solchen Konzept würden sich die zur Ausführung von unterschiedlichen Praktiken notwendigen Wissensordnungen gewissermaßen in den Akteuren kreuzen – Personen wären, um eine Formulierung von Simmel aufzugreifen, Schnittpunkte sozialer Kreise (vgl. Simmel 1989: 237ff.).

Während bei Bourdieu die inkorporierten Dispositionssysteme der Akteure nicht nur kohärent, sondern auch durch die jeweilige Position im sozialen Raum und die entsprechende Ausstattung an kulturellem, sozialem und ökonomischem Kapital weitgehend determiniert erscheinen (Bourdieu 1987: 286ff.), weist das von Gerhard Schulze entwickelte Konzept alltagsästhetischer Schemata eine grundsätzlich größere Offenheit für Wandlungsprozesse in der Form einer „Auflösung, Verschmelzung, Trennung und Neugruppierung von Zeichenensembles" (Schulze 1997:132f.) auf. Schulze geht davon aus, dass sich die Schematisierungstendenzen, also die Frage der Produktion und Auswahl ästhetischer Zeichen sowie deren kollektiver Angleichung mit dem Aufkommen einer zunehmenden Innen- und Erlebnisorientierung auf der Basis explosionsartig gewachsener Möglichkeitsräume (ebd. 19f., 33f. u. 54ff.) radikal gewandelt haben: „(A)n die Stelle eindimensionaler Kennzeichnungen tritt die Angabe von Mischungsverhältnissen oder die Diagnose von Stiltypen" (ebd.: 162). Mit der sogenannten ‚Erlebnisgesellschaft' einher geht dabei ein neues Grundmuster der Beziehung von Subjekt und Situation, in dem sich der Akzent des Handelns vom Einwirken zum Wählen in Richtung einer innenorientierten Erlebnisrationalität verschiebt (vgl. ebd.51).

„Die Veränderung des Kausalcharakters der Situation [...] (und, J.E.) (d)ie Vermehrung der Möglichkeiten muss mit neuartigen Theorien sozialen Wandels beantwortet werden, in denen das Interesse an der Festlegung durch Möglichkeitsräume zurück-

---

17 Akteure, für die diese Homogenität der dispositionellen Ausstattung nicht gilt, müssen vor diesem Hintergrund beinahe zwangsläufig als Leidende erscheinen: „Der Habitus ist weder notwendigerweise angemessen noch notwendigerweise kohärent. Er verfügt über Integrationsstufen, die vor allem ‚Kristallisationsstufen' des eingenommen Status entsprechen. So lässt sich beobachten, dass widersprüchlichen Positionen, die auf ihre Inhaber strukturelle ‚Doppelzwänge' ausüben können, oft zerrissene, in sich widersprüchliche Habitus entsprechen, deren innere Gespaltenheit Leiden verursacht (Bourdieu, 2001: 206).

tritt hinter dem Interesse an der Selbstfestlegung in Möglichkeitsräumen." (Ebd.
209)

Die Vorteile des Konzeptes alltagsästhetischer Schemata gegenüber dem Bourdieuschen Klassenhabitus zeigen sich dann auch in einem höherem Auflösungs-
vermögen in den empirischen Analysen. So sind einige, der von Schulze explo-
rierten Milieus durch Mischungs- und Spannungsverhältnisse zwischen dem
Hochkultur-, Trivial- und Spannungsschemata gekennzeichnet (vgl. ebd.:
301ff.). Die von Schulze erhobenen Ergebnisse zeichnen demnach nicht nur ein
differenziertes Bild des kulturellen Konsums in der Gegenwartsgesellschaft,
sondern sind zudem ein starkes Argument, auf die Vorannahme einer kohärenten Ordnung der inkorporierten Schemata zu verzichten und die Frage nach dem
Verhältnis der Schemata zunächst offen zu halten. Eine Konstellation konkurrierender Sinnschemata innerhalb des Sinnhorizontes von Akteuren mit daraus
resultierenden Handlungsunsicherheiten wäre damit genauso möglich, wie die
homogene und stabile Struktur eines Dispositionssystems als Voraussetzung
eindeutiger Sinnzuschreibungen und Handlungsroutinen. Die Rekonstruktion
von Handlungsroutinen wäre demnach genauso möglich, wie die kreativer Praxisformen. Bourdieu selbst räumt an Stellen, an denen er den Begriff des Habitus nicht auf eine soziale Klasse von Akteuren bezieht (vgl. Bourdieu 1987),
sondern ihn eher theoretisch behandelt, eine gewisse Varianz der habituellen
Kohärenz ein:

> „In Abhängigkeit von neuen Erfahrungen ändern die Habitus sich unaufhörlich. Die
> Dispositionen sind einer Art ständiger Revision unterworfen, die aber niemals radi-
> kal ist, da sie sich auf der Grundlage von Voraussetzungen vollzieht, die im früheren
> Zustand verankert sind. Sie zeichnen sich durch eine Verbindung von Beharren und
> Wechsel aus, die je nach Individuum und der ihm eigenen Flexibilität oder Rigidität
> schwankt: Wenn (...) die Festigkeit allzu ausgeprägt ist, hat man es mit starren, ver-
> schlossenen und zu sehr in sich gekehrten Habitus zu tun (wie bei Greisen), wenn es
> die Anpassungsfähigkeit ist, löst der Habitus sich auf in dem Opportunismus einer
> Art mens momentanea, die nicht fähig ist, in der Begegnung mit der Welt ein Gefühl
> innerer Geschlossenheit zu bewahren" (Bourideu, 2001: 207).

Möglicherweise, und zahlreiche empirische Befunde legen dies nahe (vgl. exemplarisch die Beiträge in Beck und Beck-Gernsheim 1994), ist jenes ,Gefühl
innerer Geschlossenheit in Begegnung mit der Welt' in der Gegenwartsgesellschaft immer schwieriger zu erreichen und sollte deswegen auch nicht als Normalfall vorweggenommen, sondern vielmehr als zentrales Problem der modernen Lebensführung verstanden werden.

Die Dynamisierung des Habituskonzeptes, etwa im Anschluss an die Überlegungen von Schulze zur „(k)ognitiven Selbstorganisation in der Gesellschaft"
(Schulze, 1997: 243), überwindet nun zwar den von Archer beschriebenen Mythos der kulturellen Integration – Prozesse des kulturellen Wandels können als
innovative Kombination existierender Wissensordnungen erklärt werden, ge-

nauso wie ein Zustand der kulturellen Stabilität als Reproduktion kultureller Muster – damit stellt sich aber die Frage: Unter welchen Bedingungen können Wissensordnungen überhaupt in ein Konkurrenzverhältnis geraten? Was sind die Bedingungen der Möglichkeit einer Rekombination von Wissensordnungen? Die Annahme, dass unterschiedliche Sinnsysteme sich nicht nur in der Gestalt gesellschaftlicher Großgruppen gegenüberstehen, sondern dass die Wissensordnungen sich in den leiblich-mentalen Strukturen der Akteure kreuzen, überlappen und somit in einen Widerspruch zueinander geraten können, liefert meines Erachtens noch keine Antwort auf diese Fragen.[18] Hierzu wären im Rahmen einer allgemeinen Sozialtheorie die Bedingungen zu spezifizieren, unter denen kollektive Sinnsysteme, vorsichtig formuliert, überhaupt in Kontakt zueinander geraten können, es sei denn man hypostasiert eine Art ‚freier Kombinatorik' auf der Ebene der symbolischen Ordnung oder aber wählt eine systemtheoretische Option und beschränkt sich damit auf eine Beschreibung kultureller Wandlungsprozesse als systeminterne Ausdifferenzierung. Aus der Perspektive Bourdieus ist eine Erklärung kulturellen Wandels notwendigerweise mit der Frage nach Herrschafts- und Machtverhältnissen verbunden. Ob Akteure als kulturelle Innovateure überhaupt in Frage kommen, hängt neben ihren habituellen Dispositionen maßgeblich von ihrer jeweiligen Kapitalausstattung ab, so wie die Möglichkeit einer Überkreuzung kollektiver Sinnsysteme von den verborgenen Mechanismen der Macht, den Strukturen und Spielregeln der sozialen Felder abhängt. Und dies gilt nicht nur hinsichtlich der Selektion und Diffusion neuartiger Wissensordnungen und Verhaltensweisen, sondern eben auch hinsichtlich der Möglichkeit von Variationen, wofür wiederum Bourdieu mit seinem Konzept der symbolischen Macht eine theoretische Vorlage liefert.

---

18 So beschreibt etwa David Brooks in seiner Analyse des Lebensstiles einer sich neu formierenden Elite, den bourgeoisen Bohemiens (BOBOs), die Genese des dem kulturellen Konsum und den Praktiken im Feld der Arbeit zugrundeliegende, historisch neuartige kollektive Wissensschema aus dem Wiederstreit zweier tradierter, rivalisierender Kulturen - dem Materialismus, Rationalismus und dem Ordnungsdenken der Bourgeoisie sowie dem Idealismus, der Expressivität und der Betonung intensiver Erfahrungen der gegenkulturellen Bohemiens - aber er versäumt es, die materiellen und sozialstrukturellen Bedingungen dieses Konfliktes aufzuzeigen (vgl. Brooks 2001: 72ff.). Ähnliches gilt für Charles Taylors Analyse des neuzeitlichen Identität aus dem Konflikt zwischen dem naturalistischen und dem romantisch-expressiven Paradigma (Taylor 1996), dass ohne die Reflektion der konkreten Praktiken und Handlungssituationen auf der Ebene einer Ideengeschichte verharrt. Der Versuch einer Systematisierung des Verhältnisses zwischen den „'kalten Skeletthänden' rationaler Ordnung(en) und ihre(n) Gegenwelten" (Klinger 1995:7) findet sich bei Cornelia Klinger (1995).

Literatur

Archer, Margaret S. (1996) Culture and Agency. The place of culture in social theory, Revised Edition, Cambridge, University Press

Bauman, Zygmunt (1997) Flaneure, Spieler und Touristen. Essays zu postmodernen Lebensformen, Hamburg, Hamburger Edition

Beck, Ulrich / Elisabeth Beck-Gernsheim (Hrsg.) (1994) Riskante Freiheiten, Frankfurt am Main, Suhrkamp

Bohn, Cornelia (1991) Habitus und Kontext. Ein kritischer Beitrag zur Sozialtheorie Bourdieus, Opladen, Westdeutscher Verlag

Bourdieu, Pierre (2001) Meditationen. Zur Kritik der scholastischen Vernunft, Frankfurt am Main, Suhrkamp

Bourdieu, Pierre (1974) Zur Soziologie der symbolischen Formen, Frankfurt am Main, Suhrkamp

Bourdieu, Pierre (1987) Die feinen Unterschiede: Kritik der gesellschaftlichen Urteilskraft, Frankfurt am Main, Suhrkamp

Bourdieu, Pierre (1998) Praktische Vernunft. Zur Theorie des Handelns, Frankfurt am Main, Suhrkamp

Bourdieu, Pierre (1993) Sozialer Sinn. Kritik der theoretischen Vernunft, Frankfurt am Main, Suhrkamp

Bourdieu, Pierre (1992) Die verborgenen Mechanismen der Macht. Schriften zu Politik und Kultur 1, Hamburg, VSA-Verlag

Bourdieu, Pierre / Wacquant, Loic J. D. (1996) Reflexive Anthropologie, Frankfurt am Main, Suhrkamp

Boudieu, Pierre et al. (Hrsg.) (1997) Das Elend der Welt. Zeugnisse und Diagnosen alltäglichen Leidens an der Gesellschaft, Konstanz, UVK-Verlag

Brooks, David (2001) Die BOBOs. Der Lebensstil der neuen Elite, München, Ullstein

Featherstone, Mike (Hrsg.) (1992) Cultural Theory an Cultural Change, London, Sage

Giddens, Anthony (1990) Konsequenzen der Moderne, Frankfurt am Main, Suhrkamp

Hitzler, Ronald (1999)Die 'Entdeckung' der Lebens-Welten. Individualisierung im sozialen Wandel, in: Herbert Willems und Alois Hahn (Hrsg.): Identität und Moderne, Frankfurt am Main, Suhrkamp, S. 231 - 249

Joas, Hans (1992) Die Kreativität des Handelns, Frankfurt am Main, Suhrkamp

Klinger, Cornelia (1995) Flucht Trost Revolte. Die Moderne und ihre ästhetischen Gegenwelten, München, Carl Hanser Verlag

Miller, Max (1989) Systematisch verzerrte Legitimationsdiskurse. Einige kritische Anmerkungen zu Bourdieus Habitustheorie, in: Eder Klaus (Hrsg.): Lebensstil und kulturelle Praxis. Theoretische und empirische Auseinandersetzung mit Pierre Bourdieus Klassentheorie, Frankfurt am Main, Suhrkamp, S. 191 - 219

Müller, Hans-Peter / Schmid, Michael (1995) Paradigm Lost? Von der Theorie sozialen Wandels zur Theorie dynamischer Systeme, in: Dies. (Hrsg.) Sozialer Wandel. Modellbildung und theoretische Ansätze, Frankfurt am Main, Suhrkamp, S. 9 - 56

Reckwitz, Andreas (2000) Die Transformation der Kulturtheorien. Zur Entwicklung eines Theorieprogramms, Weilerswist, Velbrück

Schelkle, Waltraud et al. (2000) Paradigms of social change: modernization, development, transformation, evolution, Frankfurt am Main, Campus

Schulze, Gerhard (1997) Die Erlebnisgesellschaft. Kultursoziologie der Gegenwart, Frankfurt am Main / New York, Campus

Schütz, Alfred (1988) Strukturen der Lebenswelt, Band I, Frankfurt am Main, Suhrkamp

Simmel, Georg (1987) Aufsätze 1887 - 1890. Über sociale Differenzierung. Die Probleme der Geschichtsphilosophie (1892), Gesamtausgabe Band 2, Frankfurt am Main, Suhrkamp

Smelser, Neil J. (1995) Modelle sozialen Wandels., in: Müller, Hans-Peter, Schmid, Michael (Hrsg.) (1995) Sozialer Wandel. Modellbildung und theoretische Ansätze, Frankfurt am Main, Suhrkamp, S. 56 - 84

Taylor, Charles (1996) Quellen des Selbst. Die Entstehung der neuzeitlichen Identität, Frankfurt am Main, Suhrkamp

Weymann, Ansgar (1998) Sozialer Wandel. Theorien zur Dynamik der modernen Gesellschaft, München, Juventa

Nachwort

Dass bereits ein Jahr nach dem ersten Erscheinen des vorliegenden Buches eine zweite Auflage notwendig wurde, werten wir als Zustimmung zu dem Konzept, Bourdieus Theorie der Praxis für unterschiedliche Teilbereiche der Soziologie fruchtbar zu machen. Außer der Korrektur von Rechtschreibfehlern wurden für die zweite Auflage keine weiteren Veränderungen vorgenommen.

Der vorliegende Textsammlung geht auf ein Symposium zurück, das unter dem Titel des Sammelbandes im Sommer 2001 an der Universität Hamburg stattfand und in Kooperation zwischen dem Arbeitsbereich Technikbewertung und Technikgestaltung der Technischen Universität Hamburg-Harburg und dem Arbeitsbereich Allgemeine Soziologie des Instituts für Soziologie der Universität Hamburg organisiert wurde. Die ursprüngliche Idee für eine primär anwendungsorientierte Auseinandersetzung mit der Bourdieuschen Soziologie geht auf das interdisziplinäre Forschungsprojekt „Modellierung sozialer Organisationsformen in VKI und Soziologie: Analyse der Übertragbarkeit der Habitus-Feld-Theorie auf Architekturen und Konzepte der VKI" im Kontext des durch die Deutsche Forschungsgemeinschaft in Bonn (DFG) geförderten Schwerpunktprogramms „Sozionik: Erforschung und Modellierung künstlicher Sozialität" zurück. In dieser Forschungskooperation zwischen Soziologie und Informatik, die am Arbeitsbereich Technikbewertung und Technikgestaltung der Technischen Universität Hamburg-Harburg und am Deutschen Forschungszentrum für Künstliche Intelligenz in Saarbrücken angesiedelt ist, geht es um die Frage, wie die Soziologie Bourdieus zur Entwicklung von Softwaresystemen genutzt werden kann, die sich als Multiagentensysteme durch künstliche Sozialität auszeichnen. Wir danken der DFG für die finanzielle Unterstützung des Symposiums und dem Institut für Soziologie der Universität Hamburg für die Bereitstellung der Infrastruktur. Darüber hinaus möchten wir uns bei Lars Reißmann von der Technischen Universität Hamburg-Harburg für unschätzbare Hilfen bei der Bereitstellung von Vortragstechnik bedanken. Gabi Geringer von der Technischen Universität Hamburg-Harburg danken wir für das professionelle Erstellen der Druckvorlagen ganz herzlich. Nicht zuletzt möchten wir uns an dieser Stelle bei allen Autorinnen und Autoren des Bandes für die Bereitschaft bedanken, eigene Ideen zur Weiterentwicklung der Bourdieuschen Theorie der Praxis zur Diskussion zu stellen, ohne die das Symposium sowie der vorliegende Sammelband nicht möglich geworden wären.

Hamburg, im Juli 2003   Jörg Ebrecht und Frank Hillebrandt

Hinweise zu den Herausgebern, Autorinnen und Autoren

Steffen Albrecht, Dipl. Soz., Wissenschaftlicher Mitarbeiter am Arbeitsbereich Technikbewertung und Technikgestaltung der TU Hamburg-Harburg. Arbeitsschwerpunkte: Soziologische Theorie, Methoden der empirischen Sozialforschung (insbesondere Analyse sozialer Netzwerke), Politische Kommunikation.

Andrea Maria Dederichs, Dr. phil., Organisationsberaterin und Lebensstilcoach in Köln. Arbeitsschwerpunkte: Organisationsentwicklung und Change-Management, Soziale Ungleichheit, Vertrauen und Macht in Organisationen, Soziologie der Emotionen.

Jörg Ebrecht, Dipl. Soz., Wissenschaftlicher Mitarbeiter am Arbeitsbereich Allgemeine Soziologie des Instituts für Soziologie der Uni Hamburg. Arbeitsschwerpunkte: Soziologische Theorie insbesondere Kultursoziologie, Soziologie der Politik, Qualitative Methoden der empirischen Sozialforschung.

Steffani Engler, Dr. phil., Privatdozentin für Soziologie an der Technischen Universität Darmstadt, z. Z. Vertretungsprofessur an der Justus-Liebig Universität Gießen. Arbeitsschwerpunkte: Sozialwissenschaftliche Hermeneutik, Soziologische Theorie insbesondere Bourdieu, Soziologie der Geschlechterverhältnisse, Bildungssoziologie, Hochschul- und Wissenschaftsforschung.

Michael Florian, Dr. phil., Oberingenieur am Arbeitsbereich Technikbewertung und Technikgestaltung der TU Hamburg-Harburg. Arbeitsschwerpunkte: Soziologische Theorien, Technik-, Organisations- und Wirtschaftssoziologie, Sozionik.

Frank Hillebrandt, Dr. phil., Wissenschaftlicher Mitarbeiter am Arbeitsbereich Technikbewertung und Technikgestaltung der TU Hamburg-Harburg. Arbeitsschwerpunkte: Gesellschaftstheorie, Ungleichheitsforschung, Techniksoziologie, Sozionik.

Frank Janning, Dr. phil., Wissenschaftlicher Assistent am Fachbereich Politik- und Verwaltungswissenschaft der Universität Konstanz. Arbeitsschwerpunkte: Policy-Forschung, Staatstheorie, Organisationssoziologie.

Jörg Potthast, Dipl. Soz., Wissenschaftlicher Mitarbeiter am Zentrum Technik und Gesellschaft der TU Berlin. Arbeitsschwerpunkte: Techniksoziologie, Stadtsoziologie, Arbeitssoziologie.

Claudia Rademacher, Dr. phil., Professorin für Allgemeine Soziologie und Gender Studies an der Fachhochschule für Verwaltung und Rechtspflege Berlin. Arbeitsschwerpunkte: Soziologie der Geschlechterverhältnisse, Kritische Theorie, Gesellschaftstheorie und Zeitdiagnose.

Ingo Schulz-Schaeffer, Dr. rer. soc., Wissenschaftlicher Assistent am Institut für Soziologie der TU Berlin. Arbeitsschwerpunkte: Wissenschafts- und Technikforschung, Innovationsforschung, Handlungstheorie.

Karin Zimmermann, Dr. phil., Wissenschaftliche Mitarbeiterin am Hochschuldidaktischen Zentrum der Universität Dortmund. Arbeitsschwerpunkt im Bereich der sozialwissenschaftlichen Gender-, Wissenschafts- und Hochschulforschung.

Neu im Programm Soziologie

Nachschlagewerke

Dirk Baecker (Hrsg.)
**Schlüsselwerke
der Systemtheorie**
2004. ca. 300 S. Br. ca. EUR 19,90
ISBN 3-531-14084-1

Das Buch versammelt Artikel über die etwa 30 wichtigsten Grundlagenwerke der Systemtheorie. Autoren der Beiträge sind u.a. Rudolf Stichweh, Helmut Willke, Norbert Bolz, Elena Esposito, Mathias Albert, Alfred Kieser, Giancarlo Corsi und Ranulph Glanville.

Axel Honneth, Institut für Sozialforschung (Hrsg.)
**Schlüsseltexte
der Kritischen Theorie**
2004. ca. 300 S. Geb. ca. EUR 27,90
ISBN 3-531-14108-2

Der Band bietet einen umfassenden, einführenden Überblick über die etwa 80 wichtigsten Texte der Kritischen Theorie. Auf diese Weise gelingt eine verständliche und fundierte Einführung in die Kritische Theorie. Beitragsautoren sind u.a. Sighard Neckel, Rolf Wiggershaus, Gerhard Plumpe, Wolfgang Bonß und Martin Seel.

Martina Löw, Bettina Mathes (Hrsg.)
**Schlüsselwerke
der Geschlechterforschung**
2004. ca. 304 S. Br. ca. EUR 27,90
ISBN 3-531-13886-3

Der Band versammelt Zusammenfassungen und Analysen von etwa 20 zentralen Schlüsselwerken der Geschlechterforschung. Mit Beiträgen u.a. von Regine Gildemeister, Karin Flaake, Marianne Rodenstein und Ulrike Teubner.

Werner Fuchs-Heinritz, Rüdiger Lautmann, Otthein Rammstedt, Hanns Wienold (Hrsg.)
Lexikon zur Soziologie
3. Aufl. 1994. 763 S. Br. EUR 42,90
ISBN 3-531-11417-4

Das *Lexikon zur Soziologie* ist das umfassendste Nachschlagewerk für die sozialwissenschaftliche Fachsprache. Es bietet aktuelle, zuverlässige Erklärungen von Begriffen aus der Soziologie sowie aus Sozialphilosophie, Politikwissenschaft und Politischer Ökonomie, Sozialpsychologie, Psychoanalyse und allgemeiner Psychologie, Anthropologie und Verhaltensforschung, Wissenschaftstheorie und Statistik.

Erhaltlich im Buchhandel oder beim Verlag
Anderungen vorbehalten. Stand Januar 2004

www.vs-verlag.de

VS VERLAG FÜR SOZIALWISSENSCHAFTEN

Abraham-Lincoln-Straße 46
65189 Wiesbaden
Tel. 0611.7878-285
Fax 0611.7878-400